国家社科基金项目"韩国出土百济文字材料的考古学研究"（项目号18BKG027）阶段性成果之二

六朝与百济考古论稿

周裕兴　朴淳发（韩）｜著
赵淑怡　陈瑾瑜　｜校译

光明日报出版社

图书在版编目（CIP）数据

六朝与百济考古论稿 / 周裕兴，（韩）朴淳发著 .--
北京：光明日报出版社，2021.7
ISBN 978-7-5194-6158-4

Ⅰ.①六… Ⅱ.①周… ②朴… Ⅲ.①文物—考古—
中国—六朝时代—文集②文物—考古— 朝鲜—三国时代（
朝鲜）—文集 Ⅳ.① K871.42-53 ② K883.120-53

中国版本图书馆 CIP 数据核字（2021）第 114364 号

六朝与百济考古论稿
LIUCHAO YU BAIJI KAOGU LUNGAO

著　　者：周裕兴　　（韩）朴淳发

责任编辑：史　宁　　　　　责任校对：傅泉泽
封面设计：中联华文　　　　责任印制：曹　诤

出版发行：光明日报出版社
地　　址：北京市西城区永安路 106 号，100050
电　　话：010-63169890（咨询），010-63131930（邮购）
传　　真：010-63131930
网　　址：http://book.gmw.cn
E-mail：shining@gmw.cn
法律顾问：北京德恒律师事务所龚柳方律师

印　　刷：三河市华东印刷有限公司
装　　订：三河市华东印刷有限公司
本书如有破损、缺页、装订错误，请与本社联系调换，电话：010-63131930

开　　本：170mm×240mm
字　　数：491 千字　　　　　　印　　张：32
版　　次：2021 年 7 月第 1 版　　印　　次：2021 年 7 月第 1 次印刷
书　　号：ISBN 978-7-5194-6158-4

定　　价：99.00 元

前 言

中国的百济史研究

周裕兴　丁利民

中韩两国领土相邻、唇齿相依，自古以来友好往来，文化联系源远流长。这些友好往来和文化交流活动，曾对两国的历史、经济发展、文化繁兴和社会进步产生过重要的推动作用和积极影响。中国与百济间的友好往来与文化交流活动是其中光辉的一页。现在，东亚学界对于百济学的研究日趋繁荣，笔者愿就中国方面的百济学研究状况做一介绍，以供学界同仁参考与研究。

一、主要研究成果

中国百济学的研究可分为前、后两阶段，笔者称之为肇始期与快速发展期。

第一阶段是肇始期（新中国成立—20世纪80年代）。

王立达的《新罗、高句丽、百济"三国并立"时期内朝鲜经济、文化的发展及其在沟通中日文化上所起的作用》[①]中总结了百济文化史的两大特点：一是南朝文化的主要输入国；二是南朝文化间接传往日本的主要输出国。

对于"百济略有辽西"这一有争议的史料，刘永志在《百济略有辽西辨》[②]认为，"略有辽西"应为"略有浿西"之误。

关于百济的历史地理方面，孙玉良在《唐朝在东北民族地区设置的府

---

① 王立达. 新罗、高句丽、百济"三国并立"时期内朝鲜经济、文化的发展及其在沟通中日文化上所起的作用 [J]. 史学月刊，1957（10）.

② 刘永志. 百济略有辽西辨 [J]. 学术研究丛刊，1983（4）.

州》①一文中对唐朝在灭亡百济后，在百济故地设立的府州及其沿革变化作了说明。

关于百济的国家性质问题，李成德在《试析百济国家的性质》②中结合历史文献，论述了百济国家的建立和国家性质问题，提出百济在长期的国家历史中其性质一直是奴隶社会占主要的，在公元6世纪到7世纪中叶，百济社会才开始向封建社会过渡。

关于百济的国际关系方面，中国学者多着重于中国王朝和百济的关系及其对百济的影响。杨泓的《吴、东晋、南朝的文化及其对海东的影响》③谈及了百济与东晋南朝间的密切往来与交流，以武宁王陵和须惠器为例，说明南朝文化对百济的影响及百济沟通中日的桥梁作用；王仲殊的《东晋南北朝时代中国与海东诸国的关系》④有"友好的百济国"之说，清楚地表明了百济与东晋南朝的友好往来，并通过武宁王陵说明了百济与中日两国的密切联系。

关于百济艺术史研究，简巧珍的《南朝鲜音乐小史》⑤谈到了百济的音乐，尤其是一种"假面舞剧"和中国南朝的音乐剧很相似。

关于考古学与文物研究方面，百济武宁王陵的研究是一个重要内容。贾梅仙的《朝鲜南部武宁王陵简介》⑥首次向中国历史学界和考古学界介绍了武宁王陵的基本情况。夏鼐主编的《中国大百科全书·考古学》⑦也有"武宁王陵"条，足见武宁王陵在中韩文化交流上的重要性。杨泓的《吴、东晋、南朝的文化及其对海东的影响》⑧、王仲殊的《东晋南北朝时代中国与海东诸国的关系》⑨认为武宁王陵与中国东晋南朝墓葬存在诸多的相同点，包括墓葬构造、出土遗物等，认为武宁王陵是中国南方和百济文化交流的集中

---

① 孙玉良.唐朝在东北民族地区设置的府州 [J]. 社会科学战线，1986（3）.

② 李成德.试析百济国家的性质 [J]. 史学月刊，1987（4）.

③ 杨泓.吴、东晋、南朝的文化及其对海东的影响 [J]. 考古，1984（6）.

④ 王仲殊.东晋南北朝时代中国与海东诸国的关系 [J]. 考古，1989（11）.

⑤ 简巧珍.南朝鲜音乐小史 [J]. 中国音乐，1989（3）.

⑥ 贾梅仙.朝鲜南部武宁王陵简介 [A]//.中国社会科学院考古所.考古学参考资料6.北京：文物出版社，1983.

⑦ 夏鼐.中国大百科全书：考古学 [M].北京：中国大百科全书出版社，1985.

⑧ 杨泓.吴、东晋、南朝的文化及其对海东的影响 [J]. 考古，1984（6）.

⑨ 王仲殊.东晋南北朝时代中国与海东诸国的关系 [J]. 考古，1989（11）.

体现。

这一阶段的主要特点是：百济学研究处于肇始阶段，在新中国成立之后的很长时间内，很少有学者关注百济史研究，发表的文章很少。20世纪80年代以后，随着中国对外开放，中国与国外之间的交流日益增多，百济学研究开始逐渐受人瞩目。关于百济学的研究文章开始增多，其中又以考古学尤其以武宁王陵为多，主要研究学者集中于北京的高校或中央研究机构，如中国社会科学院等。

第二阶段是快速发展期（1992年以来）。

关于百济的历史沿革变化，很多中国学者在文章和论著中都有提及。姜孟山主编的《朝鲜通史第一卷》①在"百济封建国家"一章不仅较为详细地探讨了百济国家的建立、社会制度、经济生活、领土扩张活动等，还涉及百济与中国、日本的经济文化交流，广泛研究了百济的语言文字、科学技术、哲学宗教、文学历史、音乐舞蹈、建筑与美术等内容。韩今玉的《韩国学者关于百济初期史可信性的研究》②对20世纪90年代以前的百济初期史可信性研究做了综述研究，将其分为否定论、折衷论、肯定论三种。李基白的《韩国史新论》③对百济的历史发展、对外关系、政治、社会和贵族文化进行了全新的有益的探索。全春元在《早期东北亚文化圈中的朝鲜》④论述了百济的兴起、三国的分立争战及百济与周边国家尤其是东晋南朝、倭的关系与文化交流，百济对日本早期国家形成的推动作用；唐、百济、新罗、高句丽的关系变化及百济的灭亡。徐秉琨著的《鲜卑·三国·古坟中国朝鲜日本古代的文化交流》⑤涉及百济的族源与兴起、百济与中国及倭的关系；并对三国时代的百济文物如寺庙与宫殿遗址、历代墓葬进行了相关的介绍与研究。杨军的《从扶余南下看百济国族源》⑥，从公元前1世纪貊系扶余人的迁徙过程入手，认为百济人起源于沸流部更合适。而熊义民在《公元四至七世纪东北亚

① 姜孟山.朝鲜通史：第一卷[M].延吉：延边大学出版社，1992.
② 韩今玉.韩国学者关于百济初期史可信性的研究[J].世界史研究动态，1993（5）.
③ 李基白.韩国史新论[M].厉帆，译.北京：国际文化出版公司，1994.
④ 全春元.早期东北亚文化圈中的朝鲜[M].延吉：延边大学出版社，1995.
⑤ 徐秉琨.鲜卑·三国·古坟中国朝鲜日本古代的文化交流[M].沈阳：辽宁古籍出版社，1996.
⑥ 杨军.从扶余南下看百济国族源[J].北方民族，2001（2）.

政治关系史研究》①第一章的第一节较系统详细地研究了百济国的崛起、中衰、都城的变迁和百济的对外关系，并且在其论文的其他章节中，熊义民也论述了半岛三国之间的和战关系及百济与中国朝代、倭的关系变化和唐灭百济，说明了百济在公元4世纪至7世纪东北亚的地位与影响。

拜根兴著《七世纪中叶唐与新罗关系研究》②，对此前未被重视的金法敏入唐举讼百济事件涉及的"与百济王义慈书"做了详细分析，指出7世纪50年代初唐与新罗、百济关系的演变轨迹。对于前人少有论及的唐罗联军征伐百济的具体时间上的差异问题，作者考证指出，中韩两方史书记载的差歧乃是双方历法误差所致。通过"大唐平百济国碑铭"推测了罗唐征讨百济战争的具体时间。分析"刘仁愿记功碑""刘仁愿等题名"摩崖石刻，对文献资料中的刘仁愿事迹做了补正。对韩国新近发现的"含资道总管柴将军精舍草堂之铭"做了考证，补文献资料之不足，为唐留守百济军有关史实提供有力的佐证。

韩昇的《"魏伐百济"与南北朝时期东亚国际关系》③围绕北魏高祖年间，魏军曾经讨伐百济的事件，深入探讨研究史籍记载的可靠程度，事件发生的背景及其对南北朝国际关系产生的影响。通过考订史料及其背景，"魏伐百济"很可能发生在488年，这次冲突只能是小规模的。5世纪末，即在百济试图打开与北魏的关系失败后双方发生冲突，对南北朝与百济、高句丽的关系都产生了划时代的影响。其结果是形成了高句丽和北魏、百济和南朝各自相对密切的外交关系格局。

金锦子在《论百济与北魏的关系——以百济的上表文为中心》④中围绕着4世纪末以来朝鲜半岛局势的深刻变化，为了寻求自身的安全和发展，百济和北魏都在构建着对各自有利的外围条件。472年，百济上表北魏请兵攻打高句丽，却遭到北魏的拒绝。两者在最终利益上的差异使得它们未能在传统的东亚国际秩序下建立起朝贡册封关系。最终，北魏王朝再无百济使臣前来，两国的

① 熊义民. 公元四至七世纪东北亚政治关系史研究 [D]. 广州：暨南大学，2003.
② 拜根兴. 七世纪中叶唐与新罗关系研究 [M]. 北京：中国社会科学出版社，2003.
③ 韩昇. "魏伐百济"与南北朝时期东亚国际关系 [J]. 历史研究，1995（3）.
④ 金锦子. 论百济与北魏的关系——以百济的上表文为中心 [J]. 东疆学刊，2006（4）.

关系形态对5世纪后期东北亚国际格局的变化产生了重要影响。

张荣芳在《唐代史书对百济的记载与认识》①一文中认为：隋至唐初，由于中国统一帝国的相继缔造，加强与邻近国家的往来联系，乃至于控制等因素，增强了中国对百济的了解与认识。这一与日俱增的认识，形成唐初所撰各史书包括《周书》《梁书》《隋书》《南史》与《北史》中《百济传》记载的基础，其资料都本于唐代史馆所搜集、撰修的官方史料。其中记载差异不大，仅有详略之别，反映了唐初高祖、太宗朝对百济的认识。唐宋时代纂修的《旧唐书》与《新唐书》二正史、《唐会要》《通典》以及《册府元龟》等书，其对百济的记载皆源于唐初所修正史和唐代国史、实录。

都兴智的《唐政权与朝鲜半岛的关系述论》②分析唐军平百济及熊津等五都督府的设立与沿革，指出唐政府这些州县的设立虽然属于羁縻性质，但仍然促进了这一地区与中原的文化交流。

关于百济的国家性质问题，姜孟山主编的《朝鲜通史第一卷》③则认为百济属于封建社会，并研究了百济的封建制度。

关于百济的历史地理方面，孙玉良在《唐朝在东北民族地区设置的府州》④一文中对唐朝在灭亡百济后，在百济故地设立的府州及其沿革变化做了说明；对于"百济略有辽西"这一有争议的史料，金宪淑的《"百济略有辽西"记事初探》⑤试图从史料分析入手，认为包括《宋书》《梁书》和《南史》都记载了"百济略有辽西"，不能依据《魏书》和《三国史记》没记载相关内容就否定这一史实；并探讨了百济在辽西的活动和百济郡的位置，证明百济略有辽西完全是可能的，但不一定在晋世，百济郡应该在350年在柳城与北平之间设置；但不久刘子敏的《驳<"百济略有辽西"记事初探>》⑥认为"百济略有辽西"之说无论从史料记载还是从其他方面考证，都是不可信的，而且是错误的，他从辽西地理区划沿革与管理入手，认为百济郡并不在辽西，

① 张荣芳.唐代史书对百济的记载与认识 [A]// 唐史论丛：第8辑.西安：三秦出版社，2005.

② 都兴智.唐政权与朝鲜半岛的关系述论 [J].史学集刊，2001（3）.

③ 姜孟山.朝鲜通史：第一卷 [M].延吉：延边大学出版社，1992.

④ 孙玉良.唐朝在东北民族地区设置的府州 [J].社会科学战线，1986（3）.

⑤ 金宪淑."百济略有辽西"记事初探 [J].延边大学学报（社会科学版），2000（8）.

⑥ 刘子敏.驳"百济略有辽西"记事初探 [J].延边大学学报（社会科学版），2001（3）.

而考古学证据也显示辽西一直处于"三燕"统治之下，之后归于北魏统治，认为"百济郡"应该是百济占领高句丽的平壤城后设立的平壤郡，因为是百济立郡，故也称"百济郡"，而"晋平郡"的"晋"则应该是指晋朝而言。

对于百济移民情况，中国学者也予以高度重视，吴松弟著《中国移民史：第三卷隋唐五代时代》[1]中提到了百济被唐灭亡后，百济子民迁徙的情况。韩昇的《日本古代的大陆移民研究》[2]中研究了古代日本的百济移民的相关问题。

拜根兴的《高句丽、百济遗民关联问题研究的现状与展望》[3]通过探讨国内外学界对高句丽、百济遗民的人数、流入地、安置地域分布等研究现状，提出了自己的观点：流入唐朝的百济人总数不会超过两万；百济移民大量流亡日本；到达唐朝的百济人除被安置在两京及其周边地区外，还分布在各地。文中对百济遗民的婚姻及与中原汉族的融合问题做了阐释，认为有以下几种情况：与唐人通婚；与同族结婚；八世纪后，逐渐和唐人融合，成为唐人的一部分。拜氏认为限于历史文献记载的缺失，现有研究有深入研究的余地；由于研究者队伍的规模较小，造成了研究关注点少且分散；现有研究多注重个别遗民事迹的钩沉，缺乏对宏观的把握；研究者未能以地域分布概念对遗民安置地域及相关问题进行研究；与国际学界交流有限。因而，拜氏提出应加大史料收集的力度以提高研究可信度，尤其要加强墓志的收集与研究。其次应注意从地方志中查找相关记载，从遗民的地域分布，或者从移民史角度、用历史地理的观点方法来探讨小股分散的乃至整个高句丽、百济遗民踪迹。最后，加强国际交流，使高句丽、百济遗民关联问题的研究走向深入。

关于百济的国际关系方面，中国学者论述多着重于中原王朝和百济的关系研究。周一良的《百济与南朝关系的几点考察》[4]；韩国磐的《南北朝隋唐与百济新罗的往来》[5]；范毓周的《六朝时期中国与百济的友好往来与文化交

---

① 吴松弟.中国移民史：第三卷隋唐五代时代 [M].福州：福建人民出版社，1997.

② 韩昇.日本古代的大陆移民研究 [M].北京：文津出版社，1995.

③ 拜根兴.高句丽、百济遗民关联问题研究的现状与展望 [J].中国历史地理论丛，2006（2）.

④ 周一良.百济与南朝关系的几点考察 [A]//.魏晋南北朝史论集.北京：北京大学出版社，1997.

⑤ 韩国磐.南北朝隋唐与百济新罗的往来 [J].历史研究，1994（2）.

流》①；史义银的《六朝时期及之前的韩国与中韩关系》②；杨通方的《汉唐时期中国与百济的关系》③；卢海鸣的《中国古代江南与朝鲜半岛的交流》④；薛瑞泽的《南北朝时期与朝鲜半岛诸国的交往》⑤；韩昇的《百济与南朝的文化交流及其在东亚的意义》⑥。以上文章观点大同小异，或单从历史文献出发，或采用历史文献与考古资料相结合的方法，论述了东晋南朝隋唐时期中原王朝与百济的友好往来和中原文化对百济的影响。

王明星的《朝鲜古代文化对日本的影响》⑦和王明星、王东福的《朝鲜古代文化之东传（上）⑧（下）⑨》论述了百济文化对日本社会的巨大影响，看到了百济在中原文化东传日本列岛之路上的中介地位。周裕兴在《百济与六朝文化交流研究的断想》⑩研究了四至六世纪东亚的国际关系、百济与六朝交往的特点和研究百济与六朝文化交流的意义。曹汛在《中国南朝寺塔样式之通过百济传入日本，百济定林寺塔与日本法隆寺塔》⑪考证了南朝佛教建筑式样正是通过百济进一步传到日本的。

杨昭全、何彤梅著的《中国－朝鲜·韩国关系史》⑫中提到了东晋南朝隋唐和百济的交流往来；张日善在《百济与中国的关系》⑬中系统地论述了百济的历史，百济与中国各个朝代的交往和文化交流及其特点。

此外，还有一些书中论及古代中国与百济的关系，如姜孟山主编的《中

---

① 范毓周.六朝时期中国与百济的友好往来与文化交流 [J].江苏社会科学，1994（5）.

② 史义银.六朝时期及之前的韩国与中韩关系 [J].盐城师专（哲学社会科学版），1995（3）.

③ 杨通方.汉唐时期中国与百济的关系 [A]// 中韩古代关系史论.北京：中国社会科学出版社，1996.

④ 卢海鸣.中国古代江南与朝鲜半岛的交流 [J].南京社会科学，1997（8）.

⑤ 薛瑞泽.南北朝时期与朝鲜半岛诸国的交往 [J].吉林师范大学学报（人文社会科学版），2005（1）.

⑥ 韩昇.百济与南朝的文化交流及其在东亚的意义 [A]// 石源华，胡礼忠.东亚汉文化圈与中国关系.北京：中国社会科学出版社，2005.

⑦ 王明星.朝鲜古代文化对日本的影响 [J].延边大学学报（社会科学版），1999（11）.

⑧ 王明星，王东福.朝鲜古代文化之东传：上 [J].通州师范学院学报，2000（1）.

⑨ 王明星，王东福.朝鲜古代文化之东传：下 [J].通州师范学院学报，2001（3）.

⑩ 周裕兴.百济与六朝文化交流研究的断想 [A]// 南京历史文化新探.南京：南京出版社，2006.

⑪ 曹汛.中国南朝寺塔样式之通过百济传入日本——百济定林寺塔与日本法隆寺塔 [J].建筑师，2006（1）.

⑫ 杨昭全，何彤梅.中国－朝鲜·韩国关系史 [M].天津：天津人民出版社，2001.

⑬ 张日善.百济与中国的关系 [D].延吉：延边大学，2001.

国正史中的朝鲜史料：第一卷》①收入了古代中国正史记载的关于古代朝鲜半岛国家的大量史料，其中包括了中国正史中关于百济的相关记载；周绍良编著的《全唐文新编：第一部第一册》②和李希沁主编的《唐大诏令集补编（上）》③中收入了唐朝政府给百济的官方文书，主要是唐朝皇帝的诏书。关于百济文化艺术史研究，很多学者在研究百济的国际关系的文章中已经包含了百济的文化研究。林贤九在《儒学在朝鲜的传播和影响》④介绍了儒学在百济的传播及儒学思想对百济社会的影响。丁光勋在《魏晋南北朝时期朝鲜的社会风俗》⑤论述了魏晋南北朝时期高句丽、新罗、百济的社会风俗。高明士著的《东亚教育圈形成史论》⑥在"韩国古代的学校教育"一章中专辟一节"百济的学校"介绍了百济时期学校的事迹、性质与发展。王波在《魏晋南北朝时期图书的国际流通》⑦在"图书的输出"一节中论述了中国图书东传朝鲜再传至日本的情况。

蔡正德在《＜百济新集方＞年代考》⑧界定了《百济新集方》的问世年代，考察《医心方》录有的《百济心集方》医方，根据中医文献的相关记载，研究其传播至朝鲜半岛的时间，认为《百济新集方》的问世年代应相当于南朝梁大同七年至隋开国之前的百济圣王明禩十九年（公元541年）至威德王昌二十七年（公元580年）间。

由韩国建国大学教授朴湧植著、崔成万译的《韩国的故事》⑨系列文章，共4篇，连载于《当代韩国》1996年01、02、03期和199701期，分别以上下关系、佛佑神助、神异性、爱情问题为中心或主题探讨了三国时代百济的传说和民间故事。由韩国忠南大学都守熙著、郑成宏译的《百济语研究概

① 姜孟山.中国正史中的朝鲜史料：第一卷[M].延吉：延边大学出版社，1996.

② 周绍良.全唐文新编：第一部第一册[M].长春：吉林文史出版社，2000.

③ 李希沁.唐大诏令集补编上[M].上海：上海古籍出版社，2003.

④ 林贤九.儒学在朝鲜的传播和影响[J].延边大学学报（社会科学版），1996（1）.

⑤ 丁光勋.魏晋南北朝时期朝鲜的社会风俗[J].历史教学问题，1996（6）.

⑥ 高明士.东亚教育圈形成史论[M].上海：上海古籍出版社，2003.

⑦ 王波.魏晋南北朝时期图书的国际流通[J].新世纪图书馆，2003（5）.

⑧ 蔡正德.百济新集方年代考[J].延边大学医学学报，1999（3）.

⑨ 朴湧植.韩国的故事[J].崔成万，译.当代韩国，1996（1）.

要》①共 4 期,分别连载于《当代韩国》1997 年 02 和 03 期,1998 年 01 和 02 期,研究了百济语的起源与发展、百济前期版图与百济前期语言的关系、百济前期语言和古代日本语的关系、百济后期语言的特征及相关问题等。

关于百济艺术史研究,延续了 20 世纪 80 年代末百济艺术研究的热潮,如《中国正史中的朝鲜古代音乐史料》②认为中国正史中的《后汉书》《三国志》《北史》《隋书》《旧唐书》《新唐书》中的音乐记事是朝鲜古代音乐史研究不可或缺的重要依据,其中就包含很多关于百济音乐的史料。林大雄的《中国正史中的中朝音乐文化交流史料研究》③辑录中国正史中的有关古代朝鲜音乐文化的史料,其中包括了当时百济的音乐史料。王小盾的《朝鲜半岛的古代音乐和音乐文献》④谈及了百济的音乐、乐器。"百济乐"在刘宋时代进入中国宫廷,到唐太宗贞观十四年被列为国家典礼之乐十部伎。在日本百济乐的地位并不亚于高句丽乐。这一点诚然同百济的地理位置(较接近日本群岛)有关,但更重要的原因却应当归结于其音乐的繁荣。翁敏华在《伎乐上云乐舞回回——中日韩戏剧史上的一段因缘》⑤具体介绍了七世纪初百济人味摩之将得之于中国南方的伎乐传播到日本列岛、古老艺能伎乐的大致面貌,在此基础上,着力探讨中国典籍与民俗遗存中的相关演艺——"上云乐"与"舞回回",指出三者在佛教艺能品格、假面形象、外来神崇拜、瑞兽信仰、演舞形式等方面的同根异花现象,由此得出结论:中日韩三国自古就是文化互动的、有着深厚文化因缘的地域。朴永光在《中韩舞蹈文化交流史概观》⑥提到了南朝吴地伎乐舞东传百济,并进一步传至日本的情况。

周晋、于涛的《隋、初唐时期中国、朝鲜半岛、日本佛教情况之分析》⑦分析了隋、初唐时期中国、朝鲜半岛、日本的佛教情况。认为中国隋、初唐和朝鲜半岛高句丽、百济、新罗三国时代后期以及日本的推古天皇、天智天皇

---

① 都守熙.百济语研究概要 [J].郑成宏,译.当代韩国,1997(2).

② 宋芳松.中国正史中的朝鲜古代音乐史料 [J].金成俊,译.中国音乐,1990(2).

③ 林大雄.中国正史中的中朝音乐文化交流史料研究 [J].中国音乐学,1999(1).

④ 王小盾.朝鲜半岛的古代音乐和音乐文献 [J].武汉音乐学院学报,2005(2).

⑤ 翁敏华.伎乐上云乐舞回回——中日韩戏剧史上的一段因缘 [J].文艺研究,2001(1).

⑥ 朴永光.中韩舞蹈文化交流史概观 [J].文艺理论与批评,2001(3).

⑦ 周晋,于涛.隋、初唐时期中国、朝鲜半岛、日本佛教情况之分析 [J].东疆学刊,2006(2).

朝代大致处于人类历史的同一时期，当时三个国家都有佛教，佛教之间既存在密切的联系以及相同之处，又有截然不同的特点。密切的联系和相同之处主要在于佛教的传播和相互间的影响，截然不同的特点则主要表现在佛教在各自国家不同的影响和地位，在朝鲜半岛和日本佛教虽然刚刚传入，却形成了政治佛教、国家宗教。导致这一情况出现的原因在于不同的社会制度、不同的文化特点、统治阶级的不同的政治需要和不同的经济环境。

杜石然的《历史上的中药在国外》[①]概述了中药流传国外的历史，具体地阐述了传入的时间、方式、药物种类和意义。在谈到百济时候，根据百济的"药部"所用药物与中国大致相同，又根据中国史书记载，说明中医中药已经传入百济，并通过相关的史料，证明中医中药正是通过朝鲜半岛传入日本。

而关于百济考古学的其他方面也多有涉及。王巍在《东亚地区古代铁器及冶铁术的传播与交流》[②]一书中不仅介绍了百济与中国南北朝的官方交往，还研究了韩国发现的4至6世纪的百济铁器和冶铁遗迹，探讨了百济冶铁术对日本的影响。韩昇的《百济与南朝的文化交流及其在东亚的意义》[③]都有对武宁王陵的相关研究，着重考察了墓室构造与砌砖方式，认为百济武宁王陵是南朝梁的造墓工匠营造的，而墓砖是在梁朝工匠指导下完成的。薛红艳在《百济纹样砖略考》[④]中认为百济纹样砖是百济土俗信仰与三教融合的艺术创造，它具有驱邪升天、采吉纳祥的功能，并具有独特的艺术价值，同时还与中国汉画像石砖有一定的联系。成正镛、李昌柱、周裕兴的《中国六朝与韩国百济的交流——以陶瓷器为中心》[⑤]总结了在韩国百济古地发现的中国六朝陶瓷器，指出中国六朝瓷器在百济的不同时期具有不同的性质，从数量上看，不只是"职贡答礼"的结果，可能是具有贸易的性质。金妍秀《论

---

① 杜石然.历史上的中药在国外 [J].自然科学史研究，1990（1）.

② 王巍.东亚地区古代铁器及冶铁术的传播与交流 [M].北京：中国社会科学出版社，1999.

③ 韩昇.百济与南朝的文化交流及其在东亚的意义 [A]//.石源华，胡礼忠.东亚汉文化圈与中国关系.北京：中国社会科学出版社，2005.

④ 薛红艳.百济纹样砖略考 [J].民族艺术，2002（1）.

⑤ 成正镛，李昌柱，周裕兴.中国六朝与韩国百济的交流——以陶瓷器为中心 [J].东南文化，2005（1）.

扶余发现的中国青瓷砚》①考证了韩国国立扶余博物馆的一枚五足青瓷砚台，由中国南北朝时期的砚台特征入手，并与百济砚台作对比分析，分析了中国砚台和百济砚台的关系。韩国赵胤宰先生的《略论韩国百济故地出土的中国陶瓷》②对在韩国百济故地发现的中国陶瓷器中保存较完整、时代较明确的几件器物进行了初步的分析和比较，并试图探讨这些器物的输入途径、烧制窑口、年代等问题。

值得一提的是，杨泓先生的《百济定林寺遗址初论》③对于韩国发掘的百济定林寺遗址进行了很有意义的讨论。他在对百济定林寺和北魏洛阳永宁寺的平面布局、出土遗物，尤其是影塑残像和莲花纹瓦当进行比较之后，认为二者存在着很多相同点，但这并不意味着百济和中国北魏有着密切的联系。相反，二者的诸多共同点恰恰证明了百济定林寺和北魏洛阳永宁寺都应该是受南朝文化影响下的产物。随后，杨泓先生在文中进一步从文献和实物例证出发说明百济与南朝的交往紧密程度。他又根据文献和实物说明百济定林寺和北魏洛阳永宁寺出土的影塑分别是接受南朝影响的产物。

韩国学者张寅成发表的《百济金铜大香炉的功能和象征意义》④，重点研究了道教对百济金铜香炉的影响。首先，他探讨了韩国扶馀陵寺和百济金铜香炉的关系，认为百济金铜香炉正是百济王室在陵寺举行祭祀百济历代先王仪式的祭祀法器之一。其次，张寅成认为苑池的建筑构造不仅反映了道教的神仙思想，而且博山香炉正是这种神仙世界的微缩，还有着向外界宣扬王权的政治目的。接着下来，文章细致地考察了百济香炉上的图案，认为珍禽瑞鸟代表了圣王降临人间来领导百济开辟新的太平盛世的理想，而神人游乐反映的是百济的三山信仰，体现了百济人希望通过建立新的王都来实现他们的理想世界。

关于墓志考释与人物研究，李之龙在《跋唐扶余隆墓志文》⑤以墓志为

①　金妍秀.论扶余发现的中国青瓷砚 [J]. 李光明，译.辽海文物学刊，1997（2）.

②　赵胤宰.略论韩国百济故地出土的中国陶瓷 [J]. 故宫博物院院刊，2006（2）.

③　杨泓.百济定林寺遗址初论 [A] // 宿白先生八秩华诞纪念文集.北京：文物出版社，2002.

④　张寅成.百济金铜大香炉的功能和象征意义 [J]. 东亚古物：A 卷，2004（12）.

⑤　李之龙.跋唐扶余隆墓志文 [J]. 华夏考古，1999（2）.

主结合史载初步探析了扶余隆的生平经历及相关历史问题。黑齿常之是古代中国和古代朝鲜的著名人物，李之龙在《唐代黑齿常之墓志文考释》①考证了黑齿常之降唐后的主要经历，认为黑齿常之降唐后相当长一段时间内都在百济任职而不能肯定其是否有入唐经历；对其赴边塞后的历年任职与军功也做了详尽的考察；并认为志文是对死者的高度肯定和同情，是武则天平息政治危机的一种手段。束有春、焦正安在《唐代百济黑齿常之、黑齿俊父子墓志文解读》②不仅对志石、拓片的流传和保存情况做了考察，依据志文暗示黑齿常之的墓志石极有可能是私刻不是官刻的；还对黑齿常之父子的姓氏来源、字号、出生地及生卒年和主要生平经历做了细致的考察。束有春在《唐代黑齿常之字号及生卒年新考》③结合墓志考释了黑齿常之的字号和出生年月，指出黑齿常之的字为"恒元"，依据黑齿常之的卒年与年龄推出黑齿常之生于唐太宗贞观三年，即公元629年。陈瞖在《黑齿常之评述》④评述了黑齿常之的一生，指出黑齿常之少时即受汉文化影响很深，年轻时候就是百济的达率，百济灭亡后并可能参加了百济复兴运动后受唐政府招安任沙泮州刺史，入唐后南下讨伐徐敬业，北上抗击突厥，功绩突出，武后掌权后黑齿常之蒙冤而死。陈长安的《唐代洛阳的百济人》⑤结合墓志和史载对葬于洛阳邙山的百济王扶余义慈、百济太子扶余隆、黑齿常之、黑齿俊父子的身世、生平经历、葬地及其相关历史问题做了研究，指出他们四人都葬于洛阳邙山。马驰的《〈难元庆墓志〉考释》⑥对志主百济人难元庆的姓氏、族属来自中国北方少数民族乌桓，考证了难元庆高祖的官职及难元庆父祖的仕唐经历，难元庆本人的生平经历、家居地、卒地及其与夫人的合葬地。

拜根兴的《〈大唐平百济国碑铭〉关联问题考释》⑦考究了《碑铭》一系列关联问题。首先是《碑铭》的撰作时间及缘由，认为纪功碑代表了唐王朝

① 李之龙. 唐代黑齿常之墓志文考释 [J]. 东南文化，1996（3）.

② 束有春，焦正安. 唐代百济黑齿常之、黑齿俊父子墓志文解读 [J]. 东南文化，1996（4）.

③ 束有春. 唐代黑齿常之字号及生卒年新考 [J]. 江海学刊，1996（6）.

④ 陈瞖. 黑齿常之评述 [J]. 中央民族大学学报（人文社会科学版），2001（3）.

⑤ 陈长安. 唐代洛阳的百济人 [A]// 赵振华. 洛阳出土墓志研究文集. 北京：朝华出版社，2002.

⑥ 马驰. 难元庆墓志考释 [A]// 赵振华. 洛阳出土墓志研究文集. 北京：朝华出版社，2002.

⑦ 拜根兴. 大唐平百济国碑铭关联问题考释 [A]//. 唐史论丛：第8辑. 西安：三秦出版社，2005.

开疆拓土、宣扬国家声威及恩威并用的统治手段，军事将领豪迈情怀和心理的集中反映；其次探讨了历代对《碑铭》的著录和研究，再是撰者贺遂亮的生平事迹；最后对碑铭内容，如嵎夷道行军总管所辖军队的编制组成情况、百济人口及唐军将领都作了必要的解释。

《当代韩国人文社会科学》①客观地介绍第二次世界大战以来韩国人文社会科学的发展历程及其取得的研究成果，注重20世纪80年代以来的最新进展，着重全面客观地介绍韩国学者自身的观点，其中就包括百济研究，涉及百济研究的机构、成果、学者等。在"百济研究"一节中，作者收入了百济研究的相关机构、刊物。作者收入的百济论著主要围绕百济文化、百济国家形成、百济税制、百济历史地理。在"第六章 考古学研究"中"第二节 研究现状"中的"历史考古"和在其后附录的"韩国考古学主要论著目录"中列举了1945—1996年百济考古的主要成果。在全书后面的附录一"韩国纪年"中列举了百济王的世系表；附录二"韩国历史大事年表"中列举了韩国历史中有关百济的历史大事。

这一阶段的特点是：百济学研究快速发展，研究范围较之前一阶段更加广泛，成果频出，研究者增多，除北京的高校和中央研究机构外，在中国东北（如吉林，有语言优势）、长江下游城市（南京，历史上与百济有着深厚的渊源关系）、西安和洛阳等地涌现出一批学有专长的中青年专家。

这个时期的中国百济学研究更加国际化，韩国学者在中国发表文章，和中国学者在韩国发表文章日渐增多，还有不少的韩国学者的专著被译成中文发表，反映了中国百济学研究的深入发展。

二、回顾与展望

通过上文，我们可以看出，中国学者对百济学的研究是积极的，在诸多领域都做了十分有益的探索，也取得了很多重要的研究成果，成绩是显著的。尤其是中韩建交十四年来，随着两国之间友好交往的日益增多，涉及百

---

① 李惠国. 当代韩国人文社会科学 [M]. 北京：商务印书馆，1999.

济学的有关文化交流活动也日趋频繁。

近年来，韩国忠南大学百济研究所、韩南大学史学科及博物馆、忠南文化财研究院、韩国国际交流财团、韩国六朝文物研究会、韩神大学博物馆、全南大学博物馆、国立公州博物馆、国立扶余文化财研究所、国立扶余博物馆等多家学术机构、团体和组织，纷纷通过举办有关百济学的国际学术研讨会、资助或邀请中国专家学者研修或访问考察等多种形式，极大地推动和促进了中国学界对百济学的了解和研究。如今，仅在中国江苏省南京的南京师范大学、南京市博物馆、南京大学、南京博物院、南京市文物研究所、江苏省文物局和南京出版社等单位，就已形成了一批对韩国百济文化颇有兴趣的研究者。这些学者发挥各自的学识和经验，从不同的视角对百济学研究提出了许多有益的见解，丰富和扩展了百济学在中国乃至在国际上的地位和影响。

但我们也应该看到，中国对于百济学研究的状态仍处于初始阶段，尚待兴起一个高潮、还存在不少局限性，这主要体现在以下几个方面。

（一）中国百济学研究的学术基础还显得不够坚实。目前中国学界对韩国百济学的发展源流以及总体概况的掌握还远远不够，缺少对韩国百济学知名学者主要学术观点、流派和最新研究成果的认识和理解，无法把握和明确更深层次的学术研究方向及目标。虽然中国对于朝鲜半岛历史研究方面现已发表的文章和已出版的论著为数也不少，但其中真正独立研究百济的文章或专著还不是很多，具有里程碑意义的论著则更缺乏。相比较而言，中国百济学的研究尚稍落后于对高句丽和对新罗及统一新罗的研究。

（二）中国百济学研究在多学科的参与和整合方面还做得不够。从学科分类来说，百济学研究涉及中国考古学、魏晋南北朝史、隋唐史和世界东亚史等多门学科。近年来中国百济学研究的突出成绩，多集中于利用文物考古资料以比较中国与百济的物质交流方面，而对于百济学研究的其他领域诸如社会政治、经济、军事和文化艺术等方面的注意还不多，用力还不大，导致对百济文化认识的不全面性。

（三）中国百济学研究的国际化程度还不够高。百济曾在中世纪东亚地区汉字（儒学）文化圈形成的过程中起过十分关键的作用，在东亚区域历史研究中有着很高的价值和意义。然而目前中国百济学的研究与韩国、日本以及海外的相关研究联系还不是很多，导致中国国内对国际的最新研究成果的认识存在滞后性，不利于进一步拓宽思路和深入探讨。

纵然存在诸多不足，我们必须承认，中国的百济学研究还是取得了长足的进步的，今后也将有着很大的发展潜力。展望百济学在中国的发展，我个人认为可以在以下几个方面做好促进和推动工作。

（一）继续保持和加强中韩两国学术机构和专家学者之间的友好交流与合作，有适当的时机和条件能在中国举办一次有关百济学的国际学术研讨会，以文会友，展示百济学的最新研究成果，切磋百济学的学术话题，共同谋划百济学研究的发展方向，以扩大百济学在中国学术界的地位和影响。

（二）在中国推荐翻译出版一批韩国百济学名家专著、专题论文集以及国际间论述百济学的文献资料，以方便更多的中国学者从事这项研究；同时，要注意培养一批既有专业知识（历史、考古、文学艺术等），又有一定韩文基础的中国年轻学者或学生，能赴韩进行百济学的研修和学习，此举将会为中国百济学研究再上一个新的台阶打下基础。

（三）通过多种途径和形式宣传和普及百济文化，以促进中韩友谊。韩国百济与中国六朝的友好自古就被传为佳话，百济学的研究可以成为中韩两国增进友谊、世代友好的共同主题。希望在百济学研究的带动下，韩国和中国之间能以百济文化为纽带，通过课题合作、出版发表论著、缔结姊妹关系、促进经贸往来、互换展览宣传、创作影视作品、充实媒体报道等，以加深相互之间的信任与了解。

总之，随着中韩两国文化交流日益频繁和深入，中国学者也会进一步关注百济，百济学的研究也会得到发展，愿百济学研究为增进两国人民的友好关系谱写出新的篇章。

（作者为南京师范大学文博系教授以及硕士研究生；原文刊载于韩国《百济研究》第45辑，2007年2月）

目 录
CONTENTS

第一部 都城与墓葬

朝鲜半岛围墙聚落的出现及相关问题

朴淳发

朝鲜半岛聚落演变，从新石器时代中期（公元前4000—前3000年）开始，经过青铜器时代（公元前1300—前300年）、初期铁器时代（公元前300—前100年）、原三国时代（公元前100—公元300年左右）的环壕聚落，直到国家成立时期的城垣。通过与中国聚落演变的比较，可以看出在东亚地区国家社会跟城垣聚落之间有密切关联。

一、从朝鲜半岛的聚落初现到围墙聚落

一般来说，聚落由居住区和墓葬区组成。整个聚落形制反映当时的社会发展程度及结构。据迄今所发现的考古材料，朝鲜半岛地区史前聚落最早在新石器时代前期至中期（公元前4000—前3000年）出现。虽然更早时段也有居住遗址，由1~5座居址组成，但还不堪称聚落。勿论，整个规模上还没有达到聚落的基准。为了行文方便，在此只把拥有10座以上居址的居址群称为聚落。本文通观朝鲜半岛新石器时代到国家成立时期的聚落演变，先简单了解一下朝鲜半岛的聚落演变：最早为单纯聚落，经过环壕聚落，最终到围墙聚落。这样的演变与中国聚落演变的情况相似，可是具体变化的时期及内容不一样。下面进行详细的比较。

凡是新石器时代聚落都位于如汉江一类的大河畔或靠近西海岸的低丘、

岛屿上，可以推测当时是以渔捞、采集为主。但在部分靠近西海岸遗址中出土了粟、黍等栽培谷物。目前为止，发现最大的新石器聚落由60多座房址组成，其他一般为10~30座。代表性遗址是首尔岩寺洞、京畿道龙仁农墅洞、京畿道始兴陵谷洞、京畿道安山新吉洞、仁川市云西洞等（参见图一和图二）。值得关注的是并未发现聚落住民的墓葬。已发现的朝鲜半岛新石器时代墓葬很少，靠近聚落的地区几乎没有相关发现。笔者推测这种情况与聚落的稳定性有关。比如说，当时聚落与以后相比持续性更低，所以与土地之间的紧密联系性也更为薄弱。谷物农耕采集活动更重要的条件下，保存祖先墓葬的社会习惯可能还没出现。

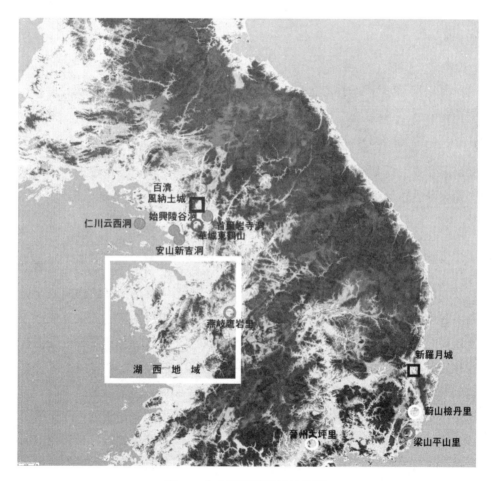

图一 本文所说诸遗址的位置

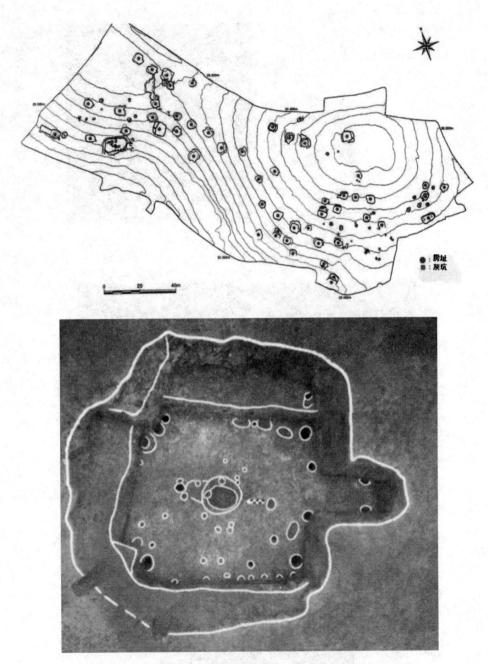

图二　仁川市云西洞新石器时代聚落和房址

　　到了公元前1300年左右，中国东北山区青铜器时代的农耕文化逐渐传播到朝鲜半岛，替代从前的新石器文化。为了读者，这儿简单地介绍朝鲜半岛中南部地区青铜器时代的编年如次（参看图三）。

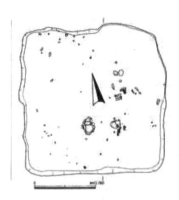

1. 渼沙里类型房址和典型陶器

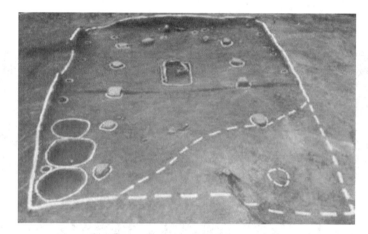

2. 可乐洞类型房址和典型陶器

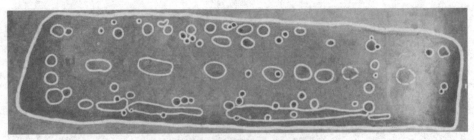

3. 驿三洞类型房址和典型陶器

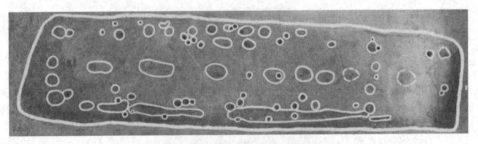

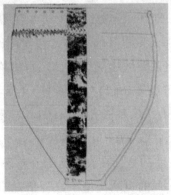

4. 欣岩里类型房址和典型陶器（房址与驿三洞类型一样）

5. 松菊里类型房址和典型陶器

图三 朝鲜半岛青铜器时代文化类型演变

早期：渼沙里类型（公元前1300—前1100年，夹砂附加堆纹罐，方形房址）

＊同时，西北地区存在陀螺形陶器类型

前期：可乐洞类型（公元前1100—前900年，夹砂变形附加堆纹罐，磨光红陶壶，长方形房址）

驿三洞类型（公元前1000—前400年，夹砂孔列罐，磨光红陶壶，长方形房址）

欣岩里类型（公元前900—前800年，融和夹砂变形附加堆纹陶器和孔列陶器，长方形房址）

＊旱田或火田农耕为主

后期：松菊里文化（公元前800—前300年，夹砂侈口罐，磨光红陶壶，圆形房址）

＊水稻农耕普遍化

不久新型聚落出现，即环壕聚落，据C14年代不晚于公元前1000年。典型遗址是忠清北道清原郡大栗里环壕聚落（参看图四）。该阶段后期在聚落空间布置上有个变化，即墓葬域靠傍房址群。石棺墓、支石墓组成当时的代表性墓葬形制。根据大田市飞来洞1号支石墓C14年代测定结果，支石墓至迟开始于公元前900年左右（参看图五）。1997年被发现的这座支石墓C14年代，经测定为公元前1145—前900年（树轮校正）。支石墓的起源，与中国东北山区肯定有关。值得关注的是，在农耕地的分布条件上两者之间有相似性。两者都是多山、少谷、平地的自然环境。这种情况下，随着农业的发展，可用的好耕地不够。于是，为确保好农地引起竞争。这种土地占有竞争的标识，就是如支石墓一样的显昌祖先墓，此外也许还建设了石棺墓群。因此，青铜器时代的墓葬分布情况与当时聚落关系密切，甚至可以说是聚落配置图一样。大概到了青铜器时代后期晚段（公元前500—公元前300年），以支石墓为代表的当时墓域，与其相隔2~3公里聚落弥满。聚落之间的级别自然形成，最终发展形成政治社会。目前，著名的青铜器时代环壕聚落有：蔚山市检丹里、庆尚南道晋州市大坪里遗址，等等。

图四　忠清北道清原郡大栗里环壕聚落

图五　大田市飞来洞支石墓和随葬品

公元前300年左右，中国东北辽中、辽北山区的黏土带陶器文化开始向
南传播到朝鲜半岛地区，这个新来的文化促使社会进一步变化，而青铜器时
代告终（参看图六）。韩国学界经常把这时到公元前100年左右的时段，称为

初期铁器时代。虽然目前发现的初期铁器时代聚落材料很少，但显示了聚落位于更高地的特征。目前，代表性遗址是京畿道华城市东鹤山、庆尚南道陕川郡盈仓里、庆尚南道泗川市芳芝里等（参看图七）。有些遗址如大田市普文山城被后代山城城墙打破，因此可以知道这时段聚落位置的特殊性。对于这些现象的发生笔者认为可能是由于某种社会矛盾，比如围绕占地，新来的集团跟土著集团之间的争夺。尽管如此，不久，新来的黏土带陶器文化集团便主导并稳定了社会。接下来便出现了伴有高质随葬品的权力者墓葬。按文献，这时段相当于朝鲜半岛中南部的"韩"时代。

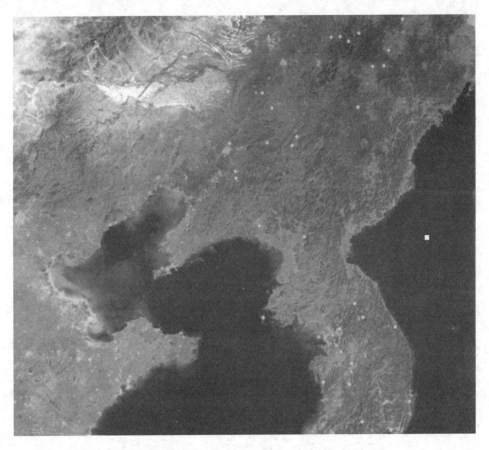

图六　黏土带陶器遗址分布

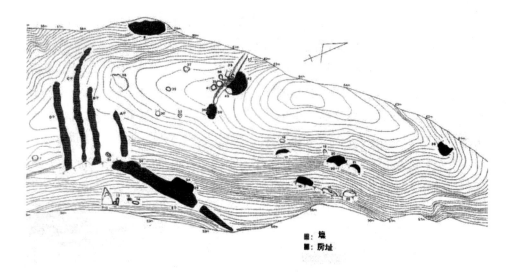

1. 初期铁器时代环壕聚落（庆尚南道泗川市芳芝里遗址）

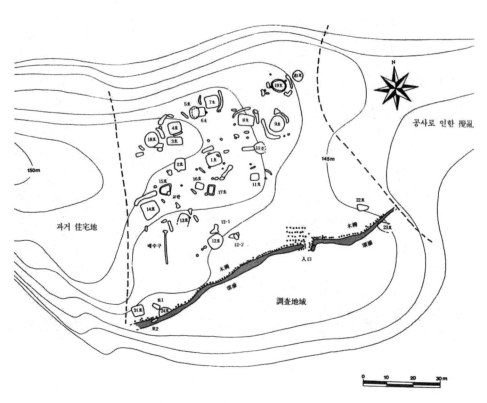

2. 原三国时代环壕聚落（庆尚南道梁山郡平山里遗址）

图七　朝鲜半岛初期铁器、原三国时代环壕聚落

公元前108年，汉武帝征伐朝鲜，而设置乐浪等四郡。因此，"韩"社会因汉郡县受到很大影响，分为马韩、辰韩、弁韩，常常被称三韩。同时各韩内部形成许多小国，比如马韩54个国、辰韩12个国、弁韩12个国等。从迄今发现的材料来看，各个小国的中心聚落具备环壕，墓域处于距其不远的地点。据《三国志》东夷传，马韩没有城郭，辰韩有城栅，弁韩有城郭。这个时段经常被称为原三国时代，而今发现了忠清南道燕岐郡应岩里、庆尚南道梁山郡平山里遗址等（参看图七）相关遗迹，但目前还没发现原三国时期城墙聚落。这种情况与中国很相似。中国除了郡县治所以外，公元250—300年，具备城墙的聚落才出现。下面我们就来探讨国家出现和围墙聚落之间的密切关系。

二、中国围墙聚落的演变及其社会性格

朝鲜半岛地区的聚落演变如前所述，接下来通过与中国的比较，来探索其特征。据研究，中国聚落演变由最早的圆形环壕，经过圆形或近方形城墙，再到方形城垣（钱耀鹏，1999）。目前为止的发现表明，公元前6000年左右，环壕聚落出现，这就是湖南省澧县八十垱遗址（湖南省文物考古研究所，1996）。这比中原地区更早，中原地区被认为最早的是仰韶文化中期的陕西半坡遗址。公元前4000年左右，具备城墙和环壕的城壕聚落出现了，即湖南省澧县城头山遗址。中原地区的城壕比城头山晚一点儿。目前，河南郑州西山城年代最早，相当于公元前3000年左右。

西山城遗址还属最早的夯土版筑城墙，这在城墙建筑技法角度上十分重要。西山城的平面近方形，说明在这阶段夯土版筑城墙才出现，呈现出方形城。从城墙建造技法来说，整个演变过程，是从地面堆筑→地面夯土堆筑→基槽夯土堆筑→基槽夯土版筑的顺序。西山城采用这演变的最后阶段，即基槽夯土版筑。

关于这座城垣聚落的社会性质，一般认为其为当时的政治、宗教中心。有人认为此时一种高于氏族制的社会制度正在孕育中（杨肇清，1997）。公元前2400年左右，如山西襄汾陶寺遗址一样，更大的城垣出现了，这就相当于是一个名副其实的国家社会的都城（严志斌、何驽，2005）。几乎同时，在黄河下游山东等地也出现了城垣聚落。对于这些龙山文化城垣聚落，有的学者认为

其为先夏王朝时期的所谓小国中心（曹桂岑，1988；张学海，1996）。

龙山文化中晚期出现的城垣聚落可以称为小国中心，也堪称都城。对于中国历代都城结构演变，笔者认为有如下几个阶段性发展（朴淳发，2013）。

以布置宫殿和民区的关系为基准，第一阶段宫区还没与民区相区分，山西陶寺遗址早期城属典型。到了第二阶段，宫殿区才与民区分开成为一个城。城里只有与支配者们有关的设施，即宫殿、祭祀区、手工作坊等。河南省淮阳平粮台、山东省阳谷景阳冈等遗址可以为例，偃师二里头夏晚期宫城臻于完美的典型。第三阶段所谓内城外郭型都城才开始出现，偃师商城该当典型。虽然还没包括整个民区，外城（郭）里面除了宫殿以外也有部分民区、手工作坊等国家核心设施。外郭中央的宫城即内城围护宫殿，因而可以称为郭中宫城型或宫郭一体型。第四阶段的都城结构体现于战国时代。宫城分离独出郭外面，特别是郭西边。规模上看，郭比宫城更大，所以大部分民区按置郭中，里面甚至也有王、贵族墓葬。笔者把这样的都城称为宫郭并置型。第五阶段是多宫城型，秦统一后才开始，经过西汉到东汉继续。然而具体来说又不相同，秦到西汉初，宫城外面还没有郭城，汉惠帝以后加外郭，以围护几个宫城，比如汉长安城。因此，可以细分无郭多宫城和围郭多宫城。围郭多宫城型继续发展为东汉洛阳城。值得关注的是，虽说汉长安城和东汉洛阳城都具备郭城，郭里大部分面积多为宫城所占用，容不了民区。第六阶段，就是时间跨度最大的。从204年建城的曹魏邺城开始，安置单一宫城于外郭北边中央，在宫殿区南边配民区，臻于宫区、民区融合。对于这种融合坐北朝南单一宫城和民区的都城渊源不太清楚，有人认为受西方影响。新都城形制经过魏晋南北朝，到了隋大兴城、唐长安城臻于定型，然后向全东亚各地都城结构波及影响。

三、朝鲜半岛城垣出现和国家成立

朝鲜半岛最早的国家是公元前108年为汉武帝所灭亡的古朝鲜，它的位置就在现在朝鲜的平壤。按文献古朝鲜的都城具备城垣，但对其具体位置和形制都不清楚。此后公元前1世纪左右，高句丽于现今中国辽宁省桓仁成立国家。目前，大都认为以桓仁下古城子为都城。下古城子位置靠近河岸，因而河边城墙为洪水所冲毁，现在只有北城墙比较完整（参看图八）。学界推测古城为长方形，北墙长达240米、南墙长205米、东墙长200米、西墙长170米，整个面积是37000平方米左右（朴淳发，2012）。建造城墙的技法是地面夯土堆筑，环壕围绕城墙。按《三国史记》，高句丽建国于公元前37年，与古城建造时期几乎一致。

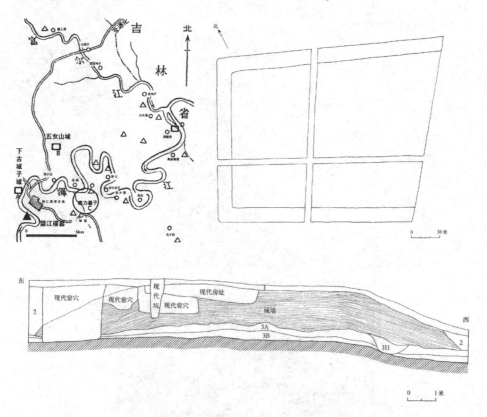

图八　高句丽早期都城下古城子位置和城的结构、城墙解剖断面图

百济是另一个古代国家，与高句丽和新罗组成朝鲜半岛的三国时代。它于现今韩国首尔成立国家，后于475年为高句丽打败，迁都南150公里于现在忠清南道公州，538年再迁移至南方20公里左右到今忠清南道扶余。根据文献，百济建国时期是公元前18年。可是，目前为止，公元250年左右以前时段找不到与国家社会有关考古的证据。其实，关于百济国家成立的考古根据，就是城垣（朴淳发，2009）。在首尔地区有两个城，即风纳土城和梦村土城（参看图九），值得注意的是，风纳土城里在聚落形态上也存在环壕聚落，这是城墙出现以前的一些聚落。因此，可以推定在国家形成的过程当中从环壕到城垣的变化。

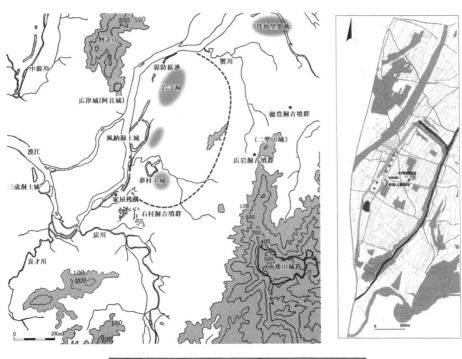

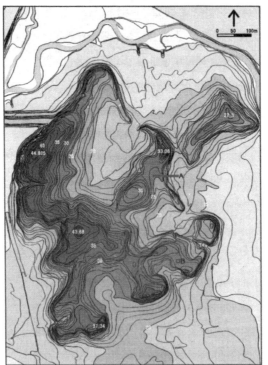

图九　百济早期都城风纳土城和梦村土城

　　风纳土城处于汉江南岸的自然堤坝上，因而难免被洪水冲毁，临江的西墙已被破坏了。整个平面来说，呈近鼓胀的长方形。城墙全周长达3.5公里左右，城内面积约760000平方米。根据解剖调查，城墙以地面夯土版筑建成，基部最宽达43米，高达11米左右。城墙外面用人工或自然河道来做护城河。梦村土城位于风纳土城南方1公里，利用低丘陵地貌加工成为城墙。因而，整个平面型是不规则的，筑墙技法也简陋。据解剖调查，以地面堆筑建墙。整个城墙周长达2285米，面积达216000平方米。城壁外面也有风纳土城一样的护城河。如前所说，这两个城几乎同时出现，而梦村土城可能早于风纳土城。按文献，如《三国史记》和《日本书纪》，梦村土城被推定为"南城"或"王城"，风纳土城则为"北城"或"大城"。

　　新罗处于朝鲜半岛东南部今庆尚北道庆州市。按文献，虽然它建国时期比高句丽以及百济更早，于公元前57年，但目前发现的考古材料并不与文献内容相符。一般认为，公元4世纪以后，才成立国家级社会。关于新罗国，也有个城垣遗址叫月城。虽然对于月城还没有发掘调查结果，韩国学界一般认为月城就是早期新罗都城。月城地处南面临河的一个低丘上，以自然河道为护城河。月城平面形似半月，城墙全长达2340米，城内面积112500平方米（参看图十）。

图十　新罗早期都城月城

四、城垣聚落的普遍性和特殊性

如上所述，朝鲜半岛古代三国都以城垣聚落为都城。这点与中国国家的发展过程差不多，因而这可能是东亚地区国家成立上的一个普遍性。其实，非但东亚，整个欧亚大陆，也是一样。在美索不达米亚国家成立时段，也存在城垣聚落，比如公元前6000—前5000年的伊拉克（IRAQ）Telles-Sawwan遗址、公元前3400—前3100年的Warka遗址等（参看图十一）。印度以及埃及也是一样。因此，可以认定国家社会与城垣聚落普遍相关。不过，在同一东亚地区内也有特殊性，比如日本一直没出现过城垣聚落。虽然相当于国家成立以前的弥生时期已经出现环壕聚落，但在国家阶段并没有发现城垣聚落。

另外，城垣聚落的出现存在时间差，比如在中国公元前3000—前2000年已经出现，可是在朝鲜半岛直到公元前1世纪才刚出现。尽管如此，城垣聚落形制上仍然具有对应的特征与阶段性。从朝鲜半岛城垣看来，高句丽早期的下古城子相当于中国都城演变阶段上的第一阶段，即宫城独立阶段。百济梦村土城也可以说当同一阶段。然后，百济风纳土城出现之后，两城并置情况下，当中国都城的第四阶段，即宫郭并置型。从新罗月城看来，整个城的规模上可以收容一部分民区，该当中国都城第三阶段的内城外郭型。虽然这种看法还须切磋琢磨，但对于东亚地区广泛的比较研究，有着实用性。以此抛砖引玉。请大家指正。

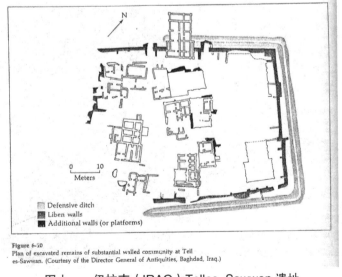

N
0
10
Meters
Defensive ditch
Liben walls
Additional walls (or platforms)
Figure 6-10
Plan of excavated remains of substantial walled community at Tell es-Sawwan. (Courtesy of the Director General of Antiquities, Baghdad, Iraq.)

图十一　伊拉克（IRAQ）Telles-Sawwan遗址

参考文献：

[1] 湖南省文物考古研究所 . 湖南澧县梦溪八十垱新石器时代早期遗址发掘简报 [J]. 文物，1996，12.

[2] 朴淳发 . 百济的都城 [M]. 大田广域市：忠南大学出版部，2009.

[3] 朴淳发 . 高句丽都城和墓域 [J]. 韩国古代史探究，2012，12.

[4] 钱耀鹏 . 关于西山城址的特点和历史地位 [J]. 文物，1999，7.

[5] 严志斌，何驽 . 山西襄汾陶寺城址 2002 年发掘报告 [J]. 考古学报，2005，3.

[6] 杨肇清 . 试论郑州西山仰韶文化晚期古城址的性质 [J]. 华夏考古，1997，1.

[7] 张学海 . 试论山东地区的龙山文化城 [J]. 文物，1996，12.

[8] 曹桂岑 . 试论龙山文化古城的社会性格 [A]// 中国考古学大会第五次年会论文集 . 北京：文物出版社，1988.

百济都城的始末

朴淳发

　　以宫和民里的布置关系为基准，中国古代都城的发展大致可以被分为7个阶段性类型：第一类型，以宫和民里未分离为特征；第二类型是以夏代二里头城址为代表的宫城创建阶段；第三类型是以"内城外郭"为特征，偃师商城是其典型代表；第四类型可以称为"西宫东郭并置"，春秋战国各诸侯国的都城都应属于这个类型；第五类型以统一六国之后的秦都城为代表，由几个宫城共同组成的都城为特征；第六类型则是以曹魏邺城为嚆矢，其坐北朝南型的单宫城和民里特征成为中国古代都城的典范；第七类型的基本特征与第六类型相似，只是其宫城位于整个都城的中央而已。对比中国古代都城的归类结果，可以进一步剖析韩国古代都城的演变特征。百济定都汉城（今首尔）之后，又进行了两次迁都：先后迁至"熊津"（今忠清南道公州）和"泗沘"（今忠清南道扶余）。因此，这一时期常常被分别称为：汉城期（公元前18—475年）、熊津期（475—538年）、泗沘期（538—660年）。汉城期都城的特征以两个城为代表，即"风纳土城"和"梦村土城"。规模较大的"风纳土城"拥有宫和民里，但规模相对较小的"梦村土城"被推定为王宫所在。公元4世纪，风纳土城中形成街道，并沿街布置民家。

　　至此，中国都城第六类型在韩国出现。同时，作为王宫的梦村土城依然维持着中国都城第四类型的特征。"熊津都城"除了缺少外郭之外，应该也与中国都城第六类型具有形似的布局特征。因此，可以称其为第六类型相似型。而"泗沘都城"则堪称典型的第六类型。观察高句丽中期都城，即集安国内城的特征，可将其归属为第三类型。后期的平壤长安城（586—668年）

也应属于第六类型。新罗初期的月城被推定为第三类型，但到了6世纪后半叶，扩大后的都城格局则更类似于第六类型。综上所述，6世纪左右的朝鲜半岛出现了中国古代都城典型的第六类型，而这种都城格局的变化最可能与国家集权程度加强和由此导致的城内人口集中化等现象有关。

一、序

一般来说，都城是已成为国家的政治体的中心聚落，在东亚地区以是否具备城墙为界定标准。通观东亚各地区的历代都城，不难看出，都城规模是随着国家的发展而不断扩大的。笔者大胆推测：都城规模扩大的最根本原因是都城内民里规模的扩张。在文献记载中，"民里"一词最早出现于《史记》，指的是百姓居所构成的区域；而"里"一词大约在西周初期就被用来指通都大邑城内的居民区（贺业钜，1996；陈絜，2009）。有学者认为，春秋晚期以后"里"所指代的对象发生了变化，用来指代从贵族到庶民的整个社会群体。据此可知，《史记》中"里"的意义与西周初期时的存在很大差异。现今，中国学术界把都城里的居民区常叫为"里坊"，而"坊"一词最早出现于东汉时期，当时贵族的居住区是洛阳故北宫的"九子坊"（任重、陈仪，2004）。笔者之所以用"民里"替代"里坊"，是因为前者避开

图一　夏二里头（许宏等，2004）

"坊"一词，用于指代都城里设置的百姓居住区，更适用于讨论整个东亚范围内都城的居民区。本文首先根据中国历代都城的特征将其分为几大类型，然后从民里和王宫区的空间布局角度，简述百济都城的演变。

二、东亚都城的类型

众所周知，都城的核心是宫与"民里"。因此，本文以宫和"民里"的空间布局和形制为基准，将东亚都城划分类型。其中，以中国历代都城为代表，具体将中国都城分为如下七个阶段类型。

第一类型：宫和居民区还没分开的阶段类型。以山西陶寺遗址的早期城址为例（严志斌、何驽，2005），虽无法确定其内部"宫"的所在位置，但统治阶层很可能居住城内，而整个中心聚落的居民可能会被安置于城外。

第二类型：这一类型的特征是宫和居民区分离，也就是宫城独立存在，如河南淮阳平粮台、山东阳谷景阳冈等。根据考古发掘报告的记述，龙山晚期的城内只规划了宫、祭祀区、手工作坊等区域，居民区在城外。因此，龙山晚期的城也应属于第二类型。夏代中晚期的二里头都城址发掘总面积300万平方米，宫城位于其正中央，居民区位于周边各处（图一，许宏等，2004）。这种除了宫和宗庙以外的区域都设置在城外的布局，堪称真正的宫城。笔者认为，夏代中晚期的二里头都城是这一类型的典型代表，但和夏代以前的都城相比有一定的差异。

第三类型：在第二类型的居民区布局外围加设城墙形成外郭，从而形成"内城外郭"型的都城形制。迄今为止，河南偃师商城是最早的第三类型的代表。同时，根据山东曲阜鲁国都城等城池的形制研究，西周时期的诸侯国都城也具有这种特征（图二）。

第四类型：是宫城和居民区为中心的郭城并置类型。与第三类型相比，第四类型宫城独立于郭外，笔者把它称为"宫郭并置型"。这一类型的城在战国时期常见，如河北邯郸赵国都城（图三）、河南新郑的郑韩古城、山东临淄齐国都城等。有的学者认为，这种类型的出现是当时国君频繁"以国人为弑"，加强保护宫城的结果（李自智，2004）。战国时期各国都城中的大部分施行西宫城、东郭城的布局，应是"尊西"思想的体现。其实，早在西周时期的成周"则雒邑"就呈现西宫城、东郭型的特点。虽然当时的城不具备外郭，但这样的布局体系足以体现"尊西方"的观念。

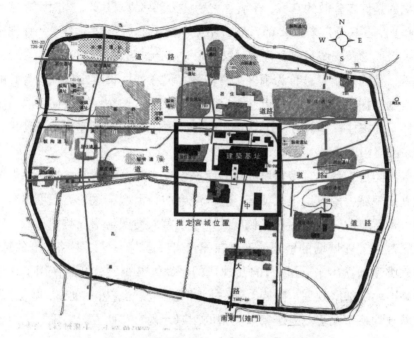

图二　曲阜鲁国都城（田岸，1982 年修改）

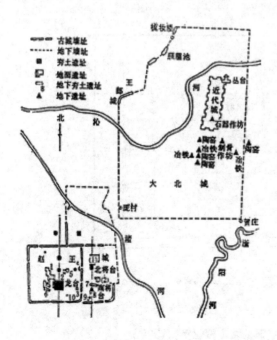

图三　邯郸赵都城（邯郸
市文物保管所，1980 ）

第五类型：秦统一六国之后，第四类型以居民区为中心的郭城消失，取而代之的是许多分散的宫城，笔者称之为"无郭多宫城型"。当时，在咸阳周边200里左右只分散着众多的宫城，不见城郭。此后，这一类型一直被延续使用，汉代的长安城是典型代表。汉惠帝时建造的城郭围绕长乐宫、未央宫、武库等，整体形制可被称为围郭多宫城型，但在郭内仍然未设置老百姓的居住区。据发掘报告，郭内只有几个宫城及市、手工作坊，一般住民居住于郭城外面（刘庆柱、李毓芳，2003）。以宫城为中心的这一类型被持续使用，一直到东汉洛阳城。

第六类型：是融合多宫城为单一宫城设置于整个都城的北端，并把居住区设施于郭城内南方，坐北朝南、宫郭融合的新类型。这一类型堪称东亚都城史上最重要的转折点。从区域配置来看，第六类型与第三类型相似，宫和居民区都在外郭城墙的里面。不过在配置居民区时一贯以街路为准的特点，使第六类型独立出来。早在204年建成的曹魏邺城中，就开始使用了这种颇有突破性的新都城规划（图四）。经过北魏洛阳城的完善，到隋、唐大兴城、长安城规划臻于完美。对于第六类型的渊源，现有"西方影响说"（孟凡人，1994），但笔者认为还有待资料完善方可做更深入的探讨。

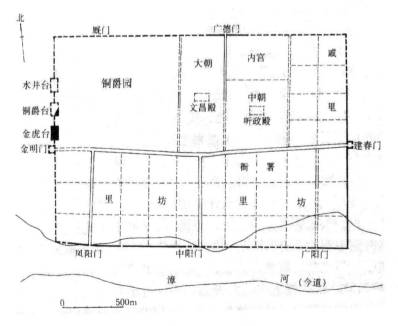

图四　曹魏邺都城（贺业钜，1996）

第七类型：第七类型基本上与第六类型类似，只是在布局上宫城处于整个城的中央位置。为了区别于第六类型，笔者将这种宫城在中央的类型称为中央宫郭融合型。这种城从宋东京城开始兴起，经过金中都、元大都，一直到明清北京城。

综上所述，以民里和宫的布局关系为依据，中国历代都城的各类型可以整理如图五。国家形成以后，都城规模逐渐扩大是客观的事实，其主要原因是民里部分的扩大。因此，笔者认为，从民里的角度分类历代都城是很有意义的。目前，中国历代都城的研究越发多元，由民里为切入点的研究已经存在，并且得出了一定的结果，即把中国古代都城里坊的发展过程分为三个阶段：形成期、过渡期、成熟期（王维坤，1999）。三个阶段中的形成期相当于本文的第三、四、五类型；而过渡期和成熟期则相当于第六类型。在文中划分的七大类型中，第六类型具有的新规划方式是值得注意的。

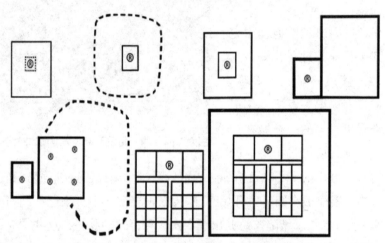

图五　从民里与宫城布局划分中国都城各类型
（自上左至下右顺次第一、二、三、四、五、六、七类型）

表一　中国都城民里发达过程

阶段	类型	典型
早期型	第一类型	夏二里头
前期型	第二类型	商偃师商城
中期型	第六类型	曹魏邺城
后期型	第七类型	宋东京城

三、百济都城的演变

目前，根据文献和考古资料可知，朝鲜半岛古代三国为：高句丽、百济和新罗。笔者认为国家成立的考古学证据是围墙聚落的出现。百济建国于今天的首尔，古称为"汉城"；475年为高句丽所攻陷落，政权迁至"熊津城"（现今忠清南道公州市），538年再度迁都于泗沘城（现今忠清南道扶余），一直到660年（图六）。

根据《三国史记》地理志记载，百济历代迁都过程，按慰礼城→汉城→熊川→所夫里等顺。但对比《三国史记》百济本纪记载，不难看出最早的慰礼城在汉江北部。定都之后经过很短时间

图六　高句丽、百济和新罗三国都城位置示意图

就迁移到河南慰礼城。那时百济靠近乐浪等敌国，因此需要加强防卫。另外，汉城之名早在温祚王十四年就开始存在，《三国史记》中自刚迁都到河南慰礼城一直到公元475年汉城陷落总共出现六次。看记载的脉络，这些"汉城"不仅是指都城名也指地域名。值得关注的是从最早的温祚王十四年到辰斯王之世（公元385—391年），有四百年的长期空白。以此，"汉城"的名字应为较后出现的都城名，并不是百济国家成立时的温祚王之世的。学界认为这是由于把后来的都城名溯及以前的记述。其实，"慰礼"意味着"汉江"的汉，即是"大"的意思。汉江的异记亦有"郁里水"和"阿利水"等，以此可以推测"慰礼城"和"汉城"指同一个都城，只有韩语发音和汉字表记的差异。几乎同时期，也有"汉山"之名，比如枕流王（公元384年）为了自东晋来到百济的胡僧摩罗难陀于"汉山"创建了佛寺。这与在近肖古王二十六年（公元371年）移都到的"汉山"为同一个地方。据《三国史记》地理志记载，近

肖古王移都的都城名亦称为"汉城"，因此不难看出汉城和汉山实在不二。综合考古资料和文献记载，百济都城实际上总共迁移4次，即从汉江以北的河北慰礼城，经历了河南慰礼城（或是汉字表记为汉城）、汉山（整个地域名）的另一个地方、熊津、泗沘等顺。韩国学界以为慰礼城是风纳土城，而"汉山"是现今梦村土城（图七）。但最早的都城，即河北慰礼城的踪迹还没找到。

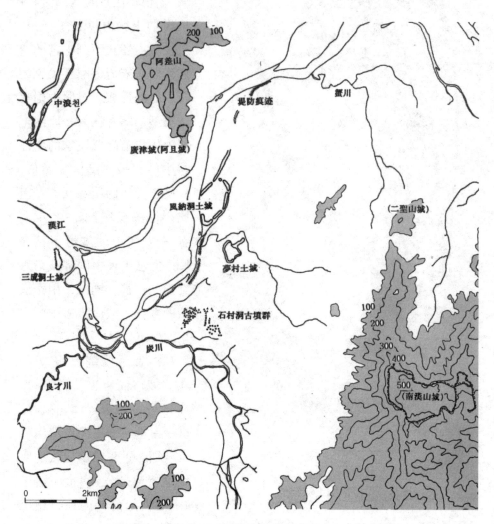

图七　百济汉城期都城结构

风纳土城和梦村土城两个城代表了百济国家成立时期的都城结构特征，其中规模比较大的风纳土城的面积达51万平方米，小的梦村土城面积是21.6万平方米。目前，还无法确定这两个城的具体建成时间，但笔者认为二者应

图八　百济风纳土城结构

该几乎同时建成。依据《三国史记》《日本书纪》等有关文献记载，风纳土城被推定为"北城"或"大城"，梦村土城则为"南城"或"王城"。值得注意的是，约4世纪风纳土城内设置了街道。虽在城内还找不到王宫的遗迹，但是依街道配置民家的布局已经形成。对照中国都城类型，笔者认为，风纳土城内依街道配置民家的特征与中国都城"民里"类似，应属于民里的萌芽状态。因此，百济汉城期（300年左右—475年）的城虽不见郭城，但已出现中国都城第六类型的特征。同时，用作王城的梦村土城应该属中国都城的第四类型（图八）。

再者，百济汉城期的地方城市面貌也值得探讨。在建设韩国新行政中心城市——世宗市（旧忠清南道燕岐郡）过程中所发现的罗城里遗址是公元4世纪后半叶—5世纪前叶的地方城市遗址。根据发掘情况来看，罗城里遗址具备街道，同时顺着街道设置了首令居馆、民里、仓库、手工作坊、祭祀区等。其城市布局较清晰，尤其是防卫用山城靠近城市（图九）。

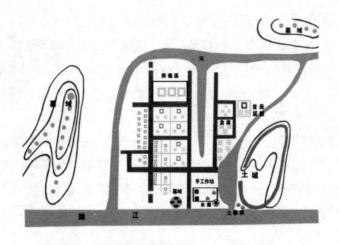

图九　世宗市发现的百济地方城市示意图

笔者认为，这种地方城市可能普遍存在。观察城的结构和布局，虽缺城墙，但其面貌与中国都城第六类型类似，因此将其称为类似第六类型。475年—538年百济占据熊津城的时间较短，面貌不甚清楚。目前仅存位于锦江河岸交通要道的公山城，根据山城特征仍可推测这一时期已有与罗城里相似的地方城市。那么有理由进一步推测，熊津城也当属类似第六类型的都城（图十）。

538年百济迁都于最后的都城——在韩国古代都城史上有重大意义的"泗沘城"。泗沘城是具外郭的最早范

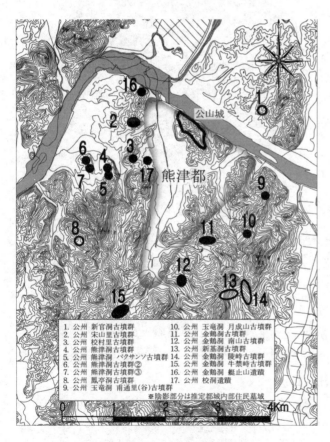

图十　百济熊津城和墓群分布情况

27

例。另外，泗沘城也是最早采用格子状街道网和民里配置方式的城。泗沘城的外郭长度达6.3公里，北和东部都有建筑城墙，仅在面临河岸的西南半部未做设置。其城内面积约638万平方米，规模是国家形成之初风纳土城的12倍。参照《周书》《隋书·百济传》的记载，泗沘都城划分五个部，每个部都由五巷组成。

如今，出土的考古资料佐证了这些文献记载。在泗沘都城遗址发掘现场的十几个地点发现了各级道路的痕迹。虽然城中明显是随街道配置民家，但未发现任何坊墙痕迹。因此可以说，泗沘城里的开放式民里规划与中国的里坊制并不相同（图十一）。

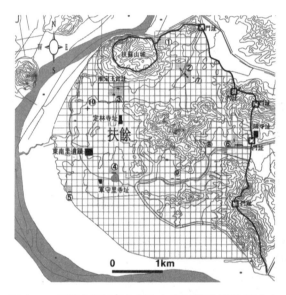

图十一　百济泗沘都城（数字表示道路遗址所在）

按《三国史记》《旧唐书》《新唐书》等文献和大唐平百济碑，公元660年7月18日，百济为新罗、唐的联合军所灭亡。接下来，9月3日，唐将苏定方带着百济王及王妃、王子13人、大臣37人和百姓1.2万多人回唐。同时把百济故土分为熊津、马韩、东明、金涟、德安5个都督府，以唐兵1万和新罗兵7000留镇。那时领帅刘仁原所驻为百济亡都泗沘，即现今忠清南道扶余。熊津都督刘仁原所驻府还被称为百济府城。

可是，据《资治通鉴》唐高宗龙朔二年（公元662年）和《三国史记》文武王三年记载，熊津都督刘仁愿驻屯于"熊津城"或"熊津府城"。对于这"熊津城"或"熊津府城"的位置，韩国学界的看法有所不同。近来大部分学者的看法是，662年左右熊津都督府为百济复兴军所攻从泗沘城迁移到熊津城，即现今忠清南道公州。在这样与文献记载解释大相径庭的情况下，解决问题的另一个手段是考古材料。

在瓦当面押印"大唐"的瓦当曾于1945年在忠清南道扶余被发现。"大唐"的意思明确，即唐朝在百济故土开设官府所用建筑构件。这件瓦当就透露扶余是唐朝官府所在地，即熊津都督府治。众所周知，扶余就是百济最后都城泗沘城。因此，可以推定唐设置于百济故地的熊津都督府是在泗沘城（图十二）。

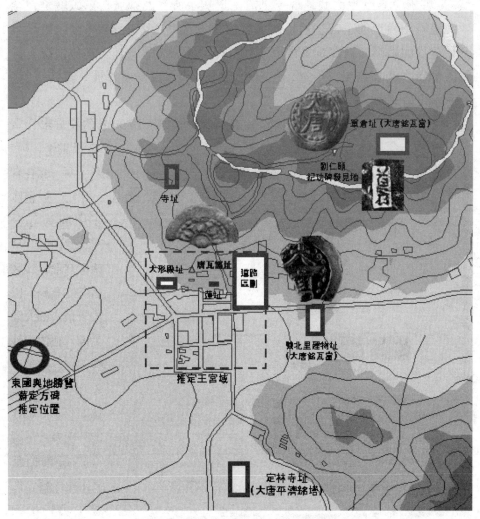

图十二　泗沘城发现的关于熊津都督府考古资料

目前为止，无论是百济故地还是朝鲜半岛地区还没看见与之类似的瓦当，好像中国也没发现。因此，谁也不敢说使用这瓦当的建筑性质如何。不过，这些建筑物必定是与唐官府有关的。其实，大唐铭瓦当出土地点大概属百济当时中枢部，学界一般认为其为百济王宫地点或其后邻区。其中扶苏山城里的出土地点靠近熊津都督刘仁原纪功碑的发现地点。这些情况让我们可以推定用大唐铭瓦当的一些建筑是熊津都督府衙门。如果这种推定不错的话，目前唯一大唐铭瓦当出土的扶余，就是唐朝开设于百济故地的熊津都督府治。

按《旧唐书》和《新唐书》百济传记载，泗沘时期"王所居有东西两城"。韩国学界以为西城是现今忠清南道扶余所在的都城，东城就是在全罗北道益山发现的王宫里遗址。笔者认为王宫里遗址是早在6世纪晚期就开始建设的副都。现在对王宫里遗址进行了部分发掘，其外具体情况有待将来的考古调查结果。不过，王宫里遗址是到今被发现的唯一百济王宫，其学术价值非常高。

整个王宫里遗址的平面结构，呈东西240米、南北490米的长方形，南墙开辟4个门，东、西、北各有一个门。以整体正中间为界分南、北两区，呈南区宫殿、北区后苑的布局。以位于最南的大殿为准，整体中轴线偏西，这种现象在中国也有，比如东魏、北齐的邺南城。尽管具体建筑物配置上不一样，但整个结构上颇有共同性（图十三）。

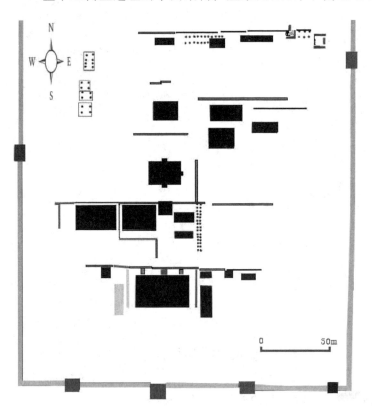

图十三　益山王宫里遗址南区建筑遗迹布局

四、结语

综观百济都城演变，笔者以为民里发达与国家成熟密切有关。国家形成期的都城是小规模城墙聚落，可以推测城内只有王宫和以贵族为中心的居住区。百济都城城墙里面的民里于4世纪形成，经过像世宗市的由缺城墙的民里和防卫山城组成的地方城市模式，至6世纪前叶具备外郭的真正第六类型才出现。这样的过程非但百济都城，高句丽和新罗都城也是与之类似。

参考文献：

[1] 陈絜.血族组织地缘化与地缘组织血族化 [J].社会科学战线,2009,1.

[2] 贺业钜.中国古代城市规划史 [M].北京：中国建筑工业出版社,1996.

[3] 李自智.中国古代都城布局的中轴线问题 [J].考古与文物,2004,4.

[4] 林部均.古代宫都的成立 [A] // 古代宫都形成过程的研究.青木书店,2001.

[5] 刘庆柱,李毓芳.汉长安城 [M].北京：文物出版社,2003.

[6] 孟凡人.试论北魏洛阳城的形制与中亚古城形制的关系 [A] // 汉唐与边疆考古研究.北京：科学出版社,1994.

[7] 朴淳发.百济都城 [M].大田广域市：忠南大学出版社,2010.

[8] 朴淳发.高句丽都城与墓域 [J].韩国古代史探究,2012,12.

[9] 朴方龙.新罗都城研究 [D].釜山：东亚大学,1997.

[10] 任重,陈仪.魏晋南北朝城市居民管理刍议 [J].许昌学院学报,2004,1.

[11] 山田隆文.新罗金京复原试论 [J].古代学研究,2002,159.

[12] 许宏,陈国梁,赵海涛.二里头遗址聚落形态的初步考察[J].考古,2004,11.

[13] 田岸.曲阜鲁城勘探 [J].文物,1982,12.

[14] 王维坤.试论中国古代都城的构造与里坊制的起源 [J].中国历史地理论丛,1999,1.

[15] 严志斌,何驽.山西襄汾陶寺城址2002年发掘报告 [J].考古学报,2005,3.

百济都城的考古发现与研究

朴淳发 许莉（译）

3世纪中后叶百济形成国家阶段，城墙聚落出现，以此开辟了百济最初都城。最初以汉城或慰礼城（现今首尔）为都的时期，被称为汉城期。然后，475年汉城为高句丽所攻陷，迁都于熊津即现今忠清南道公州，称熊津期。接下来，538年再次迁都于泗沘即现今忠清南道扶余，称泗沘期。汉城期都城由两座城组成，即风纳土城和梦村土城。两城相距不到1公里，其中北方更大的风纳土城是较早的都城，南方的梦村土城被推定为王城。熊津都城被认为具有应急避难性，所以是具备公山城一样的防御功能的城。不过，都城功能上难免存在不少问题，比如城市空间不够等。为了解决这些问题，依系统计划营造了新都城，即泗沘都城。泗沘都城具备不少特色：第一，融合防御山城即扶苏山城和罗城（外郭），以此提高都城防御能力。第二，以郭明确划分京域。第三，以格子形系统区划城市空间。这些特点就是在朝鲜半岛古代史无前例的新因素。

一、汉城时期的都城

（一）汉城时期百济都城的变迁

根据《三国史记·地理志》所载，汉城时期的百济都城由温祚王时的慰礼城迁到了近肖古王时的汉城。但《三国史记·百济本纪》近肖古王二十六年（371年）条中有这样一条记录，王与太子率精兵3万侵高句丽，攻平壤城，高句丽故国原王战死。近肖古王引军退，移都汉山。由此可知汉城与汉山当为同一处。

此外，若对比《三国史记·百济本纪》温祚王即位元年及温祚王十三年及十四年初之记载的话，最初的都城慰礼城曾在河北，因难以阻挡乐浪、靺鞨的进攻，仅过了短短14年便迁都河南，河南新都城的名称便是河南慰礼城。为与新都城相区别，乃将曾位于河北的慰礼城称为河北慰礼城。现在学界普遍认为，河南慰礼城本是14年后之事，却被后人追溯为温祚王即位元年之事。将迁都河南慰礼城之事告之马韩，及百济疆域新扩张的内容，均是后人误以为建国初期之事而错误记录下来的。

关于慰礼城的意义，尽管茶山曾指出这是因为慰礼与围哩（在人居住的地方四周围上篱笆）音似，故而得名。《三国史记·百济本纪》盖卤王二十一年中称汉江为"郁里河"，而《广开土王陵碑》中称汉江为"阿利水"，二者韩语发音相似，均可理解为"大"，那么将慰礼城理解为大城也无妨。

汉城期时，汉城也曾作为都城之名出现。《三国史记·百济本纪》汉城期的记载中，经确认与汉城有关的记载共有如下六处：

1. 春正月，迁都。二月，王巡抚部落，务劝农事。秋九月，筑城汉江西北，分汉城民（温祚王十四年条）。

2. 春二月，王宫井水暴溢，汉城人家马生牛，一首二身（温祚王二十五年条）。

3. 枕流王之元子，初生于汉城别宫（阿莘王即位年条）。

4. 腆支王在倭闻讣，哭泣请归。倭王以兵士百人卫送，既至国界，汉城人解忠来告（腆支王即位年条）。

5. 秋九月，以解忠为达率，赐汉城租一千石（腆支王二年条）。

6. 丽王巨链帅兵三万，来围王都汉城（盖卤王二十一年条）。

汉城的记录从温祚王十四年自河南慰礼城迁都之后直至盖卤王一代不断出现，具体来看，汉城一词包含着地区名称及王都名称的双重含义。但温祚王一代出现的事例，400年后重新出现在阿莘王时期的记录中，这一点颇值得我们注意。出生在汉城别宫的阿莘王是枕流王的元子，那么可以推测枕流王时期汉城就已存在。此外，枕流王通过来自东晋的胡僧摩罗难陀领受了佛法，在"汉山"建造了佛寺，并安置了10名出家僧人。因时间相隔不远，由此可以推断这里的汉城有很大可能性与近肖古王二十六年迁都的"汉山"为同一地方。如前所示，《三国史记》中记载，近肖古王二十六年迁都的都城名为"汉城"，估计汉山与汉城该无甚差别。由此来看，我们可以这样理解，汉城意味着迁都至汉山后的新都城，这和温祚王时期汉城疆域扩张的记载相同，都是后人对这段历史的追溯性记录。

同样，综合《三国史记·百济本纪》中的相关记录及地理志中的有关记载来看，汉山与汉城在实际意义上并无差别，但不能排除有记载搞混淆的情况。尽管如此，但如果严格来区分的话，汉山属自然地理类名称；反之，汉城则意味着位于汉山的都城，这种看法比较合情合理。

总而言之，汉城期的都城先是位于汉江之北，温祚王十四年自河北慰礼城迁都至汉江南岸的河南慰礼城，后至近肖古王二十六年（371年），再迁至汉山的汉城。

（二）汉城时期百济都城的特征

根据现有的考古资料，经确认，百济的都城地区存在过风纳土城和梦村土城两座城。这两座城中哪座是先筑的暂时还无从考证，但两城中必有一座是于百济国家形成期的3世纪中、后叶建造的。在城内发现的三重环濠及遗迹的存在表明，在风纳土城建造之际，百济的建国主导集团以环壕聚落的形态在风纳洞一带站稳了脚跟，这一时期的考古材料在风纳土城出现得更多，从这点来看，先建造风纳土城的可能性要更大些。此外，梦村土城中迄今为止被确认的年代最早的遗物属于3世纪末—4世纪初，恐怕这期间城早已筑造完毕。下文将就风纳土城及梦村土城的筑造时期展开进一步探讨，但不管怎样，4世纪初后这两座城应同时存在。

汉城时期百济的都邑同时存在着两座城，关于这两座城的功能及其担当之角色暂时还不得而知，但正如上文所言，因高句丽的入侵，都城陷落，通过《三国史记》与《日本书纪》的相关记录，我们可以这样认为：两城相较而言，位于北边的风纳土城为大城，而南边的梦村土城则为王居住的"王城"。但从4世纪起是否存在双城制，这一制度后来有否发生变化，对此有必要另做讨论。

在回答这些疑问之前，有必要先整理一下相关用语。从《三国史记·百济本纪》记载中指称都邑所在地的条目来看，有"国""都""都城""王城"等，这当中"国"是温祚王十三年下定决心要迁都河南慰礼城时出现的，仅有"必将迁国"这一例而已。"都"及"都城"在意义上并无多少差别，但与"王城"多少有些不同。如果说"都"和"都城"仅是一般意义上都城所在地的话，"王城"则可理解为是王平时居住的城。

如前所述，汉城期百济都城所在地被称为"慰礼"或"慰礼城"，写成汉字时与"汉城"的意义相同。都邑地"慰礼"或是汉城中有过两座城，那王城必是其中之一，如上所示，至少汉城沦陷时的王城是梦村土城。现在暂时还没有能够确定王城具体构造的资料，但已知王城最重要的组成部分就是王宫。王城中有正宫，除此以外还会有离宫、别宫，在这样的情况下能够区分出王城的内部和外部。无论是百济，还是朝鲜半岛三国时代的王宫，迄今为止还未有任何明确的考古学资料，深入讨论的难度较大，但《三国史记·百济本纪》中阿莘王诞生之地被记录为"汉城别宫"，这一点还是值得我们注意的。

此处的汉城是近肖古王二十六年迁都汉城之后的新都城，很有可能是新王城的名称，具体而言就是梦村土城。但究竟是梦村土城内部有正宫，还是指城内另有别宫，抑或是正宫所在的王城之外的其他地方又建有别宫，仅凭此记录难以做出判断。若非要推测一下的话，王城迁至汉城后，风纳土城中一如既往地存在着大城，其中王宫存在的可能性也较大，"汉城别宫"会不会就是指它呢？

据统计，都城中存在两座城的现象是中国战国时代各国都城的特征。夏商周时代都城一般为百姓居住的外郭城及内部的宫城。进入战国时代后，新的都城制度开始登上历史舞台，出现了王所居住的宫城与郭城相分离的趋势，其结果就是拆除郭城的一边用以建造宫城，或是将宫城与郭城完全分开，形成两座城。这种变化是统治者被臣下或国民所弑、权力被篡夺之事此起彼伏所导致，这种看法值得我们注意。通过战国时代的都城制度，我们能看到其特征为有宫城的城，即王城的规模要小于郭城，因此对比作为大城的风纳土城与王城的梦村土城间规模上的差异就变得饶有兴味了。

从时代或体系上来看，若要认为汉城期百济的都城制度与中国战国时代的都城制度有关还属不易，但难以排除二者是相似政治、社会产物的可能性。在《三国志·魏书·东夷传》中我们可以看到，那些"下户""巨帅"杂居的"小国"由国邑聚落形态，发展为合并小国，并逐渐向着国家阶段迈进，乃至后来实现更强而有力的中央集权王权之一步步发展变化的过程。

（三）汉城时期百济都城的构造

汉城时期都城地区坐落着风纳土城、梦村土城两座城。毋庸置疑，这其间必居住过以王为首的国家核心阶层，但就城的规模来看，当时都城地区的居民们无法全部居住在城内，城外多少还有些一般人居住的区域。如今随着都市化发展步伐的急剧加速，通过考古学资料加以确认的可能性极低，仅能通过现有的考古学材料找到曾经在城外的一些居住痕迹而已。

2004年在风纳土城城墙外发现了水井。此水井系用角木材搭建成"井"字形，残余部分为水井下半部，上半部及当时的居住面等材料不明，水井距东侧城墙约70米，推测当在城壕外侧。水井的准确筑造时代要等待具体的报告书问世才能得知，但大概是5世纪。使用水井的人理所当然的应该是居住在城外之人，这就成为能够证实风纳土城城外曾有人居住的证据。

梦村土城外被确认为汉城期的居住址，距南门外约120米，其平面形态为典型的汉江流域百济居住址的六角形。经确认的地点为梦村土城所在的丘陵地的一部分，是除河边低洼地带以外排水相对良好的地方，由此判断出居住址的分布情况。

不出所料，岩寺洞一带果然也有汉城期居住遗址。通过考古调查确认的仅有岩寺洞史前遗址展览馆建筑工地中的相关遗物，以及从风纳土城延伸至岩寺洞的汉江边冲积地中出土的大量百济时代遗物。根据这种情况，我们可以推断这里应该是都城内最大的居住区之一。日本强占时期，在汉江流域采集的百济陶器现收藏于首尔大学博物馆，出土地点多为风纳洞、岩寺洞、渼沙里等地。在后来的发掘调查中，渼沙里地区被确认存在着原三国时代至百济汉城期的大型聚落，岩寺洞一带则被推测为汉城期都城居民们的主要居住地。

此外，难以排除在邻近石村洞古坟群附近曾有居址的可能性。20世纪70年代，与蚕室地区同步填筑的汉江南侧支流的岸边堆积层中就曾发现居址线索，应属原三国时代。如果这可以说明聚落存在的话，那么很有可能此聚落至汉城期继续存在。

以上材料尽管只是片鳞只甲，但从中可知在风纳土城及梦村土城之外的汉江边冲积地及丘陵低洼地等处均有过都城居民居住，居住地区的具体形态如何，各居住区域位置的分布是否是通过其在功能或性质方面的相互关联，来确保所谓都城的功能发挥的呢？虽然这一切现在还无从而知，但至少看不出当时居住区域的分布状态是植根并发展于国家成立阶段之前的土著聚落的，这是因为从现有的考古资料来看，从原三国时代早期一直持续至百济的聚落仅有渼沙里。风纳土城内部环壕聚落发展为日后的城墙聚落，作为原三国时代百济国的国邑抑或中心聚落，这不在本文讨论的范围之内。岩寺洞以外的地方可看作国家成立之后随着都城地区人口增长而新出现的居住区域，这一点可从下文中都城附近墓地的分布与墓区墓主阶层的居住区位置的关联性中可见一斑，因为河南广岩洞古坟群墓区墓主阶层不是自原三国时代以来存在的聚落居民，而是在都城附近新出现的聚落中生活的人群（参看图一）。

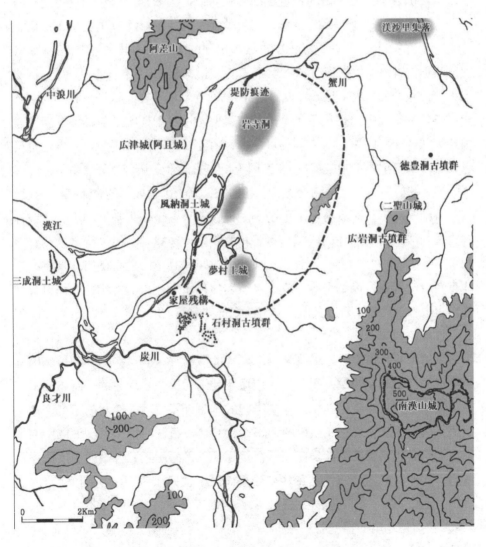

图一　汉城时期百济都城及墓葬区域分布图

（四）风纳土城的空间构成

1925年，日本人鲇贝房之进收集到龙柄兽蹄青铜鐎斗1件、横长柄兽蹄青铜鐎斗1件、金铜銙带具等遗物，并判定风纳土城为百济河南慰礼城。这种见解，与通过《三国史记·百济本纪》责稽王即位元年（286年）的记录，将风纳土城看作防御高句丽攻击的防戍城"蛇城"的看法，曾经一同占据了主导地位。在此背景下，从1964年10月19日起至11月4日为止，在首尔大学考古人类学系金元龙教授的带领之下，对城内部进行了为期17天的挖掘，通过这次工作确认了部分百济时期地层的存在。以此为依据，他认为这里是平时一般人居住的半民半军事化邑城，同时他还否定了这是《三国史记》盖卤王二十一年（475年）年初汉城沦陷过程中出现的王都"北城"，蛇城说在事实上已站不住脚跟。根据当时考古学的编年，土城的筑造年代推断为"《三国史记》中记载的公元前1世纪左右"。当时学术界普遍存在着这样一种倾向，认为《三国史记》中的记载不可全然相信，但考古发掘证实了与百济及新罗建国相关联的《三国史记》内容的可信度，由此"原三国时代"这一概念也得以在考古学编年体系中被提出。《三国史记》的记录意味着百济、新罗已经建国，抑或此时还不能算是完全意义上的国家，属于国家成立的过渡期。

风纳土城不是军事意义上的防御城池，而是曾经作为都城的大城，或理解为是一般人共同居住的区域，尽管相关线索已经找到，但等待重新调查却用了30年时间。1997年，因建造公寓楼发现了排列整齐的百济时代遗迹，这才重新启动调查。风纳土城一定是汉城期的都城之一，那么就让我们以都城构造为中心，具体来看看其城门布局、内部空间等内容。

1. 城门的布局

风纳土城已知道路分布情况为北城墙处1条、东城墙4条，而西城墙因早年洪水的冲刷具体情况不得而知，南城墙处则无道路。现在的道路当然不全是当年的城门大路，但偶尔能见到当初的城门大路被后人使用的情况，这一点值得引起注意。现在北城墙的大路在1937年发行的风纳土城平面图中并未标出。1964年调查确认的道路第一次被标注于平面图上，为城内居民居住时所造。此外，东城墙的大路在1937年平面图中被标注为3条，在1964年的实测图上也能见到3条。据报告书称，大路被四等分，各等分处凿有大洞，共为4洞。它们与北墙的情况有所不同，估计一开始就存在4座城门。总而言之，风纳土城的东墙上有4座城门，而南墙和北墙上则无城门。2006年的发掘获知，大约位于西城墙中间位置有1处城门遗迹，因报告书尚未问世，具体情形还不得而知。该地点有内外两组城墙，推测应该是环绕城门的瓮城。已发现的西城墙城门与东城墙大致对应，那么原来西城墙也极有可能和东城墙一样有4座城门。

2. 道路及空间区划

城门的布局与城内道路网有关，为方便叙述，东城墙上的城门从北起分别称为东1门、东2门、东3门、东4门，西城墙上估计也该有与之相对应的门，与东2门相对应的即是上文中提及的在西城墙上发现的第2道门，在其附近发现有道路遗迹，综合最近的挖掘结果来看，与西城墙并行的南北向的道路和连接东西城墙第2道门的道路在此交叉呈"┠"状，路面铺有砾石，宽约5米。

如前所述，东西走向的道路极有可能连接着东西相对应的各个城门，4条东西走向的道路通向城外。那么城内的布局可能因这4条道路而被划分为5个区域。为叙述方便，从北边起依次称为Ⅰ区、Ⅱ区、Ⅲ区、Ⅳ区和Ⅴ区。通过迄今发现的遗迹及遗物，我们可以推测各区的性质。

首先，让我们来关注一下庆堂地区44号大型建筑基址。此遗址于1999年被发现，但还未等到调查完成就被填土覆盖，2008年才又重新展开调查。详细内容要等到调查报告书问世方可知晓，但笔者曾亲自前往现场进行调查，其平面与一般汉城期百济居址一样呈"吕"字形，但不同于竖坑式的一般居址，而是在当时生活面上建成的地面建筑。入口处相当于前室的部分宽约5米，长约6米，后室北面部分因被现在建筑物挡住，无法确认其长度，残余部分长约18米，宽约18米。这是一座大型基址，周围环绕着宽约1.5米，深约1米的沟渠。沟渠底部铺有板石，两壁上堆积着板材。

从构造及规模来看，此遗址被推断为非日常居住用建筑物，应该是与南边紧邻的庆堂地区9号祭祀遗迹性质相似，是用于祭祀仪式的建筑。因未出土遗物，故很难推断其准确年代，但大体上应属汉城Ⅰ期。其真正性质的揭晓还有待于将来的研究，如果是属于都城内部用于祭祀之建筑物的话，这就喻示着其为宗庙的可能性。《三国史记·百济本纪》中能见到关于东明庙或国母祠堂的记载，这就充分说明宗庙的存在。

宗庙与宫殿一样是国家核心设施，参考中国历代王朝的情况，春秋之前宗庙与宫殿一同位于宫城内部，即所谓的宫庙一体，之后宗庙迁至宫城之外，与宫殿分离。鉴于此，百济的宗庙也有可能位于宫殿之外，如果说44号建筑基址是宗庙的话，通过它可以推测出王宫的位置。

中国西汉前期，宗庙分为都城的大庙、地方郡县或诸侯国管辖之下的郡国宗庙，及墓地所在地的原庙，因费用及祭祀的复杂性，汉元帝时郡国宗庙被废除，而都城的大庙或太庙成了宗庙的中心。对于入祠宗庙者众说纷纭，皇帝七庙制度大体已成定局，王莽时期短暂实施过九庙制度，进入东汉再次恢复了七庙制。但这一制度，可能是七庙各归其所，各自分布在不同建筑物中的异庙之制，也可能是七庙都位于同一建筑物中，只是后面的庙室有所不同的同堂异室之制。东汉时期首次出现了同堂异室方式，中间经历了曲折的过程，到西晋时终于确定为一庙异室制。再看历代太庙的位置，汉代位于长安城外南部，曹魏位于洛阳宫城正门南部中轴线大路的东边，而社稷则位于太庙的西边。

如前所述，《三国史记》记载中出现的东明庙或国母庙，一时还难以判断究竟是异庙之制还是同堂异室制。据记载，温祚王元年"立东明王庙"，国母庙的"立庙"是温祚王十三年国母升天后第4年。由此推算，国母庙很有可能是与东明庙分开建立的异庙，但后世历代之王的情况就不得而知了。即便是异庙之制，也是聚集在都城内部某一特定区域之中，若44号建筑基址是宗庙的话，无论其是东明庙还是国母庙，这一地区都应该可以看作是当时百济大庙所在之处，王宫应在其北侧。从上文列出的空间区划想象图中可以看到在44号建筑基址北侧，有一条连接东城墙第1门和西城墙第1门的东西大道，以这条大路为界，路北的I区应该就是宫殿区。

如上所述，44号建筑基址所在的II区中还分布有9号祭祀遗迹、206号遗址、196号储藏遗址等。9号祭祀遗迹为一椭圆形坑，长轴长13.5米，短轴长5.2米，最深处达2.4米，内部堆积层中发现马骨、鱼骨、云母、阴刻"大夫"字样的直口短颈壶、高杯、三足器、耳杯等多种陶器，其中陶器都呈破碎状态，因出土的直口短颈壶器形属于较晚的时期，因此调查人员认为9号遗迹应属于汉城期的晚期。但考虑到同时出土了时代不可能晚于4世纪前叶的中国施釉陶器及瓷器，9号遗迹所处时代不可能这么晚。调查人员认为这些特殊的行为可能承继了流传已久的祭祀仪式，故有必要在此对祭仪具体形态，即祭祀仪式后破坏、埋葬的情况，还有位层的形成过程进行探讨。从出土遗物年代来看，在4世纪前期至5世纪中后叶，祭祀仪式在这里反复举行，曾经存在祭物或祭器废弃——填埋、二次掘土——废弃——填埋等行为。

206号水井遗迹东西长10.5米,南北长11米,深3米,内部筑成下方上圆,周边经夯实后再行填土,下方用木材摆成"井"字形,上部则将砾石磨去四周棱角变成圆形后再一一堆放起来。在井底木质结构部分出土了200余件完整陶器,密密麻麻地堆放在一起,可能曾在此举行过某种祭祀仪式。出土的陶器中,不仅有中央地区器形的陶器,还有包括荣山江地区在内的地方样式的陶器,这恰好说明此地区有可能与百济中央政权间存在着某种政治关系。这些陶器究竟是人为填井时所用,还是在使用水井时为进行某种祭祀仪式而使用,现在还没完全弄清楚。陶器的时代大致在5世纪前期左右,从这一点来看,水井是那一时期人为废弃填平的。

196号储藏遗迹为一长方形竖穴,长约10米,宽6米左右。这里看不到一般居住地偶尔能见的灶台设施,推测可能是类似于仓库的设施,内部出土了大量中国灰釉陶器、瓮等大型储藏用陶器。所有陶器均因高温而损坏,从修复后的陶器来看,有可能是突然遇到意想不到的火灾而导致被烧毁、废弃。与中国产钱纹陶器同时出土的还有一系列百济黑色磨研陶器、长卵形陶器、深钵形陶器、肩部印有锯齿纹等大型陶瓮,它们成为百济陶器编年上重要的材料。这些出土遗物的时代大致为3世纪末至4世纪初,上述遗迹虽位于Ⅱ区中部,但与西墙相邻的西部角落也发现有吕字形大型竖穴居址,可见这一区域性质之特别。

在1997年调查的Ⅳ区中,位于3世纪中叶左右的原三国时代三重环壕聚落之上的重叠居址大部分已被确认,它们的入口方向均位于南部,能看出具备一定的规律性。居址的大小比前述Ⅱ区的规模要小,有可能因各区域的不同,每个居址的规模也会呈现出一定差异,这就反映了各居址居民身份上的差异,这一点也同样反映在出土遗物上。至今风纳土城中出土的所有中国产陶器均出自Ⅱ区,而Ⅳ区中却从未出土过。Ⅱ区的超大型居址应该不属于日常居住区,而有可能是进行共同集会或祭祀仪式的场所,相比之下Ⅳ区则可以认为是一般居址。Ⅲ区中目前还未有经确认的材料,难以断定其性质,但从相对位置来看应该是身份高于Ⅳ区的中央贵族阶层居住地。

(五)风纳土城在都城史上的地位

如前所述,风纳土城的筑造应为3世纪中后叶左右,汉城期的都城由风纳土城及梦村土城两座城构成,考虑到规模及选址,梦村土城不仅军事防御力强且面积较小,极有可能是王专用的城,中国大致在春秋时代之后才出现王使用的城从包含一般人的城中分离独立出来的情况，在此我们也能看到百济都城与之相似的一面，当然具体剖析时，其间的差别并不少。

首先，风纳土城中道路将城分割为几个区域，城内分布有王宫及宗庙等主要设施，就整体而言，城内应该还有贵族住宅及一般庶民的居住区。像这样的城郭形态大致上可认为是继曹魏邺城之后出现，汉代的都城内除皇帝以外极少一般人的居住地，不仅其面积在全城中占极大比重，且居住者多为王公贵戚。从这点来看，风纳土城在空间结构上接近于中国3世纪之后的都城制度。

此外，值得关注的还有王宫位于城北，这种假设在现在看来可能性颇高。1925年发现青铜鐎斗等威势品的地点，从上述空间分布看位于I区中，这也能说明I区有可能为王宫区。

鐎斗出现于汉代，盛行于南北朝时期，到唐代逐渐退出历史舞台。一般认为这是军旅炊具，最近出现了这是煮茶工具的主张。其造型可分为S状龙首柄、兽蹄足类鐎斗和无脚横长柄类鐎斗，风纳土城中这两种鐎斗均有出土。除此之外，朝鲜半岛原州法泉里1号石室墓中出土了龙首柄鐎斗，乐浪时期的平壤出土有横长柄鐎斗，庆州饰履冢中出土过龙首柄鐎斗，庆州皇吾洞16号坟出土了横长柄鐎斗，高句丽的集安七星山96号庙中也出土过几件龙首柄鐎斗，风纳土城中出土的两件鐎斗为南朝刘宋时期器物，其时代估计为5世纪后期。

朝鲜半岛三国时代还未有经确认的宫城，因此宫城具体形制还难以推测，与此类似者有辽宁朝阳三燕时期的龙城。朝阳龙城于2003—2006年进行过发掘，有东、北、西三面城墙。此外，宫城的东城墙及南城墙的2/3已被确认，宫城南北距离较长，平面为一长方形，南城墙部分为开设有城门的1门3道式。341年前燕初次营造了朝阳龙城，后燕时期经重修后继续使用，受曹魏邺城的影响，宫城位于都城北部。后燕被北魏灭亡后，龙城降级为营州昌黎郡的治所，宫城南门的3道中，两边的门道被堵上，仅保留下中间部分，变成了1门1道式。显然宫城的正门一般采用1门3道式，这一点能帮助我们推测风纳土城宫城城门的构造。

（六）梦村土城的定位

梦村土城平面呈菱形，南北最长为730米，东西最长为579米，西北墙长617米，东北墙长650米，西南墙418米，东南墙600米，总周长为2285米。此外，顺着东北墙东北方向约270米外另有一处城墙，也许是类似于"雉"的一种垛墙。

以城墙顶端为准，城内面积约有216000平方米，城墙高度随地形变化有别，西北墙、东城墙两处经过切开，以原始地面为基准，城墙上端宽度为7.5~10.5米，下端宽度为50~65米，高12~17米，先后进行过6次发掘，分别为1983年、1984年、1985年、1987年、1988年和1989年。它们都是为了城墙的复原而做的调查，因此城内的发掘只执行了一部分。通过调查确认的遗迹有竖穴居址、望楼、贮藏穴、荷花池等。

切开城墙解剖时出土了中国产钱纹陶器残片，据此推断此城筑造于3世纪末—4世纪初，当然还有一部分城墙在5世纪后期经过了修缮。值得关注的是中国东晋瓷砚、金铜銙带金具等遗物的出土，它们被认为与梦村土城的定位有关。

梦村土城出土的金铜銙带具在1985年的发掘中被发现，属汉城期百济的金工品。当时因无任何参照品，因此要判定其用途及准确时代实属不易。直到中国湖北省汉阳县熊家岭的东晋墓中出土了同样的物品之后，我们才知道这是一件銙带金具。

笔者在对比西晋末年江苏宜兴周处墓及广州大刀山东晋墓中的出土遗物后，判断梦村土城出土的銙带年代应为4世纪初，这与安岳3号坟佟寿墓壁画上所绘"帐下督"的銙带模样相似，佩戴此銙带者大体上是三品官级的高级武官。

后来得知1972年南京市南京大学北园东晋墓中曾出土过同一形态的銙带金具，这一发现既是对我之前想法的一种补充，同时也成了能够重新认识汉城期百济与中国外交关系的一个重要契机。

广州大刀山东晋墓中出土了一件圭形銙带，加上南京大学北园东晋墓、湖北汉阳晋墓及梦村土城的出土物品，共是4件。它们形态一致，均为金铜材质，佩戴者身份应较高。正因为此，南京大学北园墓的出土物品就成了至关重要的线索，墓中共葬有3人，对于墓主身份存在着两种分歧，王志高认为墓主是东晋元帝及虞皇后、明帝生母豫章郡君荀氏，吴桂兵则认为是东晋成帝及杜皇后、哀帝生母周章太妃，但不管怎样，这都说明出土的銙带与皇室有关。此墓位于明代建筑基址砾石之下，地层严重混乱，无法确认当时的随葬位置，也无从知晓銙带金具的主人是谁，鉴于銙带金具的佩戴者为男性，在此前提下等于说金铜銙带属皇帝所有。但有相同材质圭形銙带金具出土的湖北熊家岭及广州大刀山墓墓主均非皇帝，故只能先将其视为包括皇帝在内的高级官员所使用的物品。

梦村土城出土的金铜銙带金具估计属"一人之下，万人之上"的中央最高贵族，其根据就在于安岳3号坟壁画中登场的"帐下督"之身份。如前所述，帐下督属三品官，是平东将军佟寿的副官、高级武官。据文献材料所载，百济首次与东晋建交时，近肖古王所受封的镇东将军与平东将军属平级，帐下督所佩戴的銙带应属三品官之下。从上文所述南京大学北园墓的出土物品来看，皇帝也会佩戴金铜圭形銙带，因此没有必要将此銙带佩戴者身份定位于三品官以下。

安岳3号坟帐下督所佩戴的銙带材质为何，现在还难以说明。2008年南京上坊东吴砖室墓中出土的圭形銙带为银质，其墓主可能为东吴晚期皇族中被封王之人，因此我们推测根据身份的不同，銙带所使用的材质也会不一。安岳3号坟帐下督的銙带极有可能非金铜制，也许与梦村土城的金铜銙带存在差异。

与梦村土城出土物品相似的中国金铜銙带的时代大致集中于4世纪的前25年，那梦村土城出土遗物的年代也可上溯至4世纪中叶前。銙带及其他威势品应与朝贡、册封等正式外交过程有关，銙带的所属时期也可联系到百济与东晋正式建交之际。如前所述，同样的文献材料中记载，371年遣使后，近肖古王于372年被册封为镇东将军，因此判定梦村土城金铜銙带时代的问题就成了一个非常敏感及重要的课题。

此外，如上所述，能够佩戴梦村土城金铜銙带之人的身份应是以王为首的王侯贵族，这一点对于如何定位梦村土城非常重要，在汉城都邑期的南北二城中，这一遗物让"王城"的称谓变得名副其实。

二、熊津时期的都城

现在公州市一带曾是古代交通道路上重要的渡口，自5世纪初——5世纪中叶，百济的影响力开始辐射至这一地区，与这一时期相对应的遗迹有江南的汾江、楮石里古坟群及江北的水村里古坟群。此外，公山城内还出土了接近这一时期的汉城样式的陶器。从出土地点来看，大概是公山城内关防设施的痕迹。公山城山顶所谓外城的建造时代，若从建筑基址表面出土的长卵形陶器来判断，上限大约可上推至5世纪后半叶。如果考虑到关防设施中偶尔可见汉城期陶器，也难以排除其为汉城期末期筑造的可能性。

熊津期的文献资料中，全然看不到被推测位于现在公山城的熊津城之建造记录，但到了泗沘期526年时，突然出现了关于修缮的记录。考古学方面，现在还无从知晓此处原先居民属于怎样的势力集团，仅能推测这里有可能是一处空白地带。这里能被选为新都城，应该在汉城区支配势力扩散至锦江以南地区之后，至晚也应该是汉城期的末期在公山城建立了军事据点。

（一）都城的墓域分布及罗城的存在与否

如果公山城是等边三角形底边中心点的话，现在公州市区周边经确认的熊津时期古坟群就分布在两条等边即外郭处，这也和环绕分布在市区周围的山地位置一致。

位于西边的古坟群有校村洞古坟群、宋山里古坟群、熊津洞古坟群等。以金鹤洞牛禁峙古坟群为顶点的东南面有金鹤洞南山古坟群、金鹤洞古坟群、金鹤洞陵峙古坟群、新基洞古坟群、玉龙洞月成山古坟群、玉龙洞甫通谷古坟群等。在这些古坟群中，金鹤洞陵峙古坟群及新基洞古坟群等位于现在环绕公州市区的陵山之南，这里难以见到都城内居民的坟墓。

上述古坟群中，占据了最上端位置的就是包括武宁王陵在内的宋山里古坟群。毫无疑问，这必是王室墓区。毗邻的校村洞古坟群不仅离市区最近，而且还有砖筑墓，也应该是地位较高之人的墓群。

宋山里古坟群下面一个等级的古坟群就是金鹤洞古坟群，如汉城期城南市三坪洞横穴式石室坟一样，金鹤洞古坟群的大多数坟墓中出土了以金质花瓣饰为首的多种金制随葬品，这应该是一处贵族墓区。除此之外的其他古坟群在形态及等级上无甚差别，应该是都城内庶民的墓区。

若与汉城期相比较，上述熊津期古坟群在分布上多少有些差异。当然有关汉城期古坟群的材料由于质量不佳，难以直接拿来做比较。但石村洞古坟群之类的中心古坟群中明显存在各阶层坟墓混杂在一起的现象，而熊津期墓区中渐渐区分出王室、贵族等权力阶层的空间。

此外，值得注意的还有各古坟群的位置。这些古坟群全部位于外郭，避开了现在贯穿公州市区的济民川周邻的低平地及与公山城相连的周边丘陵，坟墓及聚落的空间区划属于朝鲜半岛青铜时代后期的松菊里类型，汉城时期城墙聚落内部空间的一定范围内不会出现坟墓，风纳土城及梦村土城等两个城墙聚落之外分布着一般人的居住区域，而墓区及聚落居住区之间看不到明确的区分，反而熊津期的墓区多集中于外郭，这就意味着这一时期开始有了明显的空间区划及指定的空间范围。

这些古坟群大多是熊津迁都之后开始营造的，在分布上反映了时人对当时都城居住区范围的理解。后面将要分析的泗沘都城的情况，则是依据罗城城墙，将都城的居住区域及墓区明确区分开来。尽管墓区及居住区空间区分的严格性有所下降，但与汉城期相比确实大有长进。

轻部慈恩在很久之前就提出熊津都城存在罗城这一说法，其基本观点是坟墓位于都城居住区域之外。校村洞一带的坟墓在建造之后又被废弃，筑造中途被迫中断大概是因为要筑造罗城。凭着这些废弃古坟为依据，来推断筑造过程的中断，这本身并不容易，而且这当中还有与6号坟一同被看为泗沘期构造的古坟，这种看法所依据的材料本身论据薄弱，不足为凭。他所提出的罗城之平面形态作为都城存留了下来，但在实际考察过程中并未能得到确认，因此熊津罗城说并不成立。但如前所述，熊津都城的墓区现在包围着公州市区，根据其位置能够推测出当时都城的居住区域，尽管作为都城外郭的罗城现在还未"露面"，但至少我们可以承认，由泗沘都城之罗城，我们能看到熊津期正在萌生京域意识的萌芽（图二）。

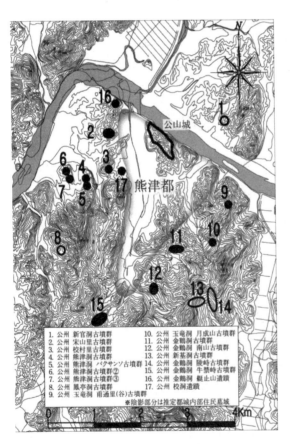

图二　熊津都城的墓域分布

（二）熊津都城的构造

与熊津时期都城的构造相关联的重要问题之一就是王宫的位置，现有公山城内部说及外部说两种。现在公山城在当时曾作为城来使用，这一点毫无疑义。问题是现在发现的遗迹中，尚无任何一处与王宫有关。因此，在发现新材料之前，要想解决此问题实属不易。

让我们将王宫位置的相关问题暂且搁置一旁，先来关注一下熊津都城的整体结构。《三国史记》东城王二十年（498年）的记录中能看到"造熊津桥"一说，而此前的东城王十三年（491年）因洪水"漂没王都二百余家"。现在横跨公州市区的济民川在锦江支流水位上升时就极有可能泛滥，东城王十三年应该就是遇到了这种情况吧。总之，通过这些关于洪水的记录，可知当时的民居位于济民川边，即集中于现在公州市区一带。此外，为了更好地使用都城空间，济民川上迫切需要能够连接两岸的桥梁设施。顺应此要求，东城王二十年时建造了熊津桥。

尽管熊津桥的位置现在难以辨别，但根据526年济民川西侧建造了大通寺的情况，我们推测熊津桥应该在距今天大通寺不远的地方。因洪水二百余民居"漂没"，从地形上考虑，这些密集的民居很有可能就在毗邻济民川与锦江支流汇集点的低洼地带，而地势相对较高之处可能是贵族或官府所在地。我们可以这样认为，在熊津桥建成以前，济民川东侧区域的使用频率很高，但此后都城空间逐渐向西扩展。

另一方面，都城内开始建造"熊津市"。从《周礼·考工记》的"匠人营国"中，我们不难发现，作为都市聚落形态的都城，不可或缺的设施应有王宫、官府、宗庙、社稷及市场，汉城期没有留下一点关于市场内容的具体记录，而《三国史记·百济本纪》三斤王二年（478年）则留下了熊津都城市场的记录。在镇压兵官佐平解仇叛乱的过程中，燕信奔高句丽，"收其妻子，斩于熊津市"。

接下来让我们看看关于王宫的内容，现在能见到的与王宫有关的记录全部保存于《三国史记·百济本纪》中：

1. 文周王三年（477年）春二月，重修宫室。
2. 东城王八年（486年）秋七月，重修宫室，冬十月大阅于宫南。
3. 东城王十一年（489年）冬十一月，宴群臣于南堂。
4. 东城王二十二年（500年）春起临流阁于宫东，高五丈，穿池养奇禽，谏臣抗诉不报，恐有后谏者，闭宫门。

上述内容之中与王宫位置有关的第4条值得我们注意，临流阁位于宫中，如果能够知道临流阁位置，就很容易推断出王宫的所在。有人在出土过"流"字铭文瓦片的地方寻找临流阁，但"流"字并不一定就代表是临流阁。迄今为止出土过"流"字铭文瓦片的地方，除公山城东南部所谓的外城之外，还有挽阿楼遗址、将台址及猜测中的临流阁遗址，日占时期还曾在东城墙外发现"临流阁"字样的瓦。由于采集到"流"或"临流阁"铭文瓦的地点各不相同，仅凭采集地点来判断临流阁遗址位置并不可行。不仅如此，直到现在所知的与临流阁相关的铭文瓦均发现于城内，如果这些确实是临流阁用瓦铭文的话，临流阁位于城内的可能性极大。熊津期之前抑或泗沘期以后，铭文上刻上瓦的使用地点的情况极为罕见，迄今为止仅有"大通"铭文瓦一例被断定是为大通寺所用。

从铭文的刻写方法及形态来看，"流"字瓦与"大通"瓦还是有所差别的。"流"字瓦是不是百济之瓦还是个问题，笔者认为更像是新罗时代的。当然不能排除后世继续使用百济著名建筑物名号的可能性，即便"流"字瓦属于新罗时代，对于其能够指出临流阁位置的可能性我们仍不能全盘否定。

根据发掘结果，被推定为临流阁遗址的建筑基址达109平方米，为5行6列柱心石构造。迄今为止经确认的百济建筑基址中没有一例柱心石构造，只有官北里类似于王宫前殿级别的王宫遗址大型建筑物，及益山王宫大型楼阁遗址中有挖了大坑然后将土夯实堆积成礤墩形状的柱心石，可见要将临流阁推定为百济时代的建筑还比较困难。

作为判定王宫位置关键材料的临流阁遗址的确认，这本身就是一道难关。安承周认为，王宫遗址就是从所推测的临流阁遗址径直往西约200米处的双树亭广场。这里经考古调查确认有百济时代的建筑基址，是相关猜测中较有力的地址。但推测的王宫遗址的建筑中，立柱建筑基址或壁柱建筑遗址、柱心石建筑基址彼此方向不一，且多有重复，与理应高度规划的王宫模样相距甚远。当然，迄今为止百济王宫的模样还未在考古学方面得到证实，但与前面提及的泗沘期官北里大型楼阁，抑或益山王宫里遗址的大型建筑基址进行比较，显得过于寒酸。柱心石筑造的建筑物不仅未见于这一时期的百济，且两组建筑基址彼此歪斜，很难是同时存在的建筑。其建筑规模不超过20米×50米及30米×60米大小的建筑，比起位于宫中东边的临流阁基址要小得多。

想象中的临流阁基址或王宫基址位于公山城内较上的位置，其选址不仅具备了得天独厚的条件，且规模在迄今发现的所有建筑基址中也数一数二。

要想正确解决上述问题，必须先摆脱王宫位于公山城内的固有看法，《三国史记》中的记载只告诉了我们王宫及临流阁的位置关系，有充分理由可以认为王宫位于公山城外。虽然临流阁的位置还未得到完全证实，但可以排除其位于公山城内的可能性，对此下文将再做讨论。既然临流阁是王宫后苑的殿阁，王宫在公山城外南边某处，那么这个后苑就不该位于包括公山城在内的一带。

实际上也有观点认为现在公山城的南门—镇南楼南边城外就是王宫所在地，其线索就是这一带曾发现有大型柱础石。但迄今鲜有百济时代大型建筑基址柱础石原样出土的事例，因此要想凭借础石的形态来断定时代绝非易事。且仅从益山王宫里遗址来看，它与巨大的础石规模还相距甚远。简而言之，熊津期王宫是磉墩式柱心石建筑、立柱式建筑，过去关注的镇南楼南侧未曾发现相关蛛丝马迹，因此没有必要再回到公山城外无王宫的结论上去。

总之，熊津都城的构造很有可能是由称为公山城的山城及位于其下方低洼地的王宫两部分组成，熊津都城的这种构造迥异于汉城期。军事防御力强的山城位于王城之后，被泗沘期采用的这一典型都城构造原型应出自熊津都城。众所周知，山城与平地居城相组合，这是高句丽典型都城制度，但熊津都城所显示的构造与高句丽并无直接关系，反而顺应熊津这一地区的地形条件。尽管目前还没有发现环绕都城的罗城，但从地形上来看，其周围多是山地，由山谷之间的低平地及公山城组成的熊津都城预示着百济特有的都城形态——扶苏山城及罗城组成的泗沘都城的问世。

（三）临流阁的性质

临流阁是东城王二十二年（500年）在宫中东侧修建的楼阁，是一座高五丈的大型建筑。如前所述，在位于公山城东南方山顶位置的光复楼西边约150米处的半山腰一带，采集到了象征临流阁的"流"字残瓦片，这里被推测为临流阁的原址。1980—1981年间在此进行的发掘确认了一处50米×60米大小的建筑基址，但其础石排列不一，统一新罗、高丽、朝鲜时代的遗物混杂在一起，应该经历过好多次变迁。

与临流阁性质相关的《三国史记》中挖池塘、养珍禽异兽的记载，说明临流阁不单是一座楼阁，还是挖莲花池、在周边养珍禽异兽的苑囿的一部分，是在苑囿之中建起来的楼阁。

百济的王宫中"穿池造山""养奇禽异花"的事例早见于汉城期辰斯王七年（391年），其间不得不关注的一点就是出现了"临流阁"这一具体的楼阁名称。临流阁即前有"流"之楼阁之意，这里的"流"字比起单纯的"水流"来更有可能是专指"曲水流觞"。当时与百济关系密切的中国南朝都城建康城的宫城后方即有名为华林苑的后苑，华林苑正殿的华光殿及清暑殿前均有"曲水流觞"，位于建康城外的乐游苑林光殿内也有流杯渠，由此可知当时"曲水流觞"在宫中后苑极为盛行。

提到流觞曲水，不由得让人想起353年王羲之等在会稽山阴兰亭的盛会，民间有"上巳曲江禊饮"的风俗，即三月初三在水边宴饮。在宫中首开流杯禊饮之风的要算东汉末年曹魏的明帝了，他在洛阳城宫城的后苑华林苑天渊池之南与臣下同饮共乐，此后这就成了东晋及南朝时期每年不可或缺的重要活动之一。禊饮的必备设施就是流杯渠，因此各王朝的宫中后苑，抑或苑林中均能发现流杯渠的踪迹，具有代表性的就是清代北京故宫乾隆花园中的禊觞亭。

现在暂无任何文献或考古学材料能够用来判断临流阁的性质，但从当时中国南朝宫中园苑楼阁的功能及周边设施的情况来看，百济大概也有供王及大臣宴饮的流杯渠，临流阁这一名称中所包含的"流"字也有可能是指流杯渠这一能够进行流觞曲水的设施。

三、泗沘时期的都城

（一）泗沘都城的筑造时代

迄今未有文献资料提及泗沘都城的筑造时间，故有学者认为，可能在圣王十六年（538年）迁都之前，就有了迁都泗沘的计划，与此相关的就是《三国史记·百济本纪》东城王十二年（490年）及二十三年（501年）中出现了一连串"田猎"的记载。还有人认为，能够看到东城王时期决定并促进迁都泗沘计划的事件就是加林城的筑造，此城位于泗沘新都防御上的要冲，加林城的筑造可看作是迁都泗沘的准备措施。

东城王与武宁王时期的迁都计划说并不能成立，此外，学界还有这样一种意见，东城王时期为应付高句丽频繁的军事攻击及更新国家体制，以闪电般的速度拟定并实行了迁都计划。在529年"五谷之原"（估计位于黄海道瑞兴）一战败于高句丽后，东城王为避开高句丽，同时也为了能更好地经略南方，从而走上了迁都泗沘之路。

1. 扶苏山城的筑造时代

除文献材料中可见的相关依据外，考古学材料上值得注意的就是扶苏山城筑造时代的问题。曾经有人推测，此山城最初是所夫里县县城，在筑造完山顶式山城之后，迁都泗沘的同时筑造了包谷式山城，但1992年至1995年间一系列城墙调查的结果显示上述推测并不成立。环绕着军队仓库基址（军仓址）的小型山顶式山城中年代最晚的是朝鲜山城（周长840.6米），比它要早一点的山顶式山城是统一新罗时代的（周长1576.3米），占据了整个山谷的包谷式山城（周长为2495.6米）是泗沘都城时期的。

下面将介绍百济时代扶苏山城的相关构造。

首先，从目前所确认的部分来看，山城城墙的筑造技法均为版筑法，版筑城墙的基部宽5.8~6.5米，先在内侧夯土后再在紧挨着的外侧进行夯土。1994年，泗沘楼南侧区间内夯土部位的调查表明，内外的夯土层中有百济瓦片混入的情况，且能看到版筑之后有些部位还进行过修葺。东门因发现与门址相关的铁锔子，因此推测了门址所在。门址之南77米远处有将台址及雉堞，雉堞宽约3.0米，长约7.2米，是包围在版筑城体上的石建筑。统一新罗时代此门址被废，在南边95米处重建了新门。东门门址附近的城体内侧墙面有石筑，与它相隔约1米的城内旧址表面为宽70~80厘米的浮石面，沿着城墙而设。此浮石面也经过东门门址部分，比起南门门址来，东门所具备的功能似乎要更多些。

此外，南门门址西侧约40米处确认有雉堞，不同于上文东门南侧的雉堞，乃版筑而成，宽约7.5米，长11.0米，要远远大于东门址的雉堞。

推测扶苏山城筑造时代的重要根据之一，就是在1988—1991年间进行的东门门址调查中发现的刻有"大通"铭文的2件瓦片，出土地点为距东门门址约10米的南侧城内积瓦层。"大通"铭文与公州班竹洞大通寺基址出土遗物为同一物品，估计当初兴建大通寺的瓦片被挪来建造扶苏山城了。

据《三国遗事·兴法三》"原宗兴法厌触灭身"条记载：大通元年（527年）为梁武帝建大通寺。一般认为大通寺之名即代表梁武帝年号，但也有学者认为"大通"代表的是《法华经》中的主佛——大通智胜如来，这一见解比较有说服力。如果这样，作为大通寺创建背景的《法华经》应盛行于梁，通过521年自梁回国的百济僧侣发正传入百济的可能性较大。总之，无论将"大通"看为寺名还是年号，大通寺都应该是在527年左右建造起来的。

笔者认为，与大通铭瓦片为同一年代的扶苏山城出土的陶器中，年代最早的陶器与公州艇止山遗迹调查中被推测为熊津期第2~3阶段的盖杯及盖子相似，应该属于6世纪前期至中叶左右的物品，大通铭瓦片的制造时代应该是527年左右建造扶苏山城的时候。扶苏山城城墙附近出土的瓦片应该是覆盖于版筑城墙之上的，那么扶苏山城于527年左右建造的可能性很大。有学者认为，此前523年武宁王驾崩，526年修葺熊津城，王妃也离开人世，在这一连串国家大事中，对于着手兴建新都城有所悔意，迁都前后扶苏山城的包谷式山城的筑造也在被限制的范围之内。但我们没有理由认为山城正是这一时期着手兴建的，没有确实的证据证明以前就开始着手兴建的山城会因这些事而停工，而且在扶苏山城还没有完成的情况下就进行迁都，这本身也很让人费解。

扶苏山城可能于538年迁都之前建造完毕，这种看法比较可靠。此外，也有人提出东城王八年（486年）建造的"牛头城"为扶苏山城，是在熊津期的较早阶段建造完成的。有关记载中东城王的一系列筑城，首次是为了应对高句丽等来自北方的威胁，接下来是加强对新罗的防御。从长远考虑，系为迁都泗沘而开始筑造加林城，因此要认为东城王八年筑造的牛头城是为了加强对泗沘地区的统治就显得有些勉为其难了。实际上，将牛头城推测为扶苏山城仅仅是因为山城平面接近于牛头。此外，早先也有认为牛头城位于忠南韩山的看法。

2. 泗沘罗城的筑造时代

除扶苏山城之外，泗沘都城还有一处重要设施就是罗城。关于罗城的筑造时代，一般有两种看法，第一种占主流，即有学者提出可能是在迁都前，差不多是与扶苏山城在同一时期筑造的，还有一种看法认为是在7世纪初武王时期建造的。

将罗城的筑造推定为7世纪初武王时代的根据与横穿北罗城的青山城筑造关系紧密。青山城早在武王六年（605年）就已筑造，有学者认为这就是《三国史记》中所记载的"角山城"，其根据仅仅是韩语中将"青山"和"角山"训读，在音韵上较相似。此外，还有一种看法是将青山城北侧的土城与罗城联系起来，将罗城的筑造时代看作青山城（角山城）筑造的605年。如前所述，将青山城推测为角山城之根据缺乏说服力，让人难以信服。一般认为角山城位于全罗北道任实一带。

迁都之前罗城已经建造完毕的看法，其主要根据在于如果都城防御上必需的设施——外郭尚未完工的话，在此情况下进行迁都，则不在情理之中。此外，包括被推测为554年战死的圣王之陵墓——陵山里中下冢在内的陵山里古坟群与罗城的位置关系，也是能够帮助推定罗城之筑造时代的有力旁证。作为都城外郭的罗城及墓区之位置关系，能见的史料有《隋书·仪礼志》中规定的"在京师葬者，去城七里外"。因北朝历代墓志铭中提及的埋葬地点均与城郭间存在一定距离，类似这样的丧葬令有可能在北朝就已存在了。此外，西晋时的泰始令（颁布于264年）丧葬篇中已有相关规定。与百济保持密切往来的南朝地区之情况现在尚不清楚，但估计有充分可能存在和北朝类似的丧葬篇目，百济也一定是参考了这些丧葬令的。可以这么说，当时东亚国家普遍存在着这样一种意识，即不将坟墓建在都城内，也就是京域范围之内，那么至少在544年左右建造圣王陵时，陵山里古坟群一带已被看作是京域以外的地区，则其分界线分明为罗城无疑。换句话说，至少在554年之前就已经在筑造罗城了。

最近在陵山里筑造陵寺之前的沟渠中出土了一批木简，这批木简的性质及陵山里寺址非正常性的曲折状态颇引人注目。出土的木简中有男根形木简，应该是在都城外郭路边进行道祭时所使用的，这一带应该就是当时都城东边的界线。此木简之下限应该是陵寺兴建时的567年。据此我们推断，罗城至少应该在那一时期就已经存在了。综合上述内容，我们可以通过泗沘都城的核心部分扶苏山城及泗沘罗城的筑造时代，推断泗沘都城应该在538年迁都时已经完工。

（二）泗沘都城的筑造过程

现在对建造泗沘都城内部诸多设施的过程尚无多少研究，最近通过对罗城内部地区的调查，靠着不断累积的材料，调查也得以不断深入。通过对泗沘都城出土的瓦当类型及其时代的分析，都城内部的筑造过程大致可以分为三个阶段，第一阶段应该是熊津末期至筑造陵山里寺址之前的6世纪中叶，罗城等防御设施及王宫、官衙设施应该兴建于这一时期。第二阶段为6世纪中叶至7世纪初期，这一时期定林寺址、东南里遗迹、军守里寺址等瓦葺建筑突然激增。第三阶段为7世纪前期至灭亡为止，都市扩大至罗城，至白马江西侧。

都市内部设施的扩建及修葺的过程应该是一步步循序渐进的，陵山里的发掘结果也显示出这种情况。罗城筑造之前这一带原来为低洼地，罗城筑造之后按照"最早的水田耕作面→水田废弃后堆积层面→第一生活遗迹面→第二生活遗迹面"的顺序而变化着。第一生活面是这一带开设道路网的时期，第二生活面发现有隋五铢钱，推测为6世纪末至7世纪初。同时还确认这一时期在罗城外存在有居址。

2006年的发掘材料确认了双北里县内野开设道路的时代。因路沟填充土层上方有1枚常平五铢钱出土，故道路的开辟应早于常平五铢钱的废止时代。常平五铢钱是553年北齐发行的货币，创建于577年的王兴寺木塔基址的舍利安奉遗物中也发现有常平五铢，应该是于6世纪后半期左右传入百济的。那双北里县内野道路的开设应早于此，大约于6世纪中叶就已开设完工的可能性较大。陵山里、佳塔里一带的道路开设也应该与其无甚差别，其周边地区在罗城筑造之后的一段时期成了耕作水田。可以这样认为，到6世纪中叶左右因人口的增加，道路及都市基础设施也开始随之增加。

但王宫、官府、庶人居住区域的扩张，宗庙、社稷及寺院等都城重要基础设施几乎在迁都同时完工，居住区五部五巷的模式有可能是在迁都前后确定下来的。从《日本书纪》中出现的百济使臣们之部名、官职材料来看，541年之后出现的部名一直保持不变并流传下去，534年上部已州已娄于543年改为前部，据此可判断538年左右居住区域发生了变化。可以这样理解，以迁都为契机对居住区域进行了重编及调整，由此导致了居住区域的变化。

定林寺是位于城内的国家中心寺院，对此并无异议，定林寺的建造时代也应该是在泗沘都城的建城过程之中。有学者认为百济整治了低洼地，并在其上建立了寺院。以地基填筑土层中混入的三足陶器为依据，笔者认为538年以前建城工作还在进行之中。有学者指出，541年圣王遣使于梁，求《涅槃经》等"经义"及工匠、画师等，就与定林寺的建造紧密相连，其中一种观点认为这一时期定林寺的营建工作已经完成，还有一种观点认为此时正在进行定林寺木塔内部的装饰。从这一点来看，534年圣王遣使入梁朝贡，应该是在迁都之前。

《日本书纪·钦明纪》中，圣王于541年、544年在泗沘主持了两次任那复建会议，可见至少541年以前新都城的主要基础设施都已完成。泗沘新都城的新文物在加耶诸国对百济产生好感方面起到了至关重要的作用。钦明六年（545年），圣王赠送给出席任那复建会议的日本府使臣及加耶诸国旱岐不同等级的"吴财"，即自梁进口的文物。百济因泗沘都城成为新文物中心而深感自豪，这一自豪在其外交行为中也充分表现出来。

泗沘都城的兴建需要大批劳动力，值得关注的是在扶余一带出土了高句丽式陶器。笔者认为，通过陵山里水田层中出土的泗沘期高句丽式陶器，可以推测是汉城沦陷之后被编入高句丽地区的居民们参与了泗沘都城的建造工程。

6世纪初武宁王时代招集分散到加耶地区的百济人及"游食者"归农，这与泗沘都城的兴建需要人手的扩充相关。笔者认为，这些人手应该是高句丽统治下的收复区居民及泗沘都城兴建中投入的劳动力。

上述内容也符合这一事实，即进入泗沘期后突然出现与高句丽陶器极为相似的泗沘样式陶器，且这种现象一直持续下来。为了建造新都城，在几乎没有原住民居住过的泗沘地区，如果不在迁都的同时迁徙大批居民，则难以完成这一工程。而旧都熊津要继续维持都市功能，故需要输入其他地区的居民。此时占多数的就是上述那些已参与泗沘都城工程、曾被高句丽统治过的居民们。这些泗沘样式陶器在器形及种类上几乎与高句丽陶器一模一样，且泗沘迁都后将国号更名为"南扶余"也应该与这些居民的构成紧密关联。是不是为了赋予那些曾处在高句丽统治之下的百姓们新国度的归属感，从而强调了高句丽与百济的共同起源——扶余呢？

从这一观点来看，扶余小学及罗城外龙井里出土的高句丽样式的瓦当值得我们关注。这一瓦当为四瓣莲花纹瓦当，相对而言样式较老。莲花纹瓦当是继云纹之后出现的，云纹在5世纪初左右完全消失，四瓣莲花纹估计于4世纪以后出现，与此瓦当极为相似的应该是平壤乐浪土城中所采集的，所属时代应是高句丽迁都平壤之前。集安地区出土的瓦当之中也有与扶余的莲花纹瓦当极为相似的样式，主要出自被判定为4世纪时期王陵的那些坟墓。这当中有西大墓中出土的"己丑"铭文云纹瓦当、莲花纹瓦当，这里"己丑"被判定为329年。集安的太王陵中未见有云纹而出土了6件莲花纹瓦当。四瓣莲花纹瓦当盛行年代应早于六瓣及八瓣莲花纹瓦当，这是因为在四瓣莲花纹流行之前更多使用的是云纹瓦当。迄今为止所知的高句丽瓦当中，尽管还没有与扶余出土的高句丽式瓦当完全相同的，但它们都确实同属于高句丽系统下的莲花纹瓦当。

那么，高句丽式瓦当在泗沘都城内外特定地点的建筑物基址内出土的背景是什么？特别是4世纪时期古式瓦当出现的缘由又是什么？如前所述，迁都泗沘的同时，百济将国号更名为"南扶余"，其背景可理解为，是为了阐明及发扬承继扶余的意识，那么使用了古式高句丽系瓦当的建筑是不是可以看为与起源密不可分的宗庙、社稷坛等特殊建筑呢？

如果上述推论成立的话，那扶余地区出土的两件高句丽式莲花纹瓦当分属于泗沘期百济宗庙或社稷坛等相关设施的可能性很大。扶余小学一带即扶苏山城南部斜面，从很早起就被认为是以王宫为首的重要建筑所在地。此外，自1991年起发掘调查的龙井里寺址，有上下两个时期的建筑基址重叠在一起。现在还不清楚这些建筑基址的性质，最近有学者将其看为熊津期社稷坛。那么，这座寺庙就可能是为了泗沘都城的建设而在熊津期建造的。下层建筑基址为熊津期建造的最早建筑，它被破坏后在其上建造了上层建筑基址，在此过程中混入了高句丽式瓦当，那么下层建筑物所在时期使用高句丽式瓦当的可能性很大。熊津时期为了泗沘都城的营造，为了据点而建造起来的寺院，为何要使用具有复古风的高句丽式瓦当呢？这只能说明龙井里寺址不仅仅是座寺院，应该将其看作与寺庙等国家建筑有关的建筑基址。

值得关注的是与此相关的东台子建筑基址。此建筑基址于1958年开始发掘调查，从规模及华丽程度来看，应该是王宫或社稷坛之类的建筑基址。也有看法认为，此建筑基址是《三国史记》中所载的故国壤王九年（392年）重修的国社。此外，占主导地位的意见是，集安东台子建筑基址是高句丽建都集安国内城之际所兴建的宗庙或社稷坛。东台子建筑基址在国内城向东约500米处，这与《梁书·高句丽传》中所描述的高句丽社稷坛较为一致，如果位于宫城东侧的社稷坛可以看为东台子建筑基址，那龙井里寺址就应该位于罗城外部、都城东侧约1.2公里之外，故无法排除其为百济宗祀遗迹的可能性。

（三）泗沘都城的京域

泗沘都城拥有外郭即罗城是其最大特点，尽管不完全等同于中国传统的内城外郭制的都城构造，但若将罗城看作都城居民居住区域的分界线，那么这种都城制度就与城郭制极为相似了。尽管将罗城看作都城界线的意见占有优势，但也有看法认为实际上居住区域未必就是罗城内部的全部，其根据就在于被推测为外郭房屋基址所在地区却分布有火葬墓。如上文所述，在京域内不设坟墓的观念之下，火葬墓的分布地点应该有可能被看作是当时的京域之外，但是作为火葬墓判定根据的有盖直口壶，是否为盛装火葬人骨之容器还不明确。不仅如此，当时百济并不流行火葬，因此现在仅凭有盖直口壶来推测火葬墓之分布，并作为判定京域所在之根据，多少有些冒险。

如前所述，陵山里寺址出土的男根形木简与都城分界线——罗城门外进行的道祭有关，木简内容与驱逐恶疾有关，其出土于被判定为罗城城门一带的陵山里寺址，由此可见罗城确实是都城分界线。

　　都城居民的居住区域理所当然应位于罗城内部，但综合最近调查结果来看，在比耕作区略低的地方发现了居住遗迹，有可能要比现在扶余市区内的使用空间更为广阔。居住空间的具体分布及各阶层居住地规模尚有诸多疑点。官北里被推测为王宫基址的区划规模为113.1米×95.5米，将其作为基本区划空间来看，军守里地区的房屋基址则是其1/16，可将此看作是最小的单位区间。通过这些单位房屋基址的定型性来看，当时有可能已经设立了一定的择地基准。日本学者指出，官北里的区划规模应与日本藤原京的1町类似。军守里的房屋遗址与陵山里罗城内部遗迹中所发现的大小相似，可以看作是当时推行的一种单位制区间，更小规模居住址的边长为5米，内外为方形，这种规模的小单位区间很难说是下层居民的居住址规模。有学者认为军守里的这种小规模区间是中级官员房屋基址。以军守里这些房屋规模为准，《周书·百济传》中所记载的泗沘都城人口规模为"都下万余家"，应该是将罗城内部包含在内进行计算的。从文献材料及木简中可见，罗城内部的都城地区分为五部，每部再细分为五巷，尽管已推测出五部的位置，但还不清楚其具体规模。

　　环绕着泗沘都城的现扶余邑一带共发现有40多处墓葬区。这当中密度最高的就是自东罗城起5公里范围之内的地区，80%的墓葬均集中于此处。白马江西岸发现的墓葬区不仅密度小于东罗城外部，且距离要远于东罗城外部的墓区，难以将其看作是都城居民的墓葬区。在无前人坟墓的前提下，应该不是原三国时代以来一直持续的土著势力的墓区，而是泗沘迁都之后居住在都城周边的地区居民们的墓区。

　　东罗城外部的坟墓是迁都之前一直就存在的土著势力之坟墓，其间还混杂有泗沘期罗城外部居民的坟墓、都城居民的坟墓。经确认，汾江、楮石里古坟群属于原三国时代至泗沘期之墓葬，应该是迁都之前居住于此的土著势力的坟墓。井洞里及佳增里坟墓不仅与东罗城外部的其他古坟有所差别，且所在地分布有房屋遗迹，可看作是泗沘期罗城外部居民们的墓区。东罗城外部密集的古坟群中不仅有都城内居民的墓葬，还有可能包括外部居民的墓葬，即位于青马山城东边的一系列古坟群。此外，石城山城附近的古坟群与圣兴山城古坟群一样，都是山城驻军将士的坟墓。

　　除此以外的古坟群被认为是都城居民的墓葬，从迄今为止已确认的材料来看，很有可能王及王室、贵族、官僚、庶人等不同阶层的墓区也各不相同，而毗邻东罗城的陵山里古坟群确确实实就是王及王族的墓葬区（图三）。

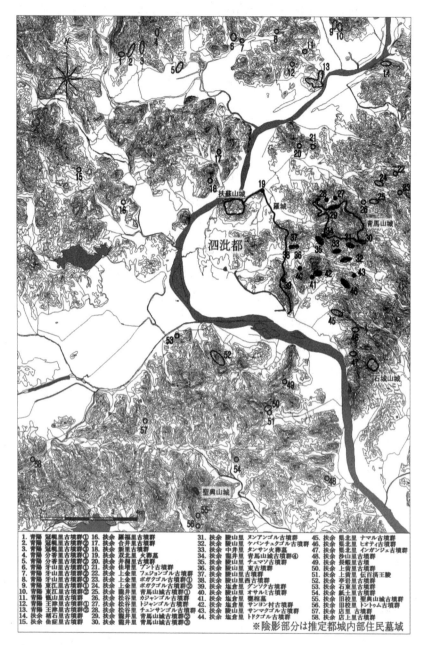

泗沘都城

扶苏山城

罗城

青馬山城

石城山城

聖興山城

1. 青陽 冠枫里古墳群①	16. 扶余 羅里古墳群	31. 扶余 陵山里 メンアンゴル古墳群	45. 扶余 県北里 ナマル古墳群
2. 青陽 冠枫里古墳群②	17. 扶余 合井里古墳群	32. 扶余 陵山里 ケパンチュクゴル古墳群	46. 扶余 県北里 ヒオティ古墳群
3. 青陽 冠枫里古墳群③	18. 扶余 双北里 火葬墓	33. 扶余 中井里 タンサン火葬墓	47. 扶余 県北里 インガンジュ古墳群
4. 青陽 分香香里古墳群	19. 扶余 双北里 古墳群	34. 扶余 陵井里 青馬山城古墳群④	48. 扶余 沙山里 古墳
5. 青陽 分香香里古墳群	20. 扶余 亭里 古墳群	35. 扶余 陵井里 チェマソ古墳群	49. 扶余 長蝦里 古墳群
6. 青陽 牙山里古墳群	21. 扶余 亭里 プト古墳群	36. 扶余 陵山里 東古墳群	50. 扶余 上廐里 古墳群
7. 青陽 牙山里古墳群	22. 扶余 上金里 フュジョンゴル古墳群	37. 扶余 陵山里 西古墳群	51. 扶余 上廐里 伝百済王陵
8. 青陽 牙山里古墳群	23. 扶余 上金里 ポオクゴル古墳群①	38. 扶余 陵山里 グンゴク古墳群	52. 扶余 上廐里 孝古墳群
9. 青陽 東江里古墳群	24. 扶余 上金里 ポオクゴル古墳群②	39. 扶余 陵山里 カジャンゴル古墳群	53. 扶余 瓶土里 山城古墳群
10. 青陽 東江里古墳群	25. 扶余 鵲里里 青馬山城古墳群①	40. 扶余 陵山里 オサルメ古墳群	54. 扶余 瓶土里 青馬山城古墳群
11. 青陽 佳佐里古墳群	26. 扶余 鵲里里 青馬山城古墳群②	41. 扶余 塩倉里 甕棺墓	55. 扶余 旧校里 聖興山城古墳群
12. 青陽 王津里古墳群	27. 扶余 松公里 トジャンゴル古墳群	42. 扶余 塩倉里 サンジョン村古墳群	56. 扶余 旧校里 トントム古墳群
13. 青陽 王津里古墳群	28. 扶余 松公里 チュンサンゴル古墳群	43. 扶余 塩倉里 サンマクゴル古墳群	57. 扶余 駿昌里 古墳群
14. 扶余 楮石里古墳群	29. 扶余 鵲井里 青馬山城古墳群③	44. 扶余 塩倉里 トクゴル古墳群	58. 扶余 店上里 古墳群
15. 扶余 佳証里古墳群	30. 扶余 鵲井里 青馬山城古墳群⑤		

※陰影部分は推定都城内部住民墓域

图三　泗沘都城墓域分布图（●处被推测为泗沘都城居民墓域）

根据泗沘期墓制及对应官阶的研究结果，邻近于陵山里古坟群的陵山里东古坟群也应该是王室墓区。王室墓区东边不远处的陵内谷古坟群中所谓的陵山里规格的石室墓，其基石为板材所造，玄室面积为250米 × 125厘米，内外均为石室，其间出土了银花冠饰等随葬品，因此这里应该是高级贵族、官僚的墓葬区域。由此来看，泗沘期坟墓在筑造上有一定规定，学者也有一些相关的研究。根据这些研究，王族以上使用的是板石加工而成的陵山里规格以上的石室，一品至三品的贵族、官僚则是用基石为石块的陵山里规格的石室；四品至十一品官员则是陵山里规格以下的石室墓，由未加工的天然石头所造，而再下之则是用天然石头做成的石棺。根据最近的发掘调查，盐仓里古坟群有300余处墓葬，这其中陵山里规格的石室不超过20个，接近陵山里规格的石室墓不过4个，不同于上述陵山里陵内谷古坟群，应该是中下级官僚的墓区。此外，陵山里陵内谷古坟群、陵山里奥萨儿密古坟群、陵山里垓塝竹谷古坟群、陵山里山幕谷古坟群、陵山里递马所古坟群、盐仓里坤度儿谷古坟群、盐仓里上盐古坟群、青马山城古坟群等也被判断为是都城居民的墓葬区。

如上所述，泗沘时期以王为首的一切都城居民之墓区位于罗城外部，而没有罗城的汉城期及熊津期居住区域及墓区的分布上也有一定的区分，对此我们无法排除这种可能性。

自汉城期至泗沘期，百济都城的墓区及居住区域发生了变化。有意思的是，在此变迁过程中，分散在城内及城外的居住区域渐渐有了统一趋势，泗沘时期则出现了集中于城内，即罗城内部的情况。

如前所述，无论是汉城期风纳土城、梦村土城的内部还是城外，均有居住区域的存在。现在没有资料可以判断出城内外居民之间阶层关系，但中国都市国家的特征之中有国野之分，即居住在城内的王、贵族等统治阶层及居住在城外的被支配阶层"民"，既然有国野之分，那么就说明城外为一般人居住的区域。

要推定熊津期王宫所在地较难，以王为首的支配集团所在的居住区域不易判断。现公州市区被判定为当时王都所在，从《三国史记》上因洪水"漂没王都二百余家"的记载来看，都城内民居也包含在王都之内。尽管都城的居住区范围尚未明确，但从墓区的分布来看，不难推测应该位于现在公州市区内。

至泗沘期时，罗城成了都城空间的界线，都城居民被分为五部，与支配者集团位于都城同一空间。从这种观点来看，自汉城期以来都城内部一般居民的规模逐渐扩大。不仅如此，都市外部即罗城外部也多少有些平民居住，通过上述墓葬区域可以推测出来，但实际上陵山里东罗城外部经确认不仅有居住区，还有可供耕作的田地存在，这就成为上述论点的有力保障。

饶有兴味的是，城外居民集中于城内之现象也曾出现于中国，至西周时一般人的居住区域分散在象征都市界线的城墙内外，而进入东周后，平民居住区变得相对集中，都市及村落的界线也变得分明起来，这种变化表明国家感受到加强平民控制的必要性。百济都城居住区域的变化是百济国家集权的扩大、对平民统治的强化及磨合的现象。

接下来值得关注的是，都城墓区中墓主人集团按阶层之不同呈现出空间位置上的差别。汉城期都城居民的中心墓区是石村洞古坟群，以王为首的各阶层墓葬混杂其间。当然，有可能会因时代上的先后关系而出现层位上的重叠，以致难以分辨出各阶层在空间上的差别，但与后期相比，这种阶层关系确实不太明显，熊津期之后各阶层的墓区则存在不同区域。若将这些现象与各居住区域进行对比确实很有意思，分散在居住区域的汉城期墓葬群中阶层之分还不明确，相较而言，之后的居住区域几乎集中于都城内部，墓区中各阶层之间的区分也很明显，形成这种现象的背景或意义可以从多种角度进行考虑，墓区中阶层区分的深化现象是不是与早期以血缘为基础的共同体之消失、国家对百姓的控制力增加有关呢？

让我们来看看罗城的功能。一方面，学者多关注都城空间军事防御的必要性，这一点确实无法忽视。流淌的白马江堪称西侧的一道天然防线，因此西边未设罗城，由此可以确认罗城所具备的军事防御方面的功能。但另一方面，如果说百济都城的居住区域及墓区的分布反映出都城内居住区域的合并，那么罗城很有可能还具备另一种功能，即成为都市聚居区界线的重要象征。国家需要加强对民之支配，因此一般人聚居在都城内的都市聚居形态开始出现，并在此划定界线，后来再以作为罗城的城墙形态出现。就此而言，百济都城罗城的出现应该是百济古代国家成长中的划时代事件。高句丽平壤及长安城的筑造也应该拥有同样的脉络吧。

（四）罗城的平面形态及筑造技法

1.罗城的平面形态

罗城的模样可见于《旧唐书·苏定方传》攻城过程的相关记载中，"入郭"即通过罗城，"围城"即包围后方的山城，也就是危急情况下王用来躲避的扶苏山城，从这些攻城战略中可知当时泗沘都城是内城外郭的构造。

作为泗沘都城重要的外郭，罗城的平面形态可见于《东国舆地胜览》"扶余县古迹条"，内容如下：

> 半月城为石筑，长13006尺，故百济都城也。环扶苏山而造，两端为白马江，形似半月，故称半月城也。

朝鲜早期被称为半月城的罗城总围长为13006尺，《经国大典》"布帛尺"中一尺为0.468米，13006尺则为6.086公里。《大东地志》"扶余城池"条内容同于《东国舆地胜览》，但"今有土筑遗迹"，说明当时城墙为土筑，这一点与《东国舆地胜览》的记载有所出入。也许是随着时间的流逝，外面石筑部分脱落，从而露出了里面的土筑部分，因此被认为是"土筑"。因白马江在其西侧，故无城墙，只有东墙及西墙的罗城，看起来确实呈半月形。

1915年关野贞第一次访问扶余，将泗沘都城称为"扶余半月城"，并对其构造进行了描述，内容如下：

> 都城西侧，流淌的锦江成了天然壕堑，由南至东起伏的山脉成了天然屏障，连绵的山峰、土筑的城墙与蜿蜒的锦江遥相呼应。（中略）城墙犹如被切去一半的圆，呈半月形，因此也被称为半月城。（中略）朝鲜式的城均为山城，城墙并未延伸至城中。高句丽、新罗、任那均是此式。百济公州山城也同样，但扶余都城除建有扶苏山城外，还有锦江及外郭城墙环绕着。像这样一直延伸至城中的城墙，应该是仿中国而来，中和了朝鲜式山城及中国都城包围式而建。（中略）利用山下地形将城体建成坚固要塞，半月城在朝鲜是首例，这之后高句丽的长安城（大约是今平壤）也建成了类似的城郭。如今的锦江下游依然宽阔无法横跨，那从前的下游岂不是应该更宽？

关野贞将泗沘城称为"扶余半月城"，无从考证其是否参考了《东国舆地胜览》中的相关记载，但他首次将罗城平面形态的地形图像标示了出来，这不仅与最初的调查结果一致，且赋予了包含有罗城在内的都城历史性的意义。1959年，冈崎敬在参观扶余时写下的游记中收录了一张图片，图中扶苏山城北接北罗城，南连盐仓里，可是标示出的仅有东罗城。

对于罗城平面形态认识的变化始于1978年，这从为百济古道修复计划而编撰的文献中可见一斑。成周铎在其论文中将西罗城标示为"扶苏山城西侧—Youth Hostel—官北里—旧校里—游水池—东南里—军守里—城末里"。此后，以地表调查内容为据，他又提出不仅有西罗城还有南罗城的主张。1999—2000年，因国道4号线施工，对通过所谓"西罗城"的地点进行了发掘。2000年，受扶余郡所托，对泗沘罗城又进行了严密的地表调查。在这些调查结果向学界公布之前，上述关于罗城平面构造的认识一直为国内外学者所认可。

一直被认为会经过西罗城的4号国道的有关地点的考古挖掘结果表明，这里并未发现罗城痕迹。本来此处已有白马江作为天然防线，自朝鲜时代以来仅在此筑造了堤防。此外，在对古得列（音）河床进行发掘时，在现存堤防的外面发现有百济时代的瓦及建筑基址。故可以确认江边一带应是当时的耕作区，罗城存在的可能极为渺茫。

被认为是穿过西罗城的地点而受到瞩目的军守里地方江边调查的结果也差不多，有关地点不过是当年的耕作区，既无与罗城一样的城墙，也未发现有任何木栅等防御设施。之前的一些看法认为即便不是因为防御需要，至少也应该因洪水堤防之需而建造罗城，但这些与调查结果不相符合。从地形来看，西、南地区高于地表大约10米，本身就如同堤坝一样，随白马江边地势而蜿蜒，应该不是洪灾后才露出的地区。现在虽不难断定堤防外部地区是大范围的农耕区，但如前所述，古得列现存堤防外部的岸丘上发现有瓦片建筑，据此我们可以判断这里曾是农耕区。关于泗沘期洪灾的记载，仅有《三国史记》武王十三年（612年）5月这一条，亦可作为上述推断的一个注脚。

笔者于1999年对罗城各地点进行了考察，土台的存在应该象征着自扶苏山城西侧延伸至古得列这段空间中曾存在有罗城，对这一部分还需进行精密的探方发掘。当时在此处确认有罗城痕迹，现存的西罗城仅有与扶苏山城相连的一部分。除此之外，迄今已被确认的泗沘罗城有位于扶苏山城至青山城间的北罗城，长0.9公里；位于青山城—石木里—盐仓里之间的东罗城，长5.4公里，全长共计6.3公里。这与之前罗城8公里的总长相比出入较大，而与《东国舆地胜览》中记载的6.086公里较为一致。

经确认罗城共有5处门址，扶苏山城至青山城之间的北罗城处有1组（北1门），横跨青山城与陵山里的盐仓里下盐村的东罗城共发现有4组门址（自北向南依次为东1门至东4门）。北1门与青山城门址相同，而石木里的东1门处则利用天然地形设置了瓮城或敌台。东2门位于陵山里后山顶部，东3门则在连接扶余——论山的国道4号线经过之地，发掘调查后被确认。东4门位于中井里至盐仓里俗称"坤度儿岘"的地方，东5门则在东罗城的尽头，即盐仓里下盐村。

此外，在以东罗城与旺浦川的交叉处为中心、绵延约500米的低洼地处，曾设有护城河。横亘旺浦川的城墙部分曾筑有石桥，2000年发掘出土了以八角形石柱为首的大量石料，估计是石桥的构件。

除罗城外，构成泗沘都城的重要建筑还有扶苏山城。扶苏山城地区的调查最初在1942年9月至12月展开，主要对"西腹寺址"等一系列废弃寺址进行了调查。1980年再度进行调查，截至2001年共进行了25次发掘调查，至此已初步掌握百济时代扶苏山城的构造及筑造技法。与罗城不同，扶苏山城仅采用了版筑技法。扶苏山城南部高于地表106米左右，山顶部有3条北向山脉，泗沘期城墙采用的是环抱大溪谷的抱谷式。

2. 罗城的筑造技法

学界较为一致的看法是，罗城由城内侧的土筑及外侧的石筑城墙构成，但随着城墙经过地点土壤坚硬度的不同，打地基所选用的方法也会有别。

以东罗城陵山里为代表的低洼地，罗城通过这一部分时采用了多种针对地基薄弱处的处理方法。其中之一就是将树枝按一定距离排列，从而防止地面浮动下沉的"枝叶敷设"法，也称"敷叶"法，即现代土木工程中所采用的"严防下沉排水工法"。此方法约5世纪末—6世纪初传入日本列岛，成为大阪河内一带开发低洼地时主要采用的土木技术，7世纪后半期这一方法为筑造福冈市大宰辅水城所采用。城墙两端还钉有木桩，木桩间呈一定距离，这是为了防止边缘部位的坍塌而采用的打木桩方法。这一方法也被使用于陵山里之外的地方，如青山城南侧低洼地城墙经过之处。

此外，还有一种技法，即在低洼地一部分城墙内部重新筑起了整齐的篱笆形栅栏，然后在其内侧再大量敷设枝叶，让城墙更为坚固。采用此技法的地点位于罗城与旺浦川的交界处，是为了减少水流对城墙的压力而采取的一种措施。10世纪后半期，日本在筑造海岸堤防的基础工程中也采用了这种方法，现日本兵库县冈山市米田百川间还保存有此类遗迹。

在地面相对坚硬的山地或丘陵地区采用的方法又不一样，首先在城墙内侧用土筑成内托部，然后再在其外部宽约4米的地方将砾石或凿成的石头堆积成石筑城墙。这种筑城方法先前不为人所知，直至2001年调查泗沘时期的山城时才发现大田月坪洞山城中采用了同一技法，这应该是泗沘期百济的独特筑城方法。用此方法筑成的城体一向被称为护城石筑，这一称呼是说土筑部位本身并非城墙，而城墙的主体部分主要采用了石筑。此外，最近有学者提出，罗城的筑造方式是先建造土筑城，然后经过一段时间之后再加上石筑部分。501年筑成的圣兴山城已确认采用此筑造法，但罗城采用这一方法难以成立。筑造罗城时所使用的土筑内托加石筑城体这一独特筑城法，首次出现于筑造圣兴山城的6世纪初，之后泗沘期一直固定下来未有变化。倘若此说成立，则用此法来筑造泗沘罗城就应该上溯至熊津时期了。在百济遗民的指导下，这一技术被广泛应用于日本大野城等筑造中，此外还被应用于所谓的朝鲜式山城中。

（五）泗沘都城的都市构造

1. 道路区划

通过文献材料及最近的考古资料可知，罗城内部的空间构造以五部来区分，每部中再重新划分出五巷。宫南池出土的木简中就有"西部后巷"等内容，五部名称中的"前、后、上、中、下"有可能与"东、西、南、北、中"等方位共同使用，五巷的名称也应等同于五部。但迄今为止泗沘都城都市空间的具体区划尚不明确。

笔者曾试图通过发掘土台来判断都城内部的空间区划，对扶苏山南麓的官北里道路遗迹、宫南池北边道路遗迹及军守里地区被确认的道路遗迹等进行过GPS测量，试图找出泗沘都市区规划的一定模式。经过这一系列努力，官北里扶苏山南麓一带出土了莲池、建筑基址等遗迹，成了日后工作中的重要线索。

国立扶余文化财研究所东侧的扶苏山南部斜坡，曾发现有东西走向的石筑分界线，这是为区分山地及建筑基址而做的。一条宽8.9米的南北大路与此石筑相交，距大路约103米的南侧某处还有一条宽3.9米的东西大路交叉而过，交叉点处发现有在南北大路路边设置的排水设施及东西道路下方设置的排水沟。此外，此南北大道东侧约86米处还发现有区分山地及平坦地的石筑及交叉于其上的又一条南北道路。这一条路与上述东西大路宽度一样。每条道路的区划与现磁北方向有6°左右的偏差，道路间的区划空间为一东西86米，南北103米的长方形。

现在还不能确认都城内部是否全部采用了这一区划，1918年发行的1∶50000的地图中，官北里地区附近的区划痕迹清晰可见，经确认有道路痕迹。此外，南北大道的延长线几乎与现在都城内重要的寺院之一定林寺基址所在的西墙一致，这也从某种程度上向我们展现了都城内部空间区划上的计划性。

如前所述，官北里、宫南池北侧及军守里等地均确认有道路遗迹，其方向均与官北里地区的道路遗迹相同，这之间存在着某种相互关系，应该是有计划的安排，有必要将这些道路遗迹的位置在图上一一标示出来。为此，笔者首先将官北里地区确认的区划空间作为标准，利用GPS对宫南池北侧及军守里地方的道路遗迹进行了测试，发现这当中存在着一定的倍数关系。

官北里地方由宽8.9米的南北大道、宽3.9米的南北小路及东西小路组成一个区间，以各条道路的中心线为准，则纵向为113.1米，横向为95.5米，纵向方向位于现磁北偏东6.5°。区间北端即扶苏山地与平坦地带的交界处，南北道路的北端西侧呈东西方向的石筑（第一石筑）与南北小路北端东片呈东西方向的石筑（第二石筑）间的距离为5.2米，小路的宽度几乎与侧沟一致。笔者认为，南北小路西侧的第一石筑与其东侧的第二石筑间的间隙，即第一石筑北端所在，此间隙也就是其他东西走向的小路之宽度。那么官北里地区纵向长度就是第1石筑南端向北2.6米后经过东西线与东西道路中心线之间的距离。

宫南池北边的道路遗迹在1999—2000年的调查中被确认，长约163米，除东西走向的水路外，还留下许多车轮的痕迹，路面宽8~9米，加上两边的侧沟约10米，这是与官北里地区南北大路同等规模的东西大路。现在露出来的道路长约45米，如前所述，道路两侧挖掘的水沟继续向西延伸，因此这条路可看作是东西大路的一部分。道路路面上留下的车轮痕迹宽120~130厘米，这是2002年扶余郡窥岩面芦花里确认的百济时代水战中的车轮痕迹，可以成为测量当时车轮轴间距离的材料。GPS测量结果显示，官北里规划区间的南侧第14格、西侧第2格之间的空间南端即是宫南池北侧的东西大路。

军守里地方的道路遗迹2000年在忠南大学百济研究所进行的发掘调查中被发现，道路长约20米，道路方向与官北里地区的东西小路一致，包含侧沟在内的路宽为5.3米，这一点值得我们关注。依照GPS结果，此道路位于官北里标准区划空间南侧的第19格、西边第9格区间的南端，即东西小路。以此类推，泗沘都城内部的空间区划有可能以官北里地区被确认的单位区划为基准，即纵向为113.1米，横向为95.5米的巨大长方形区间。

但这种区划是否推行至全地区，研究者各抒己见。较多意见认为未曾实行与条坊制同样井然有序的区划，2004年调查的陵山里、佳塔里地区，发现有与上述区划线大体一致的道路，有可能在都市内推行了同样的区划标准。陵山里、佳塔里等地区显露出来的道路宽度，与官北里据传王宫址处被确认的小路大致相同。大路遗迹表明，开设道路之后随着管理状态的不同，对侧沟内部填充堆积土，或因洪水泛滥，路面宽度有了变化。大型格子的大小为南北117米，东西95.5米，其间被等分为16个小格，小格的大小与军守里地区发现的单位房屋基址的大小一致，南北均为28.2米，东西为25.8米。这些房屋基址的规模应该是当时泗沘都城内部的最小规划区间单位。通过陵山里、佳塔里的调查，现经确认的小格中均有1栋壁柱建筑，其周围开有小道，这很有可能就是泗沘都城内部最小的房屋基址面积（图四）。

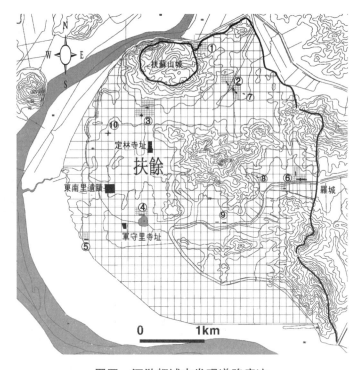

图四　泗沘都城内发现道路痕迹

此外，2007年经调查的双北里北浦遗迹、双北里县内遗迹，2008年经调查的佳塔里152-11番地一带、双北里280-5番地，还有2009年调查的佳塔里佳塔等地均存在道路遗迹，共有10处。

迄今确认的道路方向如下：N3°~7° E（4条），N84°~97° E（4条），N330°~350° E（3条），N64°~77° E（3条），其中2条被确认为南北轴线，即N3°~7° E组及N93°~97° 组大体呈直角，应属同一区划轴线，剩下的两组也是同样。此外，道路大致分为三组，即宽约3米、4~5米、6~9米。

现在要说明五部及五巷的具体构造还属不易，陵山里、佳塔里地区的情况是在一个大的区划空间内再划分16个小空间，大空间即为基本的房屋基址，凭借这个不是不能推断出当时泗沘都城内供给的择地规模，当然大空间内也许存在与一般人居住房屋用途不一的王宫、官府、寺院及贵族宅邸，如《周书·百济传》中所记载的，都城内民居有1万多家，这些民居的规模如果象征着军守里地区或陵山里、佳塔里地区基本的房屋基址的话，那么一共需要625个大区间。

现阶段要处理泗沘都城区间规划上的标准问题还不容易。以官北里道路宽度为据，有可能使用的是高句丽尺，也有意见认为是中国南北朝的南朝尺，还有学者指出从定林寺址塔部构件或陵山里型横穴式石室墓的规模来看，存在25厘米尺。还有人认为使用的是古韩尺，即1尺为26.7厘米。可以确定的线索并不十分明确，大概是使用了24~25厘米之间的尺，这种可能性尽管较大，但现存区间和上述任何尺度间均不存在倍数关系，因此当时究竟选用了怎样的度量衡就成了有待解决的课题。

在推测五部位置时，有学者根据"前部"及"上部前部川自此以"等出土物品，指出定林寺南部可看作"前部"，其北部则为"后部"。也有学者描绘出概念上的五部位置图，还有人推测出了五部的具体分布。尽管线索不足，但各部户数上应该没有太大差别。整体而言，按部别需要120余个大区划，能够提供这类空间的场所有扶苏山城及青山城之间的双北里、石木里，锦城山东南面的陵山里、佳塔里、旺浦里、军守里一带，还有东南里、旧校里等地。

2. 王宫位置的推定

泗沘都城的中心及王宫所在地，早前被认为位于扶苏山城南麓，即现扶余研究所一带。此后在官北里一带挖出莲池、道路遗迹等，这些见解开始变得更有说服力。笔者在观察1918年发行的地图时受到启发，认为区间痕迹应与王宫同为特殊地区。

　　2004年，对这一带进行发掘时发现积土台基，一同出土的还有估计被用来储藏蔬菜或水果的木椁库，这很有可能就是王宫的补给设施所在地。2005年，又发现横向35米，纵向18米的7间×4间的大型殿阁基址，这一发现为上述看法提供了有力支撑。建筑基址的一侧应该是与台阶有关的设施，而后方与此基址平行的空间内，经确认规划性极高，应该曾建造过相当于王宫正殿级别的建筑。

　　经推测，此建筑基址台阶部分的筑造方法应该是先堆积约60厘米的土层，夯实后再在其上堆放础石，将堆放础石的部分重新挖成方形后，夯实内部再筑成柱心，这就是所谓的"磉墩柱心式"。同样的筑造方法也曾见于1993年发掘的扶余东南里大型建筑基址、益山王宫里遗址等大型建筑基址。据估计，泗沘期百济的大型建筑应该都是普遍采用了这种筑造方法。因为迄今为止还未确认百济建筑基址中的柱心石方式，今定林寺金堂基址、回廊基址的柱心石均属高丽时代，故我们不能肯定公山城传王宫基址及临流阁柱心石建筑基址就一定属于百济时代。

百济的都城与墓域

朴淳发　王飞峰（译）

一、序言

虽然现在我们已经知道人类对死者后事的处理过程，但是在一定的空间范围内多次正式地修建墓葬群则是在新石器时代以后。需要注意的是墓葬群出现的重要背景就是人类各个集团围绕核心资源而确立竞争性关系的过程（Robert Chapman，1981）。

中国在新石器时期中期前叶（公元前7500—公元前6000年）墓葬常常出现在居住址周围，新石器时代后期（公元前6000—公元前5000年）才开始出现居住区和墓葬区分开的情况，新石器时代晚期（公元前6000—公元前5000年）作为聚落分界线的环壕开始出现，这一时期墓葬区一般位于环壕的外面（任式楠，2000）。朝鲜半岛进入青铜器时代（公元前800—公元前700年）以后在聚落周边开始发现墓葬，后来以支石墓为代表的墓葬出现并且墓葬群出现在聚落的周围。伴随着向农耕社会的过渡，在土地资源的竞争和占有过程中出现了墓葬区或支石墓（朴淳发，2001）。

此后居住区和墓葬区分离的聚落类型（settlement pattern）一直持续发展。百济国家的成长时期——原三国时代（公元前100—公元250年）的马韩时期，在中心地区发现了用环壕来保卫的聚落，同时在聚落的周边修建墓葬区的情况。

都城可以理解为国家阶段社会的中心聚落。随着国家的成立，统治阶级和参与管理国家的人员等开始脱离了自给自足的原始产业，逐渐转换成都市居民。随着各种手工业的专门化，手工业者也实现了向都市居民的转化。因此国家的中心聚落就有了都市的属性，而朝鲜半岛国家成立时期的中心聚落出现了在聚落周围修建城墙的情况。这样的情况不但出现在朝鲜半岛，而且也是中国、两河文明和印度河流域等文明地区出现的具有全世界性的普遍情况。

上述观点笔者在以前的论文（朴淳发，2011）中曾经提及，本文将以此为基础，来介绍百济都城墓葬区的概况，同时为了辩证地、客观地进行研究，试图对其进行类型学考察。

二、百济都城的墓葬区

百济历史上曾经两次迁都，共有三个都城，即汉城、熊津和泗沘。475年由于高句丽攻陷汉城，百济被迫把都城从汉城迁往熊津，相比而言，538年百济由熊津向泗沘迁都则是根据国家发展需要而进行的迁都活动（图一）。

图一　高句丽、百济和新罗三国都城位置示意图

《三国史记》卷第三十七《杂志第六》"百济"条中有关于百济历代都城变迁的记载，公元前18年，温祚定都第一个都城慰礼城，以后389年，经过近肖古王代，以高句丽取得了南平壤为界，移都汉城。再经过105年，文周武王时期迁都熊川，又经过63年，圣王时期迁都所夫里，改国号南扶余，以后再经过122年，在义慈王二十年（660年）由于新罗金庾信和唐朝苏定方联军[①]的打击而灭亡。根据上述《三国史记》的记载，百济历代都城的变迁顺序为：慰礼城—汉城—熊津—所夫里。

---

① 《三国史记》卷三十七《杂志第六》按古典记：东明王第三子温祚以前汉鸿嘉三年（前18年）癸卯，自卒本扶余至慰礼城，立都称王，历三百八十九年。至十三世近肖古王，取高句丽南平壤，都汉城，历一百五年。至二十二世文周王，移都熊川，历六十三年。至二十六世圣王，移都所夫里，国号南夫余。至三十一世义慈王，历年一百二十二。至唐显庆五年（660年），是义慈王在位二十年新罗庾信与唐苏定方讨平之。

70

《三国史记》卷第二十三《百济本纪》中关于温祚王即位年、十三年、十四年的记录[①]来看，第一个城市慰礼城位于河的北岸，由于难抵乐浪、靺鞨等的入侵，在短暂经营14年之后，迁移到了河的南岸，目前我们知道的河南岸新都市的名称是河南慰礼城。那么河南岸慰礼城对应的自然是位于河北岸的慰礼城。

作为都城名的汉城在《三国史记·百济本纪》汉城时期的相关记载中，能够确认一共有6处[②]。通过上述文献来看，汉城这个名称从温祚王十四年向河南慰礼城迁都以后一直沿用到盖卤王时期，而且存在地区名和城市名混用的现象。值得注意的是，文献首次记载"汉城"是在温祚王时期，之后经过约400年才在阿莘王时期再次出现。在汉城行宫出生的阿莘王是枕流王的王子，那么在枕流王时期汉城已经存在，枕流王通过来自东晋的胡僧摩罗难陀接受佛法，在汉山创建佛寺，并度僧人10名[③]。这里的汉山应该与近肖古王二十六年迁都的汉山一致，因此推测汉城有近肖古王迁都汉山新都的意义。根据《三国史记》卷第三十七《地理志》的记载，近肖古王二十六年迁都的

[①] 《三国史记》卷第二十三《百济始祖温祚王本纪》：遂至汉山，登负儿岳，望可居之地。沸流欲居于海滨，十臣谏曰："惟此河南之地，北带汉水，东据高岳，南望沃泽，西阻大海。其天险地利，难得之势，作都于斯，不亦宜乎？"沸流不听，分其民归弥邹忽以居之。温祚都河南慰礼城。

《三国史记》卷第二十三《百济始祖温祚王本纪》十三年（公元前6年）夏五月，王谓臣下曰："国家东有乐浪，北有靺鞨，侵轶疆境，少有宁日。况今妖祥屡见，国母弃养，势不自安，必将迁国。予昨出巡，观汉水之南，土壤膏腴，宜都于彼，以图久安之计。"秋七月，就汉山下立栅。移慰礼城民户。八月，遣使马韩，告迁都。遂划定疆场，北至浿河，南限熊川，西穷大海，东极走壤。九月，立城阙。

《三国史记》卷第二十三《百济始祖温祚王本纪》十四年（公元前5年）春正月，迁都。

[②] 《三国史记》卷第二十三《百济始祖温祚王本纪》十四年（公元前5年）春正月，迁都。二月，王巡抚部落，务劝农事。秋七月，筑城汉江西北，分汉城民。

《三国史记》卷第二十三《百济始祖温祚王本纪》二十五年（7年）春二月，王宫井水暴溢。汉城人家马生牛，一首二身。

《三国史记》卷第二十五《阿莘王本纪》阿莘王（或云阿芳），枕流王之元子，初生于汉城别宫，神光炤夜。

《三国史记》卷第二十五《腆支王本纪》腆支王（或云直支），阿莘之元子……腆支在倭闻讣，哭泣请归，倭王以兵士百人卫送。既至国界，汉城人解忠来告曰。

《三国史记》卷第二十五《腆支王本纪》二年（406年）秋九月，以解忠为达率，赐汉城租一千石。

《三国史记》卷第二十五《盖卤王本纪》二十一年（475年）秋九月，丽王巨琏帅兵三万，来围王都汉城。

[③] 《三国史记》卷第二十四《枕流王本纪》元年（384年）秋七月，遣使入晋朝贡。九月，胡僧摩罗难陀自晋至、王迎致宫内礼敬焉。佛法始于此。

《三国史记》卷第二十四《枕流王本纪》二年（385年）春二月，创佛寺于汉山，度僧十人。

城市名称是汉城，因此我们推测存在一段时期内汉山和汉城共同使用的情况。那么汉城是向汉山迁都后新都城的意思，温祚王时期关于"汉城"的记录被认为是由于后代的补记而出现的。

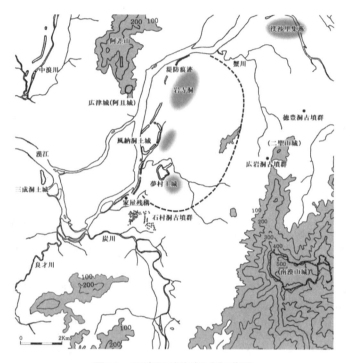

图二　百济汉城期都城与墓域

汉城时期的都城首次是在汉江以北的早期河北慰礼城，在温祚王十四年移都到汉江以南的河南慰礼城，在近古肖王二十六年（371年）迁都到汉山的汉城。迄今为止，河北慰礼城还没有从考古学上能够证明，河南慰礼城被认为位于现在首尔市松坡区风纳土城一带。在风纳土城内部发现了修建都城的城墙之前，设置有三重环壕的聚落。目前为止只是确认了部分环壕，整体聚落的规模不甚明确，与时代较近的原三国时代的例子相比较，具有这样环壕的聚落可以看作是小国的国邑或者是重要的聚落。根据文献记载马韩一带伯济国的国邑在温祚王十四年（公元前5年）以前就已经存在，但是目前为止还没有任何考古资料可以证明，从调查资料来看环壕聚落的废弃年代在3世纪中叶左右，而最近的调查结果表明，始建年代则可以追溯到2世纪左右。

"百济国"中心聚落形态发生一系列变化的时间大体在3世纪中后期，由之前的环壕聚落变为城墙聚落（图二）。关于风纳土城内部三重环壕废弃后修筑土城墙的时间有2世纪说、3世纪中后叶说等，从最近综合性的年代研究结果来看，可以认为城墙始建的时间是在3世纪中后期至4世纪初，4世纪初期至中期完工（李相俊等，2013）。

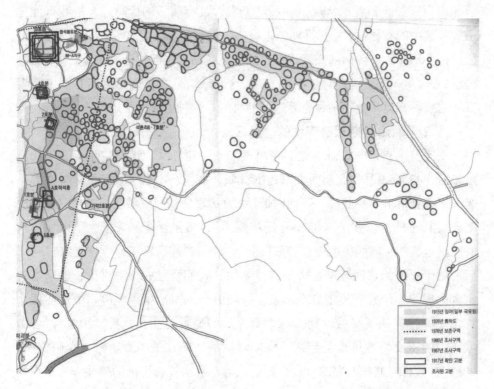

图三　汉城时期百济都城墓葬区——石村洞可乐洞古墓群墓葬分布图

（李鲜馥等，2013）

（一）汉城时期百济都城的墓葬区

目前为止，汉城时期百济都城附近发现的墓葬区有距离风纳土城南约2.5千米的石村洞可乐洞墓葬群、位于梦村土城南约1千米的芳荑洞墓葬群。从芳荑洞墓葬群位于丘陵地带的特征来看，与石村洞可乐洞墓葬群有一定的差异，这样的区别应该是新罗占领汉江流域以后，依照新罗墓葬的特征来修建的。2015年开始进行的梦村土城北门址一带的调查和发掘中，发现了与此对应的新罗聚落遗址。石村洞可乐洞墓葬群主要包括1971年在这一区域的城市建设过程中发现的19座墓葬，从1917年调查时完成的墓葬分布情况来看，推测原来有超过293座的墓葬密集的分布在这里（图三，李鲜馥等，2013）。从墓葬群的规模和年代看，这个墓葬群应是与百济汉城时期都市相对应的墓葬区，其中是否包含百济国家成立以前的墓葬，从现在的调查结果来看还不清楚。

石村洞可乐洞古墓群到目前为止确认的墓葬形制有：百济成立期2世纪后期至4世纪初期修建的土坑木棺墓和瓮棺墓构成的封土墓，4世纪后期以后修建的积石墓等。积石墓从规模和选址上来看具有明显的优越性，推测可能是王陵，其中的石村洞3号墓推测为近肖古王陵。值得注意的是，石村洞3号墓位于整个墓葬群最西面的丘陵地带，随着丘陵的地势起伏还分布着石村洞3号墓、4号墓、2号墓和1号墓等积石墓，这样来看墓葬群内部可能有国王或者贵族的墓葬，但是由于某种墓葬选址的喜好，这种可能性很难排除。

（二）熊津时期百济都城的墓葬区

从《三国史记·百济本纪》盖卤王二十一年和文周王即位年至三年的文献来看，475年9月，高句丽大军包围汉城，文周、木刕满致和祖弥桀取等一起离开汉城请求新罗救援，等他们带领1万援军回来时汉城已经被攻陷，文周王死后其子即位，并于当年10月迁都熊津。476年百济修葺了大豆山城，当时汉城地区的百济居民也应该有移民的活动，477年百济王室重修宫室。

对于百济的这次迁都是否是有计划的，我们暂且先不去讨论，关于当时定都的熊津，研究者历来有空地说、汉城时期的军事据点说等。最近在扶余青山城一带确认了汉城时期具有军事性质的遗址（沈相六等，2014），公山城东边的玉女峰城址也是起源于汉城时期的边防遗址（嘉耕考古学研究所，2013），通过对这些材料的分析，我们认为在百济迁都之前的熊津作为军事据点是毋庸置疑的。

但是百济迁都熊津以后没有修建王宫的记录，只有重修宫室的记录，这一点值得关注，另外《三国史记·百济本纪》中东城王八年（486年）有再修宫室的记录，这些都不能确定这里的百济王宫是迁都之后修建的事实。那么我们只能推测熊津的百济王宫是在迁都之前就已经存在了。《三国史记·百济本纪》中盖卤王十八年（472年）百济向北魏遣使弗斯侯余礼的事实可以推测当时百济已经出现了王侯制度。那么在一些重要的地方据点修建这些人官署的可能性也是存在的。

与此相关的是最近在世宗市罗城里一带发现了百济汉城时期的地方城市遗址，罗城里遗址位于锦江流域的两个支流之间，大体是南北长600米，东西宽300米的丘陵地带。遗址利用东边残破的土丘建造土城，西边的松院里丘陵地区被作为墓葬区。而北侧松潭里一带的低矮丘陵上从原三国时代开始一直被作为墓葬区使用。在中间的低洼地区规划出横、竖的2~3条道路网，其间分布着环绕壕沟的建筑物。通过现场的遗迹来看，建筑物的形态可能残留有建筑物的立柱或者为杆栏式建筑物。低洼地区最重要的是排水，在这一建筑物周围几乎布满了壕沟，也可以作为区域的分界线，这些分界线被称为区划沟。区划沟的大小有一定的差异，大体分为大、中、小3个部分。大型区划沟只有1个，从它的选址和内部建筑的排列来看，推测是当地首领的居住址。中型区划沟有5~6个，大部分属于小型区划沟。另一方面没有分界线，周边有壕沟的小型建筑物大多分布在西侧的道路旁边。从这些建筑物的规模和排列情况判断罗城里聚落的居住人群是由当时的首领及其以下人员共3个阶层构成。可能为杆栏式仓库的建筑围绕着有区划沟的当地首领居住区和中小型用地。没有用于居住的建筑址，一些分布在由杆栏式仓库构成的区域中，大部分分布于当地首领居住区的周围。位于聚落南端的锦江边还有包括窑址的手工业作坊区，这个地方有2~3个竖穴房址，推测是手工业匠人的宿舍或者作坊区。需要注意的一点是在邻近的江边修建有冰库。其结构是具有圆形储藏孔形态的土坑，底下有地面一直连到外面的排水沟，这可能是目前为止我们知道的古代朝鲜半岛最早的冰库了，当然也是研究古代社会很重要的材料。南端手工业作坊区的西面则是由土坑石棺墓组成的墓葬区，从位置来看可能与松院里墓葬群的墓主人属于不同的人群，这些墓葬可能是手工业者或者服务于职能集团的部分人员的墓葬（图四）。

还有当时首领居住址北段的西面确认有4个土坛形的方形区域，从优越的位置、有计划的排列方式来看，可能是与祭祀有关的设施，当然也不能排除是包含

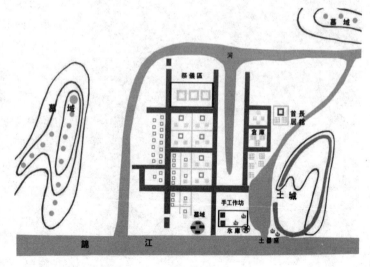

图四 罗城里都市遗址平面示意图

社稷坛在内的祭坛的可能性（朴淳发，2014）。

百济迁都熊津后，虽然没有修建王宫的文献记载，但是从明确的重修记录来看，熊津地区在汉城时期已经存在类似罗城里遗址的地方据点，而且存在着熊津时期被改造、作为王宫使用的可能性。

目前为止公州地区确认的墓葬群一共有16处，其中推测是王陵墓葬区的宋山里古墓群在公山城西面的丘陵地带。仅次于它的墓葬是金鹤洞墓葬群（柳基正、梁美玉，2002），这一区域出土了包括金制装饰品在内的较高等级的权利象征物品（图五），因此认为可能是贵族的墓葬群。目前为止由于公州地区进行发掘的墓葬群数量并不多，对于准确了解熊津时期公州地区百济墓葬区的墓主人身份还比较困难，但是王陵墓葬群和贵族墓葬群等各个阶层的墓葬区在很多方面都会存在一定的差异。上文提及的熊津则是从汉城时期开始就成为地方的重要据点，当然也可能存在那个时期的墓葬群，不过目前为止还没有发现。从已经发掘的金鹤洞墓葬群的情况来看，部分墓葬的修建年代可以上溯到汉城时期的末期，因此墓葬群从汉城时期以来一直都在使用中。熊津洞墓葬群位于王陵墓葬区——宋山里墓葬群的西面，是熊津时期代表性墓葬群之一，目前只是发掘了一部分墓葬，其年代为6—7世纪，从出土的器物推测金鹤洞墓群葬是当时社会底层人群的墓葬。

因此熊津都城墓葬区主要分布于作为生活空间的低洼地区周围的丘陵地带（图六），而汉城时期的地方城市布局与此有一定的相似。同时还存在王族、贵族等各

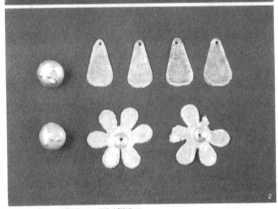

【原色宴真 5】2號墳 金製裝飾(1)、2號墳 金製裝飾(2)

图五 金鹤洞墓葬群出土的金质装饰品

阶层有不同的墓葬区的可能性，虽然熊津时期墓葬区的具体情况目前还不明朗，但是这与石村洞可乐洞墓葬群为代表的汉城时期都城墓葬群的分布有一定的差异。各阶层墓葬区的情况在下文论述的泗沘时期都城墓葬区时也得到了进一步的发展。

（三）泗沘时期百济都城的墓葬区

泗沘都城不但是在百济，而且在朝鲜半岛的古代都城中也是最早设置外郭城的，这是泗沘都城的突出特点。以扶苏山城为代表、具有军事色彩的防御城被认为是世宗市罗城里地方城市以来的传统，而熊津都城的公山城依然是作为防御山城来使用的。

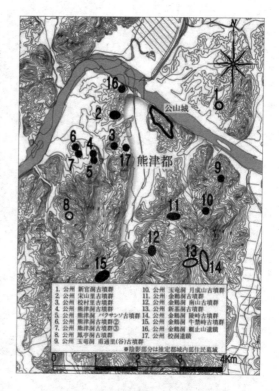

图六　熊津都城周围墓葬区的分布

泗沘都城外郭城的范围大体是清楚的，都城的范围和墓葬区之间的空间分布可以用来作为明确的例子。一部分已知的火葬墓[①]除外，目前为止还没有发现外郭城墙内的泗沘都城时期的墓葬，京城的范围内似乎也没有发现墓葬。

泗沘都城周围发现了围绕扶余邑一带的40多处墓葬群，其中距离东罗城约5千米范围内密集分布着大量墓葬群，墓葬群的数量约占总数的80%。

白马江西面发现的墓葬群位于东罗城的外部（图七），墓葬群分布的密集程度不但显著降低，而且从距离上与东罗城外部的墓葬群相比，这些墓葬的墓主人很可能不是都城范围内的居民。因为这一地区之前没有墓葬群，那么这些墓葬应该是迁都泗沘以后都城周围居民的墓葬。

东罗城外面的墓葬群中包括迁都以前当地就存在的土著人的墓葬，泗沘

---

① 泗沘都城外郭城内分布的所谓火葬墓，虽然在外郭城的内部，但是火葬墓的分布地点在当时的京城外面。火葬墓的重要依据是骨骸是否单独埋葬在有盖的直口壶中，现在发现的部分有盖直口壶是否是火葬墓遗物还不能确定。

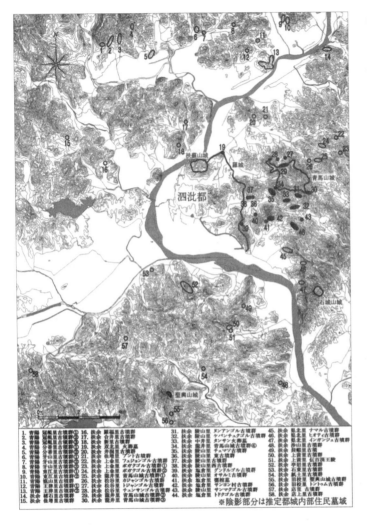

图七　泗沘都城周围墓葬区的分布

时期罗城外部地区居民的墓葬，都城内居民的墓葬可能也存在混在一起的情况。迁都泗沘前期的墓葬群包括汾江、楮石里墓葬群，楮石里墓葬群等土著势力的墓葬群，墓葬群邻近聚落的井洞里和佳增里等墓葬区是在外郭城居住的泗沘时期居民的墓葬。除此之外其他的墓葬群都是都城居民的墓葬，从目前的资料来看，东罗城中墓葬群的墓主人包括王室、贵族、官僚、庶人等阶层。

关于泗沘时期墓葬形制和官员、各阶层之间的对应关系，根据目前的研究结果（山本孝文，2002）陵山里墓葬区邻近的陵山里东墓葬群被认为是王室的墓葬群。这些王室墓葬群东边的陵山里陵内谷墓葬群即所谓的陵山里石室墓，石室使用加工规整的石板制作，目前发现的一座平面为250厘米×125厘米左右的石室中发现了包括银冠饰等在内的高级贵族官僚的随葬品。山本孝文2005年认为泗沘时期墓葬筑造有一定的制度，通过研究复原了相关内容。根据上述研究，王族及其国干使用石板制作的陵山里石室墓，墓主人为一品至三品的贵族，而一般官员则用修整较好的石块修建低于陵山里石室墓规格的墓葬。

四品至十一品官员使用陵山里石室墓规格以下的墓葬，一般使用稍加修整或者自然石制作石室，石室中使用自然石砌筑石椁。最近发掘调查的盐仓里墓葬群（李南奭等，2003）发现墓葬300多座，其中利用修整较好的石块修建的陵山里石室墓不超过20座，利用稍加修整的石块建成的陵山里石室墓有4座，从与上述的陵山里陵内谷古墓群的差异来看，这些墓葬推测是中下级官僚的墓葬，剩下的陵山里陵内谷墓葬群、陵山里奥萨儿密墓葬群、陵山里垓塝竹谷墓葬群、陵山里山幕谷墓葬群、陵山里替马索墓葬群、盐仓里坤度儿谷墓葬群、盐仓里上盐墓葬群、青马山城墓葬群等也被认为是都城居民的墓葬群（山本孝文，2005）。

三、韩国古代都城墓葬群的类型

从百济都城墓葬群的分布现状来看，墓葬群分布在邻近生活区域或京城区域。汉城时期以风纳土城为基础，墓葬群距离城市约2.5千米，熊津时期墓葬群到城市的直线距离为1.0~3.5千米，泗沘时期墓葬群到外郭城的距离在4千米以内。熊津时期包含王陵的墓葬群是在熊津都城的1千米之内，泗沘时期则是直接在外郭城的旁边。

我们在研究高句丽都城和墓葬群时发现王陵墓葬群与城郭空间分布是有一定规律的。高句丽国内城时期，国内城外面1.0~1.5千米是都城居民的居住区域，再外是墓葬群，王陵在大约5千米之内的位置。迁都平壤以后，都城居民的墓葬群距离城市在10千米之内，但是王陵分布在距离平壤城10~20千米的地方。以此为基础，国内城时期的

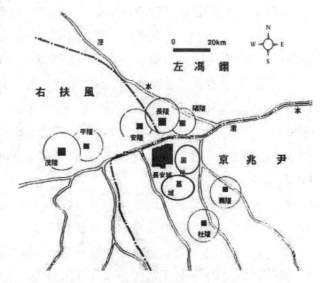

图八　郊外分散型的王陵布局：汉长安城类型（根据贺业钜文章图改编）

墓葬群特别是王陵的排列形态属于都城附近密集型的王陵布局，迁都平壤后的王陵墓葬群排列方式则属于郊外分散型。王陵墓葬群在排列上的变化是和以王权和中央集权为基础的王畿制的实施有密切关系（朴淳发，2012）。类似的都城附近密集型的王陵布局在商朝晚期的殷墟遗址中可以看到（图九），郊外分散型的王陵布局则以汉朝长安城历代王陵的排列为代表（图八）。

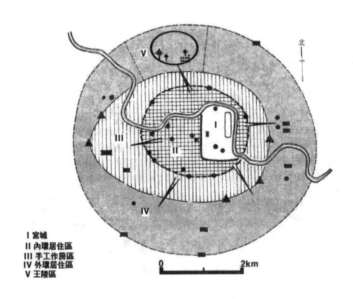

I 宫城
II 内环居住区
III 手工作房区
IV 外环居住区
V 王陵区

图九　都城附近密集型的王陵布局：殷墟类型（根据贺业钜文章图改编）

以汉长安城为例，都城周边的居民墓葬群分布于长安城东边和南边一带，帝陵在长安城周围15~30千米的范围内分散排列，帝陵的位置相当于当时的京畿地区。京畿或者王畿至少也是商代以后设置的，大体是指距离都城500里以内的地区，或者说是方千里以内的地方。如果细分的话，距离都城50里的范围即方百里的郊，距离都城100~200里的范围即方四百里的甸，在外郭100里的范围即方六百里的稍，超过外郭100里的范围即方八百里的县，县外面100里的范围则是置。

根据《周礼·地官》的记载，国的城郭内部称为国中，国中和四郊内设六乡，在外设六遂，统称为乡遂。六乡是贵族和庶民居住的地区，这些人可以称为国人。六遂则是农业生产基地，这里一般是被奴役的农业生产者和部分庶民居住。乡遂地区的居民全部都要服兵役，六乡的居民是王的六师，即分配为近卫六军的甲兵，六遂的居民履行基本的军赋，一部分人被征召为徒兵（步兵）。那么京畿中的乡遂是国王直接控制和支配的地区（贺业钜，1996）。都城地区所言及的京师原来是指王的近卫六师。甸外郭设立的稍、县、置3个区域就成为公卿大夫的采邑，统称为采邑地区。

汉朝沿用了秦的经济制度，通常所说的关中地区是指东西1000里，南北100~400里的范围。秦朝管理这个地区的机构为内史，汉武帝时则分为京兆尹、左冯翊、右扶风，即所谓的三辅。汉朝的帝陵分布在距离长安城大约50里（1里=500米，25千米）的范围内，属于京畿地区的郊。那么帝陵的分布不是单纯的设置墓葬区，还有用修建的帝陵、周边地区设置陵邑的方式来巩固都城的经济性，军事性的目的（贺业钜，1996）。

王陵墓葬群两种排列类型的差异是否与实行的京畿制有直接的关系，目前还没有一致的看法。与之相同的是观察到采用都城近邻密集型王陵分布的商代已经存在王畿制度，最近也有学者提出了高句丽国内城时期也有实行王畿制度的可能性（赵荣光，2016）。尽管如此，王陵墓葬群的分散排列是由于都城功能领域的扩大，但是其和墓葬形制有关的观点是很难否认的。因此至少可以认为王畿制或者较大范围都城圈的设立是郊外分散型王陵墓葬群的前提。

四、结论

百济在3世纪中后叶随着国家的成长和发展，中心聚落周围逐渐出现了修建的城墙。都城的定义则是国家的中心聚落，高句丽、百济、新罗的都城周围均发现了修建的城墙。墓葬群分布于聚落周边，应该可以看作是在定居生活普遍化的青铜器时代后期开始的传统，一般来说国家阶段的都城周围都会分布有墓葬群，百济的情况从汉城时期以来在距离居住地区或者京城1~5千米之内分布有包括王陵在内的墓葬区。随着时间的流逝，开始出现了王、贵族、士庶人等阶层墓葬区分化的现象，但是王陵墓葬区的位置距离京城较近或者王陵墓葬区在都城附近密集排列是这一时期的重要特征。

统观朝鲜半岛古代国家的都城和墓葬群，王陵墓葬群可以分为都城附近密集分布型和在距离都城10~20千米分散排列的郊外分散型两种类型。百济王陵墓葬群在汉城时期至泗沘时期属于都城附近密集分布型，高句丽在平壤迁都以后的后期王陵墓葬群转换为郊外分散型。新罗王陵墓葬群则形成了在当时都城的中心月城周围排列的王陵密集区，7世纪后期统一期前后逐渐转换成郊外分散型，这些王陵墓葬群排列类型的差异是随着国家实力的增长，是与都城职能空间的扩大或者京畿制度的确立有一定关系的。

参考文献：

[1]嘉耕考古学研究所.公州玉女峰城调查（试掘）发掘报告书[M].公州：嘉耕考古学研究所，2013.

[2]朴淳发.汉城百济的诞生[M].首尔：书景出版社，2001.

[3]朴淳发.韩国古代的都城和墓域：以百济为中心[A]//桥本义则.东亚都城的比较研究.京都：京都大学学术出版会，2011.

[4]朴淳发.高句丽的都城与墓域[J].韩国古代史探究，2012，12.

[5]朴淳发.百济汉城时期的地方都市[A]//百济的王权是怎样强化的（百济学研究丛书4）.首尔：汉城百济博物馆，2014.

[6]山本孝文.百济泗沘时期石室墓的阶层性和政治制度[J].韩国考古学报，2002，47.

[7]山本孝文.百济泗沘都城的官僚和居住空间：以京城与埋葬地的分析为中心[A]//古代都市和王权.首尔：书景出版社，2005.

[8]沈相六，等.扶余古都保存事业扶余罗城－北罗城III[M].扶余：百济古都文化财团，2014.

[9]柳基正，梁美玉.公州金鹤洞墓葬群[M].公州：忠清文化财研究院，2002.

[10]李南奭，等.盐仓里墓葬群[M].公州：公州大学博物馆，2003.

[11]李鲜馥，等.石村洞墓葬群I[M].首尔：首尔大学博物馆，2013.

[12]李相俊，等.风纳土城筑造年代的考古学研究[J].韩国考古学报，2013，88.

[13]赵荣光.高句丽王都、王畿的形成过程和特征[J].韩国古代史研究，2016，81.

[14]任式楠.我国新石器时代聚落的形成与发展[J].考古，2000，7.

[15]贺业钜.中国古代城市规划史[M].北京：中国建筑工业出版社，1996.

东亚佛寺展开上百济定林寺的位置

朴淳发

　　百济是与中国交涉最密切的朝鲜半岛古代三国之一，同时也是在文物方面对日本列岛颇有影响的国家。按《三国史记》，佛教于东晋时期（公元384年）传入百济，到了百济后期（泗沘时期：538—660年）佛教兴盛，处处有寺塔。百济后期的都城，即泗沘都城中还留有名为定林寺的佛寺遗址。通过对定林寺址进行的几次发掘调查，我们更清楚地了解了整个定林寺的伽蓝布局。本文将介绍定林寺址的发掘调查、寺名由来及创建时间，进一步在东亚佛寺布局的演变当中寻找定林寺的定位。

一、定林寺调查和问题

　　定林寺址饱经1400多年风霜，现依然保存完好的定林寺址五层石塔更是让人感到惊异。古木的树桩上有岁月的伤痕，同样，定林寺石塔塔身上有百济灭亡之日，侵济唐军的统帅苏定方铭刻的"大唐平百济国碑铭"八个字。因而这石塔还被称为"平济塔"，换个角度来看，这说明定林寺具有代表百济的象征性[①]。

　　日本帝国主义强占时期的1942年，藤泽一夫（日）初次开始发掘、调查定林寺。虽然翌年也继续调查，但只不过是针对"中门址、金堂址、讲堂址"的局部调查[②]。通过当时的调查，他发现了记录"太平八年戊辰定林寺大藏当

---

① 金荣官.在定林寺址五层石塔上铭刻的百济灭亡的记录：大唐平百济国碑铭 [A]// 以金石文来读百济.学缘文化社，2014：305.

② 藤泽一夫.以古代寺院的结构来看的日韩关系 [J].亚细亚文化，1971，8.

草"的铭文瓦当,因此我们初次知晓当时(1028年高丽王朝时期)这寺院的名称就是"定林寺"。

从1979年10月到1980年,以尹武炳先生为团长的忠南大学博物馆团队对定林寺址进行了重新发掘。通过对定林寺址中心的全面调查,确认定林寺址为以"塔、金堂、讲堂"来组成的"一塔一金堂"式伽蓝配置[①]。1980年10—12月,为整备寺址的周边和设置停车场他们继续进行了调查,发现了坐落于扶余中学(初中)里面的莲池。为了对莲池进行全面研究,他们曾于1983年、1984年再次进行发掘调查,发现了中门南边东西两侧的方形莲池和南门基坛的一部分[②]。

2008年,按照扶余郡制定的"为定林寺址整备、复原的基础调查"计划,国立扶余文化财研究所为了获得复原的基础资料,再次进行调查。这一次的调查中,他们发现和以前调查的结果具有不同之处。其中,最重要的是,通过1942年和1979年的调查得知的定林寺的伽蓝配置是高丽王朝时期的[③]。高丽王朝时期重建的过程中,改变了原来百济的布局,百济当时伽蓝配置的特点是东西边的回廊及北边各有附属的建筑物。到目前为止,中国也没发现这种独特的伽蓝配置,所以研究者们一般将其称为"定林寺式伽蓝配置"[④](图一)。不过,虽然研究者们使用同样的名称,但具体观点有所不同。李炳镐先生认为"定林寺式伽蓝配置"在更早的时期已经出现,并对日本产生了一定的影响;认为定林寺是百济时期使用的代表伽蓝配置,所以也可以称之为"百济式伽蓝配置"。但郑子永先生认为定林寺的出现相比其他类型稍微晚点,即其为百济泗沘时代6世纪后期到7世纪前、中期才出现的伽蓝配置。

在2008年调查过程中,进行了从五层石塔南侧到中门址、莲池的层位调查。按照其结果,我们可以说定林寺式伽蓝配置的出现时期是比较晚的。在建立定林寺之前的旧地表面的古地磁气的分析结果是625 ± 20年[⑤],而旧地表以上建造的定林寺年代肯定更晚一些。从前一般认为泗沘迁都时期,即538年前

---

① 尹武炳.定林寺址发掘调查报告书 [M].大田:忠南大学校博物馆,1981.

② 尹武炳.扶余定林寺址莲池遗迹发掘报告书 [M].大田:忠南大学校博物馆,1987.

③ 国立扶余文化财研究所.扶余定林寺址 [M].国立扶余文化财研究所,2011.

④ 李炳镐.百济定林寺式伽蓝配置的展开和日本初期寺院 [J].百济研究,2011,54.
郑子永.扶余定林寺址伽蓝配置和编年的检讨 [J].韩国上古史学报,2012,76.

⑤ 成亨美.关于扶余定林寺址第9次调查地域的考古地磁气学研究 [A]// 扶余定林寺址.扶余:国立扶余文化财研究所,2011:550-555.

后或541年前后是建设定林寺的时期，因此对此问题我们还需要周密的研讨。

　　另外的问题是关于定林寺的名称问题。如前所述，1942年首次调查之后，由于"定林寺"铭文瓦当的发现，说明至少在高丽时代，该寺庙被称为"定林寺"。一般后代重建寺院的话，还是使用先代的名称，所以我们可以推定百济时代也使用"定林寺"这一名称。但在定林寺没发现奉安《大藏经》的建筑物，并且扶苏山城等寺院附近也发现有同一铭文的瓦当，所以李道学先生主张瓦铭为"定林寺"的寺院和高丽时代以后到现在使用的"定林寺"无关。[①]这也是很重要的问题，对此我们需要更详细的探讨。

二、定林寺名的由来和创建时间

　　定林寺名的根据为"太平八年戊辰定林寺大藏当草"铭文瓦。如前所述，"大平"是辽（契丹）成宗的年号，八年是指1028年戊辰年。值得关注的是"大藏"。

大藏是指"大藏经"，作为佛教的三藏，即"经藏、律藏、论藏"，意味着佛说一体。释迦牟尼涅槃后，为整理释迦牟尼生前教义汇编形成了佛经，在此过程中先后进行了四次结集。口传佛经的文字化是在孔雀王朝（Maurya Dynasty）阿育王时期的第三次结集和贵霜王朝（Kushan Empire）迦腻色伽一世时期的第四次结集中完成的。而从西域传到中国的佛

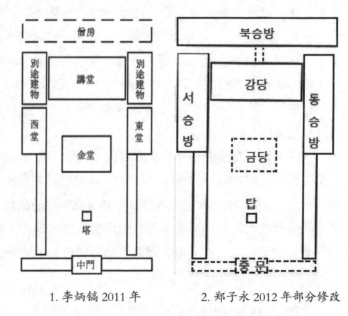

1. 李炳镐 2011 年　　　2. 郑子永 2012 年部分修改

图一　定林寺式佛寺建筑布局

① 李道学.百济泗沘都城和定林寺 [J].白山学报，2012，94.

经则是第四次结集的产物，成为大乘佛教的经典，此后很多人参与佛经的翻译工作和注释工作，佛经（佛说）的数量逐渐多起来了。南北朝时期将所有这些经文称为"众经"或"一切经"，到了隋代称之为"大藏经"[①]。

《法华经》中提到，若具、读、背、说、抄（五个功德）法宝的佛经，能看到释迦牟尼佛，其中最重要的功德就是抄写。983年，宋朝的《开宝经》以来，契丹也版刻大藏经，高丽显宗时期（1009—1031年在位），高丽第一次版刻大藏经，即所谓的《初雕大藏经》，传说其于1011年开始版刻，1029年完成。

我们可以说在定林寺址出土的铭文瓦当上的"大藏"二字，具有重要的历史意义。因为《初雕大藏经》完成的前一年，已经建造好安置《大藏经》的"大藏殿"。可以推测1010年，契丹侵略高丽时，开京（今日的开成）陷落，显宗经过公州、全州蒙尘到罗州。观其路线，应该经过扶余，为了奉安《大藏经》，需要在扶余建一个佛教寺院，于是便有了定林寺。虽然到目前为止，没有证明此事的资料，但我们可以关注定林寺址讲堂址建筑物的结构。高丽王朝时代，版刻《大藏经》后，将印行的《大藏经》奉安在多处寺院。我们将其称为"大藏殿"，但这和保管版刻本的藏经板库是不同的。笔者认为，木板刻印的《大藏经》是纸质形态，因此在学习的讲堂对其进行保管或奉安。法宝信仰盛行的当时，人们以转一转奉安《大藏经》的藏台的方式来积功德，即普遍使用"转轮藏"。因而安置《大藏经》的大藏殿的建筑特点中，我们得关注转轮藏的存在[②]。

现在推定为高丽时代安置大藏经的遗迹中，设置转轮藏的痕迹中，永同宁国寺大藏殿四方6m左右空间的中央，有设置转轮藏的基础设施，其周边有墙（图二）。而高丽时代定林寺址讲堂是与此类似的结构。从前，我们忽略了其为大藏殿的可能性。可能是石造毗卢遮那佛出现在了本来应该奉安大藏经的转轮藏的位置。要不然很难理解在佛像周边相近处安置的四个柱子和其外

---

① 我们在灌顶所撰述的《隋天台智者大师别传》中的"造寺三十六所，大藏经十五藏"可以发现"大藏经"这一词。（向斯 . 中国佛教总集《大藏经》[J]. 紫禁城，2001，4.）智者大师智顗是梁代出生，隋朝开皇十七年（597年）入寂，他的门徒灌顶记录了他的生涯，所以我们可以推定6世纪末期已经开始使用"大藏经"这一词。当时的大藏经是抄写的，宋朝（983）完成的《开宝敕板大藏经》是第一次的刻板。辽朝统和年间（983—1011）版刻《契丹藏》。这些版本传到高丽王朝，成为当时在高丽流行的法宝信仰的对象，又对高丽前期大藏经版刻有一定的影响。（李卿美 . 宁国寺大藏殿和转轮藏的造成主体和建筑的特点 [J]. 建筑历史研究，2011，20.）

② 李卿美 . 宁国寺大藏殿和转轮藏的造成主体和建筑的特点 [J]. 建筑历史研究，2011，20.

边安置的墙的痕迹。

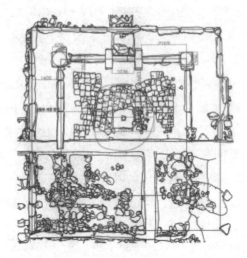

1. 宁国寺大藏殿（李卿美，2011）

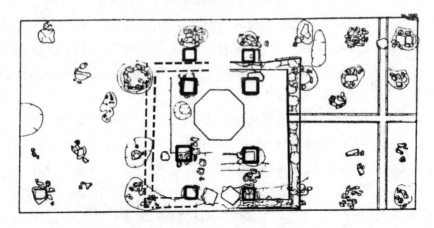

2. 推定定林寺址讲堂址的大藏殿（忠南大学博物馆，修改 1981 年的）

图二　高丽大藏殿的结构

　　不管百济泗沘时期定林寺的地位如何，定林寺讲堂址是高丽时代《初雕大藏经》的版刻完成之前建立的大藏殿，这是一件很重要的事。笔者希望以后学界对此给予更多关心，并对此进行持续研究。通过在定林寺址出土的"大平八年戊辰定林寺大藏当草"铭文瓦当，我们能够确认定林寺址的讲堂址是1028年高丽王朝时代建立的大藏殿，并且当时寺院的名字就是"定林寺"。

　　我们接着探讨一下，寺院的名称是否能够溯源到百济时代建立的寺院名称。对此，已经有了很多研究成果，其结果为定林寺就是百济泗沘时期建立一个伽蓝的寺名。一般重建寺院时，使用以前的寺名。如高丽时代重建百济王兴寺时，还使用本来的寺名。对"定林"这一名称的由来，一般认为意为"禅定之林"①，但根据笔者检索的结果，除了南朝"定林寺"这一寺院名称以外没找到其他的来龙去脉。定林寺坐落于南朝建康的钟山，后代一些寺院还沿用此名，比如江西省南昌西山的定林寺、山东省莒县的定林寺、安徽省建德市的定林寺等。也许是轻易下结论，但综合以上的内容的话，定林寺的"定林"应该不是一般名词，而是本身就是固有名词，指着南朝建康城的定林寺，以后在其他地方建立的同一名称的寺院都借用这一名字。

在中国，文献中寺院的寺名出现的时间大概是从晋代开始的。如上所述，中国历代文献中的定林寺只有建康钟山的上、下定林寺。钟山定林寺是423年刘宋时期慧觉建立的，以后433年从克什米尔（Kashmir）来的高僧昙摩密多居住在这里，435年他于寺院的上方建立了另外一个定林寺。因此以前的定林寺被称为"下定林寺"，新建立的定林寺被称为"上定林寺"。后来上定林寺成为南朝佛教的中心，尤其梁武帝时期的律师高僧"僧祐"得到武帝的恩遇，在定林寺建立经藏，编撰《出三藏记集》等经录。僧祐门下的刘勰后来撰写了中国最初的文学理论书——《文心雕龙》，并且他按照武帝的敕令，在定林寺编纂整理经典内容的《众经要抄》。②

梁武帝对经义造诣深，亲自举行法会，并进行讲评，上定林寺就是根据皇帝的敕令，研究佛教经义的地方。建康是南北朝时期佛教最盛行的地方，其中佛教研究的中心就是上定林寺，《历代高僧传》中培养最多高僧的地方也是钟山定林寺③。我们不太清楚出家于定林寺的刘勰晚年的情况，但传说他回到了他的原籍——山东省莒县，一些学者认为莒县定林寺的由来与之相关。④钟山定林寺延续到南宋，1173年将寺院的匾额搬到附近的江宁天印山，这就是方山的定林寺。

钟山定林寺的鼎盛期是梁武帝在位时期，当时它的地位相当于现在国家的智囊团（thinktank）。当时和梁朝频繁交流的百济也对此有所耳闻，于是百

---

① 文东锡.梁武帝的佛教政策：以百济的关系为中心[A]// 东亚考古论坛2.扶余：忠清文化财研究院，2006.

② 彭荷成.刘勰与南京钟山上定林寺[J].吉林师范大学学报（人文社会科学版），2006，2.

③ 严耕望.东晋南北朝佛教城市与山林[A]//魏晋南北朝佛教地理稿.上海：上海古籍出版社，2007.

④ 韩品峥.刘勰与定林寺考[J].东南文化，2001，1.

济希望在新都城泗沘都城建立中国定林寺般的寺院。541年，百济圣王向梁朝派遣使臣，请来《涅槃经》等经义和工匠、画师等。学者们认为此事和在泗沘都城内建立寺院有密切的关系。①

像这样有名望的定林寺，却在梁代以后很长时间没得到人们的关心，甚至找不到寺院的位置，但最近学界将南京钟山2号寺址推定为南京上定林寺②，因而中韩学界开始关注这一点。

通过以上的探讨，我们能确认现在只剩下五层石塔的这处寺址，在百济时期的名称就是"定林寺"。如上所述，在中国后来建立的寺院仍然使用"定林寺"这一名，比如隋代山东省莒县的定林寺、宋代安徽省建德县的定林寺、唐宋代江西省云居山一带的西山定林寺等，但百济时期对应的中国定林寺只有钟山的上定林寺，所以我们可以说百济定林寺名称溯源于此。在日本也有飞鸟时代所建立的定林寺，③看前后的情况的话，日本人也通过百济知道了这一名字，并借用了这个名字。

我们接着探讨一下关于扶余定林寺的建立时期。我们通过发掘的结果，能够确认定林寺建于锦城山西南边的山麓与平地相接处。笔者以地层中混入的"三足器"为根据，主张寺院是538年以前建立的④，而且日本帝国主义强占时期发现的"青瓷莲花樽"也可以作为根据，推知其至少是在6世纪前期建立的。⑤

如上所述，百济为了建立这定林寺，541年圣王向梁朝派使臣，请来《涅槃经》等经义和工匠、画师。对完工的具体时期，文东锡先生认为其为541年

---

① 杨泓.百济定林寺遗址初论 [A]// 宿白先生八秩华诞纪念论集.北京：文物出版社，2002.
　 文东锡.梁武帝的佛教政策：以百济的关系为中心 [A]// 东亚考古论坛2.扶余：忠清文化财研究院，2006.
　 李炳镐.扶余定林寺址出土塑造像的制作时期和系统 [J].美术资料，2006，74.
② 贺云翱.南京钟山二号寺遗址出土南朝瓦当及与南朝上定林寺关系研究 [J].考古与文物，2007，1.
③ 忠南大学校百济研究所.扶余定林寺址整备复原考证基本调查——百济佛教史与考古学研究结果报告书 [M].大田：忠南大学校百济研究所，2009.
④ 朴淳发.迁都熊津的背景和造成泗沘都城的过程 [A]// 百济都城的变迁和研究上的问题.扶余：国立扶余文化财研究所，2002.
⑤ 李炳镐.泗沘都城的结构和筑造过程 [A]// 百济文化史大系研究丛书：百济的建筑和土木.扶余：忠清南道历史文化研究院.2007.

遣使时期营造①，而李炳镐先生却认为这时期开始置备定林寺木塔庄严②，但不管怎么说，以往学界都认为6世纪中叶前已经落成了。但通过2008—2010年间国立扶余文化财研究所进行的发掘调查，以分析磁气古地结果为根据（这古地就是寺院盛土层底部的旧地表面上显露的炉址），有人开始提出寺院建设于6世纪后期到7世纪前、中期。

其实，古地磁气分析的结果是和日本地区堆积的资料比较而推定的，没有以朝鲜半岛地区的试料为基础，并且也不按照古地磁气的变动曲线而推定。虽然我们不需要全盘否认其结果，但我们不能以此结果来判断寺院建造时间。尤其，这是判断泗沘都城内，作为中心寺院的创建时间的问题，因而我们得更加慎重。除了古地磁气分析结果外，还有在台地盛土层出土的百济时代的陶器片③，但还需要更精密的分析。

如上所述，从中国传来的瓷器片和定林寺有关，因此一般认为比这晚点生产的百济陶器片不可能位于台地的盛土层。与此同时，一般认为建立定林寺时期，木塔内部的陶俑中，其笼冠的形态也是大概6世纪前期到中期。笼冠的形态是随着时代的流逝顶部的幅度相对比下部的明显变窄的，但定林寺的出土品却是顶部比下部宽或差不多，因而确实和6世纪后期到7世纪的截然不同（图三）。④

图三的笼冠俑是制作时期比较明确的资料，所以它们能成为判断定林寺笼冠俑制造时期的重要资料。因为北魏永宁寺塔出土品是519年或520年制作的。北齐高润墓的出土品是576年埋葬的，在定林寺址出土的笼冠人物像形态是6世纪中叶，即最类似于梁末到陈初的。

除此之外，杨泓提出在定林寺出土的石质三尊佛片类似于在四川省成都出土的梁朝天监三年（504年）铭的佛像⑤。如上所述，建设定林寺以后使用的中国产青瓷也是属于6世纪前期的。综上，我们对建设定林寺的时间不能说是6世纪后期到7世纪前、中期，而只信赖古地磁气年代也有问题。总而言之，

---

① 文东锡.梁武帝的佛教政策：以百济的关系为中心[A].东亚考古论坛2.扶余：忠清文化财研究院，2006.
② 李炳镐.扶余定林寺址出土塑造像的制作时期和系统[J].美术资料，2006，74.
③ 郑子永.扶余定林寺址伽蓝配置和编年检讨[J].韩国上古史学报，2012，76.
④ 朴淳发.百济"笼冠俑"研究[J].百济研究，2008，48.
⑤ 杨泓.百济定林寺遗址初论[A]//宿白先生八秩华诞纪念论集.北京：文物出版社，2002.

笔者认为，建设定林寺的时期是在538年泗沘迁都前后。

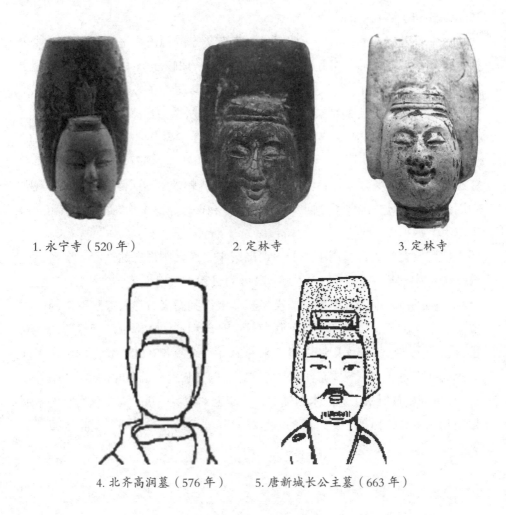

1. 永宁寺（520 年）　　　　　2. 定林寺　　　　　3. 定林寺

4. 北齐高润墓（576 年）　　5. 唐新城长公主墓（663 年）

图三　定林寺出土笼冠俑比较资料（朴淳发，2008 年修改）

三、东亚佛寺建筑布局演变当中定林寺的位置

伽蓝是"佛教建筑"的古印度语"sangha-rama"的音译"僧伽蓝摩"的简称。伽蓝的形态在传播佛教的过程中，和当地的建筑文化结合，显出各自不同的样子。最初印度的伽蓝是可以分类为在露天建立的和在石窟建立

的。后者在阿育王时期登场。露天伽蓝还可以分为中间有大厅，其周围为四方有僧房的"精舍"（vihara）形式和塔代替大厅，其周围墙壁的"支提殿"（chityagrha 的音译）形式①。

以中日韩三国为中心的东北亚佛教伽蓝形态的源流，是从印度经过甘达拉地区和西域传来后，又在中国进行了中国化的伽蓝形态。印度支提殿形式伽蓝是"∩"字模样的平面，在最里面配置塔。以塔为中心，其周围有"倒 U"字形的墙，一般拜佛的信徒从右边进去，绕塔从左边出来。公元前2世纪前期，受到大夏（Bactria）支配的甘达拉地区接受佛教，之后和拜火教寺院的形态融合，出现了"回"字形佛教寺院（图四）。与此同时，印度圆形平面的塔逐渐变成方形塔。公元1世纪前后，佛教跨越帕米尔高原传到西域，即现在中国的新疆地区，出现了"回"字形伽蓝。在西域，这个形态的伽蓝持续到9世纪②。

将塔放在中央，其周围用二层墙围起来，像回廊形态的"回"字形伽蓝自从传到中国后，在中国经过了中国化的过程。东汉明帝（57—75年在位）时期，佛教传入中国，但到目前没发现能告诉我们当时佛教寺院形态的考古资料。据文献资料，早期在洛阳建造的白马寺和笮融在南京附近建造的寺院都是正中央有塔，四面用墙围绕起来的形态。③479年在北魏建立的山西大同的思远佛寺是实物资料中最早的（图四）。据文献资料，当时的塔是以1、3、5、7、9等单数层来组成的木制楼阁。从印度到西域的塔，与中国固有的木制建筑物相结合，出现了新形态的木塔，对朝鲜半岛和日本列岛产生了很大的影响。

---

① 王维仁，徐翥 . 中国早期寺院配置的形态演变初探 [J]. 南方建筑，2011，4.

② 陈晓露 . 西域回字形佛寺源流考 [J]. 考古，2010，11.

③ 赵娜冬等 . 东汉至南北朝时期汉地佛寺布局论要 [J]. 文物世界，2013，3.

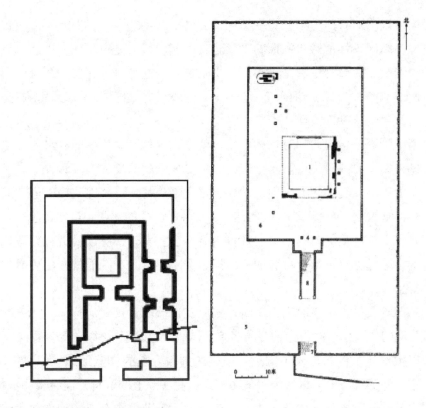

1. 阿富汗 TermezAirtam 佛寺　　　　　2. 山西大同北魏思远佛寺

图四　塔中心"回"字形佛寺

　　我们可以将佛教寺院的伽蓝配置变迁过程分四个阶段[1]。第一阶段是从东汉到西晋的期间，在方形平面的中央安置"单塔"，并用围墙围起的形态，即所谓"浮屠祠"形式的伽蓝。根据塔的层数，分类为三级寺院、五级寺院，所以当时应该没有寺院的名称。

　　第二阶段是从东晋到5世纪以前的南北朝前期。以佛塔为中心的伽蓝形态没变，但出现了双塔形态。据文献资料记载，因为开始建立讲堂，所以有了"塔—讲堂式"伽蓝和"塔—佛殿式"伽蓝。至于479年建立的思远佛寺，在塔的后面有被推定为佛殿的小型建筑物。佛殿的出现反映了塔中心的信仰变成了佛像中心的信仰，这种倾向在西域公元1世纪就开始出现了[2]。一般认为东晋到南北朝时期流行的七佛崇拜风潮或丈六像等大型佛像的流行引起了

---

①　王维仁，徐翥．中国早期寺院配置的形态演变初探 [J]．南方建筑，2011，4．

②　对以下各阶段的内容，都参考了陈晓露．西域回字形佛寺源流考 [J]．考古，2010，11．

佛殿的出现。那时因为不能将多数的佛像奉安在木塔里面，而且不能安置大型佛像。多佛崇拜信仰和佛像的大型化又引起佛殿的复数化，所以这时期在塔的周围第一次设置了三个佛殿。据文献资料，这种伽蓝配置中最早的是东晋时期383年建立的荆州河东寺①。这种“一塔三金堂式”伽蓝以后影响到520年建立的北魏嵩岳寺②。

第三阶段是指南北朝时期的后期，就是以定林寺为代表的百济佛教寺院所处的时期。北魏时代洛阳永宁寺是唯一能代表这时期的实际资料。塔仍然在寺院的中心，其北边有佛殿。然而，据文献资料，一些寺院没有塔，只由佛殿和讲堂组成，一些寺院有“别院”，有各种形式的伽蓝。虽然这阶段是佛教寺院正式中国化的时期，但实际资料基本没有发现，所以最近在百济地区发现的伽蓝配置是了解百济和同一时期整个东亚佛教寺院的伽蓝配置时很重要的根据。

第四阶段是指隋唐时期，这时期多院式伽蓝配置正式流行，并且巩固了佛教寺院的中国化。益山弥勒寺的多院式伽蓝配置属于这时期的实际资料。

以上概述了佛教传入中国后，中国的佛教寺院的伽蓝形态。但在中国，作为定林寺等百济地区伽蓝配置的源流，只有文献上的资料，没有实物资料，所以定林寺作为资料的价值不仅是在韩国，还涉及整个东亚。到现在我们只以和日本相比的方法来了解百济的伽蓝配置，我们应该扩大视野研究此问题。我们通过定林寺，知道了以“塔—金堂—讲堂”为核心的6世纪前期的普遍形式，然而我们还得研究东西回廊两边及北侧各有附属建筑物是否为百济的特殊样式，还是当时在全东亚流行的普遍形式。并且，我们还得关注在塔周边的三个地方建金堂的方式，这是在中国东晋时期就已经登场的。对定林寺式伽蓝配置和三金堂式的其他问题，笔者希望以后有更有深度的研究。

---

① 唐代道宣（596—667）于667年编撰的《律相感通传》里，有关于河东寺的记录。其中，对三金堂的问题如下解释：“殿一十二间，唯两柱通梁，五十五尺，栾栌重迭。国中京观即弥天。释道安师弟子翼法师之所造也。自晋到唐，曾无亏损……殿前塔宋谯王义季所造。塔内塑像及东殿中弥勒像，并是忉利天工所造。西殿中多金铜像。”

② 唐代有名的书法家李邕（678—747）所记录的《嵩岳寺碑》有此问题，记录如下：“十五层塔者，后魏之所立也……其东七佛殿者，亦曩时之凤阳殿也。其西定光佛堂者，瑞像之戾止……后有无量寿殿者，诸师礼忏诵念之场也。”

四、结语

贯穿三国时代的宗教是佛教，因而在各国有许多佛教文化遗迹和文物。朝鲜半岛通过中国接受了佛教，所以要了解韩国的佛教文化，得广泛地参考中国的佛教文化。定林寺是佛教传来百济以后，正式发展的泗沘时代具有代表性的佛教寺院。我们只通过定林寺的地理位置，就能够看出当时定林寺占有的地位，它坐落于百济政权努力计划建设的泗沘都城的正中央。至于寺院的名称，百济借用了梁朝建康都城有名寺院的名字，由此能够斟酌当时百济政权建设定林寺的意图。建康定林寺还承担翻译、保管多数经典的职责，换句话说，它充当了有关国家运营的智囊团（think tank）的角色。当时百济政权希望以佛教来复兴国家，因而对他们来说建康定林寺是很有魅力的地方，所以他们在泗沘都城的中央建立了建康定林寺般的寺院。

如上所述，百济政权树立迁都泗沘计划时，同时建立定林寺，因而534年向梁朝派使臣、541年再派使臣邀请《涅槃经》等经义和工匠、画师等。一些学者，根据2009年定林寺地层调查的结果，提出定林寺是7世纪前期建立的，但出土的中国瓷器、木塔内部的庄严用塑像等都属于比这时期早的，所以我们无法认同这种主张，而且百济政权也不应该到那时为止还闲置着泗沘都城的中心。

至于定林寺寺名的问题，从前根据"太平八年戊辰定林寺大藏当草"铭文瓦，认为1028年重建时使用的"定林寺"这一名字，是百济一直以来使用的名字。但是，最近一些学者认为，因为在定林寺址没发现大藏殿，所以此瓦和定林寺无关。所以笔者对此问题进行了探讨。结果，我们发现了从前认为坐落于定林寺址讲堂址的"石佛台座"类似于高丽王朝时代大藏殿的转轮藏。因此定林寺址没有大藏殿的主张失去了说服力，并且建立大藏殿的1028年是完成大藏经版刻——《初雕大藏经》的前一年，所以我们可以说定林寺大藏殿是高丽时代大藏殿的嚆矢。"定林寺"这一名字还具有固有名词的特点，就是指中国建康定林寺。而且，我们可以说以后所建立的多数定林寺基本上都借用了建康的定林寺之名，因此高丽时代重建时，他们应该也借用了百济时代使用的"定林寺"这一名字。

总而言之，以定林寺的伽蓝配置为代表的百济佛教寺院的伽蓝配置在东亚伽蓝配置的变迁史上具有重大意义。东汉时期，佛教传到中国内陆之后登场的以塔为中心的回字形伽蓝配置，与佛殿、讲堂等一起组成"塔—金堂—讲堂"为中心的单一中轴线，而且这配置逐渐成为全东亚的典型的伽蓝配置。定林寺石塔属于这时代。从目前发现的结果来看，百济的资料是这时期考古资料中唯一的资料，因而它具有超越朝鲜半岛三国和全东亚的重要价值。因为定林寺等百济历史地区具有重要的学术价值，所以2015年能成为世界文化遗产。

南京六朝考古新发现与研究动态

周裕兴

近年来，南京六朝考古新发现层出不穷，学术研究活动亦颇活跃。有关情况，简介如下。

一、遗迹方面

（一）南京市区的六朝建康都城

自2001年5月起至2003年，南京市博物馆为配合城市建设先后对成贤街地区、大行宫（今"总统府"和新南京图书馆工地）地区等14个建设工地进行了抢救性考古发掘，发掘面积近6000平方米，发现六朝时期道路、房基、砖井、路沟等遗迹，出土了大批六朝瓦当和其他文物。这些发现对于重新考定六朝建康宫城（台城）位置，对于全面认识六朝建康都城物质文物面貌，对于研究我国古代都城制度都具有极为重要的科学价值。（参考资料：有关考古发掘资料尚未发表，依据新闻报道和南京市博物馆展览）

（二）石头城古城垣初露端倪

南京文物研究所从1998年起，运用磁测、钻探等先进科技手段，终于查明石头城古城垣筑于清凉山山脉上，现存东、北、西三垣。考古人员在城垣不同部位做了60多个钻孔，并在东北角开挖了一条长17米、宽1米的探沟，从中发掘的大量出土资料证实，石头城古城垣完全用土夯筑而成，迄今残存高度还有6米以上，宽度超过10米。（参考资料：相关媒体报道，另《南京清凉山六朝石头城遗址勘探简报》《考古》待刊稿）

（三）南京钟山六朝坛类建筑遗址

1999—2000年，南京市文物研究所和中山陵园管理局在南京钟山南麓发现由二个祭坛与一处祭坛附属建筑组成的六朝坛类建筑遗址。南京钟山六朝时代郊坛礼仪建筑遗存的发现，对研究我国早期郊坛礼仪制度有重要作用，为研究六朝时期礼仪文化提供了第一手资料，也为研究六朝至隋唐时代的地坛制度的演变提供了条件。坛址中发现的不同空间的建筑和各类文物对探索六朝礼仪建筑思想和建筑风格、郊祀仪式等也具有重要意义。此项成果被评为2000年度全国十大考古新发现。（参考资料：《南京钟山南朝坛类建筑遗存一号坛发掘简报》《文物》2003年7期）

（四）南京尧化门梁代萧伟墓陵阙遗存

2000年10月，南京市文物研究所在对南京北郊尧化门梁代萧伟墓前的王陵石刻埋藏区进行抢救性考古发掘时，在距地表2米多处发现这座距今约1500年的陵阙建筑遗存，同时出土的还有神道石柱等一批珍贵文物。这是我国首次发现六朝时期土木结构的独立式帝王陵阙，对于深入研究汉唐之际帝王陵寝制度的演变和建筑文化具有重要意义。（参考资料：《南京梁南平王萧伟墓阙发掘简报》《文物》2002年7期）

二、墓葬方面

（一）南京仙鹤观东晋高崧家族墓地

墓地位于南京市东北郊仙鹤门外的仙鹤山南麓的山坡上，1998年6月17日，因南京师范大学在此建设仙林新校区而发现。南京市博物馆同年进行了考古发掘。三座墓葬共出土青瓷、陶、金、玉、铜、玻璃、琥珀、绿松、水晶等质地多样的随葬品400余件，特别是成组的玉礼器、玉组佩、玉剑具的出土，对研究六朝舆服制度及手工业制作而言亦是弥足珍贵的实物资料。墓主人为东晋名臣（《晋书》有传）高崧及夫人谢氏。高崧为广陵（今扬州）人，官至侍中，为晋室南迁后所倚重的南方土著世族的代表人物。高崧家族墓地的考古发掘被评为1998年全国十大考古新发现。（参考资料：《江苏南京仙鹤观东晋墓》《文物》2001年3期）

（二）南京吕家山东晋李氏家族墓地

该墓地位于南京东北郊吕家山南麓，因南京师范大学在此建设仙林新校区时发现。1999年由南京市博物馆发掘。墓葬共3座，均为带甬道的单室券顶墓。出土青瓷、陶、滑石、铁等质地的文物40余件。墓地共发现墓志六方。

据墓志记载：墓地主人为东晋广平（今河北）李氏家族，是一支由北方南迁至江南的士族。李氏家族墓地，虽然仅发现三座，但每一座墓中都出土了墓志，志文字沟内涂有红色朱砂，字体规范、清晰。志文中记载的内容可为我们了解当时北方士族之间的联姻情况、北方士族南迁后"侨居"等历史提供新的证据。（参考资料:《南京吕家山东晋李氏家族墓》《文物》2000年7期）

（三）南京郭家山东晋温峤家族墓

2001年2月，南京市博物馆在下关区郭家山西段南坡发掘了4座砖室墓，经墓中出土墓志确认，该墓为六朝东晋温峤家族墓地。墓葬在以前遭到不同程度破坏，仍出土了大量的随葬品，主要有青瓷器，陶器、金器、玉器、铜器等，并出土三方砖质墓志，墓主人分别为东晋名臣温峤及其独生子温式之等。

温峤为东晋名臣，《晋书》有传，也是迄今所知有姓氏可考的东晋墓葬中墓主地位最高、声名最著者，故其墓葬的发掘，对进一步探讨东晋贵族的葬制具有重要的参照意义，墓志内容对温峤家族世系亦具补证作用。它的发现是南京乃至全国六朝贵族墓地考古的重要发现。（参考资料：依据相关报道；另《南京郭家山东晋温峤家族墓》《文物》2008年6期）

（四）南京象山东晋豪族王氏家族墓

1999年，南京市博物馆在北郊象山的东晋豪族王氏家族墓地，又发掘了3座墓葬。这是继20世纪六七十年代东晋王氏墓地已发掘7座墓葬以后，又一次重要的考古发掘，为进一步系统地研究东晋王氏家族的历史提供了极其珍贵的实物资料。同时，据考古钻探表明，该墓地还埋藏有10余座王氏家族成员的墓葬尚未发掘。

此次发掘的3座墓葬中有一座保存完整，未见任何盗扰倒塌现象，随葬品原地搁置，清晰可见。保存如此完好的墓葬在以往是极为少见的。在随葬品中，共发现有6方墓志，有的隶书体带楷意，有的隶书体带篆意，字数之多、风格之独特为墓志书法中所不多见；出土的随葬器物中，镀金高浮雕人物神兽大铜镜、盘形三足铜炼丹滤炉、仿汉长方形石砚和刻铭铜弩机等物极其珍贵，为墓葬中首次发现。根据墓志可知，其中两位墓主为东晋骑都尉王仙之、东晋都亭侯王建之。至此，王彬家族一系基本露出全貌。（参考资料:《南京象山8号9号10号墓发掘简报》《文物》2000年7期）

三、研究动态

（一）六朝与百济的比较研究

随着中国改革开放的扩大和六朝考古发现的增多，六朝与百济文化的比较研究课题日益引起中韩日学界的重视，学术交流日渐活跃。近年来，南京市博物馆，南京师范大学，南京博物院，南京市文物研究所，南京大学等机构分别与韩国的忠南大学，韩南大学，韩神大学，全南大学，公州大学，国立扶余文化财研究所，国立公州博物馆等互相进行了访问考察，访学研究，学术研讨会等交流活动。交流的主题有武宁王陵，百济都城，莲花纹瓦当，陶瓷器，佛寺等，并形成了一些论文成果，总之这方面的研究有着广泛前景和潜力。

（二）南京栖霞石窟南朝飞天形象的发现与讨论

2000年10月，南京东郊的栖霞山发现了两处飞天形象，一处在千佛岩中的102窟，龛顶的两身彩绘飞天，虽然颜色消退、部分遭刻污，但形体仍保持完整，姿势优美，极富运动感。这两身飞天形象，无论身姿、捧花散花动作、衣带飘动形状及花朵的布局、比例都与莫高窟一些隋代所绘飞天相似，尤其与莫高窟419窟窟顶飞天极为接近。另一处飞天形象出现在栖霞寺舍利塔横楣的石雕上，有专家指出，该形象近似于莫高窟第161窟窟顶的天宫伎乐飞天。专家一致认为：栖霞飞天虽现存数量不多，但研究价值不可忽视。

敦煌学家们经实地考察后向世人宣布：南京栖霞山千佛岩的文化、艺术与敦煌莫高窟存在着极大的渊源关系，其发现打破了传统敦煌研究一直限于中国西北地区的局面，成为目前中国历史上唯一发现的"东敦煌"，为中华文化史再添一颗璀璨的明珠。根据新发现的"栖霞飞天"，我们可以推测，当初很可能是敦煌文化在流传到南京等南方地区后，"飞天"在南方画风的影响下，终于形成隋唐时期的多变飞动、飘然欲仙的风格，然后随着隋唐统一全国，反过来又"回流"到北方以及敦煌莫高窟等地区，影响了当地的"飞天"画风。

2001年，南京栖霞山石窟艺术与敦煌学研讨会在宁召开，来自中、日、韩三国的40多位专家参加了研讨，以揭开"栖霞飞天"与"敦煌飞天"之间的内在联系。"栖霞飞天"集西域风格、中原风格、南方风格三者于一身，是多样化风格的统一。日本敦煌学家、早稻田大学的砂冈和子教授表示，"东敦煌"虽然遗迹不多，但所存吉光片羽，足以证明其在文化上东传西哺，功德无量。

栖霞飞天也引起一些艺术上的争论，难点聚焦在栖霞飞天是隋、南唐旧物还是后世重绘刻上去的。但专家认为，无论结论如何，都有重要意义，前者为我们提供了在南方环境下保存壁画个例，而后者则对敦煌学的发展本身具有重要价值。（有关"栖霞飞天"的发现和学术讨论的情况，已由北京中央美术学院出版社结集出版专书）。

（三）第五届中国书法史论国际研讨会

六朝是一个在多方面承汉启唐的特殊历史时期，尤其是在中国汉字书体（由隶变楷）和书法艺术上（各种书体兼备，王羲之的行书是真是假等）所起的演变发展作用十分明显。近年来，由于在南京六朝墓葬考古中新发现了十多方东晋和南朝的墓志，不仅引起了历史学界（六朝墓志历来是研究六朝门阀士族制度的重要史料）的重视，也引起了书法文字专家的青睐。

为此第五届中国书法史论国际研讨会，于2002年8月23日—8月25日在中国南京凤凰台饭店召开。本次研讨会由中国北京文物出版社、江苏省书法家协会、南京市文物局、南京博物院共同主办，南京"十竹斋"承办。

本次会议的论文集名为《第五届中国书法史论国际研讨会论文集》，已由文物出版社发行，共收录了启功、杨仁恺等著名书法理论家论文54篇和南京地区出土的20余方六朝墓志。

其图版目录如下：

（彩色图版）

谢鲲墓志原石、王兴之墓志原石、颜谦妇刘氏墓志原石、王闽之墓志原石、王丹虎墓志原石、夏金虎墓志原石、宋乞墓志原石＊、明昙憘墓志原石、萧融墓志原石、王慕韶墓志原石

（黑白图版）

1 谢鲲墓志、2 王兴之墓志、3 温峤墓志＊、4 王康之墓志＊、5 王康之妻何氏墓志＊、6 颜谦妇刘氏墓志、7 夏金虎墓志、8 刘剋墓志、9 李缉墓志＊、10 李摹墓志＊、11 李纂墓志＊、12 李纂妻武氏墓志＊、13 王闽之墓志、14 王丹虎墓志、15 高崧墓志志＊、16 高崧妻谢氏墓志＊、17 王企之墓志＊、18 刘媚子墓志（石志）＊、19 刘媚子墓志（砖志）＊、20 王建之墓志＊、21 谢球墓志＊、22 王德光墓志＊、23 谢充墓志＊、24 明昙憘墓志（局部）、25 黄天墓志、26 蔡冰墓志（注：名称后有＊标志者，为南京近年来新发现的六朝墓志）

（四）南京出版社隆重推出《六朝文化丛书》

2002年以来，南京出版社为了立足本地实际，充分发掘六朝古都南京的丰厚文化资源，促进和推动六朝史的学术研究，与江苏省炎黄文化研究会、南京六朝文化研究会共同主持编写了《六朝文化丛书》。该丛书一套共10本，包括《六朝文化概论》《六朝文学》《六朝史学》《六朝宗教》《六朝经学与玄学》《六朝艺术》《六朝民俗》《六朝科技》《六朝文物》《六朝都城》。这套丛书由国内知名专家学者执笔，是第一套融国别史、地域史和专门史于一体的大型系列丛书。丛书多角度、深层次、全方位地揭示了六朝文化的丰富内涵和魅力，填补了中国文化史研究领域的一项空白。这套丛书现已被列为国家"十五"重点规划项目图书。（至2003年年底，丛书中的《六朝文化概论》《六朝史学》《六朝民俗》《六朝科技》《六朝都城》已正式出版发行。）

近年来中国城市考古重要收获述略

周裕兴　丁利民

　　改革开放二十多年以来，中国进入了一个迅猛发展的新时期。经济的崛起、城市化的建设使城市考古工作迎来了千载难逢的机遇，新发现、新成果层出不穷，不仅极大地丰富了人们对历史的认识，同时也扩大了学界对历史研究的视野。中国古代城市之发展，大体上可分为初期、先秦、秦汉、魏晋南北朝隋唐和宋元明清五个阶段，据此分述如下。

　　中国城市的初期阶段从仰韶时代末期到整个龙山时代，大约经历了两千年的时间，才完成了从氏族社会聚落向文明社会城市之转变。初期城市集中分布于黄河和长江两大流域，随着史前社会的发展，不断向周围扩散。初期城市的形态是从聚落向城市过渡的形态。这些发现为探讨中国史前聚落的演变与城市的起源提供了重要的实物资料。

　　目前，我国发现的史前城址有60余座。按时间早晚，又可以分为早，晚两阶段。

　　早期，距今4800~6000年，即仰韶文化的中晚期。在长江中游的两湖地区，诞生了中国首批城址，如湖北天门石家河、湖南澧县八十垱遗址、鸡叫城遗址[①]和城头山城址，城头山城址是这一时期的代表。城头山遗址位于湖南省澧县车溪乡南岳村内，它发端于大溪文化早期，一直沿用至石家河文化中期，遗址面积近19公顷，其中城址面积达9万平方米。城头山城址呈圆形，有东西南北四个城门，有完整的排水系统，城内分居住区，制陶区，墓葬区和祭祀区，城内有大片的台基式建筑群遗迹，而且在祭祀区内发现了中国最

---

① 湖南省文物考古研究所．澧县鸡叫城古城址试掘简报 [J]. 文物，2002，5.

早的距今有 6000 余年的祭坛①。但就总体来说，这个时期的城址数量不多，面积甚至较新石期早中期的大型聚落还要小。其形制也多圆形，也是沿袭早期环壕聚落。分析城的出现，我们不难看出这是由于生产力发展导致社会分化，阶级（层）出现，私有制产生和聚落间战争的缘故，使得史前聚落不得不加强其防守设施，挖壕筑墙以自保。

晚期即龙山文化时期，这个时期的生产力进一步发展，聚落和城址数量都大大增多。在黄河中下游地区，发现了大量的龙山文化时期的城址，如河南新密古城寨城址、登封王城岗、淮阳平粮台、郾城郝家台、新砦遗址、山东章丘城子崖古城、日照市五莲县丹土村、寿光边线王、邹平丁公②等。在淮河流域发现了安徽蒙城尉迟寺史前聚落遗址③、含山凌家滩原始部落遗址④。在

① 江奇艳. 两湖史前城建与楚文化 [J]. 理论月刊, 2000, 8.
　　蔡云. 城头山——中国第一古城 [J]. 学习导报, 2005, 1.
　　湖南省文物考古研究所. 澧县城头山古城址 1997–1998 年度发掘简报 [J]. 文物, 1999, 6.
　　蒋迎春. 考古学家在京论证确认：城头山遗址为中国时代最早的古城 [J]. 中国文物报, 1997-8-10.
　　湖南省文物考古研究所. 澧县城头山屈家岭文化城址调查与试掘 [J]. 文物, 1993, 1.
② 钱耀鹏. 中原龙山文化城址的考古学研究 [J]. 中原文物, 2001, 1.
　　栾丰实. 丁公龙山城址和龙山文字的发现和意义 [J]. 文史哲, 1994, 3.
　　杨钊. 中国最早城堡和水井的出现 [J]. 学术月刊, 1998, 4.
　　蔡全法. 古城寨龙山城址与中原文明的形成 [J]. 中原文物, 2002, 6.
　　杨肇清. 略论登封王城岗遗址大城与小城的关系及其性质 [J]. 中原文物, 2005, 2.
　　河南省文物考古研究所. 郾城郝家台遗址的发掘 [J]. 华夏考古, 1993, 3.
　　河南省文物考古研究所. 河南淮阳平粮台龙山文化城址试掘简报 [J]. 文物, 1983, 3.
　　山东大学历史系考古专业. 山东邹平丁公遗址的第四、五次发掘简报 [J]. 考古, 1993, 4.
　　杜在忠. 边线王龙山文化城堡的发现及其意义 [N]. 中国文物报, 1988-7-15.
③ 王吉怀. 尉迟寺聚落遗址的初步探讨 [J]. 考古与文物, 2001, 4.
　　梁中合. 尉迟寺聚落和聚落群的初步考察 [J]. 文物季刊, 1996, 4.
　　王吉怀. 尉迟寺史前聚落遗址的微观考察与研究 [J]. 文物世界, 2005, 2.
　　中国社会科学院考古所，蒙城县文化局. 安徽蒙城尉迟寺遗址 2003 年发掘简报 [J]. 考古, 2005, 10.
④ 朔知. 从凌家滩看中国文明的起源 [J]. 安徽史学, 2000, 3.
　　安徽省文物考古研究所. 安徽含山凌家滩新石器时代墓地发掘简报 [J]. 文物, 1989, 4.
　　安徽省文物考古研究所. 安徽含山县凌家滩遗址的第二次发掘简报 [J]. 考古, 1999, 3.
　　张敬国. 含山凌家滩遗址第三次考古发掘主要收获 [J]. 东南文化, 1999, 5.

长江下游发现了大规模的良渚文化聚落群①。这个时期的城址数量众多，规模不一，结构较复杂，形成大型城址（或中心聚落）、中型城址（或遗址）、小型遗址的三级聚落群结构；在城址中，发现有大型台式建筑（祭台）或其他礼制性建筑，其周围多发现随葬较多较精美的玉器和陶器的贵族墓葬；大型城址中心发现有"殿堂式"建筑遗迹；发现多处刻画符号或陶文，铜器的使用较仰韶又有进步。这些重要发现，说明龙山文化时期，原有的氏族部落面临解体、"方国"（或政治实体）形成，私有制发展成熟，阶级矛盾更加尖锐，大量的文明表征因素出现和日趋复杂化，说明龙山文化时期是中国文明时代的真正开端。

先秦城市是指夏商周三代的城市，它们表现的演变特征是城市的主体由以宫庙为主，而逐渐向把宫城和平民居住的郭城分开转化。如河南偃师二里头遗址②、安阳殷墟和洹北商城③，我们都可以发现集中的大型的宫殿遗址和手工业作坊。

围绕二里头遗址的性质与夏文化的真实问题，这时期仍有着不同的争鸣。围绕着二里头遗址的聚落形态问题，中国社会科学院考古研究所二里头工作队自2001年起，对二里头遗址宫殿区及其附近的道路系统进行了追探，在宫殿区外围发现了纵横交错的大路。2003年春季，对已发现的道路进行了解剖发掘，并发现了宫城城墙。截至2004年4月，基本搞清了宫城城墙及宫殿区外侧道路的范围、结构和年代。2004年春季，又在宫城以南发现了另一堵始建于二里头文化第四期的夯土墙。另外，还发现了二里头文化早期车辙、二

---

① 浙江省文物考古研究所.浙江余杭反山良渚墓地发掘简报 [J].文物，1988，1.

浙江省文物考古研究所.余杭瑶山良渚文化祭坛遗址发掘简报 [J].文物，1988，1.

浙江省文物考古研究所.浙江余杭汇观山良渚文化祭坛与墓地发掘报告 [J].浙江省文物考古研究所学刊.北京：长征出版社，1997.

浙江省文物考古研究所.余杭莫角山遗址1992–1993年发掘，余杭瑶山遗址1996–1998年发掘的主要收获 [J].文物，2001，11.

② 中国社会科学院考古所二里头工作队.河南偃师市二里头遗址宫城及宫殿区外围道路的勘察与发掘 [J].考古，2004，11.

许宏，陈国荣，赵海涛.二里头遗址聚落形态的初步考察 [J].考古，2004，11.

许宏.二里头遗址发掘和研究的回顾与思考 [J].考古，2004，11.

中国社会科学院考古所二里头工作队.河南偃师市二里头遗址中心区的考古新发现 [J].考古，2005，7.

③ 中国社会科学院考古所安阳工作队.河南安阳洹北商城的勘察与试掘，河南安阳市洹北商城宫殿区1号基址发掘简报 [J].考古，2003，5.

里头文化晚期大型夯土基址和绿松石废料坑等重要遗存，为探索我国古代车的起源和进一步深化对这座处于中国文明形成阶段的初期王朝重要都邑的认识提供了重要的资料①。

尽管偃师商城②和郑州商城③的考古工作有很大进展，但关于二者的归属问题和夏商分界问题④，20世纪90年代以来也有着激烈的争论，迄今未有定论。

在距今3500年前的山西垣曲商城发现我国最早的瓮城遗迹无疑对于我国城市发展史研究有着重要的意义⑤。而对城址的性质和年代问题的研究，则对夏商年代分期有着帮助⑥。

湖北黄陂盘龙城遗址的发现与研究，为研究商代疆域问题和夏商对长江流域的统治与控制问题提供了十分重要的考古资料依据⑦。

陕西岐山西周初期的都城，以宫庙为主，布局上是宫庙杂处，祭祀遗迹掺列其间。尤以歧山凤雏发现的西周早期宫庙遗址最为重要；它是一组建于夯土台基上的封闭式院落，有门道、前堂、过廊、东西厢房和回廊，前后两进，中轴分明，左右对称。3000多年前的建筑布局传统，一直延续到今天北京的四合院⑧。

凤雏甲组建筑基址建在南北长43.5米、东西宽32.5米的夯土台基上。以

---

① 中国社会科学院考古研究所二里头工作队.二里头遗址发现宫城城墙等重要遗存 [N].中国经济史论坛，2004-08-04.

② 中国社会科学院考古所.河南偃师商城商代早期王室祭祀遗址 [J].考古，2002，7.
中国社会科学院考古所河南二队.河南偃师商城宫城北部"大灰沟"发掘简报 [J].考古，2000，7.
中国社会科学院考古所河南二队.河南偃师商城小城发掘简报，河南偃师商城Ⅳ区1996年发掘简报 [J].考古，1999，2.
王学荣.偃师商城布局的探索和思考 [J].考古，1999，2.

③ 河南省文物考古研究所.郑州商城外郭城的调查与研究 [J].考古，2004，3.
袁广阔，曾晓敏.论郑州商城内城和外郭城的关系 [J].考古，2004，3.
河南省文物考古研究所.河南郑州商城宫殿区夯土墙1998年的发掘 [J].考古，2000，1.

④ 高炜，杨锡璋，王巍，杜金鹏.偃师商城与夏商文化分界 [J].考古，1998，11.
安金槐，杨育彬.偃师商城若干问题的再探讨 [J].考古，1998，6.
赵芝荃.评述郑州商城和偃师商城几个有争议的问题 [J].考古，2003，9.

⑤ 董琦.瓮城溯源 - 垣曲商城遗址研究之一 [J].文物季刊，1994，4.

⑥ 王睿.垣曲商城的年代及其相关问题 [J].考古，1998，8.

⑦ 湖北省文物考古研究所.盘龙城（1963–1994年考古发掘报告）[M].北京：文物出版社，2001.
刘莉，陈星灿.夏商时期对自然资源的控制问题 [J].东南文化，2000，3.
陈朝云.盘龙城与早商政权在长江流域的势力扩张 [J].史学月刊，2003，11.

⑧ 徐苹芳.论历史文化名城北京的古代城市规划及其保护 [J].文物，2001，1.

门道、前堂、后室为中轴，两侧配置厢房各8间，有回廊相连接，形成一前后两进、东西对称的封闭性院落。前堂是这组建筑的主体，面阔6间，进深3间。

四川成都金沙商周遗址[①]，分宫殿区、祭祀区、一般居住区和墓地，规模宏大，出土了一大批精美文物，对于研究夏商时期成都平原古蜀文明传承和当时成都平原与黄河流域、长江下游地区的关系具有十分重要的意义。金沙商周遗址是四川省继三星堆之后最为重大的考古发现，极有可能是三星堆文明衰亡后在成都地区兴起的一个政治、经济、文化中心——古蜀国在商代晚期至西周时期的都邑所在。

湖北潜江龙湾楚宫殿遗址，被评为2000年中国十大考古发现和全国第五批重点文物保护单位，有论者推定为公元前535年楚灵王建的章华台，它是继楚国都城纪南城之后又一个楚国考古的重大发现，将对楚文化的进一步研究起到重要的推动作用[②]

河南洛阳河洛文化广场车马坑等，从考古实物上印证了古文献记载的我国古代天子的车马制度。

自秦汉以来，都城中的皇帝宫殿为全城规划之中心的设计思想已经确立，这在中国都城史上是一个划时代的变革。市民居住的里坊和商业市场正式纳入城市之中。地方城市与地方行政管理系统相吻合，地方城市皆是各郡县之首府，中国古代城市政治化的特质愈加巩固，一直延续至今。西汉中晚期后，随着阴阳五行和儒家文化被确立为国家哲学原则，礼制建筑的安置也被这些哲学原则所影响，而且礼制建筑的位置由宫城向城郊转移，也说明神权向君权的屈服[③]。城坊制开始出现。

秦都咸阳阿房宫的勘探试掘、秦阿房宫遗址位于今西安市以西13公里处的渭河南岸，与咸阳隔水相望。2002年10月起，中国社科院考古所和西安市考古所联合组建了秦阿房宫考古工作队，并首先在秦阿房宫前殿遗址（以下

① 张擎，朱章义.成都金沙遗址的发现和文物抢救记[J].中国历史文物，2002，1.
  朱章义，张擎，王方.成都金沙遗址的发现、发掘与意义[J].四川文物，2002，2.
  成都市文物考古研究所.成都金沙遗址I区"梅苑"地点一期发掘简报[J].考古，2004，4.
② 中国文物报[N]，2001-7-29（1）.
  中国文物报[N]，2001-7-15（8）.
  荆州地区博物馆等.湖北潜江龙湾发现楚国大型宫殿基址[J].江汉考古，1987，3.
  潜江市博物馆.潜江市龙湾遗址群放鹰台第3号台试掘简报[J].江汉考古，2001，1.
  方百生.试论湖北潜江龙湾发现的东周楚国大型宫殿遗址[J].孝感学院学报，2003，1.
③ 姜波.汉唐都城礼制建筑研究[M].北京：文物出版社，2003.

简称"前殿")进行考古勘探和发掘。截至目前,已勘探面积约20万平方米,试掘发掘面积1000平方米,并取得重大收获。根据调查测量,前殿遗址夯大台基在现地表以上存东西长1119,南北宽400,高7—9米。阿房宫前殿遗址夯土台基东西长1270,南北宽426,现存最大高度12米左右。遗址东部长400,宽426米和西部长70,宽426米的范围被现代村庄所压(凡村庄所覆盖部分在不是砖铺地和水泥铺地的地方,包括花池内甚至羊圈内都全部进行了勘探)。台基边缘均有收分结构。在前殿遗址夯土台基北部边缘收分的最南面台面内侧发现有夯筑土墙遗迹,其与收分台面相对应,亦分为中部和东、西部三部分。此次考古勘探、试掘和局部发掘工作取得了丰硕的成果,并对以前关于阿房宫遗址的传统说法形成了新的见解①。

汉长安城长乐宫遗址的试掘、在长乐宫遗址西北部,发现一处地下宫殿遗址,发掘面积约2000平方米。据考证此处原应有一处大型夯土台基,现已无存,地下式宫殿位于台基位置的中部。主体建筑东西长24米、南北阔10米,其北侧设有一条通道可通向北部的廊道和庭院,通道西侧还设有类似警卫作用的门房性建筑。在夯土台基基址的东部,有相互连通的小房子6间,分别是主室、侧室、附室。主室的南房面积最大,约有40多平方米,装修很考究,以浆泥抹平地面,涂施以朱红色。主室的北面发现踏步也涂朱,台阶整个都呈红色。这种形式与文献记载一致,红颜色的踏步即丹墀,为皇帝专用。在遗址的西部发现有水井和围墙、排水管道等设施。殿址整体布局比较清晰,建筑规格很高,对于研究汉长安城长乐宫布局,特别是汉代建筑技术、包括装修技艺都有着极为重要的意义。

广州南越王宫署的发掘,1995—1997年广州市文物单位对南越王宫署进行了发掘,获得了很多关于南越王宫署的第一手资料,确立了汉初南越国都番禺城及其城内宫署遗址的坐标,为进一步探查番禺城及宫署的范围、布局等提供了线索②。

湖南龙山县里耶古城,里耶古城现存城址呈长方形,南、西、北三面有

① 中国社会科学院考古所,西安市文物保护研究所,阿房宫考古工作队.阿房宫前殿遗址的考古勘探与发掘 [J].考古学报,2005,2.

② 广州市文物考古研究所,南越王宫博物馆筹建办公室.广州南越国宫署遗址1995–1997年发掘简报 [J].文物,2000,9.
中国社会科学院考古研究所,广州市文物考古研究所,南越王宫博物馆筹建处.广州南越国宫署遗址2000年发掘报告 [J].考古学报,2002,2.

护城河，南门有道路直通城外，城墙转角略呈弧状。古城南北长210米，东西现存宽度103米至107米。城内发现通道、作坊、官署建筑和古井等遗迹。里耶古城为研究战国晚期、秦至汉初中原中央政权对湘西地区的行政管理和区域政治提供了资料；古城内的重要遗迹一号井出土3.6万多枚秦代简牍。湖南里耶古城及出土秦简牍内容涉及邮传、历术、法律、军事等各个方面，是当时的官署档案，为研究秦代政治、经济、法律和社会制度提供了极为难得的文献资料，将极大地丰富对秦代政治经济制度的认识。[①]

洛阳汉魏古城南墙发现阊阖门，在2001.11—2002.6的考古发掘中，考古工作者全面揭露出阊阖门的城门台基、门前的双阙、阙间广场及城门两侧的院落。阊阖门独特的建筑结构和形制布局对后世有重要的影响，同时也对解决曹魏洛阳宫的形制和位置，探索汉代北宫位置有重要意义[②]。它强烈的礼仪特征和平面布局对于都城建设思想演进的研究具有重要历史地位，阊阖门阙的形制、结构和建筑技术对于中国古代所特有的门阙制度的研究具有重要的学术价值，为中国古代都城研究提供了极为宝贵的实物资料。

西安市北郊的大型城市——阳陵邑遗址，考古工作者共发掘建筑遗址4处，其中长庆局项目组E座商业楼基槽内的汉代建筑遗址保存程度较好。这项发掘为进一步认识阳陵邑和西汉中小型城市的建筑布局等提供了可贵的资料，也为研究中国古代陵邑制度和中国古代中小城市的发展演变提供了非常重要的实物依据。在阳陵邑发掘墓葬75座、陶窑3座、水井78口、灰坑158处，出土各类文物954件，在陪葬墓园发掘墓葬375座，出土文物2778件，对罗经石遗址发掘了1200平方米，出土文物23件。这些文物的发现对研究认识阳陵邑的城市管理、汉代帝陵的陪葬制度以及汉代的祭祀制度均有重要意义。

对于汉长安城的考古与研究，近年来取得很大的成就，尤其是利用现代测绘手段对长安城遗址进行测绘研究，更是取得了丰硕的成果，精确测定了汉长安城的城墙准确位置、准确长度及拐点坐标，精确计算出汉长安城的面积，绘出汉长安城中的各宫殿、道路及其他遗址位置，并进一步绘制出汉长

---

① 2002年中国考古十大发现 [N]. 中国文物报，2003-4-13.
　　湖南省文物考古研究所 . 湖南龙山县里耶战国秦汉城址及秦代简牍 [J]. 考古，2003，7.
　　湖南省文物考古研究所，湘西土家族苗族自治州文物处，龙山县文物管理站 . 湖南龙山里耶战国 – 秦代古城一号井发掘简报 [J]. 文物，2003，1.

② 中国社会科学院考古所洛阳汉魏故城队 . 河南洛阳汉魏故城北魏宫城阊阖门遗址 [J]. 考古，2003，7.
　　钱国祥 . 由阊阖门谈汉魏洛阳宫城形制 [J]. 考古，2003，7.

安城的坐标系和数字化地图，建立起汉长安城的数据库①。

魏晋南北朝隋唐时期，城市逐步发展为完备的封闭式里坊制城市的阶段。唐代的地方城市更为制度化、规整化，按城市的行政等级规划城市平面，城内一般为十字街，府州以上城市用井字街。中国南方城市因地形水道复杂，则因地制宜，不拘一格。

南京六朝建康城，这个时期，随着经济的发展和大规模基础建设的开工，南京市的有关文物单位做了相当大的工作，先后发现了六朝时期的坛类建筑②和六朝时期的路面，出土了大批精美的六朝时期的瓦当③，为六朝建康城的研究注入了新的活力。同时，结合历史文献资料和考古资料，研究者多角度全方位地揭示了建康城的概貌，涉及建康都城结构与制度、历史地理、寺庙与园林的、宗教和文化，提出了诸多的新观点，对当代的学者研究建康城有一定的参考价值④。

河北临漳曹魏时的邺都北城，封闭式里坊制城市发端。其规划特点是：宫城位于城北部中央，西为铜雀园三台，东为贵族居住区戚里，中央官署集

① 董鸿闻，刘起鹤，周建勋等.汉长安城遗址测绘研究获得的新信息 [J].考古与文物，2000，5.

② 贺云翱，王前华，邵磊等.南京钟山六朝祭坛又获重大发现 [N].中国文物报，2001-7-11.
南京钟山六朝坛类建筑遗迹 [N].中国文物报，2001-8-30.
南京市文物研究所.南京钟山南朝坛类建筑遗存一号坛发掘简报 [J].文物，2003，7.

③ 贺云翱.南京出土六朝瓦当初探 [J].东南文化，2003，1.
贺云翱.六朝瓦当与六朝都城 [M].北京：文物出版社，2005.
贺云翱.南京出土的六朝人面纹和兽面纹瓦当 [J].文物，2003，7.
王志高，贾维勇.六朝瓦当的发现及初步研究 [J].东南文化，2004，4.

④ 卢海鸣，朱明.六朝都城建康的若干问题研究 [J].南京理工大学学报：社科版，2003，3.
卢海鸣，朱明.六朝都城建康研究状况综述 [J].南京理工大学学报：社科版，2005，2.
罗宗真，王志高.六朝文物 [M].南京：南京出版社，2004.
贺云翱.六朝"西州城"史迹考 [J].南京史志，1999，3.
郭黎安.关于六朝建康气候、自然灾害和生态 [J].南京社会科学，2000，8.
郭黎安.六朝建康 [M].香港：香港天马图书有限公司，2002.
卢海鸣.六朝都城 [M].南京：南京出版社，2002.
卢海鸣.湮没的城堡——新亭 [J].江苏地方志，2000，3.
卢海鸣.六朝建都与军事重镇的分布 [J].中国史研究，1999，4.
卢海鸣.试论六朝定都建康的风水因素 [J].南京社会科学，2002，4.
卢海鸣.六朝建康礼制建筑史略 [J].洛阳工学院学报：社科版，2001，4.
卢海鸣.六朝建康佛寺新探 [J].金陵职业大学学报，2000，12.
盐泽欲仁.六朝建康的城市防卫体系试探 [J].东南文化，2001，1.
雍际春.隋唐都城建设与六朝都城的关系 [J].中国历史地理论丛，1997，2.
孙长初.略论六朝时期建康城的作用 [J].南京理工大学学报：社科版，2004，6.

中于宫城前司马门外。东起建春门，西至金明门的一条横街，将全城分为南北两部分。城市规划中出现了中轴线。曹魏邺北城在中国城市发展史上是一个关键的转折点，它结束了三代秦汉以来以官庙和宫殿为主体的城市布局，开创了有城市中轴线的封闭式里坊制城市①。

东魏、北齐的邺城南城，经过考古钻探，已经发现城墙和城门遗址，城墙上有马面；发现了外郭；宫城外遍布里坊；内城变为皇城；对于邺南城的布局有了初步的认识。在汉唐都城规制和布局转化上，邺南城是重要的一环，承前启后宫城、皇城的内容单一化，是中央集权制加强的表现②。

三燕故都"龙城"宫城南门遗址，这座门址坐北朝南，始建于前燕，彻底废弃于元代，共经历了前燕、后北燕、北魏、唐、辽和金元6个时期的建筑和改建，历时1000余年，这在我国城市考古中是极为罕见的发现。三燕时期的城门是首次在朝阳城内发现，其门道结构保存完好，建筑风貌独特，为研究十六国时期北方城市的城门形制提供了实物资料。更重要的是，这座城门遗址位于朝阳老城区的中轴线上偏北处，根据其位置判断，应为三燕龙城宫城的南门，这为研究三燕龙城的布局提供了一个重要的坐标点。

唐长安太液池和圜丘等的发掘，在中日两国考古工作者在唐长安城先后发掘了唐大明宫的圜丘和太液池遗址，为唐代礼制建筑研究和唐宫廷园林考古研究，及大明宫的布局和中日两国宫廷园林制度的比较研究等提供了实证资料③。

在经过长时间的考古工作后，现在考古工作者已经基本可以弄清楚扬州

① 徐光冀.邺城考古的新收获[J].文物春秋，1995，3.
徐光冀.河北临漳邺北城遗址发掘简报[J].考古，1990，7.
② 中国社会科学院考古研究所，河北省文物研究所邺城考古工作队.河北临漳县邺南城遗址勘探与发掘[J].考古，1997，3.
中国社会科学院考古研究所，河北省文物研究所邺城考古工作队.河北临漳县邺南城朱明门遗址的发掘[J].考古，1996，1.
郭义孚.邺南城朱明门复原研究[J].考古，1996，1.
郭济桥.北朝时期邺南城布局初探[J].文物春秋，2002，2.
③ 中国社会科学院考古所西安唐城工作队.陕西西安唐长安城圜丘遗址的发掘[J].考古，2000，7.
中国社会科学院考古所，日本奈良国立文化财研究所联合考古队.唐长安城大明宫太液池遗址考古新收获，唐长安城大明宫太液池遗址发掘简报[J].考古，2003，11.
中国社会科学院考古所，日本奈良国立文化财研究所联合考古队.西安唐大明宫太液池南岸遗址发现大型廊院建筑遗存[J].考古，2004，9.
中国社会科学院考古所，日本奈良国立文化财研究所联合考古队.西安市唐长安城大明宫太液池遗址[J].考古，2005，7.

城的发展演变，隋唐扬州城的子城和罗城的布局也已经清楚。我们发现，扬州城的里坊制度与唐"两京"有所不同，表现在扬州城内的坊无坊墙和大小十字街道，这可能意味在唐代，由于商品经济的发展，里坊制度在扬州这样商品经济高度发达的城市里，已经呈现瓦解之势①。

吉林延边西古城城址的发掘，大面积揭露了几座主要的宫殿及其附属建筑，出土了大量具有渤海都城中流行特点的建筑构件，建筑的整体布局和带有明确等级含义的建筑构件，为"西古城渤海中京说"提供大量佐证。同时也为渤海文化研究这一国际性的学术课题，带来诸多新的研究视角②。

宋元明清时期，由于社会经济的发展，封闭式里坊制逐渐为开放式街巷制所代替，临街设店，城市景观也为之一变。中国的城市已从过去主要是官府所在地，发展成为真正意义上的城市，并呈现出开放的面貌。

如开封北宋汴梁城，经过多年的不懈工作，开封市文物部门已经基本搞清楚了流经汴梁城的汴河故道的水深、水宽、流向及其水门、桥梁③；对北宋汴梁城的布局结构方面也有所突破，先后发现了外城、里城的外壕，确认北宋宫城无外壕④；对北宋皇宫的布局也进行了探讨⑤；对于研究汴梁城的布局有着极大的意义

黑龙江阿城刘秀屯金代大型宫殿基址，是我国传统礼制建筑的罕见实例，它的发现与发掘，对研究宋金时期政治体制、宗教信仰、风俗习惯以及建筑风格等，提供了不可多得的第一手资料，在中国建筑史上亦占有重要的地位⑥。

杭州南宋临安城，1995年5—9月，杭州市文物考古研究所对该遗址进行了发掘了赵氏太庙遗址。赵氏太庙遗址的发现填补了南宋杭州城考古缺乏城市格局和代表性建筑这一空白。南宋临安府治自1130年迁至清波门之北，后经元、明、清三朝，其反映的官府建筑式样目前在全国无其他遗址可与其相比，对宋代建筑史特别是建筑研究具有重要意义。作为全国第一次大规模的府衙遗址考古发掘，南宋临安府的重要性绝不亚于1995年发现的南宋太庙

① 李裕群.隋唐时代的扬州城 [J].考古，2003，3.

② 2002年中国十大考古新发现 [N].中国文物报，2003-4-13.

③ 开封市文物工作队.河南开封市宋东京城内汴河故道的初步勘探与试掘 [J].考古，1999，3.

④ 吴岚.关于北宋外城城垣及里城、宫城的城壕问题 [J].黄河科技大学学报，2002，3.
　丘刚.开封宋城考古述略 [J].史学月刊，1999，6.

⑤ 李合群.北宋东京皇宫二城考略 [J].中原文物，1996，3.

⑥ 2002年中国十大考古新发现 [N].中国文物报，2003-4-13.

遗址①。

四川水井街古代酒作坊遗址，酒厂遗址的发现揭示了明清时代酿酒工艺的全过程，从发掘现场看，该遗址为"前店后坊"的布局形式，晾堂、酒窖、炉灶等是"后坊"遗迹；在酒坊旁边清理的街道路面及陶瓷饮食酒具，则是临街酒铺的遗物。水井街酒坊（全兴烧坊）遗址位于至今仍在生产的全兴酒厂老窖所在地，从地层叠压堆积和器物的类型学排序上可将明、清、民国至当代连接起来，延续五六百年未间断生产。它是我国发现的古代酿酒和酒店的唯一实例，堪称中国白酒第一坊。②

湘西洪江明清时期古商城等，经考古工作者普查，洪江古商城尚有380余栋明清古建筑，总面积近10万平方米，现居住着2000多户人家，其规模之大，面积之广，保存之好，全国罕见。散落于城内的宫、殿、祠、寺、庙、院、堂、庵和报社、钱庄、学堂、戏台、烟馆、作坊、店铺，直观反映了明清时期社会市井全貌。好奇的是，洪江"十大会馆"统领商界，不仅承担了经济组织的职能，而且还代替了政权组织的作用。一些考古专家还发现，洪江古商城的市政建设和公益事业是由商人来经营和管理的。洪江古商城的保护与开发对于研究我国南方建筑艺术，研究清、民国社会市井及中国资本主义萌芽，具有极高的史料考证价值。

由上我们可以看出，古代中国城市呈阶段发展，但自其一出现，就带有强烈的政治性和明显的规划倾向性。政治性至唐代发展到高峰，宋以降，城市的开放性不断增强。城市的规划性则自成系统，伴随着中国古代社会的发展，城市结构也在不断地变化和越来越复杂。中国古代城市，尤其是古代都城，是中国古代社会文明的集中缩影，鲜明地反映了中国古代社会和思想状态及其变化。城市考古是研究中国古代城市变迁、城市建筑、人类居住形式和传统文化的发展的极为重要的手段之一。今后，随着城市考古工作力度的加大，有关的新成果必定层出不穷，必然会进一步推动中国古代史相关内容的研究。

---

① 2000年中国十大考古新发现 [N]. 中国文物报，2001-8-30.
  杭州市文物考古研究所. 杭州南宋临安府衙署遗址 [J]. 文物，2002，10.
② 成都市文物考古所，四川省文物考古研究所. 四川成都水井街酒坊遗址发掘简报 [J]. 文物，2000，3.

图说南朝墓葬制度

周裕兴　齐月

东晋以后的170年间，中国南方地区出现了以建康（今南京）为都城的四个连续更替的政权：（刘）宋（420～479年）、齐（479～502年）、梁（502～557年）、陈（557～589年），史称南朝。

一、南朝帝王陵墓

南朝时期陵寝制度已基本成熟完备，并一脉相承。南朝帝王陵墓主要分布在今南京的近郊及镇江的丹阳等地。

（一）陵区的布局

六朝时期聚族而葬十分盛行，这种聚族而葬的观念在陵寝制度上的集中反映就是陵区的形成。一般来说，南朝时期往往由两个以上的陵墓依照亲属关系的长幼尊卑，构成一个庞大的陵区，而同时陵区内的各个陵园之间又相对独立。如南京甘家巷附近的梁代帝族王陵葬区和丹阳陵口齐、梁帝陵区。（图一、图二）

至于陵区内陵园与陵园之间，陵园内墓葬与墓葬之间的相互位置关系则比较复杂，但总的来说是尊者居右居中，晚辈居左居侧，尤以尊者居右为常[1]。所谓居右，是相对于墓葬朝向而言，如果墓葬南向，则以东为尊；反之，则以西为尊。

---

[1]　李蔚然. 论南京地区六朝墓的葬地选择和排葬方法 [J]. 考古，1983（4）.

　　王志高. 南朝帝王陵寝初探. 南方文物 [J]，1999（4）.

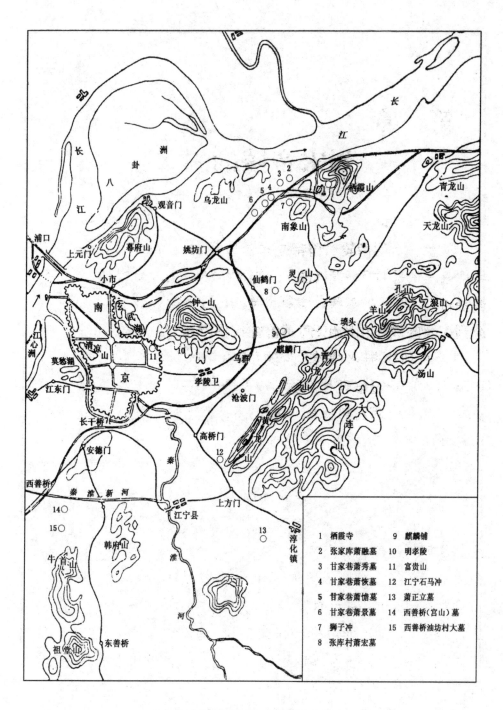

图一 南京南朝帝王陵墓分布略图

图片来源：曾布川宽.六朝帝陵 [M].傅江，译.南京：南京出版社，2004：2

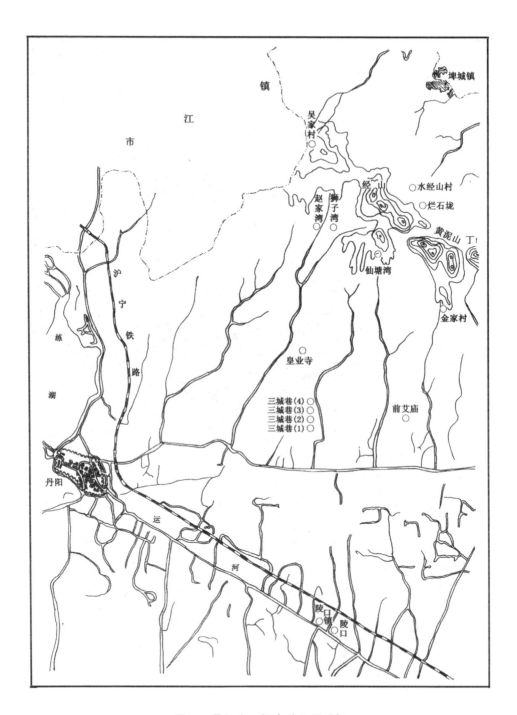

图二 丹阳齐、梁帝陵位置略图

图片来源：曾布川宽.六朝帝陵 [M].傅江，译.南京：南京出版社，2004：14

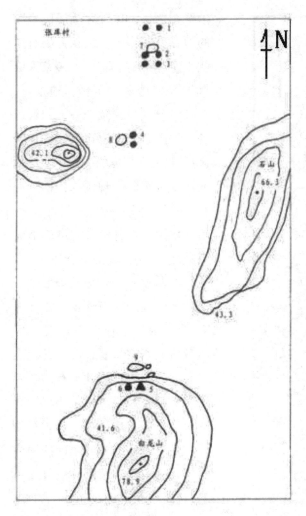

（1. 石辟邪 2. 石柱 3. 石碑 4. 新发现的石刻 5. 白龙
山 M16. 新发现的墓葬封土 7.8.9. 水塘）

图三　白龙山（梁萧宏？）墓地

图片来源：南京市博物馆，栖霞区文管会. 江
苏南京市白龙山南朝墓 [J]. 考古，1998，12.

至六朝时期，统治者尤其迷信风水，相信葬地的好坏直接关系到家族的盛衰和王朝的兴亡，相墓之术也随之盛行[①]。在这种意识影响下，南朝人对陵墓的风水极为重视，所以决定陵区位置的关键因素往往是"风水"。从已发掘的南朝帝王陵墓看，一般都选择在丘陵的山麓、山腰上，"背倚山岗，面临平原"这些风水学上所说的风水宝地中。墓葬的朝向依山势走向而定，不限于朝南方向，普遍封土起坟。（图三）

（二）陵园的构成

南朝时期的陵园，无论其规模、神道石刻的种类、大小、组合，还是封土的高低以及玄宫建筑结构等都有比较严格的等级制度，可以明显反映墓主生前身份的等级差别。帝陵、宗室王侯墓葬之间存在着十分鲜明的界线，很少有僭越的现象。

1. 园邑、陵垣和陵门

早在汉代高级贵族死后，就会指定一些居民迁入墓园附近居住，以任守

---

① 赵翼 . 廿二史箚记校正（订补本）：卷八 [M]. 王树民，校 . 北京：中华书局，1984：174–175.

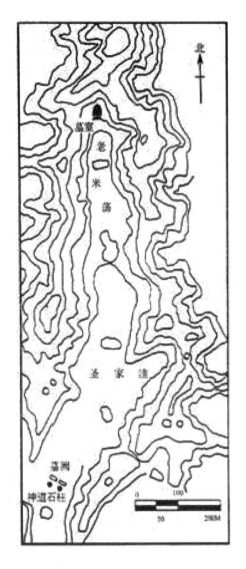

图四 萧伟墓及其石刻和墓阙地形图

图片来源：南京市文物研究所，南京栖霞区文化局.南京梁平王萧伟墓阙发掘简报 [J].文物，2002，7.

---

① 建康实录：卷二.

② 宋书：卷二八符瑞志中.

③ 隋书：卷二六百官志上.
　　梁书：卷二武帝纪中.

④ 罗宗真，王志高.六朝文物 [M].83–84 页，南京：南京出版社，2004.

护祭扫之事，这种守墓居民聚居的地方就叫园邑。六朝孙吴时期就"置园邑奉守"①，对陵墓采取保护性措施。到东晋、刘宋时，在各陵分别设置陵令一人，管理各帝王陵寝，刘宋包诞、华林就曾担任过长宁陵的陵令②。至梁朝，设置陵监管理陵墓，秩六百石③。六朝陵墓制度的这种规范化、制度化管理对其陵寝制度的形成与实施起了很大的推进作用。

南朝陵园一般呈长条形，史书记载四周或筑有墙垣，称之为"城"，城垣中还辟有门道，但从考古调查结果看，尚未发现当时墙垣的遗迹。因此，有的学者认为南朝陵园是以篱笆为界；有的认为是以自然山体下的沟壑为界；还有的认为当时陵园四周或者像某些东汉帝陵那样仅设简单的"行马"（一种阻挡人马的竹木屏篱），但因年代久远，故腐朽无存④。（图四）

从出土的实物资料可推知陵门一类遗迹的形制结构。2000年，南京尧化门北家边梁南平王萧伟墓神道石刻埋藏区内发现了一处大型砖构建筑遗存。这处建筑遗存位于陵园南端，距陵墓封土约800米，主要是一对墓阙建筑遗存。其平面呈长方形，总长度约29.3米，由东西两座单体阙构成，两阙之间宽5.67米，神道从其中部穿过，其前便是一对神道石柱。两阙建筑基址结构、规模基本相同，西阙东西长11.82米、南北宽1.94米。阙身用纯净黄土夯成，夯土底部四周为砖包砌而成的基座，基座周围设砖铺散水。在阙体的四角还发现有柱洞，柱洞内还留有木柱痕迹。基址北墙及东、西墙外堆积着大量板瓦、筒瓦和瓦当及砖块，应为建筑倒塌废弃后形成的堆积。在这些瓦件堆积中还夹杂着炭化的木头、锈蚀的铁钉及红烧土块等。这些现象表明此处建筑遗存应是一座底部有砖包墙夯土基座，外铺砖砌散水，四角起木柱，上部有木质梁架并覆瓦顶，出挑檐，中置门楼的墓阙建筑（门式建筑），是当时王陵"大门"的象征[1]。（图五 ~ 图八）

图五　萧伟墓阙南墙外砖砌散水

　　图片来源：南京市文物研究所，南京栖霞区文化局. 南京梁平王萧伟墓阙发掘简报[J]. 文物，2002，7.

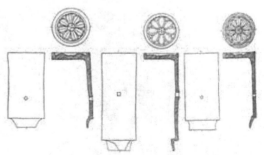

图六　萧伟墓阙莲花纹瓦当及筒瓦

　　图片来源：南京市文物研究所，南京栖霞区文化局. 南京梁平王萧伟墓阙发掘简报[J]. 文物，2002，7.

---

[1]　南京市文物研究所，南京栖霞区文化局. 南京梁平王萧伟墓阙发掘简报[J]. 文物，2002（7）.

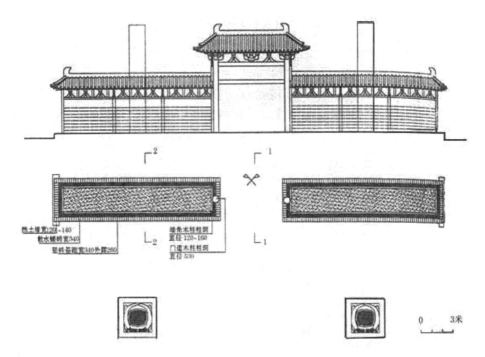

图七　萧伟墓阙、墓表平面及墓阙立面复原示意图

图片来源：朱光亚，贺云翔，刘巍．南京梁萧伟墓阙原状研究 [J]．文物，2003，5．

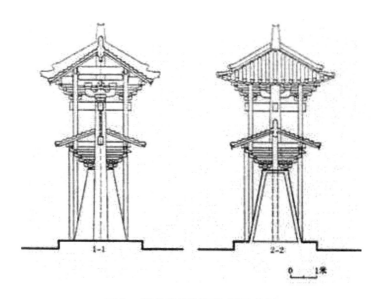

图八　萧伟墓阙剖面复原示意图

图片来源：朱光亚，贺云翔，刘巍．南京梁萧伟墓阙原状研究 [J]．文物，2003，5．

2. 神道及神道石刻

墓前开设神道，神道两侧列置象征吉祥、驱灾避祸的石刻群，这一制度始自东汉，但三国两晋时期没有得以延续，到南朝宋武帝刘裕时又重现，并完备成为一项固定的制度。神道石刻象征着等级尊卑，具有重要的历史价值和艺术价值。

南朝陵墓多依山麓筑成，神道均在陵前平地上，神道的长宽度可以反映出陵园的规模。一般来说，同一时代帝后陵墓神道要长要宽。从已发掘的情况看，帝王陵墓与其前面的神道石刻相距约在400~1000米不等。（图九）

南朝陵墓的神道石刻以萧梁一代保存最多，品类最全。多数神道对称分布三对石刻，依次为石兽、石柱（或称华表等）和石碑（也有3种8件，其中石碑2对）。梁文帝建陵和安成王萧秀墓神道石刻则有四对八件，分别多出石础和石碑一对，应视

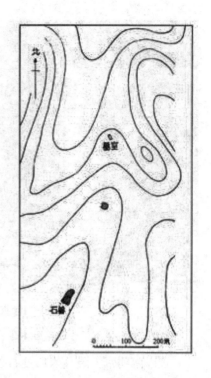

图九　丹阳仙塘湾帝陵地形图

图片来源：南京博物院. 江苏丹阳胡桥南朝大墓及砖刻壁画 [J]. 文物，1974，2.

为特例。宋、齐、陈三朝陵墓神道石刻现多见石兽一种，但据一些文献记载，南朝历代陵墓神道兽、表、碑等石刻俱全，只是在后来的漫长岁月中损坏或遗失[①]。（图十）

南朝神道石刻中以石兽最具代表性，这些石兽都是用整块巨石雕成，一般长高在3米以上，个别的达4米，这样硕大的立体圆雕，是雕塑史上的巨作。而且它们已由东汉拙朴凝重的作风向着矫健活泼的姿态转变，成为一个具有历史意义的进步，对隋唐文化艺术产生了重要的影响。

---

① 罗宗真，王志高. 六朝文物 [M]. 南京：南京出版社，2004：86–87.

图十 甘家巷萧秀墓西侧石刻配置

图片来源：曾布川宽.六朝帝陵[M].傅江，译.南京：南京出版社，2004：34.

现以南朝帝王陵墓入口处石兽为中心进行考察，得出下表。

表一 南朝帝王陵墓前石兽比定表[①]

场所	石兽体长	王朝	谥号	讳	陵名	卒年
南京麒麟铺	右 3.18 米 左 2.96 米	宋	武帝	刘裕	初宁陵	永初三年 （422 年）
丹阳赵家湾	右毁 左毁	齐	宣帝	萧承之	永安陵	建元元年 （追 479 年）
丹阳狮子湾	右毁 左 2.95 米	齐	高帝	萧道成	泰安陵	建元四年 （482 年）
丹阳前艾庙	右 2.70 米 左 3.15 米	齐	武帝	萧赜	景安陵	永明十一年 （493 年）
丹阳烂石垅（弄）	右无 左 1.58 米	齐	前废帝 （郁林王）	萧昭业	王墓	隆昌元年 （494 年）
丹阳水经山村	右 1.85 米 左 2.00 米	齐	后废帝 （海陵王）	萧昭文	王墓	建武元年 （494 年）

---

① 曾布川宽.六朝帝陵[M].傅江，译.南京：南京出版社，2004：138-139.

续表

场所	石兽体长	王朝	谥号	讳	陵名	卒年
丹阳仙塘湾	右 2.90 米 左 3.00 米	齐	景帝	萧道生	修安陵	建武元年 （追 494 年）
丹阳金家村	右 2.13 米 左 2.38 米	齐	明帝	萧鸾	兴安陵	永泰元年 （498 年）
丹阳吴家村		齐	和帝	萧宝融	恭安陵	天监元年 （502 年）
江宁石马冲	右 2.72 米 左 2.50 米	齐			王墓	
丹阳三城巷（2）	右 3.05 米 左 3.10 米	梁	文帝	萧顺之	建陵	天监元年 （502 年）
丹阳三城巷（3）	右无 左 3.10 米	梁	武帝	萧衍	修陵	太清三年 （549 年）
丹阳三城巷（4）	右毁 左无	梁	简文帝	萧纲	庄陵	大宝二年 （551 年）
丹阳陵口	右 3.95 米 左 4.00 米	梁				
丹阳三城巷（1）	右 3.02 米 左毁	梁	敬帝	萧方智		永定二年 （558 年）
南京狮子冲	右 3.19 米 左 3.11 米	陈	文帝	陈蒨	永宁陵	天康元年 （566 年）
南京油坊村		陈	宣帝	陈顼	显宁陵	太建十四年 （582 年）

　　南朝石兽分有角与无角两种，帝陵前的石兽均有角，右边的一角，左边的两角，称为麒麟（或称天禄）；王侯墓前的无角，称为辟邪。它们都是一对相向立于神道两旁。

　　南朝时期各个朝代的麒麟即有共同之处，又各有特点。各代麒麟均呈现出胸部挺昂，腹圆臀厚的风格。头部耳朵隆起，口部作圆形或方形，口角均有茸毛小翅。个别角上装饰鱼鳞文和卷曲的茸毛。翼部大多数均作短翼，翼膊亦有鳞文或涡文，腹部并饰以羽翅纹。胸、臀部也有花纹，但装饰简单，仅起陪衬作用。尾部均长垂，尖端卷在足趾上或直立在地面上。足部有爪，似狮爪。所有麒麟大致以装饰细致繁复的年代较晚。

刘宋时期的石兽兽身平整，装饰简朴，石兽胸前垂下的颏须分成左右各三根向下延伸，这种表现方法为梁所继承。位于南京麒麟门北麒麟铺的一对刘宋时期的石兽（图十一）是南朝石兽中最早的。它们东西相对，夹路相距23.4米。

1　　　　　2　　　　　3

（1. 右麒麟全身 2.3. 左麒麟背面双角及翼部）

图十一　刘宋时期麒麟铺麒麟

图片来源：曾布川宽 . 六朝帝陵 [M]. 傅江，译 . 南京：南京出版社，2004：4-5

南齐时期石兽兽身窈窕，装饰繁富，雕刻浑朴有力，其基本特征是头后仰，颈项短肥，胸前突，头部、颈部、胸部和前肢相当倾斜呈一斜直线，且有一种即将发作的动感。颏须是在胸前先分为前端卷曲的两缕，然后在它们的下面再用左右各三根毛的形式表现。南齐时期狮子湾（图十二）和前艾庙的石兽（图十三）代表了南朝石兽在造型上的优秀。

（左：全身　右：头部及胸部）

图十二　南齐时期丹阳狮子湾左麒麟

图片来源：曾布川宽 . 六朝帝陵 [M]. 傅江，译 . 南京：南京出版社，2004：19

（左：全身　右：胸部）

图十三　南齐时期丹阳前艾庙左麒麟

图片来源：曾布川宽．六朝帝陵 [M]．傅江，译．南京：南京出版社

　　萧梁时期的陵口石兽（图十四）颇具代表性，两石兽的头部都很大，颈部很短，前肢的肘部有三角形的长毛，很明显是狮子形石兽。石兽从身体到腰部都显得比较笨拙，对骨骼的把握不太准确，且纹样所占比例不断增大，越来越有种纹样脱离身体的感觉，缺少自然之感。

（左：左麒麟背面　中：右麒麟全身　右：右麒麟翼部长毛）

图十四　萧梁时期丹阳陵口麒麟

图片来源：曾布川宽．六朝帝陵 [M]．傅江，译．南京：南京出版社，2004：47.

　　陈朝帝陵前的石兽兽身窈窕，装饰华丽，雕刻灵活生动，大多数头稍大向前伸。南京狮子冲的陈代石兽（图十五）整体上取狮子形，头和头顶的角都很大，表面有凹凸不平的麟纹。许多纹饰更加图案化，越发显得脱离自然。

1　　　　　　　2

3　　　　　　　5

（1.左麒麟全身 2.左麒麟正面 3.右麒麟背面 4.右麒麟全身）

图十五　狮子冲陈文帝永宁陵麒麟

图片来源：曾布川宽.六朝帝陵 [M].傅江，译.南京：南京出版社，2004：58.

　　辟邪的体型和麒麟有类似之处，但麒麟大部分以华丽窈窕见长，而辟邪多以雄伟朴实见长。麒麟和辟邪头部及翼部的区别不大，但辟邪往往颈短而肥，伸舌于胸前，雕刻浑厚有力，装饰朴实，变化较小（图十六、图十七）。

侧立面

正立面

平面

图十六　南朝陵墓石麒麟、石辟邪平立面图

图片来源：梁白泉，卢海鸣.南京的六朝石刻 [M].南京：南京出版社，1998.

（1.甘家巷梁代吴平忠侯萧景墓石辟邪 2.甘家巷梁安成康王萧秀墓辟邪）

图十七　辟邪

图片 1 来源：罗宗真，王志高 . 六朝文物 [M]. 南京：南京出版社，2004：97.

图片 2 来源：南京市文化局，南京市文物局 . 南京文物精华：建筑编 [M]. 上海：上海人民美术出版社，2000：91.

神道碑及石柱是贵族特权的象征，立于地表，歌功颂德，昭示于众，希望传之久远。南朝陵墓神道石刻中的石柱沿袭东汉遗风，柱身圆形，各墓石柱棱纹数量不一。石柱分为三个部分：上为柱首圆盖，往往呈圆形莲花座状，显然受印度佛教之风影响；莲花座上立一小辟邪。中为柱身，圆形，其上刻瓜棱纹，柱身上端嵌一块方形柱额，左右两柱相对，或一为正书、一为反书，或均为正书，或均为反书，上刻墓主人某某之神道字样；柱额下装饰一块大小与石柱圆径相同的方石，其上雕刻三个怪兽。方石下又为一圈绳辫形围带，然后又刻一圈双龙交首的纹饰围带，形象很生动。这些动物形象，与汉代武梁祠雕刻和唐墓中镇墓兽作风颇为相似。下为柱础，分两层，上层刻一对有翼怪兽，口内含珠；下层为一方石，其四周均有浮雕，多为动物形象。（图十八、图十九）

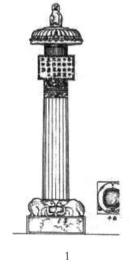

1   2   3

（1. 平、立面图 2. 题额 3. 全景）

图十八　梁萧景墓石柱

图片 1 来源：周裕兴 . 南京南朝墓制研究 [A]. 南京大学历史系考古专业成立三十周年纪念文集 [C]. 天津：天津人民出版社，2002.

图片 2 来源：南京市文化局，南京市文物局 . 南京文物精华：器物编 [M]. 上海：上海人民美术出版社，2000：266.

图片 3 来源：南京市文化局，南京市文物局 . 南京文物精华：建筑编 [M]. 上海：

上海人民美术出版社，2000：94.

1　　　　　　　　　　　2

（1. 方形台基侧面浮雕畏兽 2. 左神道柱莲花纹圆盘）

图十九　丹阳三城巷（2）左神道柱

图片来源：曾布川宽 . 六朝帝陵 [M]. 傅江，译 . 南京：南京出版社，2004：33

萧景墓石柱，高 4.2 米，位于南京栖霞镇十月村农田中，是南朝陵墓石柱中保存最完好的一件。柱身上方接近圆盖处的长方形额上，反刻"梁故侍中中抚将军开府仪同三司吴平忠侯萧公之神道"23 字，字迹清晰。

南朝石碑造型已较东汉简化，碑首作半圆形，左右为双龙交辫纹，环缀于碑脊；碑身除刻写文字外，两侧均雕鸟兽花叶纹，往往分为八格，每格刻一种纹饰，内容是鸟兽神怪动物，与石柱上怪兽相似，分格处并饰忍冬缠枝纹等。碑座为一龟趺，龟首昂升，颇为雄伟。六朝陵墓碑文，现除萧憺、萧秀墓前尚可辨认外，余均不清或已不存。此两碑均为吴兴（今浙江湖州）贝义渊所书，是典型的南朝楷书[①]。

萧宏墓石碑（图二十 –1）石碑碑侧刻有神怪、羽人、青龙、朱雀等八块浮雕，碑文已漫漶不可辨。萧憺墓石碑（图二十 –2）碑首圆形，碑首中部有直径 0.10 米的圆形穿孔，碑脊两边各饰相互纠结的双龙。碑额上书"梁故侍中司徒骠骑将军始兴忠武王之碑"17 字。碑文楷书，共 36 行，3096 字，尚可辨 2800 余字，为东海徐勉撰，吴兴贝义渊书。萧秀墓石碑（图二十 –3）其形制与萧憺碑相同。碑面漫漶无字，碑阴刻官吏题铭，尚有可辨者。碑额正书"梁故散骑常侍司空安成康王之碑"。

---

① 罗宗真，王志高 . 六朝文物 [M]. 南京：南京出版社，2004：98–99.

1   2   3

（1. 梁萧宏墓石碑 2. 梁萧憺墓石碑 3. 梁萧秀墓石碑）

图二十　石碑

图片 1.3. 来源：南京市文化局，南京市文物局 . 南京文物精华：建筑编 [M]. 上海：上海人民美术出版社，2000：89，91.

图片 2. 来源：罗宗真，王志高 . 六朝文物 [M]. 南京：南京出版社，2004：100.

3. 寝殿及其他陵墓建筑

南朝统治者上陵时所行的拜祭辞告之礼是在陵园中寝殿一类的建筑中举行，当时多称之为寝庙，或称为陵庙。寝殿在陵园中的位置，有可能在玄宫之上或之前。

南朝由于佛教极为盛行，故还有一部分佛寺建于陵墓之旁。但因年代久远，这些地上建筑多已无存。

4. 封土及玄宫

南朝帝王陵墓主要分布于江苏南京和镇江的丹阳等地。这类墓葬规模宏大，全长 13 至 15 米，均以起坟为常，封土高耸，以体现皇权之威严。封土多呈圆形或椭圆形，根据唐朝许嵩《建康实录》的记载，在建康城内外，起坟的南朝陵墓有宋武帝刘裕初宁陵、宋文帝刘义隆长宁陵、陈武帝陈霸先万安陵、陈文帝陈蒨永宁陵。坟丘周长三十五步至六十步不等，高度均在一丈四尺至二丈之间，见下表。[①]

---

① 卢海鸣 . 六朝陵寝制度新探 [A]. 南京大学历史系考古专业成立三十周年纪念文集 [C]. 天津：天津人民出版社，2002.

表二 南朝帝王陵墓坟丘周长与高度表

陵墓名称	封土周长	封土高度
宋武帝初宁陵	三十五步	一丈四尺
宋文帝长宁陵	三十五步	一丈八尺
陈武帝万安陵	六十步	二丈
陈文帝永宁陵	四十五步	一丈九尺

但实际发掘的南朝陵墓封土高度大部分都超过了文献记载，如丹阳胡桥吴家村大墓封土南北长28米，东西长30米，高达8米。[1]

表三 南朝帝王陵寝规格表[2]

（单位：米）

位置	墓主	神道长	封土高	砖室全长	木门或石门	墓室宽	墓室高	墓壁装饰
丹阳胡桥	齐景帝萧道生（？）	510		15	二进	6.2	4.5	砖拼壁画
丹阳胡桥	齐和帝萧宝融（？）	500	8	13.5	二进	5.19	5.1（残）	砖拼壁画
丹阳建山	齐废帝萧宝卷（？）	800		13.6	二进	5.17	5.3（残）	砖拼壁画
南京甘家巷	梁桂阳简王萧融	1000		9.8	一进	3.15	1.78（残）	花纹砖
南京甘家巷	梁安成康王萧秀（？）	1000		10.3	一进	3.25	3.7	花纹砖
南京尧化门	梁南平元襄王萧伟（？）	1000	2.36	10.25	一进	3.48	4.44	花纹砖
南京甘家巷	梁桂阳敦王萧象			10.3	一进	2.96	2.28（残）	花纹砖
南京麒麟门	梁临川靖惠王萧宏（？）	1000	3	13.4	一进	4.42	5.25	花纹砖
南京西善桥	陈宣帝陈顼（？）		10	13.5	二进	6.7	6.7	砖拼壁画
南京西善桥	陈废帝临海王陈伯宗（？）			8.95	一进	3.1	3.45	砖拼壁画

---

[1] 罗宗真，·王志高．六朝文物 [M]．南京：南京出版社，2004：89．

[2] 罗宗真，王志高．六朝文物 [M]．南京：南京出版社，2004：92．

封土下即玄宫所在。南朝帝王陵墓，从已发掘的可确定或推定墓主身份的江苏丹阳胡桥、建山3座齐陵以及南京梁安成王萧秀、桂阳王萧融和萧象、南平王萧伟、临川王萧宏墓，以及西善桥宫山、罐子山大墓看，均先开凿一较大的长方形土坑，再在其内构筑砖室。墓底铺设砖砌排水沟，并从墓室经甬道一直通向墓前水塘之中。这类水塘很可能是堆筑墓上封土时再此取土而形成的，其作用是一方面用于蓄积排水沟排出的墓室内泄水，另一方面可能与当时堪舆术认定的"风水塘"有关，这是六朝陵墓区别于其它时代的一个重要特征。（图二十一）

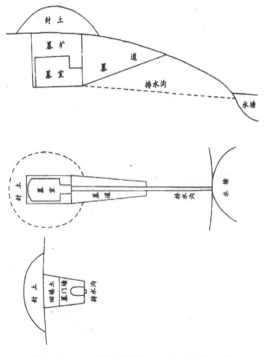

图二十一　南朝墓葬封土与构筑示意图

图片来源：周裕兴. 南京南朝墓制研究 [A]. 南京大学历史系考古专业成立三十周年纪念文集 [C]. 天津：天津人民出版社，2002.

六朝时期盛行砖室墓葬，绝大多数六朝墓均是由长方形、楔形、刀形等多种形式的砖筑成。长方形砖一般用于砌四周墓壁、祭台、棺床和铺地及封门等，楔形、刀形砖一般用于甬道和墓室顶部的起券、结顶。（图二十二）

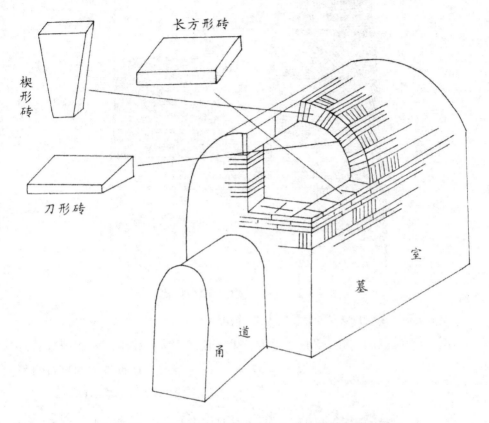

图二十二　各类型的砖在墓室结构中的作用及位置示意图

图片来源：周裕兴．南京南朝墓制研究 [A]．南京大学历史系考古专业成立三十周年纪念文集 [C]．天津：天津人民出版社，2002．

砖室规模宏大，最长超过15米，最高达6米，均为大型单室券顶结构，平面呈长"凸"字形。这种"凸"字形墓是南朝砖室墓中普遍流行的一种墓葬形制，尤为大、中型墓所采用，系在长方形墓室前端中间设甬道，是南朝砖室墓的特殊建造风格。

在墓的入口迎面处一般都砌有墓门墙。墓门墙紧贴甬道口（也就是墓门）砌成，其宽度大致同砌筑墓室墓圹土坑等宽，其高度大致同墓室外顶部的高度相平。甬道口还砌有封门砖，这是棺木载入墓室安葬完毕后堵塞墓门所为。（图二十三）

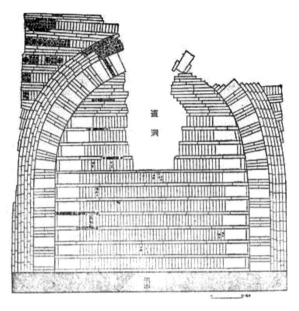

图二十三　尧化门梁萧伟墓封门墙

图片来源：南京博物院．南京尧化门南朝梁墓发掘简报 [J]．文物，1981，12．

由墓门而入，即进入窄长的甬道。甬道顶部均为券拱形。帝王陵墓的甬道中设一重或二重石门（两重石门是南朝帝陵的特点）。石门双扉内开，旁有门框、下有门槛，上为门额。门额呈半圆形（以与甬道券顶相合），表面浮雕人字形梁和叉手斗拱等仿地面建筑结构形态。（图二十四）

南京尧化门梁萧伟墓的石门（图二十五）保存较完好。此石门为仿木结构，门栱呈半圆形，架在两个门柱上，外围有5厘米宽砌在甬道券顶内，

图二十四　甘家巷 M6 石墓门及门前的石案和石志

图片来源：南京博物院，南京文管会．南京栖霞山甘家巷六朝墓群 [J]．考古，1976，5．

最宽处1.62米、高1.02米，拱上有浮雕人字拱（大叉手）；门柱高4.8米，横断面有19厘米见方，二个门柱外侧中间部位有门栓，上面各有四个乳钉。东柱门栓上的洞孔不通，西柱门栓上的洞孔两头相通，以便上门杠，向外关门。

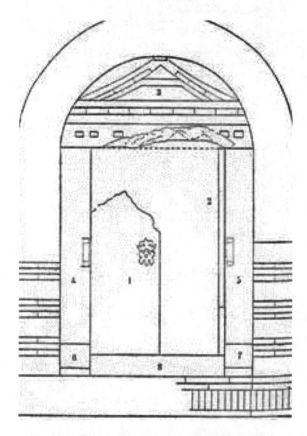

（1.2. 门扇 3. 门拱 4.5. 门柱 6.7. 门鼓 8. 门坎）

图二十五　尧化门萧伟墓石门结构图

图片来源：南京博物院．南京尧化门南朝梁墓发掘简报 [J]．文物，1981，12.

甬道之后就是墓葬的主体部分——墓室。墓室穹隆顶（南朝早期的墓室顶部也许沿袭东晋晚期风格或为券顶结构），其左、右、后三壁一般都砌有直棂假窗（仿地面建筑）和灯龛。南朝早期墓室平面形制呈长方形，左、右、后三壁均为直线，不向外弧凸。但到南朝中后期，墓室四壁外弧越来越明显，时间越晚，壁面越往外凸出，至萧梁时墓室更加纵长、角更加圆弧，整体上变成一椭圆形。（图二十六）

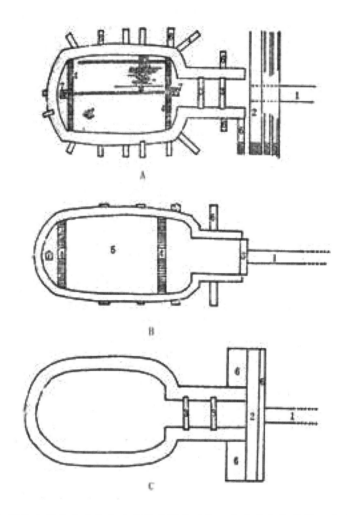

A 丹阳胡桥南齐皇陵（推定为齐景帝修安陵）B 南京甘家巷萧梁王陵（推定为梁安成康王萧秀墓）C 南京西善桥油坊村南朝晚期皇陵（推定为陈宣帝显宁陵）（1. 排水沟 2. 封门墙 3. 石门 4. 棺床锁口砖 5. 棺床 6. 挡土墙 7. 阴井）

图二十六　丹阳、南京南朝陵墓形制演变示意图

图片来源：蒋赞初 . 关于长江下游六朝墓葬的分期和断代问题 [A]. 中国考古学会 1980 年第二次会议论文集 [C]. 北京：文物出版社，1980.

　　墓室前部地面上往往设置有方形石质或砖砌的祭台（也有人认为称坐塌）。墓室后大半部分有砖砌棺床，棺床上还设置石棺座。石棺座一般以 2 块厚大石板前后相拼。故石板的数量能反映出是合葬墓还是单人墓。（图二十七、图二十八、二十九）

图二十七　丹阳金家村墓石祭台

图片来源：南京博物院 . 江苏丹阳县胡桥、建山两座南朝墓葬 [J]. 文物，1980，2.

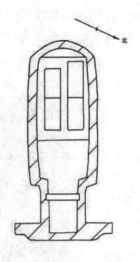

图二十八　南京宫山南朝墓平面图

图片来源：邹厚本 . 江苏考古五十年 [M]. 南京：南京出版社，2000：284.

罗宗真，王志高 . 六朝文物 [M]. 南京：南京出版社，2004：78.

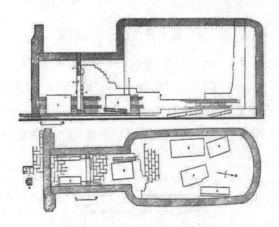

（1—4 石墓志 5—8 石棺床）

图二十九　尧化门梁萧伟墓平、剖面图

图片来源：南京博物院 . 南京尧化门南朝梁墓发掘简报 [J]. 文物，1981，12.

南京宫山大墓以出土"竹林七贤和荣启期"精美砖拼壁画而闻名于世。墓室后壁外弧，甬道中设一道石门，墓室内铺石棺座，墓壁以各类花纹砖和砖拼壁画装饰。

2000年在隐龙山发现了三座大型南朝墓。三座墓由西向东整齐排列，甬道中均设一道石门，墓室内见巨大石棺座，但墓壁未饰花纹砖和砖画，据分析墓主可能是陪葬于岩山陵区的刘宋皇族。（图三十）

图三十　南京隐龙山一号墓墓室

图片来源：南京市博物馆，江宁区博物馆 . 南京隐龙山南朝墓 [J]. 文物，2002，7.

为防止墓室内积水，多在棺床前面设砌方形阴井，以将积水引泄入墓外排水沟中。也有的墓采取在棺床后端靠墓后壁处亦砌设阴井，或将棺床砌成前低后高微倾状，或在棺床两侧砌出凹槽等办法来解决墓室内排水问题。（图三十一）

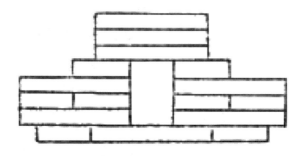

图三十一　油坊村大墓（陈宣帝显宁陵？）排水沟立面结构图

图片来源：罗宗真 . 南京西善桥油坊村南朝大墓的发掘 [J]. 考古，1963，6.

南朝砖室墓的砌法绝大多数采用三平一竖组合的方法，个别也有辅之以四平一竖、七平一竖砌法的。像帝王陵墓这类的大型墓，其墓顶是分别从墓室的左、右、（前？）、后同时向上券进合拢，形成通常所说的"穹隆顶"。

二、南朝一般墓葬的形制与结构

据文献记载可知，南朝时期非常盛行聚族而葬。但到目前为止，南京地区的考古发掘中还很少发现十分典型的南朝世家大族墓地。这很有可能是因为南朝墓志多为石灰岩质，文字极易漫漶，墓主无从查考，一些成组的南朝墓也就难以确定为家族墓地；还有可能是因为南朝时期皇族势力加强，而世家大族的势力却由盛转衰，特别是经过侯景之乱，大族遭到致命打击，故而在南京地区典型的南朝世家大族墓地很少见[1]。

但在一些偏远地区却仍可见家族墓地的线索，如贵州平坝尹关南朝墓、广西恭城黄岭南朝墓、江西赣县官村营南朝墓以及清江洋湖南朝墓等都见有三四座墓葬整齐有序分布，且墓葬形制、随葬遗物十分接近的现象，这很有可能就是家族墓地。

（一）墓葬的形制

南朝墓葬可分为砖室墓、土坑墓、石室墓和崖墓四类，除西南地区的宁、益二州外，其他地区均流行砖室墓。砖室墓依形状又可分为凸字形、长方形、刀形和多室墓四种[2]，其中又以凸字形墓居多。（图三十二～图三十六）

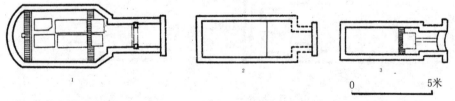

（1. 南京甘家巷蔡家塘 1 号墓　2. 南京太平门外明昙憘墓　3. 江宁东善桥南朝墓）

图三十二　南京（建康）地区凸字形墓平面图

图片来源：冯普仁. 南朝墓葬的类型与分期 [J]. 考古，1985，3.

---

① 　罗宗真，王志高. 六朝文物 [M]. 南京：南京出版社，2004：111.
　　邹厚本. 江苏考古五十年 [M]. 南京：南京出版社，2000：296—297.
② 　冯普仁. 南朝墓葬的类型与分期 [J]. 考古，1985（3）.

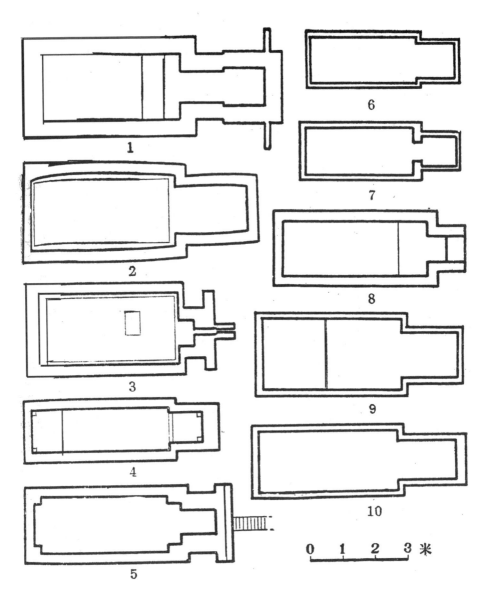

　　1. 武汉 193 号墓（刘觊墓）　2. 长沙 2 号墓　3. 武汉 206 号墓　4. 融安 2 号墓　5. 新昌 19 号墓　6. 建瓯水西山 2 号墓　7. 恭城新街长茶地南朝墓　8. 闽侯南屿南朝墓　9. 永福寿城南朝墓　10. 苍梧倒水南朝墓

图三十三　南京（建康）以外地区凸字形墓平面图

图片来源：冯普仁 . 南朝墓葬的类型与分期 [J]. 考古，1985，3.

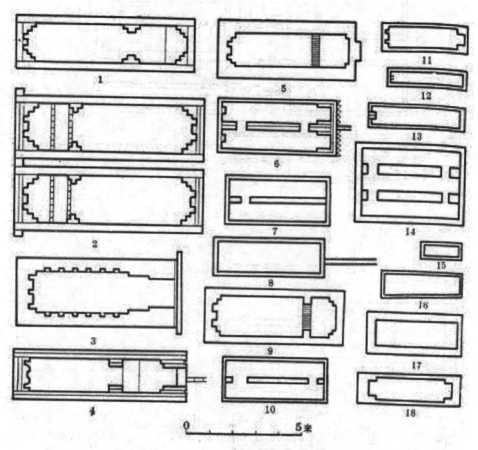

1. 南昌京 M3　2. 南昌京 M1　3. 资兴 413 号墓　4. 广州塘望岗 3 号墓　5. 南昌罗
M1　6. 曲江南华寺 4 号墓　7. 韶关 1 号墓　8. 新昌莲花庵岭南朝墓　9. 清江 11 号墓
10. 始兴赤南 22 号墓　11. 清江 3 号墓　12. 韶关 26 号墓　13. 曲江南华寺 3 号墓　14.
始兴赤东 11 号墓　15. 英德浛洸镇 8 号墓　16. 长沙 7 号墓　17. 长沙野坡 1 号墓　18.
资兴 337 号墓

图三十四　长方形墓平面图

图片来源：冯普仁. 南朝墓葬的类型与分期 [J]. 考古，1985，3.

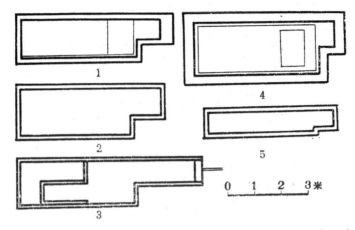

（1.闽侯关口桥头山南朝墓 2.黄岩 49 号墓 3.瑞安桐溪 124 号墓 4.武汉 101 号墓 5.建瓯水西山南朝墓）

图三十五　刀形墓平面图

图片来源：冯普仁.南朝墓葬的类型与分期 [J].考古，1985，3.

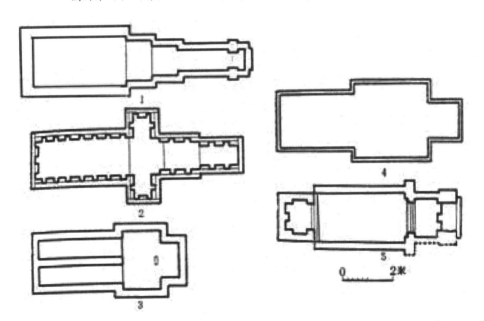

（1.赣县南朝墓 2.建瓯木墩南朝墓 3.始兴赤南 45 号墓 4.梧州富民坊南朝墓 5.融安安宁 4 号墓）

图三十六　多室墓平面图

图片来源：冯普仁.南朝墓葬的类型与分期 [J].考古，1985，3.

142

（二）墓葬的结构

南京地区南朝砖室墓几乎均为凸字形（图三十七、三十八）和长方形单室券顶墓（图四十）。长方形单室墓从南京甘家巷、邓府山及北郊涂家村清理的几座墓葬看，除涂家村墓等外，多数规模较小，全长不足4米，随葬品也不多见，墓主身份较低。

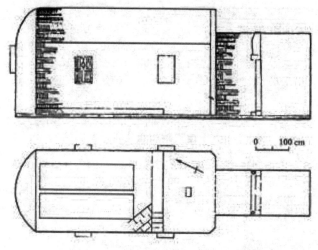

图三十七　南京对门山南朝墓平、剖面图

图片来源：罗宗真，王志高 . 六朝文物 [M]. 南京：南京出版社，2004：123.

南京市文物保管委员会 . 南京郊区两座南朝墓清理简报 [J]. 文物，1980，12.

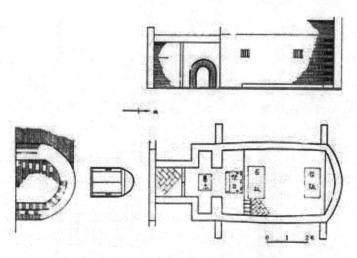

图三十八　南京陈朝黄法氍墓平面图

图片来源：南京市博物馆 . 南京西善桥南朝墓 [J]. 文物，1993，11.

像西善桥陈义阳郡公黄法氍墓（图三十八）这样在甬道两侧各设一小耳室的，是此前南朝墓所不见的。另在此墓甬道内发现设有石门一道，这说明一些重要异姓功臣贵族墓中也设有石门。（图三十九）

图三十九　南京陈朝黄法氍墓室门闩

图片来源：南京市博物馆．南京西善桥南朝墓 [J]．文物，1993，11.

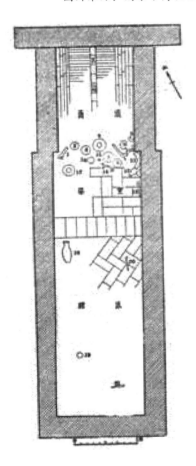

南京北郊涂家村墓（图四十）为南朝初期的中小型墓。墓为长方形券顶砖墓，全长6.94米、宽2.08米、高2.18米。全墓分为封门墙、水沟、甬道和墓室四个部分。铺地砖共三层，先在墓底横铺一层长方形平砖，竖起一层立砖，然后再用平砖铺起一层。

除南京以外的长江下游地区南朝墓的发现数量也不在少数，其面貌大体上与南京地区的相似。

常州戚家村墓（图四十一）方向朝南，

图四十　南京北郊涂家村墓平面图

（1. 陶俑 2.3.5.6. 陶盘 4.12.18. 瓷壶 7.13. 残铁器 8. 残陶器 9. 陶耳环 10. 石猪 11. 陶几 14. 陶砚 15. 铜钱 16. 陶勺 17. 陶果盘 19. 瓷碗 20.21. 铁棺钉）

图片来源：南京博物院．南京北郊涂家村六朝墓清理简报 [J]．考古，1963，6.

为一椭圆形单室穹隆顶砖室墓，由甬道及墓室组成。甬道顶（可复原为券拱顶）墓室顶（可复原为穹隆顶）均已塌陷，墓室遭严重破坏。西部甬道及墓室内西壁大部分保存完好。从墓葬形制和规模分析，此墓主生前应是豪华的门阀世族。

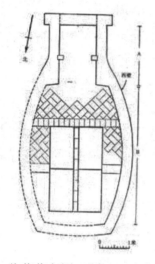

图四十一　常州南郊戚家村画像砖墓平面图

图片来源：常州市博物馆．常州南郊戚家村画像砖墓 [J]. 文物，1979，3.

此墓墓室用三顺一丁法砌筑。墓室东、西、北三壁作弧形，平面为曲线状。墓壁的横剖面也是弧形，到顶部后则用素面砖平砌成三个完整的小拱及两个半拱，借此小拱使墓壁与券顶合缝相连，成为整个穹隆状的墓顶（图四十二）。

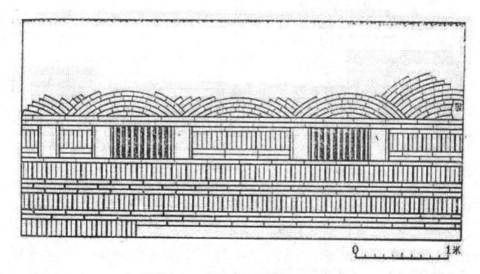

图四十二　常州戚家村墓西壁正面图

图片来源：常州市博物馆．常州南郊戚家村画像砖墓 [J]. 文物，1979，3.

浙江东阳李宅镇元嘉四年墓（图四十三）为"凸"字形单室墓。砖室墓由甬道、天井、墓室三部分组成，总长5.05米。墓门、墓壁为小钱纹砖、砌法三顺一丁，壁厚0.4米，券顶由刀形砖起券，刀形砖中数块有纪年。

南朝墓葬的墓室内绝大部分有砖砌棺床，砖室前排水沟皆砖砌。墓壁设直棂假窗已成为定制，直棂假窗虽砌置数目有多有少，长度尺寸有大有小，但其形制变化不很明显；灯龛则形制变化较多，有小凸字形、半凸字形、桃形、长方形和大凸字形等之分。凸字形灯龛从南朝早期一直沿用到晚期；桃形灯龛则主要流行于南朝中、晚期[①]。（图四十四、四十五）

图四十三 浙江东阳李宅镇南朝墓平面图

图片来源：赵宁 . 浙江东阳县李宅镇南朝墓 [J]. 考古，1991，8.

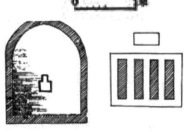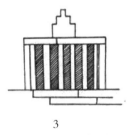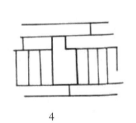

1   2   3   4

（1. 白龙山南朝墓墓室后壁的大凸字形龛 2. 东善桥砖瓦二厂南朝墓直棂假窗与长方形龛 3. 司家山南朝墓（M6）直棂假窗与凸字形龛 4. 童家山南朝墓半凸字形龛）

图四十四 南京南朝墓直棂假窗、灯龛形制图

图片来源：周裕兴 . 南京南朝墓制研究 [A]. 南京大学历史系考古专业成立三十周年纪念文集 [C]. 天津：天津人民出版社，2002.

---

① 罗宗真，王志高 . 六朝文物 [M]. 南京：南京出版社，2004：122.

图四十五　仙鹤门南朝墓桃形壁龛

图片来源：邹厚本．江苏考古五十年 [M]．南京：南京出版社，2000：303．

长江中游地区的南朝墓葬继续流行凸字形、长方形和刀形单室墓。湖南长沙地区墓室和甬道两壁均弧形外凸，墓室后壁平直，并砌有长方形小龛，棺床与墓壁间留有排水的沟隙，有的墓底上层斜铺成人字形，下层横平铺或直平铺，每行砖间留有空隙，形成排水沟槽。江西新干、湖北武昌、福建福州等地皆墓壁平直，大多由花纹砖砌成，墓壁有的设壁龛或伸出平砖二块以代替灯龛的作用，墓室后部大多设棺床。

武汉刘觊墓（图四十六）是个规模较大的凸字形单室墓，甬道分内外两段，外段宽于内段，墓室侧壁和后壁还砌有直棂假窗。

在闽广、西南地区也发现不少南朝时期的墓葬，其中闽广地区以南朝中晚期墓葬发现的数量最多，以刀形、凸字形单室墓居多。凸字形墓室规模较小，结构简单，墓底呈阶梯状，无壁龛、棺床及排水沟，随葬器物极少。长方形单室墓少见。此外，新出现一种沿墓壁和转角处砌筑砖柱再于其上起券的砖柱墓。西南地区所发现的南朝墓葬就比较复杂，还有崖墓、石室墓、砖石混筑墓等，这些墓葬类型极少见于其他地区。

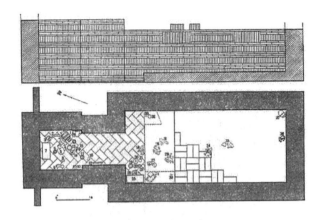

图四十六　武汉齐永明三年刘觊墓平面图

图片来源：湖北省博物馆.武汉地区四座南朝纪年墓 [J].考古，1965，4.

　　福建闽侯南屿南朝墓（图四十七）面呈凸字形，墓室后部设砖砌棺床，甬道、墓室壁顶均以三顺一丁组砖砌筑，其结构和砌法与南京地区东晋南朝墓颇为相似。

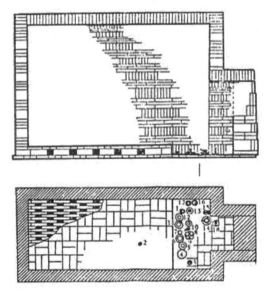

图四十七　福建闽侯南屿南朝墓平、剖面图

图片来源：罗宗真，王志高.六朝文物 [M].南京：南京出版社，2004：142；福建省博物馆.福建闽侯南屿南朝墓 [J].考古，1980，1.

　　砖杜墓主要分布在闽西北地区，一般规模较大，结构较为复杂。政和833号墓（图四十八）是双室墓墓室两侧再附加耳室的典型墓例之一。

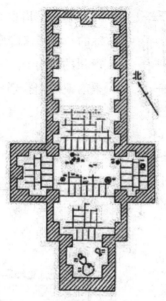

图四十八　福建政和 833 号墓平面图

图片来源：罗宗真，王志高. 六朝文物 [M]. 南京：南京出版社，2004：143.

广东新兴南朝墓（图四十九）是座双室墓，后室两侧壁在墓底 0.76 米以上各起 12 条承券，其用途与砖柱有异曲同工之妙。

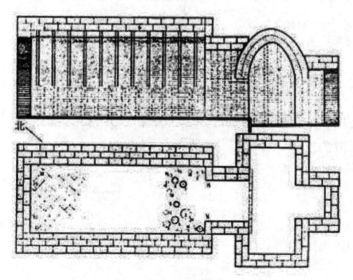

图四十九　广东新兴南朝墓平、剖面图

图片来源：罗宗真，王志高. 六朝文物 [M]. 南京：南京出版社，2004：153.

古云泉. 广东省新兴县南朝墓 [J]. 文物，1990，8.

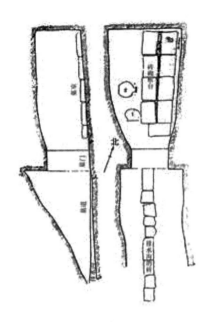

图五十　四川昭化宝轮镇崖墓7号墓平、剖面图

图片来源：罗宗真，王志高．六朝文物 [M].南京：南京出版社，2004：153.

沈仲常．四川昭化宝轮镇南北朝时期的崖墓 [J].考古学报，1959，2.

一个墓道和排水沟，有的墓室内还发现了砖砌棺台以及就岩石而凿的棺台、器物台和壁龛。（图五十、图五十一）

三、花纹砖、画像砖及砖拼、彩绘壁画

（一）花纹砖和画像砖

为了表述方便，这里把单一砖面刻印几何、植物纹

崖墓是指垂直于石崖壁面向内开凿墓室的一种特殊墓葬类型，在四川以及云南、贵州的部分地区，从西汉末王莽时开始，至南朝前期曾经广泛流行。六朝崖墓多由墓道、墓门、墓室等部分构成，墓门用砖或石块封堵，墓室分无甬道的单室和有甬道的单室两种，一般后高前低以利向室外排水，不少墓前还凿有排水沟，上盖砖石。南朝宋、齐时期，崖墓墓室多略呈椭圆形，墓顶前低后高。一些并穴的合葬墓前共用

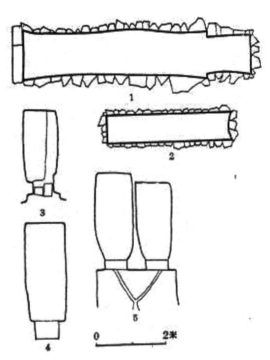

1.贵州平坝马场42号墓　2.贵州平坝马场55号墓　3.四川昭化宝轮镇院屋基坡18号墓　4.昭化宝轮镇23号墓（阴平太守墓）　5.昭化宝轮镇27.28号墓

图五十一　石室墓、崖墓平面图

图片来源：冯普仁．南朝墓葬的类型与分期 [J].考古，1985，3.

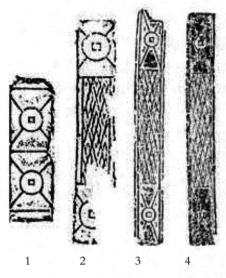

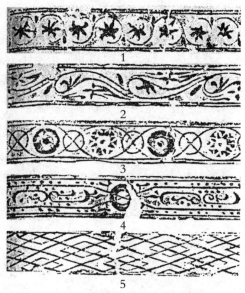

（1.2.丹阳胡桥南朝大墓花纹砖拓片 3.4.西善桥油坊村南朝大墓双钱纹夹网纹花砖拓本）

图五十二　几何纹花纹砖（拓片）

图片来源：南京博物院.江苏丹阳胡桥南朝大墓及砖刻壁画 [J].文物，1974，2.

罗宗真.南京西善桥油坊村南朝大墓的发掘 [J].考古，1963，6.

（1.六瓣卷叶纹 2.卷草纹 3.圆心波浪纹 4.菱形纹 5.斜方格网纹）

图五十三　几何花纹砖（拓片）

图片来源：常州市博物馆.常州南郊戚家村画像砖墓 [J].文物，1979，3.

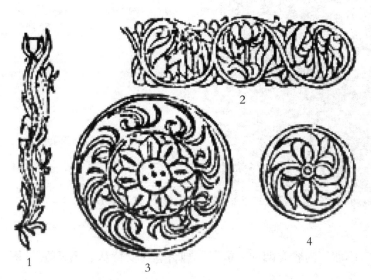

（1.花纹砖砖边框图案 2.花纹砖上缠枝卷叶花纹 3.中心莲花纹 4.花纹）

图五十四　邓县花纹砖（拓片）

图片来源：柳涵.邓县画像砖墓的时代和研究 [J].考古，1959，5.

饰的称为花纹砖；把单一的面刻印人物、动物图像的称为画像砖；把由两块以上砖面拼砌印有人物、动物、植物等图像纹饰的称为砖拼壁画。

花纹砖分打印、刻划和模印三类，其中打印和刻划类的在南朝极少，模印的数量最多，且题材最丰富，时代特征最明显。模印砖大多数为阳线刻，主要有莲花纹、钱纹、菱形纹、忍冬纹、折线三角纹及一些组合纹饰，如莲花忍冬纹组合、莲花菱形纹组合等。（图五十二~图五十六）

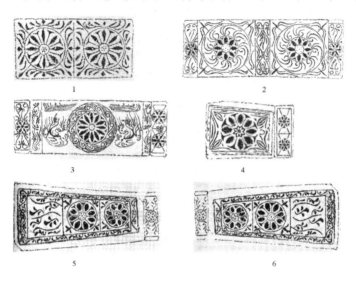

（1. 六合樊集墓出土 2. 南京五塘村幕府山墓出土 3. 中央门外万寿村墓出土 4.6. 油坊桥墓出土 5. 东善桥墓出土）

图五十五　南朝花纹砖（拓片）

图片来源：南京市博物馆. 六朝风采 [M]. 北京：文物出版社，2004：351—361.

图五十六　金家村墓墓砖花纹

图片来源：南京博物院. 江苏丹阳县胡桥、建山两座南朝墓葬 [J]. 文物，1980，2.

画像砖大多为模印，内容有四神、狮子、神兽、男女侍从、飞天等。（图五十七）

（1.2. 油坊桥墓持莲女侍纹砖、女侍纹砖、男侍纹砖及拓片 3.4. 六合樊集墓女侍纹砖及拓片）

图五十七 男女侍从画像砖

图片来源：南京市博物馆 . 六朝风采 [M]. 北京：文物出版社，2004：346-349.

在南京迈皋桥南朝墓东西两壁近券顶处还发现镶嵌有十二生肖画像砖（图五十八），作间隔分布。画像砖为正方形，边长16厘米、厚4厘米。图案凸出，均为写实手法凸雕，画面中的羊、猪均作奔跑状，尾巴翘起，周围有草叶纹^①。

| 1 | 2 |

（1. 羊画像砖 2. 猪画像砖）

图五十八 迈皋桥十二生肖画像砖（拓片）

图片来源：南京市博物馆 . 南京迈皋桥南朝墓出土十二生肖画像砖 [A]. 南京文物考古新发现 [M]. 南京：江苏人民出版社，2006：103.

（二）砖拼壁画及彩绘壁画

砖拼壁画分小幅砖拼壁画和大幅砖拼壁画。前者指用几块画像砖拼砌成

———————
① 南京市博物馆 . 南京迈皋桥南朝墓出土十二生肖画像砖 [A]. 南京文物考古新发现 [M]. 南京：江苏人民出版社，2006：103.

小幅壁画，如常州戚家村南朝墓出土的龙、虎、飞仙等砖画（图五十九）；后者指用数十块以至上百块画像砖拼砌成大幅阳线刻壁画，装饰整个砖室墓，气魄宏伟。目前只在丹阳经山周围的仙塘湾墓、金家村墓、吴家村墓和南京的西善桥南朝墓、油坊村墓及迈皋桥墓等南朝墓中发现有大幅的砖拼壁画，均为南齐以后之物。其中丹阳的三座都是南齐帝陵，南京的油坊村大墓是陈朝帝陵，而西善桥南朝墓则是王侯贵族墓。

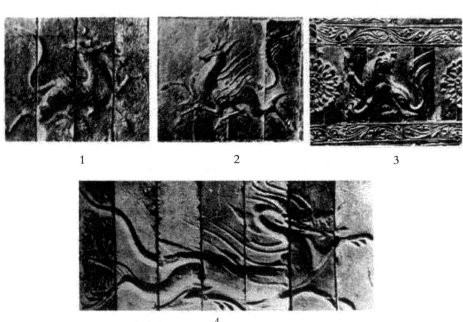

（1. 一角兽画像 2. 二角兽画像 3. 狮子画像 4. 青龙图）

图五十九　常州戚家村南朝墓小幅砖拼壁画

图片来源：曾布川宽 . 六朝帝陵 [M]. 傅江，译 . 南京：南京出版社，2004：73，77，105.

南京油坊村大墓的砖画保存状况很差，且只剩下甬道右壁的"狮子图"。西善桥南朝墓的砖画原来就只有墓室左右壁的"竹林七贤与荣启期图"（下简称"竹林七贤图"）。相对而言，丹阳的三座南齐帝陵砖画种类较为丰富，但也都遭到不同程度的损毁。虽然各陵的保存状况并非都很好，但由于墓葬的形制相同，各陵的内容相互补充，故可推知所有情况。

表四 江苏南朝画像砖内容位置表 ①

墓名	甬道			墓室				
	左壁	右壁	顶部	左壁	右壁	前壁	后壁	顶部
南京西善桥南朝墓（M41）	散印菱形纹。	钱纹和卷草纹。		"竹林七贤" 四人。	"竹林七贤" 四人。			
丹阳胡桥吴家村墓（M43）／丹阳建山金家村墓（M44）	前部为狮子，后部为武士。	前部为狮子，后部为武士。	太阳偏东，月亮偏西。	上方前部为"羽人戏龙"，后部为"竹林七贤"四人，下方为车马出行。	上方前部为"羽人戏虎"，后部为"竹林七贤"四人，下方为车马出行。			
丹阳胡桥仙塘湾墓（M45）	两壁皆毁，残砖中有"狮子"两字铭。	残砖中有"狮子"两字铭。		前部毁。后部上方存"竹林七贤"画像砖部分，下方存车马出行，间有莲花、忍冬纹。	前部上方存"羽人戏虎"，上部有二飞天。有莲花、忍冬纹，后部毁。	全部毁，出有"朱雀"二字铭残砖。	全毁，发现玄武纹残片和字。	全毁。
江苏邗江南朝一号画像砖墓（M48）	朱雀、人首鸟身。	怪兽。		人首鸟身、莲花、卷草纹、怪兽。	莲花、忍冬纹、怪兽。	男女供养人、小佛像。	小佛像，女供养人。	莲花。
南京油坊村墓（M59）	前部毁，后部为莲花。	前部为狮子，后部为莲花。		全部毁。墓室所存残砖。	四壁和顶部，皆为莲花。	双钱、网纹。		
常州戚家村墓（M63）	不完整，剩有：莲花、狮子、忍冬、花卉、人首鸟身、独角有翼兽。	莲花、狮子、忍冬、花卉、兽首鸟身、角有翼兽。		残存前部：莲花、飞仙、花卉、角有翼兽，凤、双角有翼兽、人首鸟身、龙纹。	虎纹、莲花、武士、飞仙、侍女、狮子、神兽、花卉、凤、独角有翼兽、人首鸟身。		莲花、飞仙、魑头、忍冬、独角有翼兽。	

① 武翔 . 江苏六朝画像砖研究 [J]. 东南文化，1997（1）.

　　仙塘湾墓的墓室砖画，左右两壁分上下两段镶拼（图六十），完整的现在虽只留下五幅，但参考金家村墓和吴家村墓，可知应是左右每壁5幅，对称安置。右壁（西壁）上段中靠近入口处的是"羽人戏虎图"。里面是"竹林七贤图"中从嵇康到王戎的前半段，下段为"出行图"，由四幅组成，从入口处开始依次为"骑马武士""持戟侍卫""持扇、盖侍从""骑马乐队"。而与之相对的左壁（东壁），下段砖画内容与右壁完全对称，上段的入口处为"羽人戏龙图"，里侧为"竹林七贤图"中从向秀到荣启期的后半部分。各画面之间用花纹砖相间隔。（图六十一、图六十二）

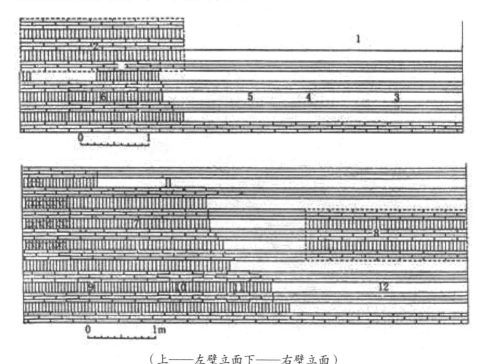

（上——左壁立面下——右壁立面）

　　（1. 羽人戏龙图 2.8. 竹林七贤图 3.9. 骑马武士图 4.10. 持戟侍卫图 5.11. 持扇、盖侍从图 6.12. 骑马乐队图 7. 羽人戏虎图）

图六十　丹阳仙塘湾墓墓室砖画复原配置图

　　图片来源：曾布川宽. 六朝帝陵 [M]. 傅江，译. 南京：南京出版社，2004：80.

1　　　　　　　　2

（1.金家村墓西壁 2.仙塘湾墓西壁）

图六十一　骑马武士图砖画（拓片）

图片来源：曾布川宽 . 六朝帝陵 [M]. 傅江，译 . 南京：南京出版社，2004：84.

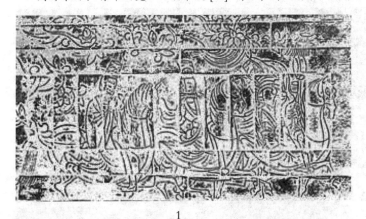

1

图六十二　金家村墓砖拼壁画（拓片）

（1.骑马乐队图 2.持戟武士图 3.持扇盖侍从图）

图片来源：南京博物院 . 江苏丹阳县胡桥、建山两座南朝墓葬 [J]. 文物，1980，2.

2　　　　　　　3

南朝帝陵的"羽人戏龙、戏虎图"的主角是青龙和白虎，画的位置一般在墓室左壁（东壁）和右壁（西壁）的上段前部，故推定其为守护方位而画的"四神图"中的青龙和白虎。现以保存最好的金家村墓的"羽人戏虎图"（图六十三）为例说明。在横长的大画面上，一头躯体修长的老虎占据了画面的大部分，呈向左奔驰状。一穿羽衣的羽人在前为先导，虎的上方还有穿天衣飞舞的三位天女。虎从头顶到尾巴末梢全身都有条纹，肩上有火焰状飞舞的四根羽毛，四肢的肘部也有羽毛，颈后、腰、尾三处有小的火焰纹，身体的下部有几朵云起飘动，表明虎是在天空中奔驰。羽人在空中奔跑，头顶上插着三根羽毛，脚着履，穿着羽衣，其肩、肘、膝盖处皆有羽毛。羽人回头，伸出左手招虎，右手持一长长的草挥在虎的鼻前。但是吴家村墓羽人的持物与此不同，左手持冒烟的有柄香炉伸向老虎，右手则持长长的草束挥舞。

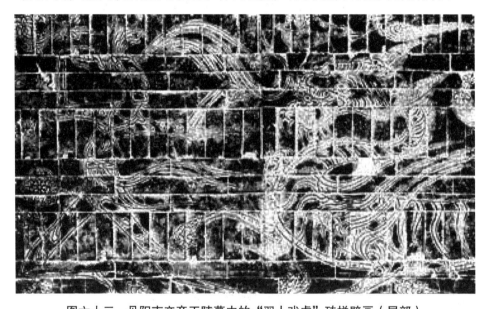

图六十三　丹阳南齐帝王陵墓中的"羽人戏虎"砖拼壁画（局部）

图片来源：罗宗真，王志高．六朝文物 [M]．南京：南京出版社，2004：283．

"竹林七贤图"砖画到目前为止共发现四处，其中保存最好、制作最精美的是西善桥墓。西善桥墓中的"竹林七贤图"（图六十四）砖画高0.4米，宽2.4米，青砖模印，被安置在距地面0.5米处，制作时先按粉本将画面分割，后线刻于砖模一长侧或一端，再以模制砖，每砖编以次序，筑墓时依次堆砌，即再现整幅画面。整幅画面被分作二段，砌于墓室东西两壁，每壁各有四人，人物的身旁都有阳刻的榜题，右壁人物从前面依次为嵇康、阮籍、山涛、王戎，左壁则为向秀、刘伶（灵）、阮咸和荣启期，作为"竹林七贤图"，荣启期本不属于"七贤"，推测加上他是为了让两边壁画人物对称。图中人物都在树下铺物而坐，有弹奏琵琶、古琴等乐器者，有持酒杯者，各有鲜明的性格特征。人物间以树木分隔，线条坚挺劲利，是贴近魏晋绘画的宝贵实物资料。画面反映了当时玄学兴盛，清谈成风的社会特点。

图六十四　南京西善桥墓墓室砖画　竹林七贤和荣启期图（拓本）

图片来源：曾布川宽 . 六朝帝陵 [M]. 傅江，译 . 南京：南京出版社，2004：114

就甬道部分的砖画而言，仙塘湾的全部被毁，而金家村墓的（图六十五）保存较好，在它的入口和第一石门之间的天井上有"日月图"，第一石门前的左右壁为"狮子图"，狮子蹲踞，长长的鬃毛，张口吐舌，尾巴上扬。画面高0.77米，宽1.13米，发现时两耳、两眼、鼻、舌皆有红色，两颊涂有白色。在第一石门与第二石门之间的左右壁各有一幅"门卫武士图"，画面高0.79米，宽0.31米。武士头戴冠，肩披铠甲，着袴褶，脚穿翘首履，双手拄直刀式剑。像这样的门卫武士曾出现在邓县彩色画像砖的券门等处。

1　　　　　　　　　　2　　　　　3

（1.狮子图 2.门卫武士图）

图六十五　丹阳金家村墓甬道东壁砖画（拓本）

图片来源：曾布川宽.六朝帝陵 [M].傅江，译.南京：南京出版社，2004：79，90.

南朝时期直接在墓壁上以彩绘壁画的形式来装饰墓葬的现象并不多见，只有河南邓县南朝墓的堪称经典。此外，在南京周围的个别大型南朝墓葬中亦有彩绘壁画的痕迹。

邓县南朝彩色画像砖墓砖室全长达10.16米，规模较大相当于建康地区王侯墓。但该墓临近北朝前沿，似不会是品秩很高的官吏。故推测在建康以外地区，一些品秩较低的官吏依仗皇室的权势，超越了当时的丧葬等级制度，营建大型墓葬。此墓在形制结构方面比较特殊，即在甬道及墓室四壁砌有多踩砖柱。砌墓用砖全部使用模制的花纹砖和画像砖，显得富丽堂皇。彩绘壁画主要施于墓门两侧和上方，系先施涂石灰作地，然后用艳丽色彩绘画。门上绘一兽首，口衔兵器，兽首下左右各绘一飞大，其下方两侧各立一持剑门吏（图六十六）。壁画用彩娴熟

图六十六　邓县彩色画像砖墓券门壁画门卫武士图（摹本）

图片来源：曾布川宽.六朝帝陵 [M].傅江，译.南京：南京出版社，2004：90

明艳，笔法细腻高超，人兽形象逼真传神。除墓门彩绘壁画外，此墓砖柱中部、柱脚以及花纹砖之间，还嵌砌了众多画像砖。画像砖种类繁多，有飞天、麒麟、四神、羽人、武士、侍从、舞乐、仪仗、战马等，注明题款的有"南山四皓""万岁千秋"等。与众不同的是，这些画像砖都是浮雕模印烧制后再在其上填染着色，不仅雕刻线条流利、遒劲有力，比例精确，而且着色后图像浮凸于砖面之上，细部层次起伏明显，立体感强，颇具装饰效果，对研究六朝艺术、绘画技巧、衣冠制度、宗教信仰等都有帮助。且它的砖画和壁画内容庞杂多样，其中既有反映儒家传统思想的郭巨、老莱子一类的孝子故事，又大量用了飞天、莲花等佛教题材，还有宣扬玄道内容的南山四皓、王子乔的画面，真实形象地反映了在南朝统治者大力倡导下的儒、道、佛三教合流的趋势。（图六十七、图六十八）

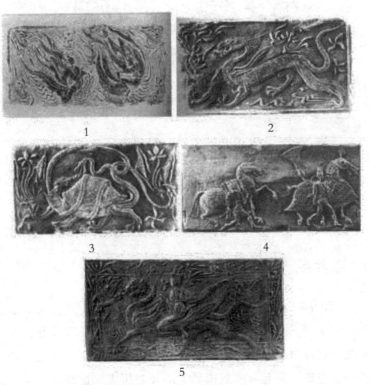

（1.天人图（拓本）2.白虎图 3.玄武图 4.战马图 5.女仙骑虎图）

图六十七　邓县彩色画像砖　长 38 厘米

图片来源：曾布川宽.六朝帝陵 [M].傅江，译.南京：南京出版社，2004：69，98，105.

（1.人首怪鸟 2.麒麟图 3.树木图案 4.郭巨画像砖上的人物 5.画像砖上的人物）

图六十八　邓县画像砖（拓片）

图片来源：柳涵.邓县画像砖墓的时代和研究 [J].考古，1959，5.

四、随葬品

南朝的170年间，政权更替频繁，内忧外患不断，社会动荡激烈，历史上有名的南朝梁代"侯景之乱"，也给梁代都城建康带来了深重的灾难，这些使得盗墓之事屡有发生。从考古发掘看，南京、丹阳两地已发掘的六朝墓几乎都被破坏、盗掘，而且墓葬规模越大破坏越厉害。这些对于研究叙述清楚南朝墓葬遗物的全部情况带来了一定困难，故只能做一些大概的介绍。

（一）陶瓷器等

南朝中型以上墓葬随葬器物种类繁多，就其组合来看，大体可分四类，即（1）生活器皿，主要包括鸡首壶、盘口壶、唾壶、罐、碗（盏）托、果盒、盘、带流杯、有盖盒、耳杯等；（2）日常用具，主要有灯、盏、炉、砚、镰斗、凭几、帷帐座等；（3）模型明器，主要有灶、仓、井、男妇侍俑、牛车、马、滑石猪、镇墓兽等；（4）其他，主要有金银玉饰件、镜、钱、墓志、龟趺、地券等。（图六十九、图七十）

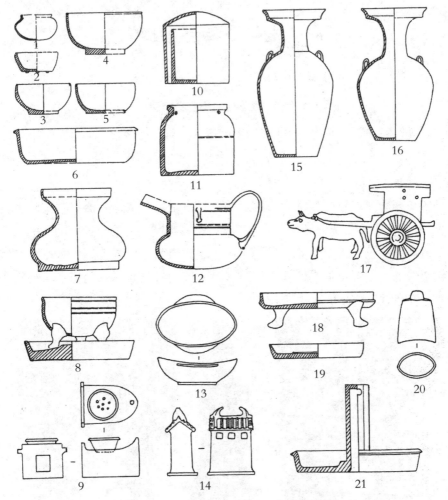

（1.陶水盂 2.3.5.小青瓷碗 4.陶碗 6.陶盆 7.青瓷唾壶 8.青瓷灯 9.陶灶 10.陶套盒 11.陶井 12.陶附坯带流罐 13.陶耳杯 14.陶仓 15.Ⅰ式青瓷盘口壶 16.Ⅱ式青瓷盘口壶 17.陶牛、车 18.青瓷砚石 19.陶盘 20.铜铃 21.柱形盘）

图六十九　南京童家山南朝墓出土的部分随葬遗物

图片来源：南京博物院.南京童家山南朝墓清理简报[J].考古，1985，1.

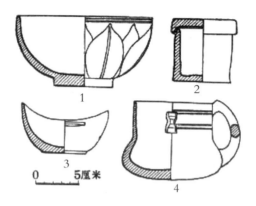

（1. 青瓷碗 2. 有盖陶桶 3. 陶耳杯 4. 陶罐）

图七十　明昙憘墓出土器物图

图片来源：南京文管会. 南京太平门外刘宋明昙憘墓 [J]. 考古，1976，1.

1. 陶器

从墓葬随葬遗物的质地看，陶器的数量占绝大多数，其器物种类除上述第（4）类和盘口壶、鸡首壶、滑石猪外，都有陶制的器物。这些陶质的随葬品，通常呈灰色，火候不高，质地不硬，制作粗陋，形制也不太规整，显然不是当时的实用器。但它们作为当时各类实物的模仿品，其器类和造型则能如实反映当时的社会生活和风俗习惯。

（1. 南京雨花区油坊桥墓出土陶女俑 2. 南京前新塘墓出土陶女俑 3. 南京灵山墓出土陶男俑 4. 南京尧化门明昙憘墓出土陶男俑 5. 南京板桥南朝墓出土陶男俑）

图七十一　陶俑

图片 1 来源：南京市文化局，南京市文物局. 南京文物精华—器物编 [M]. 上海：上海人民美术出版社，2000：77.

图片 2-5 来源：南京市博物馆 . 六朝风采 [M]. 北京：文物出版社，2004：290，289，285，288.

陶俑（图七十一）均为陶质、灰色。其中油坊桥墓出土陶女俑（图七十一 –1）面相丰满，双眼微启，面含微笑，头上发髻呈长条状向左右伸出卷曲，两侧下垂盖压双耳，身着右衽衫，内有中衣，窄袖，束腰曳地长裙，双手拱于腹前。此俑形象生动，线条流畅，面部表情温柔沉静，为南朝贵族妇女形象。前新塘墓出土陶女俑（图七十一 –2）头顶正中挽出的双环髻向左右两侧垂挂，两鬓抱面，眉目清秀，鼻尖微翘，笑容温柔沉静。着交领窄袖短衫，下着长裙，作抄手恭立状。灵山墓出土陶男俑（图七十一 –3）头戴冠，身穿宽袖上衣，不束腰，下着袍，足不外露，双手拢于宽大飘逸的长袖之中。明昙憘墓出土陶男俑（图七十一 –4）头戴冠，五官磨蚀严重。身穿交领宽袖长袍，袍袖宽大下垂形成线条优美的褶皱，双手置腹前，足尖外露。板桥南朝墓出土陶男俑（图七十一 –5）头戴前部低平、后部略高的小冠，圆脸，五官不清。身着交领宽袖长袍，腰间束带，双手拢于袖中，衣袖宽大下垂，形成线条优美的褶皱，足尖露出袍外。

隐龙山南朝墓出土的陶仓屋（图七十二 –1）陶仓屋长方形，由前期宽扁变为比较窄高，歇山顶，屋脊鸱尾向内弯曲。黑墨营墓出土陶屋（图七十二 –2）陶屋长方形，悬山式屋顶，瓦垄屋面，顶脊两端有鸱尾，正面墙的上部开有五个方形小窗。

1　　　　　　　　　　　　2

（1. 南京隐龙山南朝墓出土的陶仓屋 2. 南京黑墨营墓出土陶屋）

图七十二　陶屋

图片 1 来源：罗宗真，王志高 . 六朝文物 [M]. 南京：南京出版社，2004：210.

图片 2 来源：南京市博物馆 . 六朝风采 [M]. 北京：文物出版社，2004：302.

陶牛车及陶牵牛俑（图七十三 -1）灰色略偏土黄。牛车与牵牛俑同出。牛首前伸，目视前方。双辔驾辕处略弯，车顶作卷蓬式，前后出檐，厢作方形，前后有拱门，圆轮上刻几道车辐。牵牛俑头戴冠，着一窄袖长袍，左手置于胸前，右手上举作牵绳状。博山式陶香熏（图七十三 -2）博山式，上为博山形熏盖，盖纽为莲花形，炉与盖以字母口扣合，盖上均匀镂刻二十个圆孔。炉钵形，下为承柱，上饰二周较粗的凸棱。承盘折沿，斜腹，平底。陶灯（图七十三 -3）承盘敞口，折沿，斜壁，平底，圆柱形灯柱，上有弯曲的把手，把手末端作倒垂的三角形。柱上有圆形灯盏托，托上大部分作直壁，留一面敞开，托内有一只褐釉瓷灯盏。灯罩圆形，弧形顶，上有圆形捉手，捉手上有孔与罩内相通。罩四分之一敞开，四分之一作有楄格的罩子，二分之一为封闭的罩子。陶穷奇（图七十三 -4）穷奇是古代传说中的一种猛兽，是南朝时期极具特色的遗物之一，体形似牛，项背有角状鬃毛，多陈设于祭台前或甬道中其他随葬品的前列，头向墓门作守卫状，应是一种用于镇墓的神兽。

（1. 栖霞十月村陶牛车及陶牵牛俑 2. 南京尧化门前新塘南朝墓出土博山式陶香熏 3. 南京尧化门前新塘南朝墓出土陶灯 4. 南京砂石山南朝墓陶穷奇）

图七十三　陶器

图片 1-3 来源：南京市博物馆 . 六朝风采 [M]. 北京：文物出版社，2004：311，100，123.

图片 4 来源：罗宗真，王志高 . 六朝文物 [M]. 南京：南京出版社，2004：210.

2. 瓷器

南朝墓中出土的青瓷器无论从器物类别、还是数量多寡，较东晋时都有衰减趋势。此时期的青瓷器胎质较白，釉色主要分青黄和黄绿色两种，釉质的玻化程度较高，光洁度较好。尤其绿釉，其釉层较厚，晶莹光亮。造型方面，器形以瘦长的居多，胎体偏厚重，多大口深腹，壶罐类器物的长椭圆体形十分典型。器物装饰上刻划和浅浮雕同时存在。

灵山墓青瓷莲花尊（图七十四），通高85厘米，灰白胎，青绿色釉。喇叭口，长颈，椭圆形腹，圈足，莲瓣形盖。口外有对称横系，肩有桥形佛系三对。通体满施划花、贴花、刻花纹饰。颈部贴饰三层：上为飞天、中为人物、下为二龙戏珠及忍冬、莲花。腹上部贴饰重瓣仰莲纹两周，叶纹一周，刻划瘦长莲纹一周，莲瓣下垂，瓣尖上翘，下部饰仰莲纹两层。圈足下垂的莲纹两周。盖中央为一方纽，纽周堆塑肥厚短小的覆莲两层，

图七十四　麒麟门外灵山墓青瓷莲花尊

图片来源：南京市文化局，南京市文物局. 南京文物精华：器物编 [M]. 上海：上海人民美术出版社，2000：128.

周边饰竖立的锯齿状变形莲瓣一圈。这件莲花尊造型宏伟，装饰繁缛，工艺精湛，堪称公元3至4世纪的中国青瓷之最，更是世所罕见的珍贵佛教艺术品。

四系盖罐（图七十五 -1）灰白胎，青黄釉，局部脱釉。盖形如覆碗，顶附一纽，方唇，敞口，腹壁较直，腹中部饰一周玄纹。罐圆唇，敞口，丰肩，圆腹，直壁，腹稍长，近底处略内收，底平稍内凹。肩饰一周玄纹并附四系。青瓷盖罐（图七十五 -2）胎黄白色，黄绿色釉，罐口稍敛，尖唇，圆球腹，底平略凹，底无釉。有弧形盖，内置子母口，盖顶置四方形纽，并以纽为中心印莲瓣纹一周。罐上腹部有四桥形系，两两对称排列，腹部饰覆莲纹一周，莲瓣瘦长。青瓷唾壶（图七十五 -3）灰白胎，青釉，底部无釉露胎。浅盘口，短颈，丰肩，垂腹，假圈足。青瓷碗（图七十五 -4）灰白胎，青釉，开细纹片。敞口，深腹，饼形实足。碗外壁饰莲瓣纹。青瓷鸡头壶（图七十五 -5）灰白胎，青绿釉，施釉不及底且有流釉现象。深盘口，长颈，溜肩，腹略瘦长，近底部微外撇，平底。肩部对称附双桥形系，一端附鸡首，另一端附龙首形柄。

（1.南京马群南朝墓青瓷四系盖罐 2.南京象山 M2 青瓷盖罐 3.南京铁心桥司家山 M6 谢琰墓青瓷唾壶 4.南京尧化门明昙憘墓青瓷碗 5.南京蔡家塘 M1 青瓷鸡头壶）

图七十五　南京地区出土瓷器

图片 1.2.4. 来源：南京市文化局，南京市文物局 . 南京文物精华：器物编 [M]. 上海：上海人民美术出版社，2000：39，40，92.

图片 3.5. 来源：南京市博物馆 . 六朝风采 [M]. 北京：文物出版社，2004：138，65.

燕子矶南朝墓青瓷长颈瓶（图七十六），在江西、福建等地的南朝窑址、墓葬中曾有出土，但在南京地区的南朝墓中还很少见。

青瓷博山炉（图七十七 –1）由底盘、炉和盖

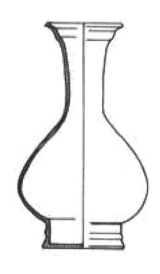

图七十六　燕子矶南朝墓青瓷长颈瓶

图片来源：南京市博物馆 . 南京燕子矶南朝墓出土长颈瓶 [A]. 南京文物考古新发现 [M]. 南京：江苏人民出版社，2006：104.

组成，炉盖堆贴角状火焰。青瓷灯檠（图七十七－2）此青瓷灯檠造型颇为奇特，盘心凸起为覆莲座，上树八棱形灯柱，柱下端近覆莲处两边各有一朵莲花，近柱顶处两边各有一环，柱顶立一飞鸟，是较为难得的瓷器艺术品。

（1. 福州出土的南朝青瓷博山炉 2. 福建闽侯南屿南朝墓出土的青瓷灯檠 3. 江西吉安县南朝齐墓出土青瓷莲瓣纹托盘 4. 长沙出土的南朝带盖青瓷唾壶 5. 西永丰出土的南朝青瓷博山炉 6. 福建闽侯出土的南朝青瓷烛台 7. 江西吉安县南朝齐墓出土青瓷五盅盘）

图七十七　南京以外地区出土的瓷器

图片 1—6 来源：罗宗真，王志高. 六朝文物 [M]. 南京：南京出版社，2004：184，185，163，162，165.

图片 7 来源：平江，许智范. 江西吉安县南朝齐墓 [J]. 文物，1980，2.

3. 石器

南朝墓葬遗物中另一类出土数量较多的器物是石器，其器形主要有俑、马、滑石猪、帷帐座、凭几、龟趺、镇墓兽等，这些器物大多用石灰岩雕琢而成，一般均出自较大型的南朝墓中，是判断墓主人身份的重要证据之一。

石女俑（图七十八 –1），南京花神庙 M2 出土。石质，灰色。头梳丫髻，额前头发斜垂，椭圆形脸，眉目刻划较浅。身穿宽袖长袍，宽袖下垂，双手拢于胸前，脚露于裙外，但因风化严重，几不可辨。石马（图七十八 –2）燕子矶梁普通二年（521年）墓出土。石雕明器。长40厘米，宽14厘米，高36厘米。昂首，圆睁双目，细腰，圆臀，尾长而粗，直连底座。底座呈长方形。马四腿略呈方柱状，有辔、鞍，鞍下有镫，形神兼备。

1　　　　　　　　　　　　　　2

（1. 南京花神庙 M2 出土石女俑 2. 南京燕子矶出土的南朝石马）

图七十八　石俑、石马

图片 1 来源：南京市博物馆 . 六朝风采 [M]. 北京：文物出版社，2004：300.

图片 2 来源：南京市文化局，南京市文物局 . 南京文物精华：器物编 [M]. 上海：上海人民美术出版社，2000：13.

滑石俑（图七十九 –1），南京花神庙 M1 出土。滑石质，共出三件。头戴倒梯形冠。一件身着交领宽袖衫，裙曳地，腹系宽带，双臂自然下垂。一件上穿对襟宽袖衫，下穿曳地裙，腰系宽带，双手插入裙中。一件穿对襟宽袖衫，着宽带长裙，双手拢于裙内。均不露履。滑石猪（图七十九 –2）青灰色。

身较肥短，四肢蜷曲作卧伏状。用简洁的线条雕刻出猪的嘴、鼻、耳，身下部则雕刻花卉纹饰。

1　　　　　　　　　　　　　2

（1.滑石俑 2.北郊南朝墓出土的滑石猪）

图七十九　滑石俑、滑石猪

图片来源：南京市博物馆.六朝风采[M].北京：文物出版社，2004：301，189.

此镇墓兽（图八十）高22.8.长38.6.宽10厘米，体量之大是南朝墓中少见的。石灰岩质，体态似牛，尖鼻，大嘴，背有一条似锯齿状的脊毛，短尾。置于墓中以镇邪。

图八十　灵山南朝墓石镇墓兽

图片来源：南京市博物馆.六朝风采[M].北京：文物出版社，2004：274.

4.其他

南朝墓葬中除了陶、石、青瓷器外，还有其他一些质地的随葬品，例如，南京隐龙山一号墓出土的铜钱（图八十一），分布于两石棺座之间前部以及西石棺座与侧壁之间。出土时多锈结成块，经除锈共得441枚，可分为半两、货泉、大泉五十、直百五铢、太平百钱、五铢等类别。

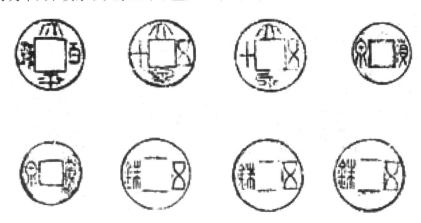

图八十一　南京隐龙山大墓出土钱币拓片

图片来源：南京市博物馆，江宁区博物馆．南京隐龙山南朝墓 [J]．文物，2002，7．

此玉俑（图八十二）是南京花神庙 M1 出土。玉质，豆青色。头发上拢作双垛髻，椭圆脸，额前有一道微凸线，眼、鼻、嘴均阴线刻成。上衣为交领宽袖衫，衣衫下摆和宽袖下垂近膝，下穿折叠裙，下摆内收，脚着圆头履，露于裙外。双手拱交于胸前。胸前和背部各有一牛鼻穿，用于佩携。脚底有两个小孔。

（二）墓志、买地券及文字砖

墓志、买地券和文字砖是常见的三类文字材料，其中以墓志最为重要。

1.墓志

墓志是设于墓内记载墓主生平、埋葬等情况的重要遗物。六朝墓志处于中国古代墓志从发展到定型的关键阶段，不仅是墓葬断代，确定墓主身份的最可靠遗物，而且是研究当时士族联姻制度、侨州郡县制度、地理沿革、文字书法演变的极为珍贵的实物资料。

南朝墓志多放于甬道内侧，出土最早的见于刘宋时期，其中绝大部分出土于都城建康所

图八十二　玉俑

图片来源：南京市博物馆．六朝风采 [M]．北京：文物出版社，2004：302．

在的今南京及其毗邻的镇江、马鞍山、吴县等地,但比较清晰完好的数量很少。

表五 出土墓志一览表 ①

	时代	出土地点	墓主	质料	可识字数	书体	资料来源	备注
刘宋	永初二年(421年)	南京司家山	海陵太守谢珫	砖	681	隶楷	《文物》1998年第5期	6块合拼
	永初二年(421年)	南京富贵山	晋恭帝	石	26	隶书	《考古》1961年第5期	
	元嘉二年(425年)	南京铁心桥	乡官里吏宋乞	砖	112.109.127	隶楷	《考古》1998年第8期	3块,内容基本相同
	大明年间(457—464年)	南京戚家山		砖			南京市博物馆考古部资料	
	大明八年(464年)	山东益都	刘怀民	石	224	隶楷	《汉魏南北朝墓志集释》	
	元徽二年(473年)	南京尧晨果木场	武原县令明昙憘	石	660	楷书	《考古》1976年第1期	
		南京油坊桥	黄天	砖	9	楷书	《东南文化》1992年第5期	
		南京栖霞山	蔡冰	砖	8	楷书	《东南文化》1992年第5期	2块,内容相同
齐	永明五年(487年)	句容袁巷	刘岱	石	361	楷书	《文物》1977年第6期	
	永明六年(488年)	南京甘家巷	王氏	石		楷书	南京博物院考古研究所资料	
	永明十一年(493年)	浙江绍兴	吕超静	石	285	楷书	《汉魏南北朝墓志集释》	
	建武四年(497年)	南京	萧敷	石		楷书	《考古》1986年第1期	宋代出土,仅传拓本

---

① 罗宗真,王志高.六朝文物[M].南京:南京出版社,2004:219—220.
邹厚本.江苏考古五十年[M].南京:南京出版社,2000:312.

续表

	时代	出土地点	墓主	质料	可识字数	书体	资料来源	备注
梁	天监元年（502年）	南京甘家巷	桂阳王萧融	石	528	楷书	《文物》1981年第12期	
	天监十三年（514年）	南京甘家巷	桂阳王妻王慕韶	石	696	楷书	《文物》1981年第12期	
	普通元年（520年）	南京	王氏	石		楷书	《考古》1986年第1期	宋代出土，仅传拓本
	普通二年（521年）	南京燕子矶	辅国将军	石	3705	楷书	《文物》1980年第3期	
	太清三年（459年）	湖北襄阳	程虔	石	162	楷书	《汉魏南北朝墓志集释》	
		南京尧化门	建安王萧伟?	石	112	楷书	《文物》1981年第12期	4块，残
		南京甘家巷	萧融嗣子萧象	石	1357	楷书	《文物》1990年第8期	
陈	太建八年（576年）	南京西善桥	侍中、中权大将军黄法氍	石	1008	楷书	《文物》1993年第11期	
		南京迈皋桥		石	2	楷书	《文物资料丛刊》8	碑形

从刘宋开始，一些墓志志首有明确的"墓志"或"墓志铭"题额，如永初二年（421）谢琰墓志有"宋故海陵太守散骑常侍谢府君之墓志"，表明这一时期墓志渐趋定型成熟。但是元嘉二年宋乞墓志等既无题额，又无铭辞，说明当时墓志发展仍不平衡。这一时期还有一些形制特殊者，如谢琰墓志（图八十五），志文分刻于6块墓砖上，内容前后连接，十分罕见。① 还有刘宋宋乞墓志，一墓出土3块，志文内容大致相同，有人认为可能是与死者关系不同的家属分别作志以悼念死者。

---

① 罗宗真，王志高.六朝文物[M].南京：南京出版社，2004：224.

齐、梁、陈时期墓志内容远比此前丰富，南京燕子矶梁辅国将军墓志，长达3705字，是关于墓主家世事迹的一篇翔实传记。墓志体例亦得到进一步规范，表现为志首有题额，且志末有四言铭辞，铭辞与志文分开。梁代萧融、王慕韶墓志还列有撰制者姓名、职官。陈代有些墓志不仅有撰制者，还列有书者，体例更加完备。这一时期墓志有两种类型：一类方形，有萧融、萧象、王慕韶等墓的墓志；一类碑形，上为圆首长方形志石，下为龟趺座，其数量不在少数，但志文多侵蚀不存，唯有南京迈皋桥南朝墓一碑形墓志尚存二字，

图八十三　晋恭帝墓碣

图片来源：南京市博物馆．六朝风采 [M]．北京：文物出版社，2004：240．

可为证明。此类碑形墓志与同时期地面神道碑相似，但规模要小得多，高仅约60厘米。神道碑和墓志尽管放置位置不同，但两者对墓主生平及颂祝之辞等的记载却是一致的，而且考古发现证明，六朝神道碑和墓志可以共存。如萧宏、萧秀墓内都出土了墓志，而地表神道碑至今尚存①。

晋恭帝墓碣南京富贵山出土。石质，长方柱形。文凡三行，每行八至九字，共二十六字。隶书体。文为："宋永初二年太岁辛酉／十一月乙巳朔七日辛亥晋恭皇帝之玄宫。"（图八十三）

梁桂阳王萧融墓志，长60厘米、宽60厘米、厚9厘米，一面刻文，文20行，满行28字，保存基本完好；桂阳王妃王慕韶墓志，长49厘米、宽64厘米、厚7.5厘米，一面刻文，文31行，满行23字，保存尚好。（图八十四）

① 罗宗真，王志高．六朝文物 [M]．南京：南京出版社，2004：224．

1　　　　　　　　　　　　　　2

（1. 萧融墓志局部 2. 萧融之妻王慕韶墓志）

图八十四　南京张家库萧融夫妇墓出土墓志

图片 1 来源：罗宗真，王志高. 六朝文物 [M]. 南京：南京出版社，2004：266.

图片 2 来源：南京市博物馆. 六朝风采 [M]. 北京：文物出版社，2004：244.

谢珫墓志是南京铁心桥司家山墓出土。砖质，共6块。题首"宋故海陵太守散骑常侍谢府君之墓志"，志文依次镌于6块砖上。每块砖均有浅刻界格，计8行，满行15字。皆楷书，并不拘于界格之限，朴拙奇斯，带有较大随意成分，异体字多，并多处漏刻笔画，显示出是仓促完成。谢珫，为东晋丞相谢安的后裔。（图八十五）

图八十五　谢珫墓志

图片来源：南京市文化局，南京市文物局. 南京文物精华：器物编 [M]. 上海：上海人民美术出版社，2000：262.

2. 买地券

买地券是为死者购买阴宅、冢地的契约凭证，在我国古代延续使用了很长时间。南朝买地券过去因刻写草率、内容怪诞，而未能像这一时期墓志那样引起足够的重视。近年因其与早期道教发展的密切关系以及对研究当时土地制度具有重要的参考价值，故而受到一定程度的重视。

表六　出土买地券一览表[①]

	时代	出土地点	墓主	质料	可识字数	书体	资料来源	备注
刘宋	元嘉十年（433年）	湖南长沙	徐副	石	493	楷书	《湖南考古辑刊》第1辑	券尾有道符
	元嘉十九年(442年)	广东始兴		石	39	楷书	《考古》1989年第6期	
	元嘉十九年(442年)	广东始兴		石	214	楷书	《考古》1989年第6期	
	元嘉二十一年（444年）	广东仁化		石	482	楷书	单小英，《从广东出土的六朝砖铭看书体的发展演变》	
	泰始六年（470年）	广西桂林	欧阳景熙	石	85		《文物工作十年》	
齐	永明三年（485年）	湖北武汉	刘觊	砖	342	楷书	《考古》1965年第4期	两块，券尾有道符
	永明五年（487年）	广西桂林	秦僧猛	石	110	楷书	《考古》1964年第6期	
梁	天监四年（505年）	湖南资兴		砖	237	行书	《考古学报》1984年第3期	朱书，券尾有道符
	天监十八年(519年)	广西融安	覃华	石	97	行书	《考古》1983年第9期	
	普通元年（520年）	湖南资兴	何靖	砖	256	行书	《考古学报》1984年第3期	朱书，券尾有道符
	普通元年（520年）	湖南资兴	何靖	砖	253	行书	《考古学报》1984年第3期	朱书，券尾有道符

①　罗宗真，王志高.六朝文物[M].南京：南京出版社，2004：236-237.

	时代	出土地点	墓主	质料	可识字数	书体	资料来源	备注
梁	中大通五年(533年)	广西鹿寨	周当界	石	113		《文物工作十年》	
	庚子年（520或580年）	南京西善桥		石	430	楷书	《东南文化》1996年第3期；《东南文化》1997年第1期	

六朝买地券主要在社会中下阶层流行，这和东晋、南朝大族、宗室兴起的标榜门第的砖石墓志有着本质的区别。它不立题额，也没有留下书刻者姓名，部分券文自名为"券"或"券莂"。质地有铅锡、砖、石三类，其中以砖、石材质的为主。

南朝买地券有刻、写两种方式，以刻居多，皆直行左读，行与行之间或划界栏。一般正面阴刻，也有正面窄小反面续刻的，刻毕或再涂填朱砂。朱书买地券盛行于南朝，以湖南资兴出土的买地券为例，它们都是先在长方形普通墓砖上粉饰一层薄石灰使其光洁，再用朱砂划直条细线栏，然后用朱砂书写。

南朝买地券绝大部分出土于两湖、两广诸省，具有比较明显的地域特色，同一区域买地券从书刻体例到券文内容都相差无几。从形制看，一般呈长方形。券文字数多寡悬殊，从几十字到五百字不等。内容广泛，除纪年外，还有墓主姓名、年龄、死亡年月、职官、郡望、宅地来源、四界面积、土地价值、交割日期、券约见证、效力等内容。永明三年（485年）刘觊买地券与南京西善桥南朝买地券券首还追述死者家世，则为特例。其中西善桥南朝买地券开篇不惜笔墨详述墓主上下五代共20余人爵里、名讳、婚宦，这是南朝盛行的门阀谱牒之学在买地券上的集中反映。

买地券从内容上看，主要是两类：一类是与现实地契无关，形式千篇一律，除姓名、年龄、职官、郡望、死葬日期外，毫无真实意义，是一种典型的役使鬼神的迷信用品。此类买地券区别于其他类型，主要表现在券首以道教尊神太上老君名义开列一长串天神地祇名称的篆文，券尾或再写刻以星图为主、文字为辅的道符；另一种虽也具有浓厚的宗教迷信色彩，但是以现实的地契形式为基础，所记的土地数量和价值有些还属实情。

1991年在南京西善桥发掘的一座南朝墓中出土买地券？一方，因受侵蚀，表面漫漶较为严重。墓志共铭文28行，偏于右侧，左侧约1/4为空白。墓志释文如下：

□□□辅国将军济晋二郡……

□□□本州功曹史齐康太守……氏父□□本州治中

□□□本州西曹吏除天水太守……

□□□阳潘氏父惠宣除积射□□除汉□太守

□□射声校尉辅国将军济阴太守郡□郎流宜都内史青州司马带□朱

衣直阁将军镇蛮护军晋熙太守□流长水校尉安城王右头司马春秋□

□有三□于丹阳秣陵长干里□子岁四月廿九日亡今葬江宁县□其年

□月廿四日□于载□□□□□塗长松杰□□□□妻清河张氏

父□帝讳除□陵王□□□□越骑校尉除本县令本郡丞除□南□宋二

郡太守□□□□□□□□□年五十一建安王正佐除海安县令

□□□□□□妻东海徐氏□父亮九流骁骑将军山阳太守

□□□子英年十八妻彭城刘氏父道□

□□□子斌年十六妻东海徐氏父质奉朝请

□□□子鸾年十一妻□□武氏父会超左卫将军太子右率越骑刺史豫州刺史黄门郎

□□太妹光妃适清河张□

□□父□骑将军镇蛮护军□熙太守历阳太守汝城县开国男

□□□奉朝请除本县县令□□□令

□□□□□共墓东边山北□所葬□□州墓北□□□徐州墓燠□□

□□□□□山岭直出陈□□□南宜出陈□墓至松城□于梁州墓燠道口

□□□□□本县

□□□□□岁庚子八月五日雍州民

□□□□子英今有建康民□

□□□□□□□东西南北四□□□□□钱□□九千走即钱地□□二

□□□□□□□□□共所买地□之□□有公私志□一付□□子不□

□□□□□□□□□□凶葬□去来取板桥大□使通流保无□碍□

□□□□□□□□□□不能是了王要破□墓

□□□硕岭长出入□

□□□□□□□□私□□土三百车山墓还王葬如故侍立任供送估□□□□□□□□□氏得私约不从侯令

□□□□□□□□□□元子喏□任□……王买地以记

南齐刘觊买地券（图八十六）陶质，券身与券盖分别放置，券盖纵放于主室的左前角，券身横置于甬道前端，稍偏左。券长50厘米，宽23厘米，券身厚近8厘米。券上刻楷书二十一行，满行十九到二十一字不等，少部分字迹模糊不清。全文如下：

齐永明三年太岁乙丑十一月甲子朔十二日乙亥新」出老鬼太上老君符勑天一地二孟仲四季黄神」后土土皇土祖土营土府土文土武墓上下左右中央」墓主丘丞墓伯塚中二千石左右墓候五墓将军」营土将军土中督邮安都丞武夷王蒿里父老都集」伯侲营城亭侲邮墓门亭侲功曹传送大吉小吉胜」先神后太一征明天魁天刚从魁太冲随斗十二神等」南阳郡涅阳县都乡上支里宋武陵王前军参军事」□□□□□□参军事刘觊年册五以齐永明二年」□□四月十五日□命□□□三天身归三泉」长安蒿里父元山宋衡阳王安西府主簿天门太守」宋南□王车骑参军事尚书都官郎租肃将军参」军事□□中□墓乃在荆州照心里中府君令更□□」□□□死在此江夏郡汝南县盂城山□中府君□□奉」太上老君道行正直不問□□封城之内东极甲乙」南极丙丁西极庚辛北极壬癸上极青云下极黄泉」□□土神买地□□□万万九千九百九十九

文毕□」□月□□□□为明□□蔡送丘墓之神地下□□」□□□□□□□□□□□□□□□不得□□生人□」□□□□□奉行一如泰清玄元上三天无□大」□□□□□□青詔书律令」①

1   2

（1.照片 2.拓片）

图八十六　南齐刘觊陶买地券

图片来源：湖北省博物馆.武汉地区四座南朝纪年墓 [J].考古，1965，4.

图八十七　梁覃华滑石买地券拓本

图片来源：广西壮族自治区文物工作队.广西壮族自治区融安县南朝墓 [J].考古，1983，9.

梁覃华买地券（图八十七）是在现实地契的形式基础上，增加了浓厚的宗教迷信色彩。上刻有"太岁己亥十二月四日齐熙郡单中县……"等文。

这些道教符篆（图八十八）在墓中起着役使鬼神、超度亡灵的作用，以强化买地券的券约效力。

3. 文字砖

图八十八　湖南资兴梁买地券券尾的道符

图片来源：罗宗真，王志高.六朝文物 [M].南京：南京出版社，2004：210.

---

① 湖北省博物馆.武汉地区四座南朝纪年墓 [J].考古，1965（4）.

图八十九 浙江东阳县李宅镇南朝墓出土纪年砖

图片来源：赵宁.浙江东阳县李宅镇南朝墓[J].考古，1991，8.

文字砖虽在内容及反映问题的深度等方面不及墓志、买地券，但其种类丰富，内容广泛，不仅是墓葬断代的重要依据，而且对校订地名、官号、器物正名、考查姓氏源流以及北人南徒地域等都有重要价值。

文字砖分模印和刻画两类。模印文字占大宗，阳文凸起，大多出现在砖的侧面和端面，书体不拘一格，多正体，也有少量反体。

大多数文字砖在墓中无固定位置，亦无排列规律可循，且数量在一般墓葬中占据的比例较少，只在一些高级别的士族勋贵墓中数量较为集中。文字砖按内容可分以下几类：纪年砖；记事砖；吉语砖；姓氏、地名砖；钱纹类砖；位置、形制类砖等。

浙江东阳县李宅镇南朝墓的券顶由刀形砖起券，刀形砖中有数块纪年砖，尚能辨认，年代为"元加四年"（图八十九）。

其中位置、形制类砖，多出于南朝中晚期大中型墓葬，"正方""中斧"等表示砖名，"中""左"等表示砖在墓葬中的位置等等。（图九十、图九十一）

图九十 丹阳胡桥（齐景帝？）墓出土墓砖文字拓片

图片来源：南京博物院.江苏丹阳胡桥南朝大墓及砖刻壁画[J].文物，1974，2.

图九十一　丹阳胡桥（齐景帝？）墓壁画砖文字拓片

图片来源：南京博物院．江苏丹阳胡桥南朝大墓及砖刻壁画 [J]．文物，1974，2．

参考资料：

[1] 罗宗真，王志高．六朝文物 [M]．南京：南京出版社，2004．

[2] 曾布川宽．六朝帝陵 [M]．傅江，译．南京：南京出版社，2004．

[3] 李蔚然．南京六朝墓葬的发现与研究 [M]．成都：四川大学出版社，1998．

[4] 南京市博物馆．南京迈皋桥南朝墓出土十二生肖画像砖 [A]．南京文物考古新发现 [M]．南京：江苏人民出版社，2006：103．

[5] 赵翼．廿二史劄记校正（订补本）：卷八 [M]．王树民，校．北京：中华书局，1984．

[6] 王志高．六朝帝王陵寝述论 [J]．南京晓庄学院学报，2004，7．

[7] 王志高，周维林．关于东晋帝陵的两个问题 [J]．东南文化，2001，1．

[8] 柳涵．邓县画像砖墓的时代和研究 [J]．考古，1959，5．

[9] 南京博物院．江苏省十年来考古工作中的重要发现 [J]．考古，1960，7．

[10] 江西博物馆．江西清江南朝墓 [J]．考古，1962，4．

[11] 江西博物馆．江西南昌市郊南朝墓发掘简报 [J]．考古，1962，4．

[12] 程应麟．江西修水发现南朝墓 [J]．考古，1959，9．

[13] 南京市文物研究所，南京栖霞区文化局．南京梁平王萧伟墓阙发掘简报 [J]．文物，2002，7．

[14] 卢海鸣．六朝陵寝制度新探 [A]．南京大学历史系考古专业成立三十周年纪念文集 [C]．天津：天津人民出版社，2002．

[15] 华国荣 . 六朝墓文字砖的归类分析 [A]. 南京文物考古新发现 [M]. 南京：江苏人民出版社，2006：203-208.

[16] 罗宗真 . 南京西善桥油坊村南朝大墓的发掘 [J]. 考古，1963，6.

[17] 南京博物院 . 南京北郊涂家村六朝墓清理简报 [J]. 考古，1963，6.

[18] 李蔚然 . 南京南郊六朝墓清理 [J]. 考古，1963.6.

[19] 湖北省博物馆 . 武汉地区四座南朝纪年墓 [J]. 考古，1965，4.

[20] 南京文管会 . 南京太平门外刘宋明昙憘墓 [J]. 考古，1976，1.

[21] 南京博物院，南京文管会 . 南京栖霞山甘家巷六朝墓群 [J]. 考古，1976，5.

[22] 吴学文 . 江苏江宁东善桥南朝墓 [J]. 考古，1978，2.

[23] 徐苹芳 . 中国秦汉魏晋南北朝时代的陵园和茔域 [J]. 考古，1981，6.

[24] 李蔚然 . 论南京地区六朝墓的葬地选择和排葬方法 [J]. 考古，1983，4.

[25] 南京博物院 . 南京童家山南朝墓清理简报 [J]. 考古，1985，1.

[26] 冯普仁 . 南朝墓葬的类型与分期 [J]. 考古，1985，3.

[27] 南京市博物馆阮国林 . 南京梁桂阳王肖融夫妇合葬墓 [J]. 文物，1981，12.

[28] 南京博物院 . 南京尧化门南朝梁墓发掘简报 [J]. 文物，1981，12.

[29] 广西梧州市博物馆 . 广西苍梧倒水南朝墓 [J]. 文物，1981，12.

[30] 南京市博物馆 . 南京长岗村五号墓发掘简报 [J]. 文物，2002，7.

[31] 南京市博物馆，江宁区博物馆 . 南京隐龙山南朝墓 [J]. 文物，2002，7.

[32] 王仲殊 . 东晋南北朝时代中国与海东诸国的关系 [J]. 考古，1989，11.

[33] 李蔚然 . 南京六朝墓葬 [J]. 文物，1959，4.

[34] 武翔 . 江苏六朝画像砖研究 [J]. 东南文化，1997，1.

[35] 杨爱国 . 东晋南朝墓室建筑装饰略论 [J]. 东南文化，1994，1.

[36] 李巍然 . 南京西善桥六朝墓的清理 [J]. 考古通讯，1958，4.

[37] 朱光亚，贺云翱，刘巍 . 南京梁萧伟墓阙原状研究 [J]. 文物，2003，5.

[38] 町田章 . 南齐帝陵考 [J]. 劳继，译 . 东南文化，1986，2.

[39] 蒋赞初 . 关于长江下游六朝墓葬的分期和断代问题 [A]. 中国考古学会1980年第二次会议论文集 [C]. 北京：文物出版社，1980.

[40] 王志高 . 南朝帝王陵寝初探 [J]. 南方文物，1999，4.

[41] 周裕兴 . 南京南朝墓制研究 [A]. 南京大学历史系考古专业成立三十周年纪念文集 [C]. 天津：天津人民出版社，2002.

[42] 南京市文化局，南京市文物局 . 南京文物精华：器物编 [M]. 上海：上海人民美术出版社，2000.

[43] 南京市文化局，南京市文物局 . 南京文物精华：建筑编 [M]. 上海：上海人民美术出版社，2000.

[44] 邹厚本 . 江苏考古五十年 [M]. 南京：南京出版社，2000.

[45] 南京市博物馆 . 六朝风采 [M]. 北京：文物出版社，2004.

[46] 南京市博物馆，栖霞区文管会 . 江苏南京市白龙山南朝墓 [J]. 考古，1998，12.

[47] 南京博物院 . 江苏丹阳胡桥南朝大墓及砖刻壁画 [J]. 文物，1974，2.

[48] 南京博物院 . 江苏丹阳县胡桥、建山两座南朝墓葬 [J]. 文物，1980，2.

[49] 南京市文物保管委员会 . 南京郊区两座南朝墓清理简报 [J]. 文物，1980，12.

[50] 王志高，董庐 . 六朝买地券综述 [J]. 东南文化，1996，2.

[51] 南京市博物馆 . 南京西善桥南朝墓 [J]. 文物，1993，11.

[52] 常州市博物馆 . 常州南郊戚家村画像砖墓 [J]. 文物，1979，3.

[53] 赵宁 . 浙江东阳县李宅镇南朝墓 [J]. 考古，1991，8.

[54] 福建省博物馆 . 福建闽侯南屿南朝墓 [J]. 考古，1980，1.

[55] 古运泉 . 广东省新兴县南朝墓 [J]. 文物，1990，8.

[56] 平江，许智范 . 江西吉安县南朝齐墓 [J]. 文物，1980，2.

[57] 广西壮族自治区文物工作队 . 广西壮族自治区融安县南朝墓 [J]. 考古，1983，9.

[58] 朱国平，王奇志 . 南京西善桥"辅国将军"墓志考 [J]. 东南文化，1996，2.

[59] 章湾，力子 . 南京西善桥南朝墓志质疑——兼述六朝买地券 [J]. 东南文化，1997，1.

本文作者：周裕兴（南京师范大学文博系教授），齐月（南京师范大学文博系硕士研究生）

南京六朝砖室墓演进研究

周裕兴

一、南京六朝砖室墓类型与分期

据初步统计，1949年新中国成立以来，在今南京市郊范围内，因配合城乡基本建设等工程所发掘清理的六朝砖室墓的数量，大约有一千多座。由于时代久远，历经兴废，以及受自然环境的影响等，绝大多数六朝砖室墓或多或少受到损坏，它们留存到当代得以考古发掘保护，已属不易。这其中经过资料整理而已经公开发表考古简报的南京地区六朝砖室墓数量约有三百座。南京是六朝时期政治、经济、军事和文化中心的都城所在，在此所发现的古墓葬文化遗存，对于考察整个六朝墓葬演进变化谱系，具有典型意义；对于研究六朝时期的物质文化，同样具有重要的学术价值。

通过对现有资料的梳理分析，试从形制结构方面入手将南京六朝砖室墓概括地分为大型墓、中型墓和小型墓等三种类型。墓葬形制所体现出来的变化发展轨迹，从时间节点而言，基本上是与朝代的兴亡更替相同步的。也就是说，南京六朝砖室墓的演进可分为三个时期，即东吴西晋时期、东晋时期、南朝时期。

要注意到一种考古学文化的"蜕变"往往会出现"滞后现象"，上一个朝代的物质文化特征是有一定惯性的，它会在一定程度上继续延续到下一个朝代的早期阶段，如东吴西晋时期特征的砖室墓形制，在东晋时期的早期阶段仍有可能出现并存在。这一现象，在南京六朝砖室墓三个时期的演进进程中，可以依次类推，即东吴早期的墓葬，保留着东汉末时墓葬的特点；东晋早期的墓葬，保留着西晋晚期墓葬的特点；南朝刘宋时期的墓葬，保留着东晋晚期墓葬的特点等等。

兹将南京六朝砖室墓各期特征及案例（分见三个图表），简介如下。

表一　南京东吴西晋时期砖室墓特征与案例

	小型墓	中型墓	大型墓
东吴西晋	 幕府山 M1 （《南京郊县四座吴墓 发掘简报》）	 石闸湖西晋墓 （《南京板桥镇石闸湖晋墓 发掘简报》）	 上坊孙吴墓（2006NJSM1） （《南京江宁上坊孙吴墓 发掘简报》）
形制结构	"五凤元年"（公元254年），墓向100°，凸字形券顶砖室墓，长5.26米，宽1.72米，高2.27米，墓室后壁有小耳室(龛)，铺地砖呈人字形。	"永宁二年"（公元302年），封土高1.9米，墓向216°，双凸字形砖室墓，全长7.8米；前室穹窿顶（四隅券进式），长2.25米，宽2.10米，高2.29米；后室券顶，长3.85米，宽1.87~1.93米,高2.36米;内设有砖灯台、龛，前室置砖祭台。	东吴晚期王族宗室墓，墓向165°，前、后穹窿顶双室砖墓，全长20.16米，宽10.71米，前室残高5.36米，后室残高4.61米。墓内置四个耳室和两个壁龛。内设有石门、牛首形石灯台、虎首形石棺座等。墓外砖砌排水沟绵延长达326米。

此时期的小型墓，一般全长在3~5米左右，平面呈凸字形的单室墓，又可细分为有甬道、带耳室，有甬道、无耳室和无甬道、无耳室等三种类型；墓葬顶部多为券顶，少数为叠涩顶。中型墓，全长约在6~9米左右，形制多为前、后凸字形的双室墓，据其墓顶特点又可分为前、后室双穹窿顶和前室穹窿顶、后室券顶的两种类型；大型墓，墓葬全长应在10米以上，南京江宁上坊孙吴大墓是为其例，前、后穹窿顶双室砖墓，墓葬全长达二十余米，尺度之大超过了东晋和南朝帝陵的规制。

本期砖室墓的墓砖，一般规格较大，长32~35厘米，宽15~17厘米，厚5~6厘米左右。砖上多见模印有东汉以来流行的纹饰，以及印有纪年和墓主人或作砖人姓氏的文字。此期墓室的穹窿顶，有"四面坡式"（东汉时称"盝顶"）和"四隅券进式"两种样式先后流行（图一）；排水沟已有发现，但墓室内未设阴井；中型墓的墓室内常见置有突出墓壁的"羊角砖"灯台，后期则出现凹于墓壁的方形小灯龛；砖砌"祭台"和砖砌"棺床"此时期不多见。

"四面坡式"墓顶　　　　　　　　　　　　　　　　　　　　　"四隅券进式"墓顶

图一　"四面坡式"与"四隅券进式"墓顶示意图

表二　南京东晋时期砖室墓特征与案例

	小型墓	中型墓	大型墓
东晋时期	殷巷东晋墓（91JYM2）（《南京殷巷东晋、南朝墓》）	仙鹤观二号墓（《江苏南京仙鹤观东晋墓》）	富贵山东晋墓（《南京富贵山东晋墓发掘报告》）
形制结构	墓向105°，凸字形券顶砖室墓。墓室内长4.3米，宽1.65米，残高0.30~1.60米。南、北两壁各置对称的两对"凸字形"小灯龛，有砖砌棺床，长3.3米，宽同墓室。	墓向162°，凸字形券顶砖室墓。全长7.44米，墓室长4.72米宽2.2~2.36米，高2.9米。两侧壁各设两个凸字形小灯龛，墓室后部铺设砖棺床，长3.32米，宽同墓室。	墓向216°，凸字形券顶（券顶外护砌三层竖砖固顶）砖室墓。全长9.76米，墓室长7.06米，宽5.18米，残高2.4（复原后高5.15）米。甬道设两道木门（凹槽）。墓门封门墙外有使用石灰的堆积。墓外砖砌排水沟可达近百米长。

建武元年（公元317年），司马睿在建康（今南京）重建晋朝，自立为晋王。次年称帝，改元太兴。因都城建康在旧都洛阳东南，史称东晋。因东晋时期北方中原大量人口随晋室南迁缘故，在今南京地区所发现的东晋墓葬数量显著增多，葬俗墓制方面的变化也很明显。

此期墓葬形制，无论大、中、小型墓，基本上都是平面呈凸字形的单室券顶墓，墓葬大小等级的区别，除了在长度上有一定的差距外，更主要的体现在墓室的宽度上。如果此期墓室的顶部式样仍为穹窿顶结构的墓葬，说明它保留着东吴西晋时期墓顶多"四隅券进式"穹窿顶造型的孑遗，其墓葬年代应在东晋早期。如果此期墓葬的墓室墙壁，砌筑时若出现有意向外侧凸弧现象的话，那么其墓葬的年代应在东晋的偏晚期。

在东晋中型墓的甬道中，常可发现设置一道木门的门槽，大型墓则会设有两道木门。墓内墙壁上多设有"凸字形"灯龛，或有灯龛与直棂假窗的上下组合（图二）。中型以上墓中，多见有砖砌方形小阴井及排水暗沟，以及砖砌的祭台和棺床等设施。

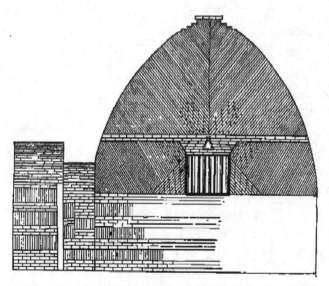

图二　东晋墓室中的灯龛与直棂假窗（象山七号墓）

此期墓葬的墓砖，通常长28~33厘米，宽12~14厘米，厚4~5厘米，尺寸要比孙吴和西晋时期的墓砖略小。砖的侧端部位多以素面为主，纹饰较前期简化，有部分文字砖和纪年砖。发现由两三块砖可拼镶合成的画像砖，图案为"虎啸山丘"（图三）。

图三 "虎啸山丘"画像砖

表三 南京南朝时期砖室墓特征与案例

	小型墓	中型墓	大型墓
南朝时期	童家山南朝墓（《南京童家山南朝墓清理简报》）	殷巷南朝墓（91JYM1）（《南京殷巷东晋、南朝墓》）	狮子冲南朝墓（M1）（《栖霞狮子冲南朝大墓发掘简报》）
形制结构	墓向134°，凸字形券顶砖室墓。全长5.63米，墓室长4.40米、宽1.70米、高2.30米。墓室两侧壁各置二个凸字形小灯龛。墓室前部设有阴井暗沟，后部置有砖铺棺床。	墓向80°，凸字形券顶砖室墓。全长7.7米，墓室长4.70米、宽2.10米、高2.05米。墓室两侧壁及后壁，共置五个凸字形小灯龛与直棂假窗的组合。墓室前部设有阴井暗沟，后部置有砖铺棺床。	墓向154°，凸字形（墓室前后壁呈弧圆形）券顶（？）砖室墓。全长约十余米，墓室长8.32米、宽4.88米。甬道置石门两道。墓室两侧壁镶砌有砖印壁画"羽人戏龙""羽人戏虎"和"竹林七贤"。墓门封土和两重墓壁之间，夹有石灰层。砖室外壁与墓坑之间，砌有22道砖柱以加固墓壁。

此期墓葬的形制,大型墓可分为帝后级和王侯级的两个等级,其尺寸规制有一定的大小差别,通常墓葬前地面上原有神道和石刻。一般墓葬全长10米左右,宽3至6米不等,结构上的显著特征是墓室的墙壁普遍向外弧出,晚期甚至发展呈近椭圆形,有的大墓还在墓室四壁的外侧分别砌有多道短墙来加固墓室。均为带有较长甬道的单室墓,墓顶多为券顶或穹窿顶(保存完整的罕见)。甬道内有一至二道石门(有等级区别),石门额上浮雕人字拱。墓室中后部有砖砌的棺床,棺床上通常还设有作为棺座用的四块大青石板,可以认为均系夫妇合葬墓。棺床前多有石祭台,棺床的前后还常见阴井,墓前的排水沟有些可长达百米左右。墓室壁面上均设有桃形灯龛和直棂假窗。在墓内的壁面上常装饰有模印的花纹及人物形象砖和拼镶砖画,流行在砖侧模印以莲花纹、钱纹、网格纹和忍冬、卷草纹等,幅度最大的砖印壁画有"竹林七贤"图(图四)。

图四 "竹林七贤"砖印壁画

此期中小型墓的形制,一般都是平面呈"凸"字形带甬道的券顶单室墓。一般长3~6米,宽1~2米。中型墓的墓室内均有棺床,棺床前有阴井通向墓外的排水沟,壁面常见桃形灯龛和直棂假窗。墓砖的平面上一般印有细绳纹,侧面常模印有莲花纹、四出钱纹或网格纹等。[①]

本期砖室墓的墓砖,一般墓砖的尺寸大小处于东吴西晋时期与东晋时期墓砖的规格之间,其长33.5~34厘米,宽14~15厘米,厚4.5~5厘米(南京狮子冲南朝大墓 M1 墓砖样本数据)。

---

① 蒋赞初. 关于长江下游六朝墓葬的分期与断代问题 [A]. 江苏社科名家文库:蒋赞初卷 [M]. 南京:江苏人民出版社,2015:141–153.

二、南京六朝砖室墓相关问题的认识

（一）六朝砖室墓的源流与分布

南京地区东吴时期的砖室墓形制，主要还是沿袭了当地东汉时期墓葬形制的特点，而进一步地发展演进。

南京地区东汉时期的砖室墓，可试举三例如下：1. 江宁湖熟砖瓦厂汉墓（89JHM2）[①]1989年发现，墓向280°，长方形砖木混合结构。墓室长4.57米，宽2.46米，高1.65米。墓门设木门两扇，墓室左、右、后三壁为青砖平砌，墓顶五块木盖板平铺。此墓反映了由西汉竖穴木椁墓结构向东汉砖室墓结构过渡的类型（图五）；2. 南京栖霞山化肥厂汉墓（M3）[②]1984年发现，墓向275°，长方形券顶砖室墓。墓长4.58米，宽1.95~2.05米，高1.64米。此墓均用长方形大砖浑砌而成，标志着东汉南京地区的墓葬形制从此跨入了"砖室墓"时代（图六）；3. 高淳固城王坟山东汉画像砖墓[③]1985年发现，墓向250°，双凸字形砖室墓，前室为"四面坡式"穹窿顶、后室为券顶。墓葬全长8.77米，前室有砖砌"祭台"。墓砖尺寸较大，37*17~7.5和35*19~7.3，墓壁均平砖铺砌。每块墓砖的侧端面分别模印有约十余种花纹图案，内容有瑞兽、人物、故事和几何形花纹等。此砖室墓的形制与东吴西晋时期中型墓的形制，已经几无差异（图七）。

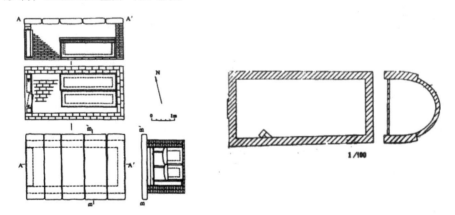

图五　江宁湖熟砖瓦厂汉墓（89JHM2）　　　图六　南京栖霞山化肥厂汉墓（M3）

---

① 南京市博物馆.南京湖熟汉代朱氏家族墓地 [A].南京文物考古新发现——南京历史文化新探 [M].南京：江苏人民出版社，2006：6.

② 南京市博物馆.南京市郊五座汉墓发掘简报 [J].东南文化，1992（6）.

③ 南京市博物馆.江苏高淳固城东汉画像砖墓 [J].考古，1989（5）.

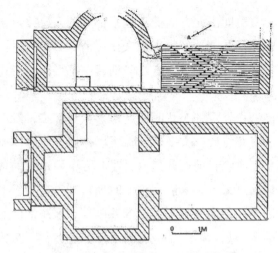

图七 江苏高淳固城东汉画像砖墓

孙权定都于建业，南京地区的行政中心发生了地域的转移和地位的提升。东吴时期砖室墓的埋葬分布情况，则与东汉时期砖室墓的埋葬分布状况，大不相同。

南京地区长江南岸这一片发现的汉墓，主要集中分布在汉代一些县治所在地的附近：上述如江宁区的湖熟镇是汉代姑孰侯国封邑和湖熟县治；南京栖霞山附近有秦汉时的江乘县治；高淳区的固城是汉代溧阳县治之地等；今日南京市的主城区，经孙权的建都开发为始，一跃成为鼎立中国东南地域的政治、经济和文化中心，人口大量聚居。自此都城近郊及周边地方的岗峦土坡，就成了古人去世后埋设"冢宅"墓葬的场所，整个六朝亦复如是。

由此联想到：在南京六朝建康都城课题的研究中，一直存在着一个没有完全解决的基础问题，就是六朝时期建康都城外郭的四置范围在哪里还不够明确清楚，仍停留在凭借既有文献引注的阶段，并没有得到考古发掘的实证检视。因此如果把现已有的在南京主城周边所发现、以及调查到的有关六朝砖室墓的资料，经再度复核后将其标注到现在南京城区的地图上精准定位，那么将这些分布在南京城周边的六朝砖室墓的点连接成线封闭以后，所形成的无墓葬空区范围，应该就是六朝建康都城外郭城的大概区域范围了。此后以它为根据和线索，十分有助于进一步深入对建康都城的城门干道、宫城园囿、里坊寺观等多方面问题的研究与探讨。

（二）六朝砖室墓与彩绘壁画

东晋王朝是西晋司马氏皇室避及乱世而迁渡所建，同时还裹挟了大批世家大族侨居江南，一时间由北方南徙于建康都城的人口数量超过了原住建邺的居民。他们从中原及北方地区带来的文化习俗，必然会对江南地区产生一定的影响。从葬俗墓制方面来看，东晋时期砖室墓形制的变化明显，东吴以来的旧俗消失很快。

南京地区现已考古发现的东晋时期砖室墓数量较多，然而墓室内却往往缺乏装饰，除去偶有花纹砖、文字砖砌筑于墙体以外，总体风格趋于单调朴素。这种现象似乎表明它与前期曹魏西晋时北方中原地区的墓葬内多有彩绘壁画的传统装饰风格不兼容，未能在东晋时期得到沿袭和承继。它也与年代相当的河西地区酒泉、嘉峪关等十六国的壁画墓、辽东地区的袁台子、沟门子和上王家村等的壁画墓，产生了极大的落差。还有在距东晋政治中心较远的今云南昭通也发现有东晋霍承嗣壁画墓，墓石顶棚与四壁上绘制了丰富的彩色壁画，并分别题有隶、楷、行三体的款识多处。题记中的"太元"（公元376年—396年），是东晋孝武帝司马曜的年号。以后到了南朝时期，更有河南邓县南朝壁画墓的发现等。

那么，南京东晋时期、或以后南朝时期的砖室墓内是否存在用彩绘壁画来进行装饰的呢？能否从考古发掘资料中发现到一些讯息呢？据《南京象山东晋王丹虎墓和二、四号墓发掘简报》称：1965年，在南京象山东晋王氏家族墓地发现的三号墓（王丹虎墓）中，"在墓顶尚残留部分石灰痕迹，墓室周围原可能刷有一层石灰，但绝大部分已剥落。"[①]

南京东晋时期的砖室墓中，不能排除原有彩绘壁画装饰的可能。至于发现时几乎都脱落殆尽的原因，其主要原因，一是砖室墓砌筑存在缝隙，不能隔绝水的渗透；二是南方雨水多、地下水位高，土层中的泥沙成分会随渗水带入墓内；三是南京地区的地表土壤，其成分属具有弱酸性性质的"下蜀黄土"。酸性泥沙随水而渗入墓内，与具有碱性性质的白石灰融溶，形成中和反应，以致石灰或彩绘类物质脱落消失，再经一千六百多年的沉积而更难觅原状痕迹。

又据《南京西善桥南朝墓》发掘简报载：1989年，在南京西善桥砖瓦厂内发现南朝陈代侍中、中权大将军黄法氍墓，"在墓室内壁皆涂一层白石灰，并断断续续地有红、绿、黄等彩绘色彩，估计墓室内原应绘有壁画，只是由

---

① 南京市文物保管委员会.南京象山东晋王丹虎墓和二、四号墓发掘简报[J].文物，1965（10）.

于南京地区比较潮湿，壁画一般不易保存，壁画内容就不得而知了"[1]。这一状况基本说明了在南朝时期，一定存在有彩绘壁画的砖室墓，还有不能排除在南朝帝王陵墓内装饰的大幅拼镶砖画表面，当初是白灰衬底、彩绘线描的可能性。从墓葬装饰的视角考察，在葬俗墓制方面形成南朝时期高等级的大型拼镶砖画墓与北朝新兴贵族的壁画墓遥相对应的态势，同为了解当时社会生活、绘画艺术和人们精神世界的珍贵资料。

三、南京砖室墓三例出土文字的辨析

（一）两座东吴"五凤元年"（公元 254 年）墓出土相同的砖质买地券[2]

两座墓均坐落在中央门外幕府山的张王山东北坡，编号为幕府山 M1（发现于 1979 年 10 月）、M2（发现于 1980 年 8 月）。二墓相距约 10 米，墓葬方向一为 100°，另一为 107°。M1 是平面呈凸字形的券顶砖室墓，长 5.26，宽 1.72，高约 2.27 米，分甬道和棺室两部分（图八）；M2 是前室"四面坡式顶"、后室券顶的双室砖墓，全长 8.65 米，分甬道、前室（长 1.96，宽 2.58~2.59，高 2.02 米）、过道、后室（长 3.12 米，宽 1.72 米，高 1.72 米）四部分（图九）。

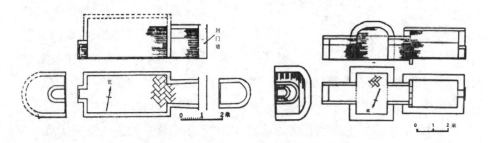

图八　幕府山 M1 平剖面图　　　　图九　幕府山 M2 平剖面图

这两座墓虽然大小不一，形制各异，但出土了数量大部分相同的陶、青瓷、金银、铜、石器及买地券等随葬品。M1 出土的砖质买地券一方，置于墓室内左侧，长方形。长 38.7 厘米，宽 7.1 厘米，厚 3.1 厘米。券文三行，第二行漏刻四字，补刻于行右，共七十八字，字文涂硃（图十）。券文为："五凤

---

① 南京市博物馆.南京西善桥南朝墓 [J]. 文物，1993（11）.

② 南京市博物馆.南京郊县四座吴墓发掘简报 [A]. 文物资料丛刊：第 8 辑 [M]. 北京：文物出版社，1983.

图十　砖地券文字（1. 幕府山 M1；2. 幕府山 M2）

元年十月十八日，大男九江黄甫，年八十。今于莫府山后，南边起冢宅，从天买地，从地买宅，赢钱三百。东至甲庚，西至乙辛，北至壬癸，南至丙丁，若有争地，当诣天帝。若有争宅，当诣土伯。如天帝律令。"M2 出土的砖质买地券一方，与 Ml 买地券相仿，长 37.5. 宽6.8. 厚 3.5 厘米。券文三行，第三行漏刻一字，补刻于右，全文除漏刻"南至丙丁"外，其余与 Ml 买地券内容完全相同。

这一东吴"五凤元年"（254 年）的买地券，其格式行文与早年出土于浙江温州的东晋"咸康三年"（337 年）朱曼妻薛买地券相比，[①] 尚显简略和粗率，然而两者的文体有着明显的前后承继关系。买地券是丧葬礼仪中主要受道教影响的迷信用品，其源起汉代而后流行延续时间很长远，六朝时期则在南方地区墓葬中较为多见，它所记载的纪年和墓主人身份等信息，对古墓葬进行断代及研究提供了可靠的依据。经考古发掘者分析认为，幕府山 M1 和 M2 出土的两方同款买地券所指认的墓主"大男九江黄甫"，不可能将一个人分葬于两座墓中，据于 M2 大于 M1 这一事实，初步判断可能 M1 是民间传说古人防范盗墓贼的"疑冢"。在当代考古实践中，"一主两墓"的现象极其少见，幕府山 M1、M2 可说是难得的案例，究其原因，"疑冢"可为一说，但也不会是唯一的推定。

（二）一座西晋砖室小墓出土见证丧礼变革背景的青瓷盘口壶[②]

1983 年 6 月南京市山阴路口东侧一工地，发现一座西晋砖室墓，平面呈

① 方介堪 . 晋朱曼妻薛买地宅券 [J]. 文物，1965（6）. 朱曼妻薛买地券的券文为："晋咸康四年二月壬子朔四日乙卯，吴故舍人立节都尉晋陵丹徒朱曼故妻薛，从天买地，从地买宅。东极甲乙，南极丙丁，西极庚辛，北极壬癸，中极戊己，上极天，下极泉，直钱二百万，即日交毕。有志薛地，当询天帝；有志薛宅，当询土伯。任知者：东王公，西王圣母。如天帝律令。"

② 谷建祥 . 南京市山阴路口西晋墓 [J]. 东南文化，1985，0.

长方形，长2.90米，宽1.00米，高1.34米，墓室空间不大，仅可容下棺木葬具而已。随葬品有青瓷盘口壶、碗各1件，铜碗、盆、鐎斗、镜各1件，以及铜钱11枚等。发掘简报称："值得注意的是，此墓铜器随葬品的数量超过了瓷器，是以往同类小墓中所少见的。其中铜镜铸造精致，对凤形象生动；铜碗、铜盆质地轻薄，亦为上品；尤其是铜鐎斗，腹侧附以有空管状柄（可装木柄）代替长金属柄，这样温酒时就不至于炙手，在制作工艺上应是一个进步。"也即说明该墓随葬品的等级超过了此墓形制所享之等级，随葬品的珍贵表明生者对墓主人的祭奠颇为隆重。特别是此墓出土的一件青瓷盘口壶，其器物肩部饰有一对羊首形铺首和一双蕉叶纹竖耳，蕉叶纹竖耳上，模印着"尚礼"两字（图十一），这在六朝砖室墓出土的随葬品中尚未发现过模印有这样庄重的文字，其意何为呢？

模印有"尚礼"二字

图十一　西晋"尚礼"款青瓷盘口壶示意图（实物现藏南京博物院）

　　中国自古传统礼仪有"五礼"之说。"五礼"出自《周礼》记载，指"吉礼、凶礼、军礼、宾礼、嘉礼"，即祭祀之事为吉礼，丧葬之事为凶礼，冠婚艺事为嘉礼，宾客之事为宾礼，军旅之事为军礼。五礼是深受儒家学派影响的国家政治思想与社会伦理道德相兼容的行为规范。丧礼是安葬并悼念死者的礼仪，属于"五礼"之中的凶礼。在历史发展的过程中，丧礼发生过不少演变，史料反映记载说晋武帝司马炎在位期间，西晋王朝就曾有过几次规模较大的讨论丧葬礼仪的活动。按《仪礼·丧服》规定，至亲者对死者要行三年斩衰之礼，须穿着丧服守孝三年，以尽哀痛，是为"三年之丧"制度，这是旧时五种丧服中最重的一种。司马炎在礼法之士重新阐释礼制之理论的支持下，因时制宜，变通旧礼，践行并确立了不穿着丧服而服丧的"心丧"制度。"古者无事，故丧三年，非讫葬除心丧也。后代一日万机，故魏权制，晋氏加以心丧，非三年也。"[①] 新"心丧制度"，自西晋以后至南朝，均为后世所遵循并流行。

由此推测，这件模印"尚礼"款文字的青瓷盘口壶，其内含的历史价值和意义有三：1. 该器物的制作年代应当不会早于（或等于）晋武帝在位期间，即公元265–290年。2. 这是一件专门用于祭祀或陪葬的礼器或冥器，而不是日常生活实用的器皿。3. "尚"者，有享用和尊崇之意；"礼"者，在此无非是指吉、凶之礼。从"尚礼"二字模印在陪葬品之现象可见，司马氏建立晋王朝之初所实行礼法之治的变革，亦已在南方的东吴故地，以及社会广众层面也都得到反响。

（三）一座东晋墓出土的"官"字铭文砖的诠释

1983年6月，在南京市鼓楼区虎踞关省公安厅一基建工地（石头城附近），发现一座东晋时期的砖室券顶墓，其平面呈凸字形，墓向152度。甬道长0.95米，宽1.05米，高1.24米，墓室长4.05米，宽1.33米，高1.54米。墓室右壁和后壁各砌一长方形小龛，室内设砖砌祭台、棺床各一，地砖按人字形铺墁。墓壁用三顺一丁法砌筑三组，上面平砌起券。单砖平砌封门。墓砖分两种，一种为长方形，

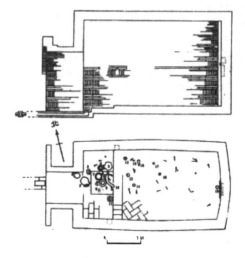

图十二　虎踞关东晋墓平剖面图

图十三　虎踞关东晋墓"官"字铭文砖拓片

---

① 杜佑《通典》卷八十《礼四十·沿革四十·凶二》"总论丧期"条.

长0.29米，宽0.13米，厚约0.03米；一种为楔形砖，长0.30米，宽0.13米，厚0.04米。人骨架、葬具均朽蚀不存。墓内出土随葬器物16件。在砌筑该墓室的部分墓砖的侧端面模印有"官"字铭文（图十二、十三）。[①]

　　从已考古发掘的南京六朝砖室墓的资料来看，发现类似模印有"官"字的铭文砖样本，并非仅此虎踞关东晋墓为孤例。即便在近年所发现的南京狮子冲南朝大墓M1和M2中，也有"官"字款铭文的墓砖被发现，故对此铭文砖之"官"字的蕴意试作考释。见此砖铭之"官"字，不由联想起六朝时期建康的名刹——瓦官寺（图十四）。瓦官寺，是东晋时期建康重要的佛寺之一，始建于东晋兴宁二年（364年），寺址（在今南京中华门内西侧花露岗）原为东晋元帝时官营烧陶工坊之地，或为官府管理陶业机构之所。无论是官营的作坊，还是官府的衙署，他们都与制作陶瓦的"官窑"、或管理陶瓦业的"官局"有关系。

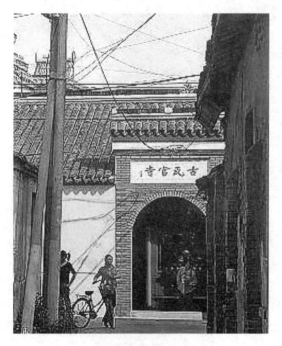

图十四　南京瓦官寺近影

图十五　虎踞关东晋墓
"东"字铭文砖

梁代顾野王《玉篇》云："陶，作瓦器也"，因民间俗称陶官为瓦官，故

---

① 南京市博物馆.南京虎踞关、曹后村两座东晋墓 [J]. 文物，1988（1）.

以此来称呼寺名。①东汉许慎《说文》曰："瓦，土器已烧之总名"，古义之"瓦"字，当可总称用陶土制作的器、具、砖、瓦等同类物品，而非指用于覆盖屋面的铺瓦。六朝建康都会人口密集，不管是使用于居住及丧葬的建筑材料，或是日常生活所用的器具物品的需求，极其面广量大，且还有严格的等级要求和技术规范，政府设置执掌管控其行业的专门机构是十分必要的，东晋的"甄官署"，南朝的"东西陶官瓦署"，即是官府专属的陶瓦治事之处。②

　　综上，虎踞关东晋墓铭文砖的"官"字，标志着此墓葬墓砖及墓室的尺寸和规制，是经官署审核并按照标准规范制作的工程。无独有偶，该墓还同出有模印"东"字变体的铭文砖（图十五），字形颇有印章效果，似为东晋"甄官署"的下属部门，或即南朝早期"官瓦署"的下属——"东陶、西陶"的徽标印记。

---

① 梁代慧皎《高僧传》卷十三《慧力传》记载，此寺之地本是河内山玩公之墓，晋元帝时，丞相王导以其地"为陶处"（即制作陶器之处）。释慧力于晋永和年中"来游京师，常乞食蔬，苦头陀修福。至晋兴宁中，启乞陶处，以为瓦官寺"。据唐朝许嵩《建康实录》卷八载："晋哀帝兴宁二年诏移陶官于淮水北，遂以南岸窑处之地，施僧慧力，造瓦官寺。"
② 《唐六典》卷二十三载："晋少府领甄官署，掌砖瓦之任。宋、齐有东西陶官瓦署"。

百济文化与南朝文化

——以武宁王陵为中心

周裕兴

当代韩国学术史永久记载了这一具有重要历史意义的时刻：1971年7月8日下午4时，在韩国忠清南道公州市（邑）宋山里，一座掩埋了1400多年的、百济第二十五代武宁王陵的墓门被打开了。长久聚积于墓室内的浓厚白色雾气向外溢出，夏日明亮的阳光映射进神秘的墓室，照耀在许多陪葬品上。国立博物馆馆长、发掘团长金元龙博士一边窥视墓室一边感叹说："这是我有生之涯最高兴的一天，这王陵的发现也是光复后考古学界最伟大的发现。"发掘现场人山人海，警方费尽苦心维持秩序。汉城（首尔）的韩国日报、东亚日报、朝鲜日报等三大报以及其他报纸都以第一版头条新闻报道武宁王陵发掘经过。

——这是韩国朝鲜日报记者许英桓所做的精彩叙述[①]

武宁王陵发现时结构形制完整，出土的文物达108种2906件，其中12种17件被指定为国宝，极大地丰富了对百济文化遗产的保存与认识，揭开了韩国百济学研究的新篇章。这些珍贵的实物资料，不仅有力地证明了百济古国璀璨的物质文明，同时也记录了当时百济社会政治、经济、文化发展的状况，尤其是反映出源自中国南朝时期的诸多文化因素，凸现了百济是古代东亚文化圈形成之轴的历史地位和历史意义。

下面谨将中国学术界对于韩国武宁王陵的相关认知和研究情况，作一些

---

① 许英桓. 百济武宁王陵发掘经过简报 [J]. 大陆杂志，1971（6）.

综合介绍。

一、有关武宁王陵的介绍

韩国的武宁王陵发现于1971年，其《武宁王陵发掘调查报告书》发表于1973年。直至1978年以来中国实行改革开放后，国际间学术信息和动态的交流开始有所展开。中国学术界对于武宁王陵的较为详细的发掘资料，最早见诸1984年由中国社会科学院考古研究所编辑、文物出版社出版的《考古学参考资料（6）》。该书中刊载了由北京大学历史系考古教研室贾梅仙，根据韩国文化财管理局编《武宁王陵》（1974年，三和出版社，日文版）一书，缩写而成的一篇文章即《朝鲜南部武宁王陵简介》。该文简明扼要地介绍了武宁王陵发现和发掘的经过、墓葬结构形制，以及出土随葬品等情况，虽篇幅不算很长，但图文并茂，基本反映了武宁王陵的梗概，给学术界提供了一个可资参考的研究线索。

1986年，《中国大百科全书：考古学》出版，这是中国第一部大型综合性百科全书（也是世界上规模较大的百科全书之一）中的考古学专卷。在该书的外国考古部分中，专门收录了"武宁王陵"的条目，由中国社会科学院考古研究所究员安志敏撰写，内容言简意赅，指明了武宁王陵的重要发现和意义，确立了"武宁王陵"在中国考古学上的影响和地位。[①]

1992年8月，中国和韩国建立外交关系，随着两国经济贸易快速发展，加深两国人民了解和友谊的文化交流活动也逐渐走向正常化。这一时期中国有关武宁王陵的介绍开始见之于许多普通读物，传播和影响得以扩大，如霍巍等《世界古代奇迹》（上海教育出版社，1992年）有"百济武宁王陵"、张宏儒主编《二十世纪世界各国大事全书》（北京出版社，1993年）有"1971年7月7日—9日百济武宁王陵的挖掘"、魏守忠等《各国国宝》（华龄出版社，1996年）有"武宁王陵"、上海市中国旅行社编著《日本韩国导游手册》（东方出版中心，2001年）有"武宁王陵"等。

---

① 朝鲜民主主义人民共和国社会科学院历史研究所.百济的武宁王古坟[A].朝鲜历史概要[M].平壤：外国文出版社，1977：38-39.

林相宗.反映百济文化的武宁王陵[A].朝鲜文化概况[M].平壤：外国文出版社，1979：37-38.

朝鲜民主主义人民共和国社会科学院考古研究所.百济墓葬[A].朝鲜考古学概要[M].李云铎，译.哈尔滨：黑龙江文物出版编辑室，1983：223，225.

值得注意的是，近年来在中国所见到的一些对武宁王陵的普及介绍性的作品中，也明显增加了学术性、理论性的内涵，如韩钊的《韩国百济武宁王陵文物赏析》（《收藏》2005年第1期）：武宁王其时百济正是中兴时期，他与中国梁朝通好，同时还修好于日本。武宁王陵的诸多发现，说明韩国是中、日文化交流的桥梁和中转站；李雪梅、姜寅虎的《百济：微笑的力量》（《中国国家地理》2006年第5期）：武宁王在位期间实现了稳定民心、扩展国力、强化国际地位等宏伟业绩。王陵发现时形态完整，出土的文物数量多而珍贵。武宁王陵堪称是20世纪亚洲最重大考古发现之一；北京电视台在2008年元旦、播出了一档《韩国印象"百济古国的文明史"》的节目：记述了2007年10月10—15日盛大的"百济文化节"庆典活动在韩国忠清南道的扶余郡和公州市举行，文化节旨在展示灿烂辉煌的百济文化，宣传百济文化的灵魂与智慧，是韩国三大文化庆典之一。20世纪70年代发现的武宁王陵这座千年古墓，揭开了百济古国璀璨的文明史。百济与南朝往来已经非常频繁，百济的武宁王、圣王父子都在恢复国力与高句丽抗争的同时，积极发展与中国的关系，武宁王陵采用来自南朝的建筑风格充分说明了这一点。

二、武宁王陵的时代背景

熊津时期（475—538），在百济的历史上存在的时间虽不很长，却是一个发生转折并进行调整的重要时期。武宁王在位时，励精图治，一方面努力恢复国力以抵御高句丽的南扩，另一方面积极发展与中国南朝的关系，是一个有所作为的国王。

朝鲜半岛的三国时期，与高句丽、新罗相比较，以百济与中国南朝的交流最为密切；就百济而言，则在熊津时期形成了与中国文化交流的高潮。熊津时期的百济二十四代东城王，倾力与南朝萧齐保持友好交往；东城王之子、百济二十五代武宁王，以中兴百济、强国之王的形象遣使奉表，开创并奠定了与南朝最兴盛时期梁武帝（原本萧齐同族、曾任雍州刺史，统治萧梁达47年之久）的友好关系；武宁王之子、百济二十六代圣王，继承了武宁王的遗愿，深化了百济与南朝的友好往来，将百济同中国文化的交流活动推进到了更高的层次（参见下表）。

表一　熊津时期百济与中国南朝遣使交往一览表

年代			遣使事迹	册封事宜
公元	南朝	百济		
475—477（475年百济迁都至熊津）	宋后废帝	文周王		
477—479	宋后废帝、齐高帝	三斤王		
480年	齐高帝建元二年	东城王二年	百济首次向萧齐遣使朝贡	齐册封东城王为使持节、都督百济诸军事、镇东大将军
484年	齐武帝永明二年	东城王六年	二月，百济闻齐册封高句丽长寿王为骠骑大将军，遂遣使赴齐，上表请求内属，齐武帝允诺；七月，百济复遣使赴齐朝贡，但在海中，"遇高句丽兵，不进"（《三国史记》，百济本纪4）	
486年	齐武帝永明四年	东城王八年	百济遣使赴齐朝贡	
490年	齐武帝永明八年	东城王十二年	百济先后遣使赴齐，上表请封其国内大臣。齐帝均诏可，授爵，"赐军号"	齐册封东城王袭亡祖父王爵为百济王
495年	齐明帝建武二年	东城王十七年		
502年	梁武帝天监元年	武宁王二年	寻为高句丽所破，衰弱者累年，迁居南韩地（百济首次向萧梁遣使）	梁进封武宁王为征东将军
521年	梁武帝普通二年	武宁王二十一年	遣使奉表，称"累破句骊，今始与通好"，而百济更为强国（新罗始随百济使者到梁朝献方物）	梁册封武宁王为使持节、都督百济诸军事、宁东大将军、百济王

续表

年代			遣使事迹	册封事宜
公元	南朝	百济		
524 年	梁武帝普通五年	圣王二年	隆（武宁王）死，诏复以其子明为持节、督百济诸军事、绥东将军、百济王	梁册封圣王为持节、督百济诸军事、绥东将军
534 年	梁武帝中大通六年	圣王十二年		
541 年（538 年百济迁都至泗沘）	梁武帝大同七年	圣王十九年	累遣使献方物，并请《涅槃》等经义、《毛诗》博士，并工匠、画师等，敕并给之	
549 年	梁武帝太清三年	圣王二十七年	遣使贡献。值侯景之乱，见城阙荒毁，号恸涕泣，为侯景所拘。景乱平后方回国	

注：上述史料引自：《南齐书》卷五十八，蛮传，百济条和《梁书》卷五十四，诸夷传，百济条等。

北京大学教授周一良在考察了武宁王陵出土文物、《职贡图》、以及史籍中有关"大通寺""涅槃等经义"、百济使者"于端门外号泣"和赴百济讲礼博士陆诩的事迹之后，评价说："百济与梁朝的关系最为密切，两国友谊和文化交流留下的痕迹也最明显。"[1]

厦门大学教授韩国磐指出：百济与南朝的往来很多，而与北朝的往来却这样少呢？究其原因，不外地理上的、政治上的和经济文化上的诸因素。在地理上，百济通往北朝的陆路交通，被高句丽所阻隔；陆路不通，海上交通却颇发达，由百济乘船到长江口或钱塘江口，这是当时海上的一条通道。在政治上，当时中国南北朝对峙，朝鲜半岛上三国鼎立，各有所图，皆望能多结交一些与国，来牵制自己的对手。472 年，北魏拒绝了百济盖卤王请求其发兵讨伐高句丽的要求。百济只有加强与南朝联系的一途，虽难得南朝兵力之助，亦可取得道义上的声援。再从经济和文化来说，在南北朝对峙的前期，

---

① 周一良 . 百济与南朝关系的几点考察 [A]. 魏晋南北朝史论集 [C]. 北京：北京大学出版社，1997：551–557.

南朝的经济和文化比北朝发达，尤其在文化方面，南朝的天文历法、诗、骈文、经学、佛学、绘画艺术、造船、纺织技术等都各有成就和特点。百济和南朝的往来频繁，促进了双方的经济文化交流。①

复旦大学教授韩昇认为：南朝与东亚这几个国家间关系秩序，由原来的高句丽→百济→倭，转变为百济→高句丽→倭。从梁朝开始，百济的地位节节攀升，以后一直保持在东亚中的最高地位。百济与南朝的关系，虽然对于南朝而言，没有太多政治、军事的利用因素，但是，双方的文化交流却相当密切。百济是东亚最为发达的农业国家，自然接近且易于接受南朝的文化。而这种文化上的内在联系，使得双方的关系尤能持久与亲密。南朝对百济，并没有什么政治或军事上的利用，所以两国间的友谊尤其真诚，感情甚笃，不会因国内外局势的变动而变化。南朝与百济亲密的文化关系，在梁代出现高潮，这与上述百济在梁代跃居于东亚国家之首的国际政治关系演变是一致的。②

以上学者的研究分析，是认识理解武宁王陵所反映的百济与南朝文化交流关系的最佳诠释。

三、武宁王陵的南朝文化因素分析

百济熊津时期的初期，百济王权旁落，文周王、三斤王、东城王相继被大臣谋杀而逝。武宁王即位二十三年，百济国力有所恢复，大量引入中国南朝文化，最终是病卒而葬，其墓葬的形制、棺具和随葬品等应该是比较完整和符合规制的。冥冥之中也许是天意所愿，武宁王陵在一千四百多年后竟能被完好地发现，使今人得以集中、客观和形象地考察到当时百济历史文化之原貌。

武宁王陵所反映出来的南朝文化因素，主要表现在以下几个方面。

（一）墓地与墓室

武宁王陵所在的宋山里古墓群共有二十多座百济古坟，当属百济熊津时代百济王及宗室成员的陵区，这些墓葬可分成三个墓区有规律地分布在丘陵的南麓。武宁王陵与5号坟、6号坟组合成一个墓区，该墓区的三座墓呈"品"

---

①　韩国磐.南北朝隋唐与百济新罗的往来 [J].历史研究，1994（2）.

②　韩昇.百济与南朝的文化交流及其在东亚的意义 [A].石源华.东亚汉文化圈与中国关系 [M].北京：中国社会科学出版社，2004：120–137.

字形分布；武宁王陵居北侧，规模较大，似应是主墓。

东晋南朝时候的世家大族也多是聚族而葬，如在南京郊区发现的象山东晋王氏家族、仙鹤观东晋高崧家族等世族大族墓地。[①] 其中象山王氏墓地，据出土墓志可知属于东晋望族琅邪王彬或王廙的支系，其二十余座家族墓葬依据长幼、尊卑和时间，先后分布在象山西麓、南麓西段、中段和东麓的4个墓区。这与宋山里古墓群中分有墓区的做法很接近。高崧家族墓地共有3座墓，分前后两排。后排6号墓规模大、时代早，推测墓主为高崧父母、丹阳尹高悝夫妇。前排的两墓墓主分别是侍中、建昌伯高崧夫妇和其子散骑常侍高耆夫妇。高崧家族墓地中，尊者居后的情况与武宁王陵非常相似。

在葬俗葬制上，武宁王陵等百济王室墓葬的葬地选择显然与东晋南朝的帝王陵寝和世家大族墓地一样都选择在都城近郊，更仿效了六朝世家大族聚族而葬的方式进行墓区和墓位的排列，说明熊津时期百济王室较为严格地接受和遵从了南朝的葬仪文化。

武宁王陵墓室的形制结构，同中国东晋、南朝时期墓葬相比较有着惊人的一致，但也存在一些复杂不解的因素。武宁王陵砖室全长7.1米，墓室宽2.72米，墓室高度从棺床算起为2.93米，墓室甬道设一道木门。武宁王陵的规格等级与东晋南朝帝陵的差距明显，与南朝各代的宗亲王侯的陵墓也有一些差距，应类似于南朝的大中型等级的墓葬。[②] 换言之，武宁王陵的形制与南朝公卿勋贵、高级士族墓相似，其等级与南朝授予他的官爵品秩是相吻合的，武宁王陵的修造是尊崇了南朝的相关葬制和等级的。

但是武宁王陵与南朝宗室王侯陵墓相比较也有少许相同点，如武宁王陵墓室内满壁的莲花纹模印砖饰、砌造的桃形灯龛、出现有"大方""中方""中""急使"等标示墓砖不同规格所模印的铭文砖等，这些都是在建康地区南朝齐梁时期的大型墓葬中才会存在的现象，说明武宁王陵的营造可能借鉴了南朝宗室王侯级别陵墓的一些特征，其原因不能简单地理解为是百济

---

① 南京市文物保管委员会.南京人台山东晋王兴之夫妇墓发掘报告 [J]. 文物, 1965（6）.

南京市文物保管委员会.南京象山东晋王丹虎墓和二、四号墓发掘简报 [J]. 文物, 1965（10）.

南京市博物馆.南京象山5号、6号、7号墓清理简报 [J]. 文物, 1972（11）.

南京市博物馆.南京象山8号、9号、10号墓发掘简报 [J]. 文物, 2000（7）.

南京市博物馆.南京象山11号墓发掘简报 [J]. 文物, 2002（7）.

南京市博物馆.江苏南京仙鹤观东晋墓 [J]. 文物, 2001（3）.

② 罗宗真，王志高.六朝文物 [M].南京：南京出版社, 2004：92.

的工匠模仿了中国的葬制。"东晋、南朝的陵墓与中国其他各时代的陵墓一样，其墓室是建筑在地下的。在营建和待葬期间，按理不许一般的官民等进入观看。埋葬之后，封闭严密，更是谁也无从看见。百济的使者虽多次到建康访问，但作为外国人，绝无被邀请深入到墓室内参观的可能性。"① 所以可以推断南朝萧梁官家的烧砖工匠直接参与了包括武宁王陵在内的百济王室陵墓墓砖的烧造。宋山里六号坟墓砖铭文曰"梁官瓦为师矣"，正说明了百济的砖瓦技术源自梁代官营砖瓦。在韩国忠清南道发现的百济瓦窑证明了南朝的砖瓦技术在百济时代已经传入朝鲜半岛，这种技术的传播很可能是通过官方交流实现的。②

（二）出土随葬品

1. 墓志与买地券

在武宁王陵的出土遗物中，富有历史价值的要属墓志石和买地券。它们与南朝同期和同类的墓志相比较，在形制和内容上虽然显得简略，但还是有一定的内在联系和特点的。

百济武宁王墓志，大小尺寸规格较萧梁时期的诸侯王墓志的规格要低，其志文仅6行52字，内容仅涉及墓主人的官爵、享年、卒葬，书体上隶书意味较浓厚。这与志文动辄数十行，内容涵盖墓主人官爵、家世谱系、生平并缀以四言铭辞，书体纯乎小楷的南朝齐、梁间的墓志差别甚大。而武宁王夫妇墓志志文之间廓以竖条阴刻界栏的手法也仅见于南京铁心桥出土的刘宋元嘉二年（425年）的宋乞墓志。③ 武宁王陵出土墓志中间有圆形穿孔的制作特征，也不见于南朝时期所发现的墓志上，仅见于江苏吴县发现的东晋太宁三年（325）的"张镇墓碑志"（承袭西晋碑式墓志的形制，虽额的正（阳）、背（阴）均有"穿"，而孔并不刻透，仅作象征）。④ 可见，此时百济在墓志方面、对于接受南朝文化上有一定的滞后性。

在墓葬中用买地券的习俗产生于中国东汉时期，是现实社会土地私有制下土地买卖关系在葬俗中的反映，且渗入了道教的色彩。随葬买地券的习俗，六朝时期屡有延续，⑤ 武宁王陵的买地券的葬俗无疑是从中国传入的。武宁王

① 王仲殊 . 东晋南北朝时代中国与海东诸国的关系 [J]. 考古，1989（11）.

② 熊海堂 . 东亚窑业技术发展与交流史研究 [M]. 南京：南京大学出版社，1995.

③ 斯仁 . 江苏南京中华门外铁心桥出土南朝刘宋墓志 [J]. 考古，1998（8）.

④ 南京博物院 . 东晋张镇碑志考释 [J]. 文博通讯，1979（10）.

⑤ 王志高 . 六朝买地券综述 [J]. 东南文化，1996（2）.

（王妃志石背面）买地券文中有"钱一万文"之语，在中国古代货币数字之下，缀以"文"字的用词方法，大约开始于东晋后期。在买地券中有此用法，始见于《宋泰始六年（470）始安县欧阳景熙买地券》，作"以钱万万九千九百九文"。可见，武宁王买地券的"钱一万文"的文例，来源于南朝的买地券制度，而北朝买地券契价则均用实物如布匹等，似对其没有影响。①

武宁王墓志正文背面有干支刻铭，道家色彩十分浓厚，亦当是为其所买墓地地界方位与道教"东方甲乙木，南方丙丁火，中央戊己土，西方庚辛金，北方壬癸水"的阴阳五行说相印证的表现。其来源则可能是中国江南六朝早期墓中随葬买地券上常见的以干支象征性地表示墓地地界的内容，如"东至甲乙，南至丙丁，西至庚辛，北至壬癸，中央戊己"之类。② 又据王妃墓志，武宁王王妃死后最先的葬地位于"西地"，其后改葬"申地（武宁王陵所在地）"。按，西地为西，申地属西南，反顾武宁王墓志正文背面干支刻铭的排列分布样式，不知是否带有古代"兆域图"的寓意在内。

2. 石兽

武宁王陵出土的石兽长47.3，宽30厘米，造型壮实饱满，腹侧浮雕卷云形图案，石兽头顶上有树枝形铁制独角，置放在墓室的显著部位，十分醒目。值得注意的是，铁角不是直接在兽体上雕琢的，而是以铁先铸成而后插入事前凿好的孔中。以前，研究者多认为它的形象、性质与南朝墓葬中的陶穷奇和其他石兽一样，具有镇墓和辟邪的作用，③ 也有研究者认为南朝的陶穷奇和镇墓兽脊背上都有锯齿状鬃毛，而武宁王陵出土的石兽则无，而且其腹侧图案于南朝帝王陵墓神道的石兽图案相似，是故武宁王陵中这件石兽实则模仿了南朝帝陵神道上的独角麒麟，而不是一件普通的镇墓石兽，它设在甬道中有象征帝王威仪之功能。犹如武宁王志石中称其死为"崩"（中国古代有所谓"天子死曰崩，诸侯死曰薨"之说）一样，是他们内心深处希望与中国皇帝对等思想的流露。④

---

① 张传玺.百济国斯麻王买地券释例[A].韩国学论文集：第四辑韩国传统文化国际学术研讨会论文专辑[C].北京：北京大学韩国学研究中心社会科学文献出版社，1995.

② 王俊，邵磊.武宁王墓志与六朝墓志的比较研究[J].南方文物，2008（3）.

③ 杨泓.吴、东晋、南朝的文化及其对海东的影响[J].考古，1984（6）.

④ 王志高.百济武宁王陵形制结构的考察[J].东亚考古论坛.2005（1）.

3. 青瓷器

武宁王陵共出土青瓷器九件，分别是青瓷六耳罐二，盘口壶一、灯盏六，保存基本完好。从其胎土、釉色及造型看与中国浙江生产的六朝青瓷很相像，它们应该是来自南朝的高级生活用品，年代亦当在南朝时期无疑。武宁王陵所出土的瓷器应全部是青瓷制品，原发掘报告中因灯盏的胎釉色泽较浅，称可能属白瓷产品的推测是值得商榷的。

武宁王陵出土的数件灯盏里，多遗留下明显的灰烬等使用燃点的痕迹，说明了这些灯盏在入葬墓室前（也许是在停厝待葬祭奠时）就已经被使用了，因为灯盏入葬墓室被封闭后，在失去氧气的状态下是不能燃烧的。在青瓷灯盏中留有灰烬等使用痕迹的现象，在南京地区六朝墓葬考古中还尚未发现过。

4. 铜镜

武宁王陵共出土三枚制作精美的铜镜，即出土于王棺的方格规矩神兽镜、出土于王妃棺中的一枚宜子孙兽带镜和一枚兽带（纹）镜。这三枚铜镜蕴涵重要的历史、艺术、科学价值和丰富的文化内涵，是反映古代东亚地区文化交流的重要的实物例证。

王棺出土的一枚"规矩镜"，最为古朴庄重，图案铸造清晰，立体感强，具有汉代"博局镜"的特征。

王妃棺出土的二枚"兽带镜"，极为细腻典雅，反映了汉魏时尚的思想文化。据考证其中的一枚"七乳镜"是在镜的内区配置着七个形同小镜的"乳"，可能就是"七子镜"。南朝梁简文帝写有一首《望月》诗，诗云："流辉入画堂，初照上梅梁。形同七子镜，影类九秋霜。桂花那不落，团扇与谁状。空闻北窗弹，未举西园殇。"从镜的形制并结合上述梁简文帝的诗句来看，这枚"七子镜"，应该是从中国的南朝输入的。另一方面，据《日本书纪》（神功皇后五十二年）记载，百济曾向日本献七支刀一口、七子镜一面。尽管《书纪》的这一记事的年代较早，但可以认为百济从中国输入七子镜，又向日本输出七子镜，说明了它与中日双方的密切的文化交流关系。①

武宁王陵出土的这三枚铜镜，可能是中国东汉中后期以后的产品，其产地和制作工艺可能与我国南方有关。百济王室从中国获得这些铜镜的时间有两种可能：一是百济的汉城时期，或百济的熊津时期。铜镜是珍贵的日常生

---

① 杨泓. 吴、东晋、南朝的文化及其对海东的影响 [J]. 考古，1984（6）.

　　杨泓. 七子镜 [J]. 文物天地 .1986.2.

活用品，古代皇家贵族使用传世很久的旧铜镜现象并不罕见，因此前者的可能性不能排除。[1]

5. 琉璃童子像

武宁王陵出土遗物中有"琉璃童子像"一对。澄绿色半透明玻璃质地，其中一件完整，一件已残（仅存上半身）。完整者高2.8厘米，柱状圆雕，刻法简洁，表面有浅色沁垢。造型均为一敦实憨厚、双手相拱于前胸的男子。背部有供系挂用的穿孔。这类物件，中国文物考古界通常将其称之为"翁仲"，有护身之寓意，是汉魏六朝贵族人士佩带的祥瑞饰物。

秦汉时期，翁仲不仅以高大雕刻物存在，也以玉质的小巧佩饰件出现在社会日常生活之中。人们随身佩带精致的小翁仲，以祈求护身平安、驱除鬼邪。玉翁仲和刚卯、司南佩，被称为"汉代三佩玉"。在汉魏六朝墓葬的清理发掘中曾出土过一批玉翁仲实物，南朝墓葬中也曾有玉石质地的"翁仲"类物件出土。相比较而言，武宁王陵所出土的"琉璃童子像"的制作年代可能要早到汉代，缘由何在，可能与上述铜镜的问题相类似，值得探究。[2]

6. 炭木兽形佩饰

武宁王陵中出土2件兽形装饰品，一件位于武宁王銙带附近，长2厘米；另一件位于王妃腰部，

高2厘米。其均系用小块的"炭化木"做成，总体形象如一只蹲卧的狮子。线刻出四肢，身体中央有0.5毫米的穿孔。整体雕刻简单，头部的鼻孔、前肢的脚趾刻画得较细致。

关于它的材质，韩国学界认为是"炭化木"，中国考古学界一般称该类材质为"煤精"。煤精贵在色黑、质细、韧性好、抛光后漆黑闪亮。故在中国，以炭木做成饰品佩戴的习俗由来已久。1959年，在新疆民丰尼雅汉代遗址中，发现有用煤精制作的印章——覆瓦钮的"司禾府印"。在甘肃嘉峪关魏晋时期墓葬中，不仅发现有煤精印章，还发现有煤精雕刻的一对墓主人死时手中拿着的"握猪"等。

① 徐萍芳. 三国两晋南北朝的铜镜 [J]. 考古，1984，.
　周裕兴. 武宁王陵出土文物分析（2）——以铜镜为例 [A]. 百济文化海外调查书 V [M]. 公州：国立公州博物馆，2005.
② 周裕兴. 武宁王陵出土文物探析（1）——以"琉璃童子像"为例 [A]. 东亚考古论坛：第二辑 [M]. 扶余：忠清文化财研究院，2006.

关于兽形的形象，原报告书认为是狮子，实际上应该是辟邪。辟邪，是汉代以来的吉祥物，其原形为狮子的形象，引入中国时将其制作成石刻而树于重大建筑物前的标志物件。在六朝传统文化的观念中，辟邪是具有道教色彩的能避邪御魔的神兽，而狮子则是蕴涵佛教意味的护法祈和的象征。

在中国东晋、南朝时期较高等级的墓葬中也曾出土类似物，常见有玉、琥珀、煤精等质料。这些兽形小饰物，无论材质、大小、造型等均与武宁王陵出土的同类物如出一辙。一些学者根据南京六朝墓葬发现的此类动物形象的小饰品较多出土于女性身边的现象研究认为，这类小件辟邪饰件可能是同其他各种小件饰品串联在一起、作为颈饰品挂于女性胸前的佩物。

武宁王陵出土的煤精辟邪佩饰的制作年代应该在中国的东晋、南朝时期。它之所以会出现在武宁王陵，不外乎是东晋、南朝馈赠给百济的礼品。这也说明百济认同并接受来自中国六朝时期所流行的避凶求吉的习俗和思想观念。

四、余论

武宁王陵发现已经有三十八年了，它不仅是研究百济历史文化的可贵资料，也是佐证中国南朝历史文化的有用资料，其学术价值和潜力依然存在，如武宁王陵出土的环首刀、青铜器具等，仍有与南朝文化做比较研究的意义。宁王陵出土龙凤纹环首刀一把，精致华丽，被视作是具有百济文化特色的遗物。环首刀，或称环刀，是流行于中国汉代和魏晋南北朝时期的一种特定刀的名称。起初环头大刀作为实战兵器，其形制简单。后来随着它渐渐成为社会地位和身份的象征，在刀鞘、刀把上开始用金银装饰或雕刻花纹。《唐六典》卷十六武库令条记："刀之制有四：一曰仪刀、一曰鄣刀、一曰横刀、一曰陌刀。"其下注"仪刀，古班剑之类。晋、宋以来谓之御刀；后魏曰长刀，皆施龙凤环。隋谓之仪刀，装以金银，羽仪所执。"

河南邓县的南朝彩色画像砖墓中，出土有步卒持长盾肩环刀出行的画像砖。在南京附近的高等级南朝墓葬中也发现了环刀的图像，在金家村南朝大墓[①]墓室西壁的"骑马武士图"中的骑马武士左腰部佩有环首刀，在甬道的第一石门与第二石门的左右壁上各有一副"门卫武士图"，武士头戴冠，穿金属

---

① 南京博物院. 江苏丹阳县胡桥、建山两座南朝墓葬 [J]. 文物，1980（2）.

制鱼鳞状铠甲，脚穿翘首履，手拄直式刀（剑），柄首就是圆形（环形）。

朝鲜半岛发现的龙凤纹环首刀，与中国文化应该有一定的渊源联系。武宁王陵所出的龙凤纹环首刀属于百济王的威势品，是王权威严和等级身份的象征，因此极有可能与南朝相关。可惜的是，迄今为止，中国发掘的高等级东晋和南朝墓葬多遭盗掘，且建康地区的土壤为酸性土质，铁质刀剑类随葬品多锈蚀难辨，故未曾发现类似完整的物品，所以它们之间的具体关系还不清晰而待研究。[①]

武宁王陵出土有青铜碗、箸、匙等器具，其碗的器形与南朝瓷器的器形十分接近，在墓内摆放的位置亦很重要。这批器物是来自于南朝的制品，还是百济依据南朝器物的样式而自己的仿造，由于目前发现的六朝青铜碗等器皿资料缺乏，所以无从得出结论。其青铜箸、匙与青铜碗并没有放置在一起，而在六朝时期这一类青铜食具也尚未发现过。

1993年9月，在江苏省江都县城东南15公里临长江2公里处的大桥镇果园场，发现了一处南朝时期的青铜器窖藏，窖藏铜器多为实用器皿，计有盘、盆、钵、碗、杯、灯、唾壶、樵斗、熨斗等30余件。为了考察南朝青铜器的制作工艺，专家采用金相分析、扫描电镜能谱分析对江都大桥镇出土的窖藏青铜器进行了研究，取得了有意义的学术成果。

如果运用江都大桥镇南朝青铜器窖藏的实物与武宁王陵出土的青铜器做器形比较；用已获得的制作工艺技术分析、金相分析、扫描电镜能谱分析的数据能与武宁王陵出土的青铜器的同类分析数据做对照，那么这个学术问题的探讨将一定会有所突破。[②]

武宁王陵保存的完整性和武宁王时代的典型性，为我们认识和研究百济文化、南朝文化乃至古代东北亚文化，提供了难能可贵的实物资料。如果说武宁王陵的墓葬结构和墓室空间内的随葬品，其营造出来的氛围充满着南朝文化因素的话，那么武宁王与王妃的葬具和棺具内陪葬的服饰等系列文物，则基本反映的是百济自身悠久的历史文化，这是当时东北亚国际关系和东北亚文化圈形成期的一个历史断面的真实写照。

---

① 丁利民. 百济武宁王陵中的南朝文化因素研究 [D]. 南京：南京师范大学，2007.

② 王金潮，田建花，孙淑云，姚智辉. 江都大桥镇出土的南朝窖藏青铜器工艺研究 [A]. 中国文物保护技术协会第四次学术年会论文集 [C]. 北京：科学出版社，2005：26-32.

东晋高崧家族墓与百济武宁王陵的比较研究

周裕兴

一

　　1998年6月至1999年4月，在建设南京师范大学仙林新校区的工程中发现一批六朝墓葬，南京市博物馆派员进行了考古发掘，取得重大收获。[①] 其中东晋名臣高崧家族的三座墓葬，因保存相对完整和出土珍贵文物而备受学界关注，被评为1998年全国十大考古新发现[②]。

　　高崧家族墓共发现三座墓葬。编号 M2 的墓主人，因出土墓志可确证为东晋侍中高崧夫妇（图一、图二）。经分析研究推定，编号 M6 的墓主人，应为高崧其父高悝夫妇；编号 M3 的墓主人，应为高崧其子高耆。高氏家族并非是从北方南渡的东晋世家大族，而是仅与东晋都城建康（今江苏南京）一江之隔的广陵（今江苏扬州）著姓名族。高崧家族作为南方士族代表，其数代身

---

①　南京市博物馆 . 江苏南京仙鹤观东晋墓 [J]. 文物，2001（3）.
　　南京市博物馆 . 南京吕家山东晋李氏家族墓 [J]. 文物，2000（7）.
　　南京市博物馆，南京师范大学文物与博物馆学系 . 南京仙鹤山孙吴、西晋墓 [J]. 文物，2007（1）.
②　"1998年全国十大考古新发现"评选结果，见《中国文物报》1999年9月26日头版。高崧家族"墓葬均系砖筑结构，高崧家族的墓葬砖室规模较大，全长在7米以上，墓室高3米余，分'凸'字形穹窿顶和'凸'字形券顶两种，由封门墙、甬道、墓室等部分组成。墓内多设砖砌棺床、灯台、灯龛及直棂假窗等设施；高崧家族墓出土的随葬品丰富而精美，有金、银、铜、铁、玉石、漆木、陶瓷等几大类，以成组成套的玉佩饰、玉剑具和各类金饰品占大宗，尤其是集中出自纪年墓中的30余件玉器，是迄今为止我国六朝墓葬中出土数量最多的一次，特别是玉剑饰和两套完整的组玉佩的组合方式完整地保留下来，对重新认识六朝玉器、研究六朝佩玉制度，具有重要学术价值。"

居东晋高官要职，且有所作为，在历史文献资料中留下不少记载[1]。高崧家族墓葬的考古发现，更为我们全面认识和研究东晋门阀士族社会的真实面貌提供了极有价值的实物资料。

图一　高崧墓志　　　图二　高崧夫人墓志

公元317年西晋灭亡，皇族司马睿在建康重建晋廷，是为晋元帝，史称东晋。东晋政权为能在南方异乡站稳脚跟以维持其统治，既注重依靠与之南渡的大量北方士族，同时也藉引和笼络部分南方士族入仕朝廷。高悝曾任京畿地方行政长官丹阳尹、高崧和高耆也均曾任皇帝身边的亲信侍从等要职。广陵高氏子孙三代均被连任级别三品、秩二千石、位同九卿的高等职务，是具有十分典型意义的东晋士族入仕官场，效力朝廷的案例。[2]

---

[1]　有关高崧和高悝的文献记载，主要见之于以下几处：a.《晋书·高崧传》，《晋书·谢安传》和《晋书·幸灵传》；b.《世说新语·言语第二》和《世说新语·排调二十五》；c.《资治通鉴·晋纪二十一》和《资治通鉴·晋纪二十三》；d.《建康实录》卷九；e.《法苑珠林·敬佛篇·观佛部》；f.《通典》卷八十一"皇后亲为皇后服议"条等，事迹甚多。

[2]　邹忆军.高崧父子生平考[J].东南文化，2000（7）.

表一　墓主职爵表

墓主人	职爵	备注
高悝（M6）	丹阳尹、光禄大夫、建昌伯	《晋书·高崧传》《晋·职官志》："光禄大夫与卿同秩中二千石，著进贤两梁冠，黑介帻，五时朝服，佩水苍玉，食奉日三斛。"
高崧（M2）	侍中、骑都尉、建昌伯	《高崧墓志》《晋书·职官志》："魏晋以来置四人，别加官者则非数。掌侯赞威仪，大驾出则次直侍中护驾，正直侍中负玺陪乘，不带剑，余皆骑从。御登殿，与散骑常侍对扶，侍中居左，常侍居右。备切问近对，拾遗补阙。"
高耆（M3）	散骑常侍	《晋书·高崧传》《晋书·职官志》、董劭伟《东晋加官散骑常侍略论》，《殷都学刊》2010 年第 2 期。

　　高崧家族墓（高崧葬于泰和元年，即366年）与武宁王陵（武宁王葬于乙巳年，即525年）虽然不属于同一个时期的遗存，但是如果稍做分析，两者还是存在着诸多共性之处的，将它们放在一起做一个比较考察，将是一件有学术价值的事情。其具体理由如下。

　　第一，从历史背景看，东晋、南朝作为偏居南方的华夏正朔朝廷，无论是其统治的区域、都城的所在、政治的体制和文化的传习等方面，均未因政权更迭和皇帝的更换而发生根本性变革，尤其在丧葬礼仪传统上仍然是一脉相承的。高崧家族墓和武宁王陵均是在东晋、南朝墓葬制度影响下出现的产物，它们所蕴含的物质文化因素是有相通之处的。

　　第二，古人历来视死如生，视亡如存。丧礼，也就是墓葬制度，实际上是按照墓主人生前的政治待遇而施行的，即死者所享用的墓葬等级与其所任的职官品秩密切相关。高氏家族为东晋内臣，历任建昌伯、光禄大夫、侍中、散骑常侍等，其级别当在第二、三品之阶；若忽略武宁王是为梁朝所册封的外藩君王和已经时距东晋年代较远等因素，百济武宁王所受梁朝封号的等级品位也应相当于在第二品之阶①，即与高崧家族人士所任之职官品秩相近。

　　① 据《通典·卷三十七》《晋书·职官志》和《宋书·百官志》等，东晋时期（南朝刘宋时的职官情况亦与此相似）的官阶品位有以下特征：第二品——特进骠骑，车骑、卫将军，诸大将军，诸持节都督，开国县侯、伯、子、男爵；第三品——侍中，散骑常侍，中常侍，尚书令、仆射，尚书，中书监、令秘书监，诸征、镇、安、平将军，中军、镇军、抚军、前、后、左、右、征虏、辅国、龙骧等将军，光禄大夫，诸卿尹，太子保傅，大长秋，太子詹事，司隶校尉，中领军，中护军，县侯爵等。

　　第三，在南京六朝建康地区的墓葬考古中，以平面呈凸字形的单室券顶砖室墓为特征的墓葬形制，出现并流行于东晋中晚期至南朝刘宋时期，甚至影响到南朝中晚期，高崧墓（M2）、高耆墓（M3）的形制就是较为典型的例子；武宁王陵墓室的砌筑年代虽已至南朝萧梁时，但其墓室的主体框架结构与高崧墓的墓室结构十分相近（前者墓砖模印莲花纹和置灯龛呈火焰型，是南朝齐梁时期的特征）。正如有些研究者所指出的：武宁王陵的墓葬形制，"与比它时代早许多的建康地区刘宋早期大中型墓葬接近，而与时代相近的齐梁大中型墓葬有着较大的差别"，"由此看来武宁王陵比较之建康地区同一等级的南朝大中型墓葬形制的演进迟缓"[①]，这为我们对将高崧墓和武宁王陵置之一起来做比较研究，凭添了几分有利因素。

　　第四，目前，在南京建康地区所发现和发掘的六朝时期的墓葬，从数量来统计可以达到千座以上，但是这些墓葬要达到符合"未经破坏扰乱且保存完整，规格为大中型以上，墓主人身份显赫、文献能记载确认，出土随葬品丰富而珍贵"这样标准的实例，实属罕见，可说是凤毛麟角、屈指可数。尤其是南朝时期的大中型墓葬，完全符合上述标准和要求者，迄今尚无一例。因此借助于近年发现的南京仙鹤观东晋高崧家族墓、来与百济武宁王陵做一下比较研究，多视角地考察分析武宁王陵的考古学文化内涵，不失为一项有学术意义的探索。

二

　　我们首先把高崧家族墓和武宁王陵，置于墓地排葬、墓葬形制和葬具葬式等视域下做比较分析：

---

① 王志高. 百济武宁王陵形制结构的考察 [J]. 东亚考古论坛，2005（1）.

表二 高崧家族墓与武宁王陵墓地排葬、墓葬形制、葬具葬式比对表

	高崧家族墓	武宁王陵
墓地排葬	位于建康东郊今南京仙鹤山东南麓的小土山的南坡。 三座砖室墓（M6.M2.M3）分前后两排，为一墓区。后排的墓（M6）规模大，墓主推测是高崧父母高悝夫妇，前排的两墓（M2.M3）墓主分别是高崧夫妇及高崧其子高耆夫妇（图三）。	位于熊津西北郊今公州宋山里的连绵丘陵的南麓山坡。 武宁王陵与其南侧的 5 号坟、6 号坟及 29 号坟形成一个墓区。武宁王陵独居北侧，规模最大，是这一墓区的墓主；5 号坟、6 号坟分居南侧两旁，29 号坟又居 6 号坟的南侧，规模均小（图四）。
墓葬形制	高崧墓（M2）：墓道长 10 米，宽 2.8 米；砖室平面呈凸字形，券顶，墓向 162°，全长 7.44 米，墓室宽 2.2~2.36 米、高 2.9 米（图五）。 墓室主要砌法，M6 为三顺一丁、M2 为五顺一丁、M3 三顺一丁及四顺一丁。 M6 有灯龛和直棂假窗、M2 有灯龛和砖砌棺床、M3 灯龛和直棂假窗和砖砌棺床。 高崧墓（M2）见有四种模印、刻划文字砖。	武宁王陵：墓道长 9.3 米，宽 1.7~3.6 米；砖室平面呈凸字形，券顶，墓门向南，全长 7.1 米，墓室宽 2.72 米、高 2.93 米（图六）。 墓室主要砌法，四壁为四平一竖、券顶为三平一竖。 墓室有灯龛和直棂假窗和砖砌棺床。 墓砖上模印有莲花纹。
葬具葬式	髹黑漆木棺（图七）。 男棺，棺盖呈圆首长条形，棺两壁侧板略呈梯形，棺盖、侧、底板均用整板做成；女棺，均已完全朽腐，形状不明，从发掘时的板灰痕迹看出，女棺的棺板厚度很薄、仅约 0.02~0.03 米。 高悝墓（M6）：男棺长 3.2 米，宽 0.8 米，厚 0.1 米；女棺长 3.0 米，宽 0.83 米；高崧墓（M2）：男棺，棺盖长达 3.54 米，厚 0.1 米，棺侧板上沿长 2.9 米，下沿长 2.7 米。 男棺均使用铜质棺钉；女棺均使用铁质棺钉。 葬式：棺床上并列置夫妇双棺，棺内死者仰身直肢，其头向均朝向墓门，即头南足北；男棺在右边（东侧），女棺在左边（西侧）。	黑漆木棺（图八）。 王棺，棺盖由三块木板组成屋顶形，棺两壁侧板呈长方形，棺板均厚 0.06 米；王妃棺，棺盖由五块木板组成屋顶形，棺两壁侧板呈长方形，棺板残存厚 0.05 米。 王棺长 2.24 米，宽 0.62 米；王妃棺长 2.4 米，宽 0.6 米，高 0.6 米。 王棺和王妃棺均使用铁制棺钉，钉帽镀金银；棺身有五个镀金银的花瓣装饰和青铜环组合。 葬式：棺床上并列置夫妇双棺，棺内死者仰身直肢，其头向均朝向墓门，即头南足北；男棺在右边（东侧），女棺在左边（西侧）。

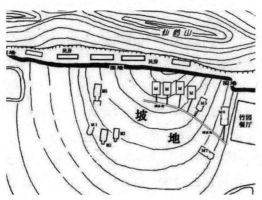

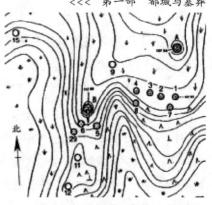

图三　仙鹤观高崧家族墓地（M6M2M3）　　　图四　宋山里武宁王陵（B）

图五　高崧家族墓（M3）　　　　　　　图六　武宁王陵墓室

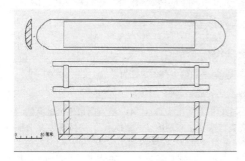

图七　高崧家族墓（M2）棺木　　　　　图八　武宁王陵棺木

从上述的比对中我们可以看到：

第一，作为社会的王公贵族，在墓地的选择上自然要考虑到地理位置与周围环境，既要利于下葬和祭奠，故放在都城的近郊，更要讲究堪舆之术，择墓地于山水形胜之处。东晋时郭璞写下《葬经》，并因此被誉为中国风水鼻祖，今南京玄武湖尚存其衣冠冢。高崧家族墓所在的仙鹤山，因山巅曾有东汉延续至清代的著名道观——仙鹤观①而得名，地势十分优越。1998年，我们在紧邻高崧家族墓旁考古发掘的东吴某家族墓的模印文字砖上，就刻有"平原广敞神灵安居""吉月贞·（良辰）卜葬芒丘"②就很好的说明了这一点。风水理论是中国古代传统文化的重要组成内容，东晋时已形成理论规制，百济武宁王时代在汲取南朝文化的过程中，完全有可能对这方面的内容会有所涉及。

第二，东晋南朝豪门大族聚族而葬，大族中不同支族在同一墓地内的分区布局，同一支族又按照长幼尊卑分布排列葬埋等，应该按照一定的规制来实施的，它是现实等级制度在丧葬文化中的具体反映。关于南京象山东晋王氏家族墓地与公州宋山里百济王族墓地内墓区划分的比较③；关于南京仙鹤观高崧家族墓与百济武宁王陵家族墓的排葬特点的比较等④，已有研究者专门论述，其结论是两者的相同点很多，在此不再赘述。

第三，在墓葬形制方面，高崧家族墓与武宁王陵相比，共同因素占了主导部分，墓道的长度、墓室的长度及高度结构等都几乎一致。但从武宁王陵墓室的宽度较大、灯龛和直棂假窗、满室的莲花砖纹等情况来看，除了部分是年代早晚变化的因素外，武宁王陵的规制和级别，表现得比高崧家族墓要高出些许。两者在墓砖砌筑的方法上表现出多样复杂现象，暂且难以看出其规律性，推测这可能是因为砌墓工匠的技艺和经验的不同所造成的结果。

第四，高崧家族墓与武宁王陵的葬具，虽都是髹黑漆的木质棺材，但区

① 叶楚伧，柳诒徵.首都志[M].南京：正中书局，1935.

② 南京市博物馆，南京师范大学文物与博物馆学系.南京仙鹤山孙吴、西晋墓[J].文物，2007（1）.

③ 王志高.百济武宁王陵形制结构的考察[J].东亚考古论坛，2005（1）.

④ 王志高.韩国公州宋山里6号坟几个问题的探讨[J].东南文化，2008，4："检索南京地区已有的六朝墓葬资料，可以参比的是与之相似的仙鹤观东晋高崧家族墓地。该墓地南向，3座砖室墓分前后两排，北侧后排中央的6号墓规模大，时代早至东晋早期，墓主推测是高崧父母丹阳尹高悝夫妇，但因其东侧不远便是孙吴另一世家大族墓地，没有足够空间来营建其他墓葬，故稍晚的2号墓、3号墓只能在墓前瘗埋。又因6号墓前西侧还有另外一座孙吴晚期墓，故此两墓均葬在墓前西侧。其中西（右）侧的2号墓主是东晋中期的侍中、建昌伯高崧夫妇，东（左）侧的3号墓主被推测是卒葬于东晋晚期的高崧之子高耆夫妇。在这一墓地之中，显然以后（北）侧居尊，时代最早，前（南）侧时代晚，其中西（右）侧又比东（左）侧时代早，地位尊重，大约遵循的是长者尊者居后、居右的原则。比之这一排葬规律，则宋山里的这组墓葬中，武宁王陵时代最早，地位最尊，其南（前）侧的6号坟、5号坟均晚于武宁王陵。6号坟在西，又相对早于5号坟。而29号坟因在6号坟西南，时代相对更晚。概言之，这一墓地中各墓时代从早到晚的排序是武宁王陵、6号坟、5号坟、29号坟。"不过，笔者认为上面所说有关"长者尊者居后、居右的原则"中，其认为"居右"者，是指"面对着"而言的"居右"，还是指"背对着"而言的"居右"，似没有明确界定，故所下结论还可再斟酌。

别较大，应该是分属不同的葬具形制系统[①]。东晋高崧家族墓的木棺呈"船型"、棺身用整块大材拼合，男棺长而厚重，使用铜质棺钉；相对而言女棺的棺体较轻薄易朽，使用铁质棺钉。武宁王陵的木棺呈"屋型"，棺身用薄形板材组合，王棺与王妃棺区别不大，外观基本一致，棺钉均为铁质，钉帽镀金银、棺外壁置五个镀金银的花饰及青铜环，葬具表现出男女比较平等，外观较为简捷华丽的特点。

第五，高崧家族墓与武宁王陵相比，两者在葬式上极为相似，夫妇合葬，双棺并放，男右女左，仰身直肢，头向墓门。这是与中国东晋南朝墓葬形制结构相匹配所表现出来的葬俗葬式，但要注意到丧葬文化的另一真正核心还在于我将在后面论述中对墓主人随葬服饰及物品的比较中阐述。

三

高崧家族墓和武宁王陵，墓主身份高贵，史书不乏记载，所幸未曾受到盗扰，出土的随葬品极为丰富精美，透过分析比较其物质文化的内涵，可窥见当时社会不同丧葬习俗的原貌状态。

表三　高崧家族墓与武宁王陵出土遗物对照表

		高崧家族墓	武宁王陵
墓室内的主要祭奠物品		高崧夫妇墓（M2）：两组陶瓷器，有瓷罐 2、瓷器盖 2、陶盘 1、陶果盒 2、陶耳杯 2 等；两块砖质墓志。（另，在高崧墓中出土有铜弩机 2. 铁镜 3）（图九）。	武宁王及王妃墓：甬道内，有青瓷六耳罐 2、铜碗 3、铜匙箸、铁五铢钱、石兽 1、志石 2；棺床前地面，有黑釉瓷盘口壶 1、铜钵 1、铜盏 5、铜托银盏 1（图十）。
棺木内的主要随葬物品	男（王）棺	高悝夫妇墓(M6)：棺内前部（头箱？），有铜砚、鎏金铜砚滴（灯）等；棺内中部，有铁剑、玉剑具（图十三）、组玉佩(图十五)、玉柄饰、玉带钩(图十一)、玉猪、心形玉佩、水晶珠等。	金冠饰、金三足簪、金耳饰、炭木颈饰、带金具（图十二）、银饰履、环头大刀、装饰刀子（图十四）、铜镜、头枕、足座、等。

---

① 周裕兴. 武宁王陵出土文物探析之三——以炭精辟邪和木棺为例 [J]. 东亚考古论坛，2007（3）.

续表

		高崧家族墓	武宁王陵
棺木内的主要随葬物品	女（王妃）棺	高悝夫妇墓(M6)：棺内前部(头箱？)有漆盒、玻璃碗、铁剪、银箸、鎏金银鼎等； 棺内中部，有金珰（图十六）、金钗、金镯、金指环、金耳挖、金珠、金铃、银铃、金羊、金龟、金鸟、金辟邪、绿松石辟邪、鎏金铜支架、铜钱、金顶针、桃形金片等（图十八）。	金冠饰(图十七)、金耳饰、金颈饰、银履、银钏、铜镜、铜熨斗、头枕、足座、装饰刀子等（图十九）。
其他随葬物品		琥珀佩饰、料珠、云母片、丹丸等	各种琉璃饰物、金帽形曲玉、多色管玉及琉璃小珠，金银花形及叶形装饰等

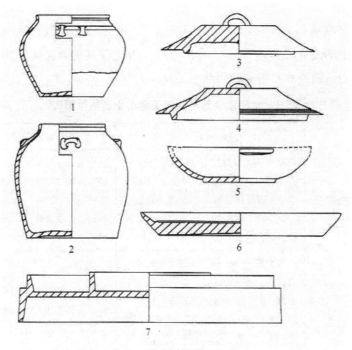

M2出土陶瓷器

1、2. 瓷罐(M2：1、13)　　3、4. 瓷器盖(M2：9、3)

5. 陶耳杯(M2：71)　6. 陶盘(M2：78)　7. 陶果

盒(M2：72)(1、2为1/8，余为1/4)

图九　高崧家族墓（M2）出土祭奠器物

图十　武宁王陵出土祭奠器物

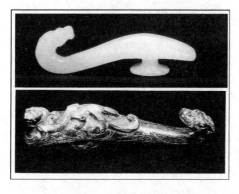

图十一　高崧家族墓（M2.M6）出土玉带钩

图十二　武宁王陵出土带金具

玉柄饰（M6:7）玉剑首（M6:21）

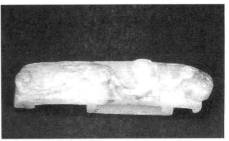

玉剑格（M6:25）玉剑珧（M6:24）

图十三　高崧家族墓（M6）出土玉剑具

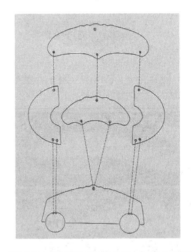

图十四　武宁王陵出土刀具　　　图十五　高崧家族墓（M2）出土组玉佩

图十六　高崧家族墓（M6）出土蝉纹金珰　　图十七　武宁王陵王妃冠饰

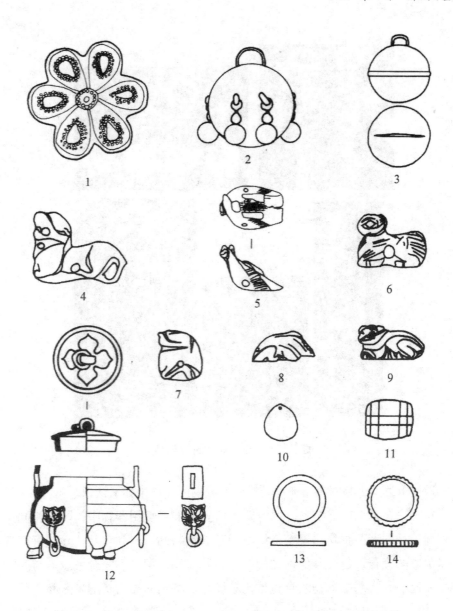

1．花瓣形金片(M6：106)　2．银铃(M6：62)　3．金铃(M6：67)
4．辟邪形金佩饰(M6：60)　5．比翼鸟形金佩饰(M6：59)　6．羊
形金佩饰(M6：61)　7、9．绿松石辟邪形佩饰(M6：112、65)　8．
琥珀兽形佩饰(M6：58)　10．桃形金片(M6：94)　11．琥珀佩饰
(M6：131)　12．鎏金带盖银鼎(M6：75、78)　13、14．金环(M6：
104、93)(1、4～7 为 4/3,余均为 2/3)

图十八　高崧家族墓(M6)出土金银器

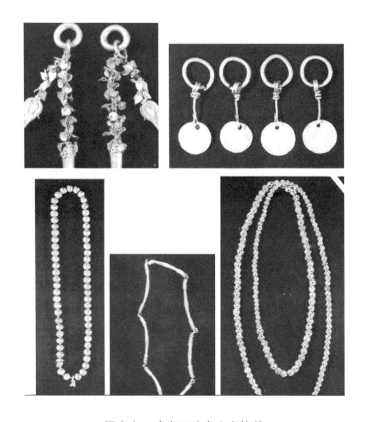

图十九　武宁王陵出土金饰件

　　透过上述两个墓葬出土遗物的对照，我们由此产生如下认识。

　　首先，在墓室内、棺木外的空间里所置放的祭奠用器物中，既有相同又有差异。相同者两墓均放置有祭供所用存放食物的容器和食具，除共有产自中国南方的瓷器以外，其他器物的种类、质地和造型又不完全一致。与武宁王陵相比，高崧墓中器物组合显得比较简单，特别的器物是陶果盒和陶耳杯等，武宁王陵中则特别有铜钵、碗、盏、匙箸和铜托银盏等，且制作精良，风格独特；墓志是记载墓主人身份和年代的重要物证，高崧墓所出为砖质，其文字楷意浓厚，标志着汉字书体在东晋时已产生突变。武宁王陵所出石志，深受南朝文化影响，墓志与地券合一，书体已为成熟之楷体。志文中"崩"字的使用，显示出一国君王的威势与自信；高崧墓中未出土如武宁王陵所出的镇墓石兽，但出土了两件铜弩机。在南京地区的西晋、南朝墓葬中，往往会发现随葬模拟动物造型的实物以起到镇墓的作用的例子，但这一现象不见于东晋时期的墓葬，而在东晋时期一些士族、甚至女性的墓葬中往往会随葬铜弩机，因此实际上它应该含有镇墓避邪的象征意义。

其次，高悝、高崧墓中的棺木，均长达三米，其棺内置放死者的头端前部，往往隔有木板设成头箱，箱内陪葬有高级的生活用品，这与武宁王陵中棺木的造型和随葬品置放情况不太一样。还有，武宁王陵中王棺与王妃棺，大小厚重和形制均很接近相同，考古发掘时王妃棺比王棺的保存状态更加完整；反之，高崧家族墓中男主人的棺木与女主人的棺木，在大小厚重和形制上完全不相同，考古发现时男棺因厚实牢固，尚存有棺木残骸，女棺则因棺身轻薄，均已朽蚀殆尽，仅留痕迹了。在高悝、高崧墓的棺木中可以明显看到这样一种现象：男性的随葬品里不见有金银器、女性的随葬品中不见有玉器，这一陪葬习俗特征很值得进一步探究，此相比于武宁王陵则有很大的差异，其王与王妃的陪葬品中均有较多金银器和炭木、琉璃、玉器等共存随葬。

再次，高崧家族墓和武宁王陵均完整地保存了随葬的金银珠玉等服饰物品（虽衣服已朽但佩饰仍存），为我们复原当时社会高层人物——王公士族的丧葬礼仪和殓葬规制提供了可能。《隋书·志第三·礼仪三》载："官人在职丧，听殓以朝服；有封者，殓以冕服；未有官者，白帢单衣。妇人有官品者，亦以其服殓。"有研究者认为，高崧家族墓保存完好，可复原入殓时的佩饰样式，是研究朝服葬的典型墓例，可以从随葬品中的带具、玉剑具、组玉佩和金铛等四个方面给予考察[①]。

带具：高悝墓出土有玉带钩二件，均为钩体呈回首的螭龙形，一件为白玉、另一为件为墨绿玉，属于单带、钩络式腰带上的卡勾，制作十分精致。它与武宁王所随葬的带金具，应该是属于"蹀躞"类腰带，其形制与钩络式腰带不一样。蹀躞带出现于北朝和隋唐时期，是受北方草原游牧民族文化影响而流行起来的腰带，它不见出土于东晋和南朝时期的墓葬中。

玉剑具：高悝墓出土有铁剑及一套四件（剑首、格、璏、珌）完整地装饰于剑身和剑鞘上的"玉剑具"[②]，《晋书·舆服志》曰："汉制，自天子至于百官，无不佩剑，其后惟朝带剑。晋世始代之以木，贵者犹用玉首，贱者亦用蚌金银玳瑁为雕饰。"高悝墓发现的这套玉剑具，是迄今年代最晚、最为完备

---

① 王志高，周裕兴，华国荣. 南京仙鹤观东晋墓出土文物的初步认识 [J]. 文物，2001（3）.
　　韦正. 东汉、六朝的朝服葬 [J]. 文物，2002，3.
② 孙机. 玉具剑与式剑佩法 [J]. 考古，1985（1）.

的玉剑具标本，弥足珍贵；我们注意到武宁王陵中给武宁王陪葬的是保存尚好、环首精致的环头大刀，而不是陪葬铁剑，这应该也是因百济文化的传统所决定的现象。

组玉佩：高悝、高崧墓均出土有心形玉佩、玉环和一套七件的组玉佩。组玉佩兴起于西周，终止于明代，一直是古代服饰与礼仪制度的标志，是官员在朝会等正式场合着装朝服的重要组成部分。高悝和高崧墓出土的两套组玉佩，不仅使我们见到了已失传于汉魏之际的组玉佩结构的模样，同时也为研究唐代组玉佩形制和流行发展提供了可靠的参照。

金珰：高悝墓出土有蝉纹金珰一件，工艺精致，造型优雅。《晋书·舆服志》载，汉晋时期侍中、散骑常侍的冠帽"加金珰，附蝉为饰，插以貂毛，黄金为竿，侍中插左，常侍插右。"高悝墓中出土的这件圭形蝉纹金牌饰，应当就是上述所指貂蝉冠上的"金珰"[1]。不过金珰在当时实际中被使用的范围好像有所扩大，从考古发现的资料看，上至皇帝重臣，下至宫内女官、官僚眷属等，都有使用金珰的现象存在。[2]

最后，试从武宁王陵棺木内的殓葬物品情况看，它有着自身的个性体系和随葬特色：其冠饰高贵华丽，耳饰琳琅剔透，颈饰层层叠叠，履饰扎实厚重，头枕足座精巧绚丽。除棺木中发现的铜镜和铜熨斗外（从严格意义上说铜镜和熨斗，应该含有的是汉代文化的因素），很难看出有南朝文化的影子，基本上反映出来的是百济一国之君的威严和百济传统文化的展示。如果要借用东晋、南朝文化来做些判别的话，那么武宁王陵中葬具内的服饰随葬品等所反映出来的葬制等级情况，应该相当于东晋南朝葬制等级中的"冕服之葬"[3]，即它既与东晋高崧家族墓有明显不同，而且也高出于东晋高崧家族墓核心葬制的等级。

墓葬将人类本已逝去的历史定格浓缩，并还原和展示于现实的空间。南京仙鹤观东晋高崧家族墓的发现和公州百济武宁王陵的发现，它们都是20世纪通过考古发掘而得以展现于当今的、反映中世纪东亚物质文化的极为重要

---

① 孙机. 貂蝉冠上的金珰 [N]. 中国文物报，1999-4-28.

② 王志高，周裕兴，华国荣. 南京仙鹤观东晋墓出土文物的初步认识 [J]. 文物，2001（3）.
　韦正. 东汉、六朝的朝服葬 [J]. 文物，2002，3.

③ 《南齐书·武十七王·萧子良传》说："帝常虑子良有异志，及薨，甚悦，诏给东园温明秘器，敛以衮冕之服。"；《晋书·桓温传》："皇太后与帝临于朝堂三日，诏赐九命衮冕之服，又朝服一具，衣一袭，东园秘器，钱二百万，布两千匹，腊五百斤，以供丧事。"

的历史文化遗产，我们有共同的责任和义务将其研究好、保护好。

　　墓主生前所在时的社会历史文化面貌，将会在人们对其墓葬规制和丧葬礼仪的分析考察中逐渐揭示和显现。我们将历史背景相近、文化因素相通、研究方法相同的高崧家族墓和武宁王陵的资料放在一起，进行梳理比对，其得出的结果是会有一定的启迪和参考价值的。

　　考古学是注重比较的科学，也是善于透过物质文化现象去揭示社会历史本质的科学。透过将高崧家族墓的考古元素，致置于以武宁王陵为主体的视野中，经过对比和思考，武宁王陵在历史上的定位、内容和影响等，就会愈益清晰地展现出它形象的轮廓来：

　　第一，武宁王陵的墓地选择、排葬及砖室墓结构和砌筑，基本上接受了南朝文化的传播，体现的是百济在当时东亚世界中与南朝政权的密切交往和尊崇、有着广阔的空间；

　　第二，在武宁王陵墓中的祭奠物品中，既有来自南朝或受南朝文化因素影响的瓷器、铁钱、墓志和石兽等，也有百济自有的金属钵、碗盏、匙箸等高档用品，体现的是百济武宁王时期百济以"我"为本，同时也大量汲取南朝先进的文字与文化以及经济与技术的积极意识；

　　第三，武宁王陵所使用的棺木葬具、殓葬服饰及陪葬用品（除去铜镜、熨斗之外），几乎完全体现了百济自身的传统文化，其本意是要维系百济国家求存发展的核心利益；

　　第四，武宁王陵棺木的原材（金松）来自倭、棺木中陪葬的一面铜镜与倭所存的一面铜镜为"同范镜"，体现的是武宁王自身的身世和百济与倭特殊的地缘和政治关系。

　　总而言之，武宁王陵所呈现的物质文化状况，较为客观确切地印证了文献所记载的当时东亚世界的历史面貌，这就是武宁王陵重要历史文化价值和意义之所在（图二十）。

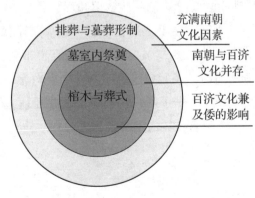

图二十　东亚世界中的武宁王陵

第二部 文物与考证

武宁王陵出土文物探析之一

——以"琉璃童子像"为例

周裕兴

1971年7月，在韩国忠清南道公州宋山里发现的百济王朝第25代国王武宁王的陵墓，是韩国乃至东亚考古史上的重要发现。由于武宁王陵历史上未经任何破坏和盗掘，故出土了品类多样、内涵丰富的珍贵文物达108种3000余件，极大地推动了韩国古代文化以及东亚古代文化传播交流状况的研究。

在武宁王陵出土的文物中，占有较为重要的一部分是来自于当时的中国或是受当时中国文化影响的实物。武宁王陵发现之初，韩国以及日本的专家学者曾对其出土的文物做过许多很有见地的考证和研究，取得了丰硕的成果。

发现武宁王陵至今已逾30多年，近年来随着中韩文化交流的展开和中国文物考古发现与研究的深入，如从中国文物考古学界的视角去比较分析武宁王陵所出土的"中国式"文物、并提出一些参考意见，这对于进一步加深百济文化和武宁王陵的研究应该是有所裨益的。

下面试以武宁王陵出土的琉璃童子像为例，介绍中国文物考古界通常对与其相类似文物的一些认识和理解。

武宁王陵出土遗物中有"琉璃童子像"一对。澄绿色半透明玻璃质地，其中一件完整、另一件已残（仅存上半身）。完整者仅高2.8厘米，柱状圆雕，刻法简洁，表面有浅色沁垢。造型均为一敦实憨厚、双手相拱于胸前的男子（图一）。[①]据了解，在小雕像的背部钻有供系挂用的穿孔（？）。此类物件，中国文物考古界通常将其称之为"翁仲"，有护身驱祟之寓意，是汉魏六朝时的贵族人士系佩于身的祥瑞饰物。

---

① 国立公州博物馆 . 国立公州博物馆 [M]. 公州：통천文化社，2004：45，46.

图一 武宁王陵出土的"琉璃童子像

一、"翁仲"一词的由来和考证

在古文献中,"翁仲"一词的出现约始于三国魏晋时期,通常是对秦汉时的铜人、金人及石人的称谓;至于"翁仲"到底是什么? 或是指什么人? 在很长一段时期的文献中并无详尽的记载。

似乎到了明代,对"翁仲"一词的解释才见有明确的说法。据《明一统志》记载:"秦,阮翁仲,云身长一丈三尺,气质端勇,异于常人,少为县吏,为督邮所笞。叹曰,人当如是邪,遂入学究书史。始皇并天下,使翁仲将兵守临洮,声震匈奴,秦以为瑞。翁仲死,遂铸铜为其像,置咸阳宫司马门外。匈奴至,有见之者犹以为生。"又明代彭大翼《山堂肆考》亦云:"翁仲姓阮,身长一丈二尺,秦始皇并天下,使翁仲将兵,守临洮,声振匈奴,秦人以为瑞。翁仲死,遂铸铜像,置咸阳司马门外。"

上述观点认为,翁仲原是一位秦朝的武将,因征讨匈奴有功而受人敬重,并被后世视为祥瑞。虽然,此说形成较晚,甚至杂有附会和臆测的成分,但在社会上和学术界均颇为流传,影响很大。

据今人学者北京大学教授李零、林梅村等重新考证认为:翁仲,本是匈奴人对祭天神像的称呼。"翁仲"一词可能是蒙古语的"偶像"(ongon)和突厥语的"鬼神"(oŋǎin)等相关词语的音译;翁仲形象的原形,可能来自匈奴草原文化中令人敬畏的神灵偶像。秦汉时期随着匈奴被剿灭和征服,翁仲这一原本属于匈奴人的信仰习俗且被引入到中原传统文化当中。尤其是李零先生的论证，广征博引，古今中外，言之有据，结论有很强的科学性。① 同时，这也为我们解开了为何汉晋六朝及隋唐时期均仅见引用"翁仲"一词，而未见对"翁仲"一词做出释义之迷。

二、翁仲的种类和形象的历史演进

（一）肇始于匈奴艺术的翁仲，当被移植入华夏汉族地区后，其最初是用青铜铸造出高大的人物形象（古文献中多称其为"金人""铜人"），以作为宫殿区前纪念性装饰物的形式而展现的。

《史记·秦始皇本纪》："（二十六年）收天下兵，聚之咸阳，销以为钟镰金人十二，重各千石，置廷宫中。"

《史记·陈涉世家》："金人十二"注引"索隐曰，各重千石，坐高二丈，号曰翁仲。"

《水经注·河水四》："有物居水中，父老云，铜翁仲所没处。案，秦始皇二十六年，长狄十二，见于临洮，长五丈余，以为善祥，铸金人十二以象之，各重二十四万斤，坐之宫门之前，谓之金狄。皆铭之胸云：'皇帝二十六年，初兼天下，以为郡县，正法律，同度量。大人来见临洮，身长五丈，足六尺。'李斯书也。汉自阿房宫徙之未央宫前，俗谓之翁仲矣。"

《史记·匈奴列传》："其明年（元狩二年，前121年）春，汉使骠骑将军去病将万骑出陇西，过焉支山千余里，击匈奴，得胡首虏万八千余级，破得休屠王祭天金人。"

《后汉书·孝灵帝纪》："（中平三年，186年）复修玉堂殿，铸铜人四，黄钟四，及天禄蛤蟆，又铸四处文钱。"

《三国志·魏书·明帝纪》注引"（鱼豢）《魏略》曰：'（景初元年，237年）是岁，徙长安诸钟簴、骆驼、铜人、承露盘。盘折，铜人重不可致，留于霸城。大发铜铸作金人二，号曰翁仲，坐列于司马门外。'"

由上可知，翁仲最早为铜质，是秦始皇在统一中国后销熔天下兵器而铸，并将其置于咸阳宫殿区中。西汉时，将秦始皇所铸"金人十二"、从秦咸阳阿房宫搬移至汉长安未央宫（另一说为长乐宫）。又西汉大将霍去病征击匈奴，曾获

---

① 李零. 翁仲考 [A]. 入山与出塞 [M]. 北京：文物出版社，2004.

得战利品"休屠王祭天金人"。东汉灵帝时,在洛阳宫城也铸有"铜人四"。三国时曹魏明帝亦在洛阳司马门外"铸作金人二"。

值得我们注意的问题是:①自秦朝到三国,铜质翁仲、即所谓"金人"和"铜人"的出现便连续不断;②从《三国志》所引《魏略》的记载可见,"翁仲"一词至迟在三国时期就已出现;③由于年代久远或战乱等原因,铜质翁仲的实物迄今尚无留存和发现。

(二)自东汉以后,有一种以雕凿成型的石质翁仲、逐渐流传盛行开来。它的用途主要是作为陵墓神道和庙堂建筑前的祭奠及仪卫性装饰纪念物。石质翁仲的直接源头无疑是承袭和模仿秦汉时的铜质翁仲(即所谓"金人""铜人"),而其应用的象征寓意范畴则有所扩展了。

如今尚能见到的年代较早、属于汉魏六朝时期的石质翁仲的实物,大概有如下数例。

1. 河南登封嵩山中岳庙石翁仲

一对两件,相对置立于中岳庙之中华门前,原在野外,现建亭保护。高约2米,平顶大脸,双手相拱作拄剑状,古朴大方,年代约为东汉安帝元初五年(118年)(图二)。[①]

2. 山东曲阜乐安太守麃君墓石翁仲

一对两件,原立于山东曲阜西南五里张曲村的一座汉墓前,1953年移入孔庙内建亭保护。其一高2.5米,双手相拱,胸腹间刻有篆字"汉故乐安太守麃君亭长";其二高2.2米,双手侧挂殳杖类物,胸腹间阴刻"府门之卒"

图二 嵩山中岳庙石翁仲

图三 乐安太守麃君墓石翁仲

---

① 史岩.中国雕塑史图录[M].上海:上海人民美术出版社,1983:200.

图四　东汉鲁王墓石翁仲

图五　北魏静陵石翁仲

四篆字。其年代大约在东汉本初年间（图三）。[1]

3. 山东济南东汉鲁王墓石翁仲

一对两件，原为东汉鲁王墓前翁仲，出土地点与上述厫君墓相近，现收藏在济南市的山东省石刻艺术博物馆。石翁仲高约2米，一件作袖手拢胸状，另一件作双手侧挂殳杖状（图四）。[2]

4. 河南洛阳北魏景陵石翁仲

1991年，考古工作者在河南洛阳北郊邙山冢头村（今洛阳古墓博物馆所在）发掘清理北魏宣武帝（500—515年）景陵时，发现一躯俯卧在地下的石刻人像。石像残高2.89米，头部残失，广袖长袍，双手挂剑，底有座，应为陵墓神道翁仲无疑（其形象与同下北魏静陵发现的石翁仲相近似）。[3]

5. 河南洛阳北魏静陵石翁仲

1976年，在河南洛阳邙山上砦村南的北魏孝庄帝（528—529年）陵墓前发现出土一石人，当为静陵前神道之翁仲。其身高达3.14米，底部有榫，原拟站立于石座上，双手扶剑，比例适度，姿态端正（图五）。另外，还出土一面目相似的石人头，应为对立的石翁仲残件。[4]

令人奇怪的现象是：此时在中国南方的南朝，其陵墓石刻的状况虽比北朝要完备得多，迄今仍可辨识有石碑、石柱和石兽等，唯不见用石翁仲与其组合。但是，在有些南朝时期的墓室内却有一些模印在墓砖上的翁仲形象，如南京油坊桥、东善桥和江苏邗江等许多南

① 傅天仇．中国美术全集：雕塑编 [M]．上海：上海人民美术出版社，1985：100．

② 吕常凌．山东文物精粹 [M]．济南：山东友谊出版社，1996：189．

③ 中国社会科学院考古所，洛阳汉魏队，洛阳古墓博物馆．北魏宣武帝景陵发掘报告 [J]．考古，1994（9）．

④ 黄明兰．洛阳北魏景陵位置的确定和位置的推测 [J]．文物，1978（7）．

朝墓中都发现有模印在墓砖上的翁仲形象（图六、图七）。①

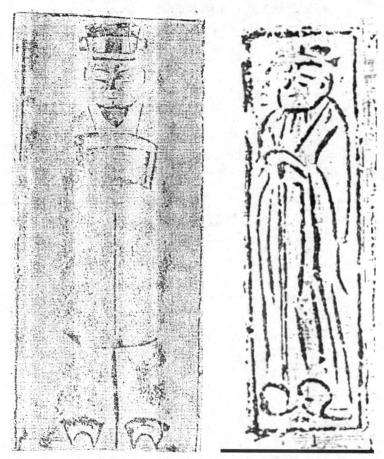

图六 南京油坊桥墓砖上的翁仲   图七 南京东善桥墓砖上的翁仲

（三）秦汉时期翁仲的出现和流传，不仅以铜、石质地和矗立在地面上的大体量雕刻物的形式表现出来，而且也以玉类质地和小巧佩饰物的样式，体现于社会日常生活中。人们经常随身系佩精致的小玉翁仲佩件，以满足其祈求护身平安、驱鬼除邪的愿望。

在中国文物收藏界，玉翁仲与刚卯、司南佩一起，被称之为"汉代三佩玉"，深受人们喜爱而影响较广，但此类实物往往多传世品和仿制品，真假混杂，缺乏科学研究价值。考古界从汉魏六朝墓葬的发掘清理中曾发现过一批

---

① 南京市博物馆.南京油坊桥发现一座南朝画像砖墓 [J].考古，1990（10）.
南京市博物馆.江宁东善桥砖瓦一厂南朝墓发掘简报 [J].东南文化，1987（3）.
扬州博物馆.江苏邗江发现两座南朝画像砖墓 [J].考古，1984（3）.

玉翁仲实物，数量虽不多，却属于有学术参考价值的标本，兹搜集罗列于下。

1.广州象岗西汉南越王墓出土的玉翁仲

共四件。高仅1.9–2厘米，青白玉，形体较小，造型相近。皆为男性，方脸大耳，袖手相供，刀工练达，有上下穿孔（图八）。[1]

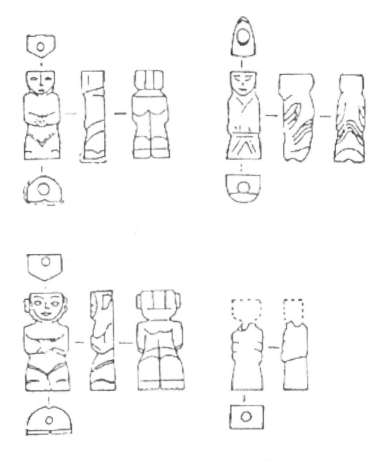

图八　南越王墓出土的玉翁仲

2.江苏徐州下淀乡陶楼汉墓出土的玉翁仲

一件。白玉质，高4.1厘米，宽1.5厘米，厚1厘米，为立式勇士形象，头部似有小髻，双手相拱，自头顶到足底有一穿孔（图九）。[2]

①　广州市文物管理委员会，中国社科院考古所，广东省博物馆.西汉南越王墓[M].北京：文物出版社，1997.

②　常素霞.中国古代玉器图谱[M].石家庄：河北美术出版社，1999：152，278.

 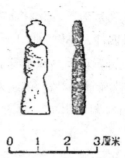

图九　徐州陶楼汉墓出土的玉翁仲　　图十　烧沟汉墓出土的玉翁仲

3. 洛阳烧沟汉墓出土的玉翁仲

一件。高3.2厘米，白玉质，男性形象，头似戴冠，双手拱于胸前，雕刻简洁，腰间横穿一孔（图十）。①

4. 江苏邗江甘泉东汉广陵王刘荆墓出土的玉翁仲

一件。高4.1厘米，青玉质，头戴冠髻，袖手拢胸，衣袍曳地，神态严肃，腰际穿有一孔。此件现藏南京博物院（图十一）。②

5. 广西恭城南朝墓出土的滑石翁仲

共二件，均为滑石质地的人物刻像。M3出土一件，高约4.5-6.3厘米，刀法粗简，略具其形；M1出土的一件，造型与M3所出土的相似，刻工更显细致（图十二）。③

图十一　广陵王刘荆墓出土的玉翁仲　　图十二　广西恭城南朝墓出土的滑石翁仲

---

① 洛阳区考古发掘队 . 洛阳烧沟汉墓 [M]. 北京：科学出版社，1959.

② 南京博物院 . 江苏甘泉山二号汉墓 [J]. 文物，1981（11）.

③ 广西壮族自治区文物工作队 . 广西恭城新街长茶地南朝墓 [J]. 考古，1979（3）.

6. 南京雨花台花神庙南朝墓出土的玉（石）翁仲

共四件，一件为青玉质，三件为滑石质。玉人高5.6，宽2.1，厚1.1厘米，头有冠髻，双手交握于身前，胸部和背部各有一对穿竖孔，雕刻较圆润；滑石人高6.4厘米、宽1.5厘米、厚0.6厘米，呈扁平条状，背面磨制光滑，正面用阴线刻划出五官和衣纹，线条简练，头戴冠，手相拱，神情敦厚（图十三）。①

图十三　南京花神庙南朝墓出土的玉（石）翁仲

从以上玉（石）质翁仲的特征来看，应当有一些规律可循：

其一，玉质翁仲的出现显然是受铜、石质翁仲的影响且仿制于它。其皆为立式男性人像，面相敦厚，神情恭谨；而与铜、石质翁仲用途不一样的是，玉质翁仲它属于供人们随身系挂、并有护身祥瑞意义的佩戴装饰物。

其二，在造型方面，年代较早的玉翁仲尺寸很小，仅高2厘米左右，形象近似"胡服胡貌"，具有"夷狄"风格；年代略晚的玉翁仲尺寸增大至6厘米左右，形象已渐变为"束髻戴冠、宽袍大袖"的汉式风格。

其三，在制作工艺方面，年代较早的玉翁仲、阴线刻划，刀法简洁明了；年代略晚的玉翁仲，雕法圆润，刻划含蓄无棱角。玉翁仲身上钻凿的供系挂用的穿孔形式也有变化，早期多为从头至足底的"通天穿"，后演变为横钻腰际的"牛鼻穿"或竖钻腰胸的"贯耳穿"等。

---

① 南京市博物馆.江苏南京市花神庙南朝墓发掘简报[J].考古，1998（8）.

三、关于武宁王陵出土琉璃童子像的认识

通过上面对中国秦汉六朝有关翁仲状况的分析和梳理，再返视武宁王陵出土的琉璃童子像，不由引发出一些认识和联想。

从历史文化的大背景来看，与百济关系密切的中国六朝时期虽说处于承汉启唐的过渡阶段，但东晋、南朝向来被史家认为是华夏正统王朝的继承与延续，因此在这个时期的宏观文化传统的承继方面，仍保留着不少盛行于汉代的崇尚道家思想，祈求长生富贵，迷信避凶求吉的观念和习俗，而人们佩戴玉（石）质翁仲作为装饰物的理念，应是与秦汉传统文化习俗相吻合的。其实通过对文物考古发现所反映出来的六朝物质文化的客观现象来考察的话，不难发现在历史文化的演进方面，六朝出土文物中所"承继"汉代传统文化因素非常多（百济武宁王陵出土的镇墓兽、墓志、琉璃童子像、炭木兽形佩饰和铜镜等也反映出相似的文化特点），而"开启"创新盛唐先进文化的成分则并不显达（是北朝以及北方中西文化的交流，起到了形成唐代文化主流的重要作用），翁仲的流传延续就是具有代表性意义的例子之一。

武宁王陵出土的琉璃童子像，是一种与中国玉翁仲相类似、极具自身特征的重要文物：在造型上，琉璃童子像器型较矮，呈圆柱状，为一气质端勇的年轻人形象，有"胡服""胡貌"特征。而南朝时期的翁仲、器型较高，呈扁条状，头有冠髻，着宽袍大袖的汉式服装；在雕刻技法上，琉璃童子像具有典型的"汉八刀"风格，以粗犷有力的直线条，简洁明了地刻画出人物形象。而南朝时期翁仲刻画的线条轻柔漫漶，无棱无角，人物形象悠然清象；在质地上，琉璃童子像为模铸而成的琉（玻）璃质，较为特别，其在等级上虽次于白、青玉，但与南朝时期较多见的滑石类翁仲相比，则要高贵得多。据考古资料显示，在今长江下游扬州一带的西汉墓葬中经常出土与葬玉类的含蝉性质相同的物品——玻（琉）璃蝉。考古界认为玻璃器是玉器的替代品，扬州汉墓还出土模仿玉塞、珰、剑饰、衣片、串饰等众多的玻璃品就足以证明。因此有学者认为，在汉代扬州应存在专门从事玻（琉）璃物件制造的作坊行业。

由上分析可初步推断，武宁王陵出土琉璃童子像的制作年代应属汉代，也不排除是六朝时期模仿汉代玉翁仲复制品的可能性；其制造地有可能与中国长江下游的扬州一带有关。至于武宁王陵出土琉璃童子像的来源和途径也

值得我们去思考和探究：是东晋、南朝将宫廷的收藏品馈赠给百济国的礼物？或是百济王室在早期即已获得的珍藏物品？

　　如果把武宁王陵出土的琉璃童子像、与中国已知出土玉翁仲一起，做考古类型学比较的话，武宁王陵出土琉璃童子像的排列位置、应列在广州西汉南粤王墓出土的玉翁仲之后（图八）和江苏徐州陶楼汉墓出土的玉翁仲之前（图九），其绝对年代可推至西汉晚期。若此推测不误，那么武宁王陵出土琉璃童子像的学术价值和意义就更大了。目前，在中国经考古发掘出土的玉翁仲实物数量并不多，武宁王陵出土的琉璃童子像作为较早形态的玉翁仲标本，无疑为探讨玉翁仲的起源和发展演变提供了难得的实物资料；还有一点是，汉代是中国玉器发展史上的黄金时期，从工艺角度看，武宁王陵出土的琉璃童子像是反映汉代玉器雕刻技法——"汉八刀"运用成功的一个典型范例；再有一点，当今社会上流散着数量颇多玉翁仲"传世品"（图十四），品类多样，真假难辨，争议很多，武宁王陵出土的琉璃童子像可以成为鉴定玉翁仲传世品真伪和年代的可靠的标尺和参照物。

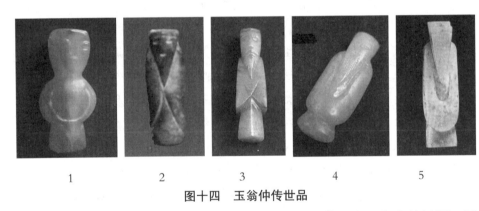

　　　1　　　　　　2　　　　　　3　　　　　　4　　　　　　5

图十四　玉翁仲传世品

　　最后，想谈一谈对武宁王陵出土的"琉璃童子像"这一名称的问题。通过上述的讨论，我们可以基本确认武宁王陵出土的琉璃童子像是与中国已发现的玉翁仲相类似的物品，其功用是供古人随身系挂的有驱邪护身吉祥含义的佩饰物。一定时期社会上所存在的物质生活文化，可以肯定是与那个时代的历史文化背景相协调一致的。汉代以来社会崇尚道家神仙思想，人们"重生""乐生"，强调注重自身的平安福佑，企盼自己能够延年益寿、长生不老。南朝时期虽然受到佛教思想的较强烈冲击，但对于有社会滞后因素约束的民族和民间传统习俗以及严肃的丧葬礼俗来说，仍在一定程度上延续着汉代道家思想的余风。同样，从百济武宁王陵所随葬的镇墓兽、墓志、炭木神兽、铜镜等物品中，也反映出由汉代即已沿袭下来的迷信鬼神，驱邪除疫，祈求长生等道教观念。

　　在中国古代以"童子"为主题，寓庇荫后代、子孙满堂为内容文物涌现的时代，大约要到公元十世纪后的宋代。此时，因为程朱理学的确立和兴起，在统治阶级的提倡下，得以在社会上受到广泛的推崇。其在市井世俗文化中的反映和表现就是宣教和劝告人们：只要遵守封建道德、伦理纲常，社会就能稳定发展，家族才能荣华富贵，并可以荫及子孙后代。所以，在宋代流传下来的大量陶瓷器、玉器、丝织品和绘画中，出现了许多涉及"童子""孩儿""婴戏"等题材的文物，如《玉雕童子》《定窑孩儿枕》《秋庭婴戏图》等尤为著名（图十五）。

图十五　宋代《玉雕童子》《定窑孩儿枕》《秋庭婴戏图》

　　为了使武宁王陵出土的"琉璃童子像"的名称能更加契合百济时代的文化内涵，避免其可能与后世风格类似的文物相混淆而引起歧义，笔者觉得将"琉璃童子像"改称"琉璃翁仲"为宜。

武宁王陵出土文物探析之二

——以三枚铜镜为例

周裕兴

1972年，在韩国忠清南道公州宋山里发现的百济武宁王陵墓中，出土了三枚制作精美的铜镜，即随葬于国王棺中的一枚方格规矩神兽镜、随葬于王妃棺中的一枚宜子孙兽带镜和一枚兽带（纹）镜。这三枚铜镜因其具有极为重要的历史、艺术和科学价值，而被确认为韩国国宝级文化财（编号：国宝161号），十分珍贵。

从某种意义上来说，这三枚铜镜是反映古代东亚地区文化交流的难得的重要实物例证。因此，自武宁王陵被发现以来，早已引起韩国、中国和日本学者的广泛注意，并曾对此进行过认真的研究和考证，阐述了这三枚铜镜所蕴藏的文化内涵、历史价值和时代意义等。专此，本人不揣浅陋，试参考中国相关的一些文物考古资料，谈谈我对武宁王陵出土的这三枚铜镜的不成熟的认识。

一、关于"七子镜"

百济武宁王陵随葬于王妃棺中的是一枚宜子孙兽带镜和一枚兽带（纹）镜，保存尚好，其特征如下：

（一）宜子孙兽带镜

器型较大，直径达23.2cm。镜背中央为半圆座钮，周边围有9个乳钉，其间有小兽形纹及"宜子孙"的铭文，其周围有两圈栉齿纹带夹双重素纹带。内区有四叶座乳钉7个，其间有7个似四神及奇禽异兽等圆形纹样，外圈有铭文，铭文中可被识别的只有"渴饮玉泉饥……兮"等几字。外区平缘为一圈锯齿纹及另一圈因年久而无法识认的装饰纹（图一、上）。

（二）兽带（纹）镜

器型直径18.1cm。镜中央为半圆座钮、周围绕有9个乳钉，其间饰以草花纹，向外为两栉齿纹带中间夹一宽素纹带。内区为内行八弧纹和圆廓为中心的7个圆座乳钉，其间各用细线画有四神及三瑞兽的圆形纹样。外区内有锯齿纹带，向外有芝草纹带（图一、下）。

图一　宜子孙兽带镜（上）、兽带（纹）镜（下）

这两枚铜镜的最主要特征是，在它们镜背钮座和内区分别有九个和七个小乳钉加以装饰；又在它们镜背内区的七个小乳钉间分别装饰有线雕的七种奇禽异兽等圆形纹样。因此若按照中国文物界的习惯，可统称为七乳禽兽纹镜，也可简称为七乳镜或禽兽镜，其盛行的年代应该在东汉时期。

汉代是中国古代铜镜最为盛行的时期，铜镜的种类各式各样、不一而足。西汉晚期时开始出现以装饰乳钉为特征的铜镜。这种镜所置的乳钉，有四乳、五乳、六乳、七乳和八乳等多种，但以置七乳最为常见。这类多乳镜因其内区乳钉间所表现的主题纹饰都为民间视作吉祥的灵禽瑞兽，故目前学界为研究方便、多将这类出现于西汉晚期并流行于东汉的以"多乳"为特征的铜镜简称之为禽兽镜。

须注意区别的是东汉时期，在禽兽镜出现之后，还流行有神兽镜和画像镜（神兽镜兴起于东汉中期；画像镜伊始于东汉晚期），镜背的主题纹饰与禽兽带镜一样，无不反映企慕神仙的思想。只是侧重面各有不同而已。而三者的区别在于：纹饰为（神仙）、灵禽瑞兽的叫禽兽镜；纹饰为神仙、瑞兽的叫神兽镜（图二）；纹饰为神仙、车马的叫画像镜（图三）。

图二　神兽镜　　　　　　　　　　图三　画像镜

据不完全统计，现今在中国考古发掘或收藏的汉代七乳禽兽镜（也有称七乳四神镜、七乳神兽镜等）的种类，已达二十多种，仅不同名称就有十九个之多。以下是可以做比较的在中国发现七乳禽兽镜的大概状况。①

尚方七乳四神镜泰山七乳四神镜（图四）尚方七乳禽兽镜（图五）侯氏七乳禽兽镜（图六）柏氏七乳神兽镜七乳四神禽兽镜（图七）宜子孙七乳四神禽兽镜（图八）七乳羽人四神镜七乳四神镜善铜七乳神人禽兽纹镜（图九）涑石峰七乳四神禽兽镜（图十）善铜七乳神兽镜田氏七乳四神人物禽兽镜光耀七乳四神镜（图十一）七乳禽兽镜七乳羽人禽兽镜青盖七乳四神镜（图十二）张氏七乳禽兽镜合好七乳禽兽镜（图十三）。

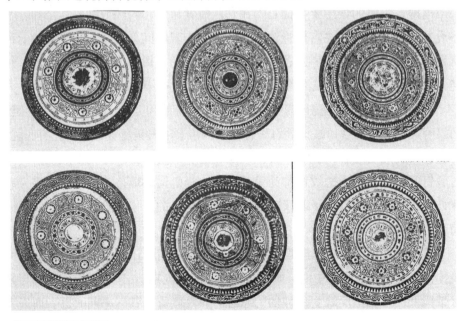

① 孔祥星. 中国铜镜图典 [M]. 北京：文物出版社，1992.
　周世荣. 中华历代铜镜鉴定 [M]. 北京：紫禁城出版社，1993.

图四~十三 七乳禽兽镜

细察百济武宁王陵发现的宜子孙兽带镜和兽带（纹）镜特征，与上述已知现在中国发现的同类七乳禽兽镜并无完全相同的例子，因此这两枚铜镜对于汉代七乳禽兽镜的研究提供了有价值的实物资料。

据有关学者对汉代七乳禽兽镜的分析认为，这种铜镜内区七乳间环带纹图形的内容组合可分为：

（1）仙人、麒麟（兽）、白虎、青龙、鸟（鸾凤）、鸟（朱雀）、龙（黄龙）；

（2）龙、麒麟、玄武、麒麟、虎、双角羊、鸟；

（3）仙人、玄武、兽、虎、羊、鸟、龙；

（4）仙人、玄武、兽、虎、麟、鸟、龙；

（5）仙人、龙、兽、玄武、兽、虎、鸟；

（6）龙、蟾蜍、玄武、麟、虎、麟、鸟。

以上图形在古代所表示的主要内涵和意义是：

仙人——指神话传说中的羽人、升仙的道士，或称之为神人。

麒麟——《尔雅·释兽》："麟，麇身，牛尾、一角。"南朝宋裴骃《史记集解》引后魏张揖的解释："雄曰麒，雌曰麟。其状麋身、牛尾、狼蹄，一角。"

青龙、白虎、朱雀、玄武——古代用以表明四方之神，《礼记·曲礼上》："行前朱鸟而后玄武，左青龙而右白虎"。

鸾凤——一种羽毛丰满的瑞鸟、神鸟，《山海经·大荒西经》："有五彩鸟三名：一曰皇鸟，一曰鸾鸟，一曰凤鸟"。

黄龙——汉朝人视为四龙之长。《宋书·符瑞志》说："黄龙者，四龙之长也。不漉池而渔，德至渊泉，则黄龙游于池。能高能下，能细能大，能幽能冥，能短能长，乍存乍亡。"

蟾蜍——《淮南子·精神训》："月中有蟾蜍"。《淮南子·览冥训》里说："羿请不死之药于西王母，姮（嫦）娥窃以奔月"。东汉张衡认为："姮娥遂托身于月，是为蟾蜍"（参见《马王堆汉墓帛书的神话意义》，载于《钟敬文学术论著自选集》，首都师范大学出版社，1994年9月）。

由于铜镜表面大多锈蚀漫漶不易辨识，或限于不同的认识理解，人们尚对铜镜内区七乳间环带纹图形的内容和名称之看法还不尽统一，但对这些图形所表现的形象均属于反映汉代仙道思想的祥瑞之物则并无疑义。

对百济武宁王陵发现的宜子孙兽带镜和兽带（纹）镜的内区，所刻奇禽异兽图形以及铭文现今尚未完全揭示清楚，但愿能在使用科技保护方法的前提下、参考上述可供对比的相类似的铜镜资料，进一步深化对这两枚铜镜图案纹饰内涵的研究。

用乳钉作为铜镜背面的装饰是汉代铸镜匠师的一大创造，多乳钉纹的出现既有美化铜镜的效果，也一定程度上反映着社会与民间所存在的文化内涵和审美情趣。企盼"长宜子孙"、后代繁衍兴旺，是汉代人们思想意识中重要主题之一。铜镜是当时人们社会中不可或缺的也是较为珍贵的生活用品，多乳钉纹的形象犹如一面面小镜子均匀地散布在大铜镜的背面，寓意着子孙后代的绵延，使人们在使用这一铜镜时触景生情，并得到精神上的愉悦。

侯氏七乳禽兽镜是东汉最有代表性的私家作坊所制的多乳镜之一，其镜背铭文即自名曰："侯氏作镜大毋伤，巧工刻之成文章，左龙右虎辟不阳（祥），七子九孙居中央，夫妻相保如威央兮"；另外还见有"七子九孙各有喜"一类的铸铭镜等。其所言"七子九孙"，不就是指镜背内区的七个乳钉和镜钮圈的九个乳钉纹吗（图十四）？

图十四　侯氏七乳禽兽镜　　　　图十五　博局镜

无独有偶，在汉代还流行有一种以乳钉作为装饰的铜镜——博局镜（原又称规矩镜、或 TLV 纹镜），镜上有铭文曰："福熹进兮日以萌，食玉英兮饮澧泉，驾文龙兮乘浮云，白虎口兮上泰山，凤凰舞今见神仙，保长命令寿万年，周复始今八子十二孙。"其所说的"今八子十二孙"显然就是对镜背内区的乳钉和镜钮圈的乳钉纹概指（图十五）。

现在学界经过研究分析已基本形成共识：即汉代的七乳禽兽纹镜（包括百济武宁王陵发现的宜子孙兽带镜和兽带镜在内），就是古人所称呼的"七子镜"。其所见与"七子镜"相关的诗文和史料记载主要有：

南朝梁简文帝在《望月》一诗中写道："流辉入画堂，初照上梅梁。形同七子镜，影类九秋霜。桂花那不落，团扇与谁妆。空闻北窗弹，未举西园殇。"（《类聚》一、《文苑英华》百五十二、《诗纪》六十九）

北周大诗人庾信也作有《望月》诗曰："夜光流未曙，金波影尚赊。照人非七子，含风异九华。"[1]

《日本书记》卷九《神功皇后》记载："五十二年秋九月，丁卯朔丙子，久氏等从千熊长彦诣之，则献七枝刀一口、七子镜一面，及种种重宝，仍为曰：'臣国以西有水源出自谷那铁山，其邈七日行之不及，当饮是水，便取是山铁，以永奉圣朝'。"

我认为这些文献的年代都已是离汉代以后比较远了，汉代传世下来的七子镜在此时应该是属于非常珍贵的"文物"了，使用者当非一般的人物而应是地位显赫的王室贵族。因此，这时候七子镜中"七子"的含义可能不仅仅

---

① 杨泓 . 七子镜 [J]. 文物天地，1986（2）.

是指汉代所谓"子孙后代"的意思，而应该又赋予了新的内容：

《汉书·律历志上》："七者，天地人四时之始。"

《南齐书·乐志》："南方有火二土五，故数七。"

晋朝范宁《谷梁传序》："七曜为之盈缩。注：谓之七曜者，日月五星皆照天下，故谓之七曜。"

明代张九韶《群书拾唾》："七曜并曰七政。书曰：在璇玑玉衡，以齐七政，日月木火土金水"。

因此，台湾出版的《中文大字典》就明确指出："七子镜，谓周围有七面小镜，而成似七曜之纹形镜也。《梁简文帝·望月诗》：形同七子镜，影类九秋霜。"可以想见，梁简文帝望月时为何会联想到七子镜？其实是他咏物言志，感慨天地人生政治社会而已。显然，此时七子镜的含义、已绝非仅是汉代"长宜子孙"类儿女情长式的吉祥语了。

二、关于"方格规矩神兽纹镜"

这是出土于百济武宁王陵国王棺中的铜镜，其特征：

器形直径17.8厘米。镜背中央有带孔半圆钮，钮外为方形装饰纹样，方格内依次排列有12个小乳钉，乳钉之间阳刻有十二地支字样。内区有8个乳钉圆形钮座，在规矩纹上浮雕有一神（仙）人及四神兽等，周缘有铭文带及栉齿纹带，铭文为"尚方作竟（镜）真大好上有仙人不知老渴饮玉泉饥食枣寿（如）金石兮"等26字；外区有锯齿纹带及双重波状纹带，镜边为近似三角缘。（图十六）

此镜的主体特征仍为盛行于西汉晚期至东汉前期的博局镜模式。博局镜以往多称作规矩镜、或"TLV纹"镜，现经学者研究考证其镜纹是来源于六博棋局上的纹饰。博局镜约产生于秦汉之际，全盛于西汉晚期至东汉前期，消失于两晋南北朝之间。根据博局镜镜背内区的主题纹饰，可分为狩猎纹、四神纹、鸟兽纹、几何纹和

图十六　武宁王陵方
格规矩神兽纹镜

简化纹等内容。①

该镜在博局镜基本模式的基础上,将狩猎纹与瑞兽纹结合起来,借鉴此时流行的汉画像石(砖)的表现手法,采用浮雕技法,突出主纹,取得了令人注目的艺术效果,开创了东汉后期开始流行采用高浮雕技法来装饰表现铜镜制作的先河,如神兽镜、画像镜等即是。值得注意的是,这类以浮雕技法来表现物像图案的神兽镜、画像镜等,自东汉后期至魏晋时期它们主要出现在中国的南方,这对于我们了解武宁王陵出土的这枚铜镜的来源是有启示意义的。

经初步辨识,内区浮雕所表现的内容似为一位手持节杖的道仙之士,正御驱结伴着(顺时针)白虎、麒麟、辟邪和青龙,驰骋在得道登仙的漫漫路途之中。由于使用了立体感较强的浮雕表现手法,在地纹和铭文的烘托下,其情节显得十分生动,有很强的艺术感染力,使人觉得耳目一新。

从镜上26字的铭文可知:这枚铜镜是由汉代专为皇室制作御用物品的官署——"尚方"所监造的,弥足珍贵;铭文中的"玉泉",一是指药物,《太平御览》卷九八八药部五引《本草经》曰:"玉泉,一名玉澧,味平,生山谷,治藏百病,柔经强骨,安魂,长饥。久服能忍寒暑,不饥渴,不老神仙。"二是指津液(唾液),即自身做"叩齿咽液"之术,隋代巢元方《诸病源候论·虚劳羸瘦侯》云:"朝朝服玉泉,使人丁壮,有颜色,去虫而牢齿也。"

铭文中的"饥食枣",见《史记·封禅书》:"汉武帝尊少君,少君言于上曰:'臣尝游海上,见安期生。安期生食巨枣,大如瓜。安期生仙者,通蓬莱中人,合则见人,不合则隐'。"

从镜铭的字体特点和文辞内容来看,其字体已脱离了小篆笔意,字形方扁,折笔有力;因其铭文文辞中出现了"尚方"铸镜机构名、还出现了少量代用字、简笔字或缺漏字等,依据对中国汉代铜镜铭文演变的规律来判断,均可以说明此镜的制作年代应当在东汉的中后期。

耐人寻味的是此镜的镜边已由传统的平直缘演变为镜边斜坡内收、外缘凸起断面渐成三角的形状,这如同此时在镜背装饰图案采用浮雕技法来表现物象一样,体现了东汉中后期以来铜镜工艺出现的一种不断革新和提高的势头。自东汉至三国时期,中国的南方长江流域由于社会的相对稳定和享有得天独厚的铜矿资源,铜镜铸造业发展迅速、产量和技术均已超过了中国的北

---

① 傅举有.论秦汉时期的博具、博戏兼及博局纹镜 [J].考古学报,1986(1).
　周铮.规矩镜应改称博局镜 [J].考古,1987,12.

方。应该提及的是在今浙江省绍兴一带的会稽郡的山阴，自东汉以来就是铜镜的重要产地。尤其是东汉中期以来会稽郡所造的画像镜，其镜的缘部既有平缘的，也有不少是斜缘或三角缘的，有的缘部高而尖，可称为"三角缘画像镜"。^①正因为中国的南方已在东汉时就曾出现了"三角缘"的铜镜和铸镜技艺的事实，所以这也成为王仲殊先生考证认为，在日本公元4世纪前期的古坟中出土的大量"三角缘神兽镜"，是由三国时期中国南方吴国工匠东渡日本，将画像镜与神兽镜结合起来制作之观点的重要论据。^②

人们也许会猜测，出土于百济武宁王陵国王棺中的这枚铜镜可能不是制作于汉代的"汉镜"，而是铸造于东晋南朝的"仿汉镜"？那么我们有三点理由可对此加以否定。

其一，关于仿古镜问题，据铜镜鉴定专家研究认为，中国开始制作仿古铜镜的时代，不会早于唐代或宋代。目前，虽曾发现有唐代仿汉代铜镜的事例，但尚未见有三国两晋南北朝刻意仿制两汉铜镜的证据。^③

其二，铜镜是古代珍贵的日常生活用品，使用传世很久的几百年前的旧铜镜现象并不罕见。考古发掘资料已证明，从五世纪后期到六世纪中后期的北齐、北周，都仍然使用东汉、魏晋以来的旧式铜镜和铁镜，甚至西汉的旧铜镜也被使用。^④

其三，在中国的南方，从东晋以后由于受社会变故、人口激增和"铜荒"（铜矿产铜量急剧减少）等因素的影响，整个铜镜铸造业处于全面退化的状态中。考古发现的世族墓葬中出现了以铁镜替代铜镜的趋势，或有些墓葬中偶有铜镜出土，也大都镜体既薄又小、制作粗糙、图案草率，已非昔比。南朝时由于铜荒严重，连铸钱业也受到很大的冲击，至梁武帝普通四年（公元523年）竟下令尽罢铜钱，改用铁钱（《隋书》卷二十四、食货志："至（梁）普通中，乃议尽罢铜钱，更铸铁钱"），例如在武宁王陵中就出土有这时所铸造的铁钱等遗物。此后，中国的铜镜铸造业直到唐代才又重新复兴。

---

① 徐萍芳. 三国两晋南北朝的铜镜 [J]. 考古，1984（6）.
② 王仲殊. 关于三角缘神兽镜的问题 [J]. 考古，1981（4）.
③ 程长新，程瑞秀. 铜镜鉴赏 [M]. 北京：燕山出版社，1989.
④ 徐萍芳. 三国两晋南北朝的铜镜 [J]. 考古，1984（6）.

三、结语

由上所述可以想见，武宁王陵出土的三枚铜镜，制作精致，形制独特，内涵丰富，保存完好。它形象和客观地反映了韩国百济时代王室的日常生活和思想崇尚；同时，这三枚铜镜也为中国古代铜镜专题研究（尤其是对于汉代七乳镜和博局镜等问题），增添了不可多得的品类和实物资料。

经辨识可初步确认，武宁王陵出土的这三枚铜镜，均应是中国东汉中后期时制作的产品，其产地很可能与中国的南方有关。那么百济王室获取这些铜镜的时间无非有两种可能：一是在百济的汉城期，或是在百济的熊津期。我认为在前者获取的可能性也不能排除。因为从百济汉城期的考古资料来看，已发现的钱纹陶、金铜銙带、铜熨斗、青瓷羊等等遗物说明：在汉城期通过海上交通，百济与中国南方的民间和官方往来已经十分频繁，只不过留存下来的文献记载疏漏和不多而已。

武宁王陵出土的三枚铜镜中，有两枚属七乳镜（即所谓"七子镜"）类、一枚属博局镜（具有三角缘的特征）类。七乳镜和博局镜本是中国东汉时期最为盛行的镜类，前者在流行后又被称之为"七子镜"、后者在流行中又逐渐演变出浮雕神兽及三角缘等特征。在日本，其古文献中有曾接受百济所赠"七子镜"的记载，并曾出土与武宁王陵发现的一枚七乳镜相近似的"同范镜"；又，在日本公元4世纪时期的古坟中，曾出土了大量"三角缘神兽镜"。无论从历史、地理、时间和交通诸因素来看，百济在中国汉唐之际为东亚文化交流与传播中所起的轴心和中介的作用是非常重要的，武宁王陵出土的三枚铜镜就是一个典型的范例。

武宁王陵出土的三枚铜镜发现至今已有三十余年了，它不仅具有极其重要的实物价值，而且蕴涵着广泛和深刻的研究价值，当然它还存在着许多未解之谜有待去进一步地澄清和揭示。

（附记：拙稿原来是应韩国忠清文化财研究院院长朴淳发教授之约所写的，因诸事缠身，心神不静，至约定的交稿日期时，仅完成了《武宁王陵出土文物探析之一——以"琉璃童子像"为例》，感觉很对不起。现在继续写完了《武宁王陵出土文物探析之二——以三枚铜镜为例》，适逢韩国国立公州博物馆学艺室朴仲焕室长约稿，盛情难却，以作为去年孙馆长与他一行来中国南京访问的纪念吧。专此说明。2005年11月17日）

武宁王陵出土文物探析之三

——以炭木兽形佩饰及棺木葬具为例

周裕兴　丁利民

自1971年以来，韩国发掘的百济武宁王陵以其墓葬等级之高、保存之完整、出土文物之精美而倍受世人瞩目。它的发现对于研究3—6世纪中韩文化交流史，特别是百济与中国东晋南朝的政治文化联系提供了丰富的素材。关于武宁王陵的研究，韩、中、日学者已经在许多方面取得了累累硕果。本文中，笔者试以武宁王陵出土的炭木兽形佩饰、棺木葬具为中心，补充说明韩国百济与中国六朝之间文化的交流和关系等问题。

一、关于炭木兽形佩饰

在武宁王陵中出土有2件炭木兽形装饰品，一件位于武宁王銙带附近，另一件位于王妃腰部。（图1）这两件器物形状基本一致，长2厘米、高2厘米，系用扁平的炭化木片做成，总体形象如一只蹲坐着的狮子。阴线刻出四肢，身体中央有0.5毫米的穿孔。整体雕刻较简洁，头部的鼻孔、前肢的脚趾刻划得

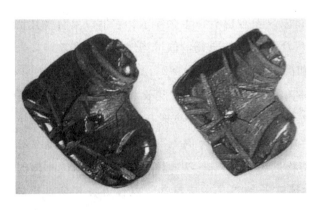

图1　武宁王陵出土两件炭木兽形佩饰

较细致 [①]。

关于它的材质，韩国学界称为是"炭化木"（petrifiedwood）。但中国考古学界一般认为该类材质是煤精（jetgraphite）。煤精又称炭精、煤玉、黑炭石、黑宝石、雕漆煤等，是褐煤的一个变种，为不透明，光泽强的黑色有机宝石。煤精是古代柞、桦、松、柏等硬木经多年变成，夹杂于一

图2 东汉"司禾府印"（煤精质材）

般煤层中间，比一般煤炭轻，产生于距今三百万年前新生代的第三纪煤层中，其中有机质主要是藻类残体、木质素和纤维素及少量的角质层等。煤精的硬度为2.5~4，相对密度为1.30~1.34。现今煤精资源以产自中国辽宁省抚顺市西部露天矿为最佳，是那里有名的天然特产。

煤精贵在色黑、质细、韧性好、抛光后漆黑闪亮。所以自古以来，煤精就被用来制作雕刻小型工艺品和首饰物等。1973年，在沈阳市新乐新石器时代文化遗址下文化层就发现了煤精泡、煤精耳珰形器、煤精珠等艺术品，年代距今已有七千余年，是迄今发现最早的煤精工艺品实物。在陕西关中地区以往发现的西周墓葬中曾发现用煤精雕刻的蚕等小动物饰品。2004年8月，淮安市博物馆发掘的清浦区清安乡运河村战国楚墓中，发现有煤精制作的"玉璜"。1959年在新疆民丰县尼雅汉代遗址中发现有用煤精制作的印章——覆瓦钮的"司禾府印"（图2）。在甘肃嘉峪关魏晋时期墓葬中不仅发现有煤精印章，还发现有煤精雕刻的一对墓主人死时手中的"握猪"等。《说文》云："玉，石之美者，且有五德。"古人视美的石头皆为玉，煤精同琥珀、绿松石、玛瑙等许多美石一样，均可归于玉的门类。

关于兽形的形象，原报告书认为是狮子，实际上应该是辟邪。辟邪，是汉代以来的吉祥物，其原形为狮子的形象，由域外引入中国时将其制作成石刻而树于重大建筑物前的标志物件。在六朝传统文化的理念中，辟邪是具有道教色彩的能避邪御魔的神兽；而狮子则是蕴涵佛教意味的护法祈和的象征。

辟邪作为石兽名，最早见于《急就篇》（成书时间为公元前40年），系西

---

① 韩国文化财管理局. 武宁王陵（日语版）[M]. 东京：日本三和出版社，1974.

汉元帝时黄门令史游编纂，其卷3记载："射魃辟邪除群凶。"（唐）颜师古注释曰："射魃、辟邪，皆神兽名也……辟邪，言能辟御妖邪也。"（明）周祈《名义考·卷十》曰："被除不祥，故谓之辟邪；永绥百禄，故谓之天禄。……古人置辟邪于步摇上，皆取被除永绥之意。"正是由于辟邪具有被除邪恶的作用，辟邪不仅被做成石雕立于墓前、阁前及阙前以镇邪，还广泛见于汉画像石上，在汉代已经形成以天禄、辟邪来辟除邪恶的习俗。[①]与此同时，在汉代也已经出现了可供佩戴把玩的小型辟邪饰品。1966年陕西省咸阳市新庄汉墓遗址先后发现2件玉辟邪，美国华盛顿沙可乐（Sackler）美术馆也藏有1件精美的西汉玉辟邪。这些玉辟邪，或出于西汉帝陵，或装饰有仙人骑驾形象，当是为具有辟邪意义的权贵们使用的瑞物。[②]

在中国东晋南朝较高等级的墓葬中也曾出土类似物，常见有玉、琥珀、煤精等质料。数量虽不是很多，却具有学术参考价值，兹搜集罗列如下：

1. 江苏省南京市富贵山六朝墓出土的辟邪饰品[③]（图3.4.5）

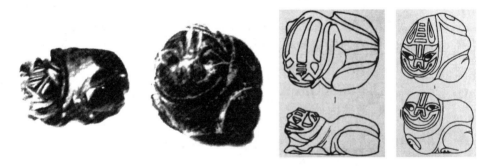

图3.4.5　南京富贵山六朝墓出土的辟邪饰品

M4出土2件。一件为煤精狮子，黑色，雕刻精细，两端穿孔，长2.07厘米，宽1.72厘米，高1.03厘米；另一件为琥珀质地，外形呈狮子状，深红色，两端穿孔，长2.07厘米，宽2厘米，高1.78厘米。

2. 南京北郊郭家山东晋墓葬出土的辟邪小饰件[④]（图6.7）

---

① 王玉金. 从汉画看汉代辟邪风俗 [J]. 民俗研究，2000（2）.

② 殷志强. 中国古代玉器 [M]. 上海：上海文化出版社，2000：272–273.

③ 南京市博物馆，南京市玄武区文化局. 江苏南京市富贵山六朝墓地发掘简报 [J]. 考古，1998（8）.

④ 南京市博物馆. 南京北郊郭家山东晋墓葬发掘简报 [J]. 文物，1981（9）.

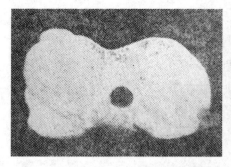

图 6.7 南京郭家山东晋墓出土的辟邪

M1出土辟邪小饰件，共2件，一件玉质，一件琥珀质。腰部都横穿一孔。其中玉辟邪，长1.3厘米，较完好；琥珀辟邪，头部略残，长1.3厘米。

3. 江苏省南京象山王氏墓地7号墓出土的辟邪饰品 [①]

此墓共出土3件琥珀珠，其中2件作蚕豆形，另外1件作辟邪状，两端穿孔，长0.9~1.5厘米。

此外，南侧女棺内出土较多绿松石圆珠，一粒较大，作小辟邪状，有对穿小孔，长1.7厘米。

据推测，墓主可能为东晋平南将军、荆州刺史、武陵侯王廙。

4. 南京北郊东晋墓出土的煤精辟邪 [②]（图8）

共1件。四腿卷缩，头部侧向右方，做俯卧状。长2.2厘米，宽1.9厘

图 8 南京北郊东晋墓出土的煤精辟邪

米，高1.4厘米。身体的左、右、前、后有交叉形穿孔2个，孔径0.25~0.3厘米。

5. 江苏南京仙鹤观东晋高崧家族墓中的辟邪形佩饰 [③]（图9）

其中6号墓出土的金制动物形小件佩饰中有6件为辟邪形，大小两种，各3件。大者四肢屈伏，长尾下垂，张口吐舌。长1.5厘米，宽0.8厘米，高1.15厘米。小者仅具轮廓，细部未刻画，长0.8厘米，宽0.5厘米，高0.65厘米。此外，还出有1件琥珀兽形佩饰，头前伸，四肢屈伏，腹部有小穿孔，长2厘

① 南京市博物馆.南京象山5号、6号、7号墓清理简报[J].文物，1972（11）.

② 南京市博物馆.南京北郊东晋墓发掘简报[J].考古，1983（4）.

③ 南京市博物馆.江苏南京仙鹤观东晋墓[J].文物，2001（3）.

米，宽1.3厘米，高0.95厘米。绿松石辟邪形佩饰3件，大小两种，大者1件，四肢曲伏，头侧视，腹部有穿孔。长2.1厘米，宽1.4厘米，高1.1厘米。小者2件，蹲伏，头前视，长0.7厘米，宽0.6厘米，高0.8厘米。2号墓出土玉质辟邪形配饰1件，辟邪回首侧视，四肢曲伏，腹部有一对穿圆孔。长2.2厘米，宽1.5厘米，高1.2厘米。据推测，6号墓的墓主应是高崧父亲高悝夫妇，2号墓则是高崧及其夫人谢氏的合葬墓。

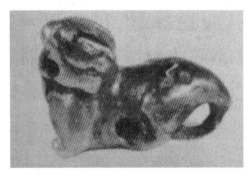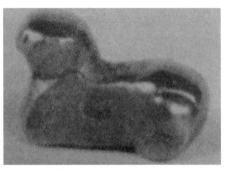

9-1.9-2 金制辟邪

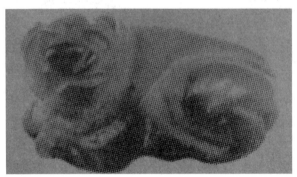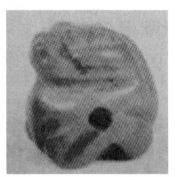

9-3.9-4 绿松石辟邪

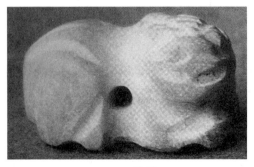

9-5 玉辟邪

图9　高崧家族墓地出土的辟邪佩饰

6. 南京东晋温峤墓出土的琥珀辟邪①（图10）

共1件。头部残。表面暗红色。从头部至尾部有一纵向穿孔，通体长1.9厘米。

7. 南京富贵山东晋晚期大墓出土的石刻小兽饰②（图11）

共1件。形如狮子，作蹲跪的姿态，两前爪交拱，后爪屈蹲。器身上、

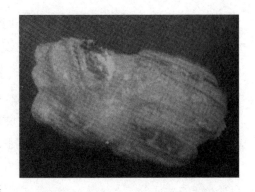

图10 温峤墓出土的琥珀辟邪

下、左、右共有4个小孔，以便于系挂。石质表面粉化，高2.1厘米，宽1.5厘米。

8. 江苏南京市花神庙南朝墓出土的玉狮形器③（图12）

图11 南京富贵山东晋晚期大墓出土的
　　石刻小兽饰

图12 花神庙南朝墓出土的玉狮形器

共1件。外形为狮子。玉色青黄，较莹润，系圆雕而成，用较粗的阴线刻出腿、脚趾和鬃毛等细部特征，整体成蹲伏状，无头部，但颈部磨制的很光滑，可能头部断裂后又重新加工过，或原先即如此。

9. 江西南昌市郊南朝墓出土的玛瑙狮④

共1件。后脚跪，前脚抱复，昂首挺胸，高2.5厘米。

从以上小件辟邪饰品的特征看，存在一定的规律：

① 南京市博物馆.南京北郊东晋温峤墓[J].文物，2002（7）.

② 南京博物院.南京富贵山东晋墓发掘报告[J].考古，1966（4）.

③ 南京市博物馆，南京市雨花台文物管理委员会.江苏南京市花神庙南朝墓发掘简报[J].考古，1998（8）.

④ 江西省博物馆.江西南昌市郊南朝墓发掘简报[J].考古，1962（4）.

首先，它们的造型多是曲肢伏卧的狮子形象，即辟邪。无论是玉质，还是煤精制品或琥珀，都是受汉代辟邪观念习俗的影响而产生的。它是供当时士大夫贵族阶层随身佩戴、护身避邪的装饰品。

其次，这些作品形体一般较小，大者长、高仅2厘米左右，小者不足1厘米。造型较简洁，多采用阴线刻画。除南昌市郊的南朝墓和南京花神庙发现的辟邪外，其他辟邪身上都有穿系用的钻孔，或首尾贯穿，或背腹贯通，或腰部横穿。这些小件辟邪的出土常伴有其他质料的穿孔圆珠，可能是作为串（项）饰的一部分。

最后，发现这些小件辟邪的墓葬的墓主人身份等级都是中上乃至高级贵族或东晋帝族。如富贵山东晋晚期大墓砖室全长9.76米，甬道中有2进木门痕迹，有学者推测墓主人为东晋安帝或孝武帝[1]。南京富贵山六朝墓和南京北郊东晋墓的主人，发掘者也推测为东晋的帝族王室成员或豪族。象山7号墓和仙鹤观东晋墓分别属于豪门士族当中的琅琊王氏和高崧家族。花神庙南朝墓中发现了精美的玉人，也可略见墓主人身份之高。显然，有资格随葬小件辟邪的墓葬的等级都很高，墓主人绝非一般的官僚世族。

返视武宁王陵出土的煤精兽形佩饰，我们发现二者之间存在若干相同点。二者形制基本相同，都是屈伏的辟邪形象；器形都不大，长、高仅2厘米左右；在雕刻手法上，都以阴线简洁明了地刻画出辟邪的轮廓；从功用上看，辟邪身上都有穿孔，二者都是随身系挂的装饰品。

我们注意到，武宁王陵出土的两件煤精辟邪分别置放在武宁王和王妃的腰部位置，表明这种辟邪饰物有可能是分别佩戴（挂）于武宁王和王妃身上的吉祥信物。但也有一些学者根据南京一些六朝墓葬发现此类动物形象的小饰品较多出土于女性身边的现象研究认为，这类小件辟邪饰品极有可能是同其他各种小件饰品串联在一起、作为颈项饰品佩戴于女性胸前的[2]。

由以上分析我们可以初步判断，武宁王陵出土的煤精辟邪佩饰的制作年代应该在中国古代的东晋南朝时期。它之所以会出现在武宁王陵，大概是东晋南朝馈赠给百济的礼品。这也说明百济的王室贵族接受了六朝时期的避凶求吉的社会观念和贵族服饰的制度礼俗。

---

① 蒋赞初. 南京东晋帝陵考 [J]. 东南文化，1992，3（4）.
② 罗宗真，王志高. 六朝文物 [M]. 南京：南京出版社，2004：377.

二、关于棺木葬具

武宁王陵墓室中的棺床上置有2具黑漆木棺，东侧为武宁王的木棺，仅存棺盖，其余腐朽，棺盖由3块长木板组成屋顶形，正中间一块木板长250厘米，宽24厘米，顶部平坦，两侧斜杀，断面呈六边形，厚8厘米。左右两块略有弧度，宽各34厘米，厚均6厘米，与中间一块用棺钉相接合，在其底面挖有一槽，以与棺身木板相扣合。棺钉铁制，钉身方形，钉帽为方形或花形，镀金或银。棺内壁残留镀金铆钉的痕迹。从棺盖板推测，王的棺身长224厘米，宽约62厘米。

王妃的木棺位于棺床西侧，保存稍好。棺盖由五块木板组成，中间一块长262厘米，宽18.5厘米，厚6厘米；左右两块长252厘米，宽22厘米，厚5厘米，上侧两块宽、厚同上，长度稍短。棺盖的组合与王棺相同。棺身残，存三块长侧板和一块梯形档头横板，均厚5厘米。据复原棺身长232厘米，宽60厘米，高60厘米。棺身两侧各有2个镀金青铜环，在档头横板上也有一个镀金青铜环，环径8.8厘米，均吊挂在一个金银八瓣形花饰上。棺钉与王棺相同（图13）。

武宁王陵中两棺的置放形式与六朝墓葬内棺木的摆放几乎完全一样，即在夫妇合葬墓中一般男性墓主的棺木均放在墓室棺床的右侧，而女性墓主的棺木从属地放在男性墓主棺木的左侧，体现出古代传统中以右为上、以右为尊的礼俗（由墓门向内、面对棺具而言）。武宁王陵墓主人在棺具中的头向都朝向墓门，这与六朝墓葬的葬俗也是完全一致的。但是，武宁王陵中棺木葬具的形制、材质和装饰等，则有着十分明显的个性特色，与中国六朝时期南方地区的棺木葬具差异较大。

迄今为止，于历年考古发掘中发现的六朝时期墓葬中的棺木资料有如下数例（详

图13　武宁王陵木棺复原示意图
图片来源：韩国国立公州博物馆出版资料

见附表一）：

1. 江西南昌市东吴高荣墓 [1]

共3副棺木，保存较好。长方盒形，用整段楠木做成，断面呈"凹"形。前、后两端距头内10厘米处刻卯槽，插入与左右两壁和底部厚度相同的木板，作为前后挡；棺盖板两端长于棺，横切面呈"弓"形，两侧较平。盖棺系刻槽头错缝嵌合。其中一棺长2.49米，头宽0.55米，尾宽0.51米，高0.55米（除盖）。另外2棺大小相等，长2.15米，头宽0.52米，尾宽0.48米，高0.52米（除盖）。

2. 江西南昌东吴墓（都M1）[2]

共1棺，保存较好。长方匣形。长2.06，前宽0.42，后宽0.4，高0.375米。边及盖残厚0.03~0.05，底厚0.05~0.08米。除前后挡外，系用整木挖成。

3. 湖北鄂城吴墓 [3]

水M1，2棺，南棺保存较好，底板与墙板由整木锯成，两档插入墙板凹槽内，上为子母口，长2.1米，宽0.46-0.50米，高0.46-0.56米；北棺不详。

4. 江西南昌东吴墓 [4]

长方匣式木棺。长不过2米，宽约0.7米。

5. 安徽南陵县麻桥东吴墓 [5]

1棺，保存完整。棺盖突出部分呈半圆形，盖与挡板均用凹凸榫接，棺长2.20米，宽0.50米，高0.53米。

6. 安徽马鞍山东吴朱然墓 [6]（图14）

共2棺，保存完整。一号棺是朱然的棺木，二号棺是其妻妾的棺木。一号棺左侧棺板上有一个长方形的盗洞。棺的内外表面先贴一层麻布，

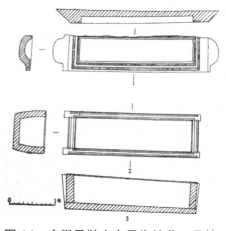

图14 安徽马鞍山东吴朱然墓一号棺结构示意图

① 江西省博物馆 . 江西南昌市东吴高荣墓的发掘 [J]. 考古 .1980（3）.

② 江西省博物馆 . 江西南昌东汉、东吴墓 [J]. 考古，1978（3）.

③ 湖北省博物馆 . 湖北鄂城四座吴墓发掘报告 [J]. 考古，1982（3）.

④ 唐昌朴 . 江西南昌东吴墓清理简记 [J]. 考古，1983（10）.

⑤ 安徽省文物工作队 . 安徽南陵县麻桥东吴墓 [J]. 考古，1984（11）.

⑥ 安徽省文物考古研究所等 . 安徽马鞍山东吴朱然墓发掘简报 [J]. 文物，1986（3）.

涂上漆腻，再上漆，棺外用黑漆，棺内用朱漆，素面。棺盖长3.62米，宽0.94米，厚0.32米。横截面呈弧形，边缘有两道沟槽，以与侧板和挡板上的凸榫扣合。棺身长2.93米，宽0.92米，高0.73米，左右两侧板和底板用整段木料做成，侧板上边有两条凸榫，两端内侧有两道凹槽。头挡、足挡都用整板做成，左、右、上三边都有凸榫。二号棺与一号棺相似，形制较小，长2.92米，宽0.66米，高0.96米，盖板左前侧有盗洞。

7. 江苏江宁官家山六朝早期墓[1]

共2棺，一棺居西，朽，残长1.70米，宽0.50米，高0.40米；一棺居东，较完整，长2.60米，宽0.56米，高0.58米。

8. 湖北大冶河口镇六朝早期墓[2]（图15）

木棺1具，保存完好。底板为长方形整板，长120厘米，宽48厘米，厚10厘米；两块侧板为长方形整板，长118厘米，宽32厘米，厚10厘米；盖板为船形整板，长144厘米，头板宽46厘米，脚板宽38厘米，厚14厘米，四周侧沿斜倒角，头、脚30厘米处凸出长方形峰头各一。

9. 江西南昌晋墓[3]（图16）

M1：2副完整朱漆棺木。男棺居左（右），盖长2.94，宽0.53，高0.88米。

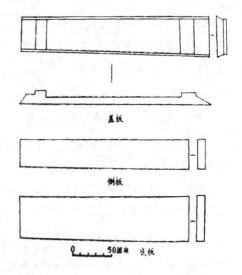

图15 湖北大冶河口镇六朝早期墓木棺结构图

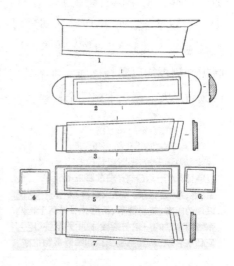

图16 江西南昌晋墓M2棺木结构示意图

① 南京市博物馆.江苏江宁官家山六朝早期墓[J].文物，1986（12）.

② 大冶市博物馆.大冶河口镇六朝早期墓[J].江汉考古，1999（2）.

③ 江西省博物馆.江西南昌晋墓[J].考古，1974（6）.

女棺居右（左），盖长3.2，宽0.61，高0.89米。

M2：2副完整朱漆棺木。男棺居左（右），盖长3.12，宽0.61，高0.85米。女棺居右（左），盖长3.72，宽0.66，高0.83米。

10. 南昌火车站东晋墓葬群[①]

M1：散落2副损毁的髹漆棺木；M2：残破的棺木1副；

M3：2副完整朱漆棺木，女棺长3，宽0.65，高0.92，男棺长3.12，宽0.63，高0.89米。棺盖呈弧形；

M6：1副已毁棺木，棺木底板长2.78，宽0.66，厚0.1米。

11. 江苏南京仙鹤观东晋高崧家族墓[②]（图17）

6号墓：发现2座木棺遗痕，东侧木棺尚存底板，棺长320厘米，宽80厘米，厚10厘米，所用棺钉均铜质。西侧木棺完全腐朽，从残存的底板灰痕及棺钉位置看，棺长300，宽83厘米，所用棺钉皆铁质。从残存的漆皮看，2棺应均髹黑漆。

2号墓：2具木棺遗存。东侧高崧木棺大部分构件保存尚好，但已散开，前后漂移，所用棺钉皆铜质。棺盖圆首长方形，边缘有一周凹槽，长354厘米，宽58厘米，厚10厘米。两侧板略呈梯形，上底长293，下底长270厘米，高62厘米，残厚4.5厘米。底板残长180，残宽38厘米。前后挡板不存。棺盖、底板、侧板均以整板做成。木棺外先漆一层厚0.5厘米的漆腻，漆外再髹黑漆。西侧高崧夫人谢氏木棺完全朽毁，发现零星的木棺黑色漆片，棺钉皆铁质。

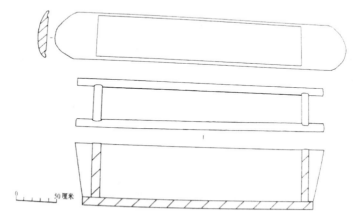

图17 江苏南京仙鹤观东晋墓棺木复原示意图

① 江西省博物馆. 南昌火车站东晋墓葬群发掘简报 [J]. 文物，2001（2）.

② 南京市博物馆. 江苏南京仙鹤观东晋墓 [J]. 文物，2001（3）.

12. 江苏江宁县下坊村东晋墓（M1）[①]（图18）

木棺保存较好。船形，棺身长301厘米，宽端62厘米，窄端59厘米。棺盖两端呈弧形，横截面呈倒梯形，长365.5厘米，宽57厘米，厚18厘米。棺内以厚2.5厘米，高45厘米的一块木板分割成头箱、棺室两部分。棺盖周缘有一道凹槽，以与侧板和挡板上的凸榫相扣合。侧板与挡板之间用凹槽嵌紧，用棺钉16个（侧板两面各4个，底板8个）。棺盖外侧用钉钉入侧板。棺盖、左右侧板、头足挡板及底板均用整板做成。棺外先涂0.3厘米的漆腻，再髹黑漆。

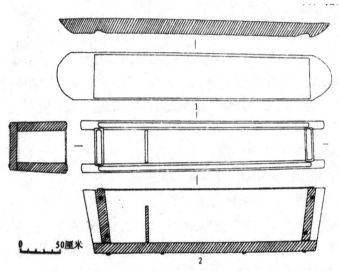

图18　江苏江宁下坊村东晋墓棺木结构示意图

13. 江苏邗江南朝画像砖墓[②]

M1：残存2棺板，上下叠压，上残长208厘米，残宽34厘米；下残长205厘米，残宽27~35厘米。

M2：棺床上散乱残存3块棺板。一块残长210厘米，残宽22~30厘米。一块较完整，长224厘米，宽60厘米。另一块残长218厘米，残宽44厘米。

底板呈长方形，壁板内直外弧，前部抽槽内斜，以插前挡，后部近于垂直。若复原，形状为平底弧壁，前高后低，盖略前伸。

六朝时期木棺的基本形状大多已摆脱两汉时长方匣（盒）形的样式，而向前（头）宽后（脚）窄、上长下短的船形发展；六朝时期，棺具的棺盖、

---

① 南京市博物馆等. 江苏江宁县下坊村东晋墓的清理[J]. 考古，1998（8）.

② 扬州博物馆. 江苏邗江发现两座南朝画像砖墓[J]. 考古，1984（3）.

底板、侧板、挡板都是用整段木料制成，这应当与当时中国南方有着丰富的森林资源有关；两晋时期，棺内多以一块木板将木棺隔成头箱和棺室两部分，大部分随葬品集中放置在头箱内；六朝时期中国南方的棺具一般髹漆，但外表没有棺环或其他的棺饰品。

虽然多数六朝墓葬中已鲜见木棺遗存，但许多墓葬中都出有棺钉。六朝早期，少见棺钉，木板的拼接使用榫卯连接。东晋时期流行铜棺钉，钉帽多为覆斗形，钉身扁长条形。铁棺钉在西晋晚期就已经出现，但直到东晋晚期，铁棺钉才开始流行。

显然，武宁王陵的木棺葬具与六朝中国南方的棺具差别太大，其渊源不可能来自同一系统。在与朝鲜半岛邻近的中国东北地区，尤其是中国辽宁省朝阳及北票地区，曾发现过众多的"三燕"时期的墓葬，其中许多都遗留有木棺。以下是魏晋南北朝时期，中国辽宁省朝阳地区及其附近发现的棺具资料（详见附表二）：

1. 辽宁朝阳田草沟晋墓 [①]

1号墓：残存板灰痕迹，前高宽，后低窄。

2号墓：棺朽，由朽木痕迹看，前高宽，后低窄，狭长方形。前和高72厘米，后和高44厘米，棺盖板长238厘米，宽52~74厘米，底板长220厘米，宽40~58厘米。6件棺环，大、小两种。大者环径9~9.4厘米，扁条状穿钉衔环对折，再自其中外折分权，小者环径约7厘米，穿钉折断。

2. 辽宁北票房身村晋墓（M2）[②]

木棺系用没有去皮的木板做成。高40厘米，棺盖朽，四周的棺板每面各2块，棺柜四周有柱与棺相连接。

3. 朝阳王子坟山墓群两晋时期墓葬 [③]

腰 M9002：长方形木棺，朽，长2.1米，宽0.8米，高约0.4米。

台 M8705：木棺朽，前大后小，棺长2.43米，前宽0.72米，后宽0.58米。

台 M9022：木棺朽，前大后小，棺长1.55米，前宽0.56米，后宽0.48米。顶盖用铁钉封合。

① 万欣.辽宁朝阳田草沟晋墓 [J].文物，1997（11）.
② 陈大为.辽宁北票房身村晋墓发掘简报 [J].考古，1960（1）.
③ 辽宁省文物考古研究所等.朝阳王子坟山墓群1987.1990年度考古发掘的主要收获 [J].文物，1997（11）.

台 M9019：木棺2，形制相同，前大后小的梯形，1号棺女性，长1.98米，前宽0.5米，后宽0.38米；2号棺长1.91米，前宽0.55米，后宽0.34米，男性。

腰 M9001：木棺杇，前大后小，长2.30米，前宽0.63米，后宽0.56米。

木棺两侧板前、后均装铁环。

4. 朝阳袁台子东晋壁画墓[①]

木棺已杇，但根据同一地方石室墓所出木棺推测，木棺大头小尾，前部高宽，后部低窄。

5. 朝阳十二台乡砖厂88M1[②]（图19）

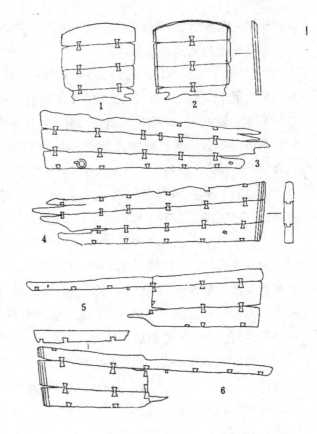

图 19　辽宁朝阳十二台乡砖厂88M1残木棺

共1具木棺。两帮板与前和板均向外倾斜，盖板、底板及后和板均杇烂无存。棺板外涂漆绘彩画，不辨。由两帮板、前和板知，棺长2.15，前宽0.8，后宽0.48米，前高宽，后低窄。前和板由4块板组成，帮板也应4块。帮板、侧板上下之间用榫卯与暗销连接，前和板与两侧帮板用半暗榫相接。棺盖杇无存，在左侧帮板最上一块靠前端平面上做有燕尾卯，从其位置看，当与棺盖板有关，且前和板最上一块顶部呈弧形，向里倾斜，推测棺盖板面截面应为弧形。前和板最下一块有1铁吊环，两帮板由上而下第3板前后各有1铁吊环。

6. 辽宁朝阳后燕崔遹墓[③]

木棺已杇，由残迹看前宽后窄，南高北低。4件。环径12.4厘米。环断面

---

① 辽宁博物馆文物队等.朝阳袁台子东晋壁画墓 [J]. 文物，1984（6）.

② 辽宁省文物考古研究所等.朝阳十二台乡砖厂88M1发掘简报 [J]. 文物，1997（11）.

③ 陈大为，李宇峰.辽宁朝阳后燕崔遹墓的发现 [J]. 考古，1982（3）.

扁圆形，与铁鼻套在一起，穿过柿蒂形板与木棺联在一起。

7. 辽宁朝阳北燕石室墓①

八宝村1号墓：木棺已朽，仅存板灰遗迹。从板灰痕迹看，木棺为南北顺置，头大尾小，系用铁钉钉合。棺长214厘米，前（南）宽85厘米，后（北）宽53厘米，高约55~64厘米。棺之两侧，前后各安一个较大的铁吊环（鼻）。棺环附方形铺首，铺首板中央点穿一孔，形若柿蒂，中心穿一回折的扁鼻，内套一个游动的大铁环。

北庙村1号墓，铁棺环8件，大小2套，每套4件，大者环径9厘米，小者环径6.2厘米。由棺环、铁钉鼻、铺首组成。

8. 辽宁北票北燕冯素弗墓②

柏木画棺一具，已经散坏不全。长方匣形，前大后小，前高后低。据现存棺板复原，棺长约210厘米；前宽90厘米，高110厘米；后宽60厘米，高65厘米；壁厚10厘米。棺的左右两帮板和前和各为七条木枋并成，每枋上下两个并接面分别凿出整条的凸棱和凹槽相合，接缝处木枋的里外两个侧面用木制的银锭形小腰嵌接。后和是整板。盖、底已失。两和夹在两帮之内，也用棱槽结合，并从左右钉牢。外壁涂红漆，施彩画。

9. 辽宁朝阳袁台子北燕墓③（图20.21）

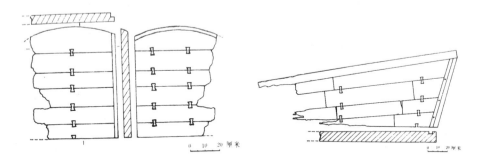

图20 辽宁朝阳袁台子北燕墓木棺前部结构　图21 辽宁朝阳袁台子北燕墓木棺左侧部结构

棺木以柏木做成。平面呈梯形，前宽后窄。前和向前倾斜，顶部是弧形，并刮出斜面。两侧边的外角垂直锯掉，余下半边，形成上下通长的边榫，全

---

① 朝阳地区博物馆，朝阳县文化馆.辽宁朝阳发现北燕、北魏墓 [J].考古，1985（10）.

② 黎瑶渤.辽宁北票西官营子北燕冯素弗墓 [J].文物，1973（3）.

③ 璞石.辽宁朝阳袁台子北燕墓 [J].文物，1994（11）.

高以6块木板拼接黏合而成，外侧木板接缝处中间部位各凿一亚腰形卯孔，内嵌亚腰木卯钉。前和中部高69~71厘米，两侧高65~67厘米，厚5.3厘米，残宽58厘米。边榫长2.8厘米，厚3厘米。侧板前高后低，前端向外倾出斜面，以4条木板拼接粘合，每条又由3块木板顺接而成，后半部腐朽。棺盖横断面呈弧形。

10. 朝阳西大营子北魏墓 [1]

在石床上置有木棺，已腐朽。根据朽木痕迹观察，为棺二口。棺前宽后窄。男棺长1.95米，前宽0.55米，后宽0.42米，侧板厚5厘米，前和板厚6.5厘米。

其中一棺上置吊环五个，前和中部置一环，两侧板前后两端各置一环。前和与侧板后端吊环规格一致，环径8厘米，侧板前端吊环直径9厘米。另一木棺无铁环。

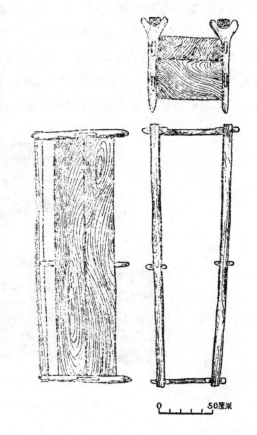

图22　内蒙古扎赉若尔东汉墓M27木棺平剖面图

从以上资料可以看出：魏晋南北朝时期，中国东北地区的木棺的形制一般为棺身较短（与同时期中国南方地区的棺木长度相比）；大头小尾，即前部略高宽，后部较低窄，这种形制的源流可以追溯到内蒙古扎赉诺尔东汉末年的鲜卑古墓葬 [2]（图22）；在制作工艺上，（盖板？）、侧板、前后和板及底板都是由数块木板拼接而成；棺外部置有棺环，前和中部置一环，两侧板前后两端各置一环。棺环一般附着柿蒂形铺首；棺钉有铜、铁质，钉帽为圆形或方形，钉身一般为方锥体。

① 孙大平. 朝阳西大营子北魏墓 [J]. 辽宁文物，1983（4）.

② 内蒙古文物工作队. 内蒙古扎赉诺尔古墓群发掘简报 [J]. 考古，1961（12）.

我们比较一下就不难发现，"三燕"时期的东北地区的棺具与武宁王陵的木棺存在相同之处，尤其在棺环的配置上如出一辙。棺环都安排在前和及侧板的前后两端；棺环都附着铺首。所不同的是，"三燕"时期的东北地区的木棺铺首是柿蒂形纹饰，应该是受中原地区汉文化的影响。而武宁王陵的铺首为花形，笔者推测应该是莲花，是受此时流行的佛教文化影响的结果（图23）。

图 23　武宁王陵棺木上的棺环
图片来源：韩国国立公州博物馆出版资料

古人历来"事死如生"，一般而言丧葬习俗庄重而保守，文化上具有很强的传统惯性力，是能够形象反映一个地区、或一个民族历史传统文化面貌的重要标本。棺木葬具是体现丧葬习俗的重要实物，其形制的制作、材质的取用和外观的装饰等，必然会受到当时当地民俗传统、地理植被和宗教观念等因素的制约及影响。

2003年3月，内蒙古通辽市科左后旗吐尔基山采石场的工人在作业时意外地发现了一座古墓。内蒙古考古研究所立即派考古人员和专家前往进行发掘。经考古专家确认，这是一座距今已有1000多年的辽代契丹贵族古墓。在墓室内发现一具彩绘漆棺，最长2.3米，最宽1.3米，最高0.9米。彩棺亦为板木结构，棺盖似两面坡屋顶式，棺外两侧分置有三对棺环，其形制与魏晋南北朝时期中国东北地区发现的棺木样式十分接近（图24）。

根据有关民俗学资料：在中国的东北和北方地区，直至近代满族人所用的棺木与汉族人的不一样。汉族人的棺木是平弧顶、上宽下窄方船形的，通称"汉材"或"蛮子材"（图25）；而满族人的棺木叫作"旗材"或称"满材"，其棺盖做成一平两坡形、天板只有一尺来宽，棺帮（棺侧板）直下，截面近于八面体，形状似起脊的房屋一样。满族人通常在老人50岁以上时，子女便为老人上山砍木头，选用的木材一般是果松（红松），请木匠打制成棺木给老人备用，俗称"备材"。

侧视　　　　　　　　　　　　正视

图24　内蒙古通辽吐基尔辽代贵族墓彩绘木棺侧视

图25　清代南方地区汉族人所使用的木棺（2001年3月安徽省砀山县城西关出土）

可见，在中国自六朝时期开始已形成的了南方地区与东北地区两个棺木葬具形制系列，并保持和流传了很长远的时间。武宁王陵所出土的棺木葬具形制显然没有受到六朝文化的影响而具有自身的特点，但它与当时中国东北地区流行的棺木葬具则有着一定的共性联系，这其中的源流和内涵值得我们进一步去认识和探究。

附表一：

六朝时期墓葬棺具一览表

墓葬	棺具（数量、保存状况、形制）	棺钉
江西南昌市东吴高荣墓	3副棺木，保存较好。长方盒形，用整段楠木做成，断面呈"凹"形。前、后两端距头内10厘米处刻卯槽，插入与左右两壁和底部厚度相同的木板，作为前后挡；棺盖板两端长于棺，横切面呈"弓"形，两侧较平。盖棺系刻撞头错逢嵌合。其中一棺长2.49，头宽0.55，尾宽0.51，高0.55米（除盖）。另外2棺大小相等，长2.15，头宽0.52，尾宽0.48，高0.52米（除盖）。	
江西南昌东吴墓（都M1）	1棺，保存较好。长方匣形。长2.06，前宽0.42，后宽0.4，高0.375米。边及盖残厚0.03–0.05，底厚0.05–0.08米。除前后挡外，系用整木挖成。	
湖北鄂城吴墓	水M1，2棺，南棺保存较好，底板与墙板由整木锯成，两档插入墙板凹槽内，上为子母口，长2.1米，宽0.46–0.50米，高0.46–0.56米；北棺不详。钢M21，棺残；杨M1，棺残。	
江西南昌东吴墓	长方匣式木棺。长不过2米，宽约0.7米。	
安徽南陵县麻桥东吴墓	1棺，保存完整。棺盖突出部分呈半圆形，盖与挡板均用凹凸榫接，棺长2.20米，宽0.50米，高0.53米。	
安徽马鞍山东吴朱然墓	2棺，保存完整。一号棺是朱然的棺木，二号棺是其妻妾的棺木。一号棺左侧棺板上有一个长方形的盗洞。棺的内外表面先贴一层麻布，涂上漆腻，再上漆，棺外用黑漆，棺内用朱漆，素面。棺盖长3.62，宽0.94，厚0.32米。横截面呈弧形，边缘有两道沟槽，以与侧板和挡板上的凸榫扣合。棺身长2.93，宽0.92，高0.73米，左右两侧板和底板用整段木料做成，侧板上边有两条凸榫，两端内侧有两道凹槽。头挡、足挡都用整板做成，左、右、上三边都有凸榫。二号棺与一号棺相似，形制较小，长2.92，宽0.66，高0.96米，盖板左前侧有盗洞。	

续表

墓葬	棺具（数量、保存状况、形制）	棺钉
江苏江宁官家山、六朝早期墓	2棺，一棺居西，朽，残长1.70米，宽0.50米，高0.40米；一棺居东，较完整，长2.60米，宽0.56米，高0.58米。	
湖北大冶河口镇六朝早期墓	木棺1具，保存完好。底板为长方形整板，长120厘米，宽48厘米，厚10厘米；两块侧板为长方形整板，长118厘米，宽32厘米，厚10厘米；盖板为船形整板，长144厘米，头板宽46厘米，脚板宽38厘米，厚14厘米，四周侧沿斜倒角，头、脚30厘米处凸出长方形峰头各一。	
江西瑞昌马头西晋墓		铁棺钉，18枚，均锈残，方帽。
江西南昌晋墓	M1：2副完整朱漆棺木。男棺居左，盖长2.94，宽0.53，高0.88米。女棺居右，盖长3.2，宽0.61，高0.89米。M2：2副完整朱漆棺木。男棺居左，盖长3.12，宽0.61，高0.85米。女棺居右，盖长3.72，宽0.66，高0.83米。	
江苏句容陈家村西晋墓（M2）		铜质，方形钉帽，长10厘米左右，7枚；铁棺钉，严重锈蚀，3枚。
湖南安乡刘弘墓	棺椁朽，无存。	铁棺钉，12枚，长30~40厘米。
南京迈皋桥西晋墓		钉帽覆盆状，长28.2厘米。
江西南昌市郊绳金塔晋墓	棺具保存较好。	
广州下塘狮带岗晋墓		M3，铁棺钉7枚，半圆形帽，方锥形身，钉长15.2厘米；M5，铜棺钉9枚，钉帽盝斗形，钉为扁长片状，钉长15~20厘米；M4，铁棺钉3枚，覆斗形帽，方锥形身，钉长13.5厘米。

续表

墓葬	棺具（数量、保存状况、形制）	棺钉
南京东晋温峤墓		铜棺钉，1件，圆头，帽状，横截面长方形，长22.5厘米。45枚铁棺钉。
南昌火车站东晋墓葬群	M1：散落2副损毁的髹漆棺木； M2：残破的棺木1副； M3：2副完整朱漆棺木，女棺长3米，宽0.65米，高0.92米，男棺长3.12米，宽0.63米，高0.89米。棺盖呈弧形； M6：1副已毁棺木，棺木底板长2.78米，宽0.66米，厚0.1米。	
南京吕家山东晋李氏家族墓		1号墓，铁棺钉，15枚，锈残，方形钉帽。 2号墓，铁棺钉，14枚，锈残，圆形钉帽 3号墓，铜棺钉，1枚，长条形。
江苏南京仙鹤观东晋高崧家族墓	6号墓：发现2座木棺遗痕，东侧木棺尚存底板，棺长320厘米，宽80厘米，厚10厘米，所用棺钉均铜质。西侧木棺完全腐朽，从残存的底板灰痕及棺钉位置看，棺长300厘米，宽83厘米，所用棺钉皆铁质。从残存的漆皮看，2棺应均髹黑漆。 2号墓：2具木棺遗存。东侧高崧木棺大部分构件保存尚好，但已散开，前后漂移，所用棺钉皆铜质。棺盖圆首长方形，边缘有一周凹槽，长354厘米，宽58厘米，厚10厘米。两侧板略呈梯形，上底长293厘米，下底长270厘米，高62厘米，残厚4.5厘米。底板残长180厘米，残宽38厘米。前后挡板不存。棺盖、底板、侧板均以整板做成。木棺外先漆一层厚0.5厘米的漆腻，漆外再髹黑漆。西侧高崧夫人谢氏木棺完全朽毁，发现零星的木棺黑色漆片，棺钉皆铁质。 3号墓，葬具朽。	6号墓，铜棺钉15枚，9枚钉帽为覆斗形，钉身尖柱状长30.4~35厘米；5枚钉帽为扁平方形，长28.2厘米；1枚无钉帽，扁柱形，长20.2厘米。铁棺钉，均锈残，可统计者26枚，钉帽圆形。钉身长柱状。 2号墓，铜棺钉，覆斗形钉帽，钉身扁柱状。铁棺钉，锈残，40枚，无钉帽，钉身扁柱状。 3号墓，铜棺钉3枚，扁柱状，一端稍宽，一端稍窄。铁棺钉，方形钉帽，钉身柱形。
南京郊区吕家山东晋墓		棺钉扁平，帽覆斗状，6枚

272

续表

墓葬	棺具（数量、保存状况、形制）	棺钉
安徽马鞍山东晋墓		棺钉，铜质12枚，其中3枚方帽覆斗状，其余多断残，6~22厘米。铁质，4枚，锈蚀，29~36厘米。
江苏江宁县下坊村东晋墓（M1）	木棺保存较好。船形，棺身长301厘米，宽端62厘米，窄端59厘米。棺盖两端呈弧形，横截面呈倒梯形，长365.5厘米，宽57厘米，厚18厘米。棺内以厚2.5厘米，高45厘米的一块木板分割成头箱、棺室两部分。棺盖周缘有一道凹槽，以与侧板和挡板上的凸榫相扣合。侧板与挡板之间用凹槽嵌紧，用棺钉16个（侧板两面各4个，底板8个）。棺盖外侧用钉钉入侧板。棺盖、左右侧板、头足挡板及底板均用整板做成。棺外先涂0.3厘米的漆腻，再髹黑漆。	覆斗方帽棺钉，16个；平头扁长条形棺钉，若干。
南京富贵山东晋墓发掘报告		4枚铜棺钉，扁方锥体，上宽下窄，钉帽为扁长方体，原长16.2厘米。
南京虎踞关东晋墓		铜棺钉7枚，一种长12.5厘米，一种长约21厘米；铁棺钉15枚，长20厘米
南京南郊六朝谢琰墓		残铜棺钉1枚。
南京北郊涂家村六朝墓		铁棺钉，4枚，圆钉方锥形直钉。长15.6厘米
广东肇庆牛岗六朝墓葬（M1）		9枚铜棺钉，覆斗形。
南京前新塘南朝墓葬		铁棺钉数枚，截面长方形，长21厘米；铜棺钉3枚，上端作伞帽状，分别为1.6厘米、2.7厘米、5.2厘米。

续表

墓葬	棺具（数量、保存状况、形制）	棺钉
江苏六合南朝画像砖墓	葬具朽	残存一些锈蚀的铁棺钉。
南京隐龙山南朝墓		1号墓，铜棺钉6枚，残断，覆斗形钉帽，扁柱状钉身；铁棺钉，数量众多，圆锥形钉帽，方柱形钉身，严重锈蚀。2号墓，铁棺钉，圆锥形钉帽，方柱形钉身，锈残。3号墓，铁棺钉，同1.2号墓。
江苏邗江南朝画像砖墓	M1：残存2棺板，上下叠压，上残长208厘米，残宽34厘米；下残长205厘米，残宽27~35厘米。M2：棺床上散乱残存3块棺板。一块残长210.残宽22~30厘米。一块较完整，长224厘米，宽60厘米。另一块残长218.残宽44厘米。底板呈长方形，壁板内直外弧，前部抽槽内斜，以扦前挡，后部近于垂直。若复原，形状为平底弧壁，前高后低，盖略前伸。	8枚铁棺钉，3枚长30厘米，3枚14厘米，另2枚长22厘米。

附表二:

两晋南北朝中国东北地区棺具一览表

墓葬	棺具	棺钉	棺环及其他
辽宁朝阳田草沟晋墓	1号墓:残存板灰痕迹，前高宽,后低窄。2号墓：棺朽，由朽木痕迹看，前高宽，后低窄，狭长方形。前和高72厘米，后和高44厘米，棺盖板长238厘米，宽52~74厘米，底板长220.宽40~58厘米。	42枚。四棱柱体。其中22枚大圆帽，8枚小圆帽，长方形帽，6枚。	6件，大、小两种。大者环径9~9.4厘米，扁条状穿钉衔环对折，再自其中外折分杈，小者环径约7厘米，穿钉折断。
辽宁北票房身村晋墓（M2）	木棺系用没有去皮的木板做成。高40厘米，棺盖朽，四周的棺板每面各2块，棺柜四周有柱与棺相连接。		

墓葬	棺具	棺钉	棺环及其他
朝阳县沟门子晋壁画墓	仅发现残碎的木板碎片	大小棺钉40枚。	铁棺环7件。
朝阳王子坟山墓群两晋时期墓葬	腰M9002：长方形木棺，朽，长2.1米，宽0.8米，高约0.4米。 台M8705：木棺朽，前大后小，棺长2.43米，前宽0.72米，后宽0.58米。 台M9022：木棺朽，前大后小，棺长1.55米，前宽0.56米，后宽0.48米。顶盖用铁钉封合。 台M9019：木棺2，形制相同，前大后小的梯形，1号棺女性，长1.98米，前宽0.5米，后宽0.38米；2号棺长1.91米，前宽0.55米，后宽0.34米，男性。 腰M9001：木棺朽，前大后小，长2.30米，前宽0.63米，后宽0.56米。		棺两侧板前、后均装铁环。
朝阳袁台子东晋壁画墓	木棺朽，但根据同一地方石室墓所出木棺推测，木棺大头小尾，前部高宽，后部低窄。	铁棺钉多枚。	
朝阳前燕奉车都尉墓		铜帽铁棺钉，24件，半圆形展沿铜帽，方锥体。	铁棺环，大小2件；大者直径9.4.鼻长8厘米；小者直径9.4.鼻长6厘米。
朝阳十二台乡砖厂88M1	木棺1。两帮板与前和板均向外倾斜，盖板、底板及后和板均烂无存。棺板外涂漆绘彩画，不辨。由两帮板、前和板知，棺长2.15米，前宽0.8米，后宽0.48米，前高宽，后低窄。前和板由4块板组成，帮板也应4块。帮板、侧板上下之间用榫卯与暗销连接，前和板与两侧帮板用半暗榫相接。棺盖朽无存，在左侧帮板最上一块靠前端平面上做有燕尾卯，从其位置看，当与棺盖板有关，且前和板最上一块顶部呈弧形，向里倾斜，推测棺盖板面截面应为弧形。	铁棺钉数枚。	前和板最下一块有1铁吊环，两帮板由上而下第3板前后各有1铁吊环。

墓葬	棺具	棺钉	棺环及其他
朝阳三合成古墓		铁棺钉2件，钉帽略成圆形，钉身方锥状。	铁棺环1件，圆形有鼻。
辽宁朝阳后燕崔遹墓	木棺已朽，由残迹看前宽后窄，南高北低。	铁棺钉，30余个。	4件。环径12.4厘米。环断面扁圆形，与铁鼻套在一起，穿过柿蒂形板与木棺联在一起。柿蒂形铁板，4件，残坏，中间有方形穿孔，长10.宽9.7厘米。
辽宁朝阳北燕石室墓	八宝村1号墓：木棺已朽，仅存板灰遗迹。从板灰痕迹看，木棺为南北顺置，头大尾小，系用铁钉钉合。棺长214厘米，前（南）宽85厘米，后（北）宽53厘米，高约55~64厘米。北庙村1号墓：木棺2具，已朽。	八宝村1号墓：铁棺钉20枚，锻制，圆帽微隆，细长方锥体，钉长16厘米。北庙村1号墓，40枚，方形钉帽。	八宝村1号墓，棺环4件。棺之两侧，前后各安一个较大的铁吊环（鼻）。棺环附方形铺首，铺首板中央点穿一孔，形若柿蒂，中心穿一回折的扁鼻，内套一个游动的大铁环。北庙村1号墓，铁棺环8件，大小2套，每套4件，大者环径9厘米，小者环径6.2厘米。由棺环、铁钉鼻、铺首组成。
辽宁北票北燕冯素弗墓	柏木画棺一具，已经散坏不全。长方匣形，前大后小，前高后低。据现存棺板复原，棺长约210厘米；前宽90厘米，高110厘米；后宽60厘米，高65厘米；壁厚10厘米。棺的左右两帮板和前和各为七条木枋并成，每枋上下两个并接面分别凿出整条的凸棱和凹槽相合，接缝处木枋的里外两个侧面用木制的银锭形小腰嵌接。后和是整板。盖、底已失。两和夹在两帮之内，也用棱槽结合，并从左右钉牢。外壁涂红漆，施彩画。	铁棺钉，15个。锻制，圆帽方体长身，帽面贴金。	两面棺帮的下部各有2个游动铁环，各套以铁鼻，穿过柿蒂形铁铺首板钉入棺帮，再从里面分开钉脚扣住。环与铺首都贴金。

续表

墓葬	棺具	棺钉	棺环及其他
辽宁朝阳袁台子北燕墓	棺木以柏木做成。平面呈梯形，前宽后窄。前和向前倾斜，顶部是弧形，并刮出斜面。两侧边的外角垂直锯掉，余下半边，形成上下通长的边榫，全高以6块木板拼接黏合而成，外侧木板接缝处中间部位各凿一亚腰形卯孔，内嵌亚腰木卯钉。前和中部高69~71厘米，两侧高65~67厘米，厚5.3厘米，残宽58厘米。边榫长2.8厘米，厚3厘米。侧板前高后低，前端向外倾出斜面，以4条木板拼接黏合，每条又由3块木板顺接而成，后半部腐朽。棺盖横断面呈弧形。		
朝阳西大营子北魏墓	在石床上置有木棺，已腐朽.根据朽木痕迹观察，为棺二口。棺前宽后窄。男棺长1.95米，前宽0.55米，后宽0.42米、侧板厚5厘米，前和板厚6.5厘米。		其中一棺上置吊环五个，前和中部置一环，两侧板前后两端各置一环。前和与侧板后端吊环规格一致，环径8厘米，侧板前端吊环直径9厘米。另一木棺无铁环。
朝阳市北魏墓	88CLM1，男性有棺，女性无棺。棺长1.76米，宽0.29~0.51米，高0.4米。88CLM2，仅存棺钉和木棺朽痕，宽0.5~0.54米，长度不清。	87CLM1，仅存少量棺钉。	

中国文献中所见的马韩诸国

周裕兴

公元前2世纪末至4世纪初，在朝鲜半岛的西南广袤的地域上存在着一个以原住民为主体的部落联盟式的王国，这就是古代文献所记载的"马韩"。马韩在地缘上与中国和日本隔海相望、是古代大陆先进文化向"海东"传播的重要枢纽通道。马韩与同时存在于朝鲜半岛南部的辰韩、弁韩相邻，其以较强势的历史和社会影响，长期保持有三韩"盟主"的地位。三韩——即马韩、辰韩和弁韩，其后来分别演变为百济、新罗和伽耶，使韩国历史进入了风起云涌的三国时代。马韩是有文字记载可确信的韩国早期历史的国家之一，是韩民族的直系祖先，是韩国国名由来的重要因素，它既是韩国史研究的重要研究内容，也是东亚关系史中值得重视的研究对象。

本文试从词典类、典籍译本类、学术专著类和学术论文类等四个方面，简单介绍我们所见中国学界有关涉及马韩（三韩）内容的文献资料，以供参阅。

一

词典是用来解释词语的意义、概念、用法的工具书，专科词典是其重要组成部分，其主要分为百科词典、人文历史学科词典等，是我们接触专业知识、核实学术动态和了解研究进程的必备书籍，现针对马韩、三韩等关键词，缀取几部百科和史学词典检索如下。

表一 词典所见马韩（三韩）内容资料

文献类型	作者	工具书名	出版社及发行时间	条目	内容摘要
词典	中国大百科全书总编辑委员会《外国历史》编辑委员会	《中国大百科全书(外国历史Ⅰ卷全两册)》	中国大百科全书出版社，1990年	三韩拼音：San Han 英文：Sam Han	中国第一部大型百科全书，也是世界上规模较大的几部百科全书之一。全书按学科或知识领域分成74卷，共收7.8万个条目，计1.26亿字，共附有近5万幅图片，册页浩瀚，内容宏富，适于高中以上，相当于大学文化程度的读者使用。 "朝鲜半岛南部古代居民的总称。包括马韩、辰韩和弁韩三支。其名始见于中国史书《三国志·魏志》。族源无定论，后马韩发展为百济，辰韩发展为新罗，弁韩发展为以金官伽耶为主的六伽耶联盟。 中国三国时期，三韩族仍处在部落联盟阶段。当时，马韩有10余万户，分为54个部落，在三韩族中居于主体地位。辰韩在马韩东，始有6个部落集团，后分为12个。弁韩在辰韩之南，有辰韩人杂居，也称弁辰。辰韩与弁韩人口共4.5万户，各分为12个部落。三韩各部落的首领原先都是马韩人。但马韩当时尚无城郭，亦无纲纪法规。各部落都保持着很大的独立性，没有形成巩固的统一体。辰韩已有城栅，刑法严峻，并知役使牛马。三韩都从事种稻、养蚕、织布等生产。辰韩出铁，是与倭、马韩、东濊、汉乐浪和带方郡贸易的主要物资，也是国内贸易的通货。 三韩各有酋长，大者自名臣智，次有邑借、险侧、中郎将、归义侯、樊濊等。公元前2世纪末以后，受制于汉乐浪，带方郡，后二郡势衰，马韩乃向北发展，公元前后百济部统一诸部，4世纪初并带方郡之地，形成百济国家。辰韩由斯卢部统一为新罗国家。5世纪后，由弁韩发展起来的六伽耶联盟领土日蹙，分别并入百济、新罗。660年，三韩之地为新罗统一。（杨通方）"

续表

文献类型	作者	工具书名	出版社及发行时间	条目	内容摘要
词典	中国百科大辞典编委会编袁世全冯涛主编	《中国百科大辞典》	华夏出版社，1990年	三韩	全书收录了5万条目，共850万字，分为哲学、美学、心理学、民族、宗教、政治学、法学、历史学等58个学科。 "1.汉代朝鲜半岛南部马韩、辰韩、弁辰三部的合称。最早见于《三国志·魏志·乌丸鲜卑东夷传》。马韩在西，有50余国。辰韩在东，有12国。弁辰在辰韩之南，也有12国。至晋代，弁辰亦称弁韩。初曾先后受制于乐浪郡（治今平壤市，一说平壤市南大同江南岸）、带方郡（治今黄海道凤山郡境）。4世纪初马韩形成百济国，辰韩形成新罗国。弁辰诸小国结成联盟。5—6世纪领土日益缩小，分别并入百济、新罗。 2.日本人（日本书纪）称新罗、高句（gou）丽、百济为三韩。因其为三韩故地而得名。"
	朱杰勤黄邦和主编	《中外关系史辞典》	湖北人民出版社，1992年	三韩	古族名。朝鲜半岛中部以南地区的古老民族，有3个分支：马韩、辰韩和弁韩。中国的三国初期，三韩族仍处在部落联盟阶段。当时马韩有10万多户，分为54个部落。马韩人在三韩族中居于主体地位。辰韩中有一部分早先是归化于马韩的外来客户，原系秦朝人，因逃避秦王朝的苦役，流亡到此，被马韩首领安置在东部地方。弁韩在辰韩之南，有辰韩人杂居，也称弁辰。辰韩与弁韩共4~5万户，各分为12个部落。三韩各部落的首领原先都是马韩人，不许辰韩人当首领，以"明其为流移之人"。弁韩出铁，与乐浪、带方二郡有贸易关系。前109年之前不久，曾有辰国（马韩月支部落）使者赴汉朝晋见武帝，途中因受朝鲜王卫右渠的阻挠，未完成使命。公元44年韩廉斯人苏马諟曾得到东汉光武帝"汉廉斯邑君"的封号。（杨通方）
	施丁沈志华主编	《资治通鉴大辞典·上编》	吉林人民出版社，1994年	马韩（第65页）	"古国名。西汉时期朝鲜半岛南部三权鼎立。弁辰在南端。辰韩、马韩在中部，辰韩在东，马韩在西。约当今韩国汉城附近，汉江与锦江流域间。"

续表

文献类型	作者	工具书名	出版社及发行时间	条目	内容摘要
词典	施丁沈志华主编	《资治通鉴大辞典·上编》	吉林人民出版社，1994年	马韩（第53页）	"古代朝鲜民族。自公元前就分布朝鲜半岛中部偏西，隶于该部的一属部，后来发展为百济。为今朝鲜民族先民之一。"
	郑天挺吴泽杨志玖主编	《中国历史大辞典·上卷》	上海辞书出版社，2000年（又2010年全六册郑天挺谭其骧主编）	三韩	"国名。指马韩、辰韩、弁韩。位于今朝鲜半岛南部。马韩在西，有小国五十四。辰韩在东，有小国十二。弁韩在辰韩之南，亦有小国十二。马韩最大，邑落杂居，无城郭，亦无长幼男女之别。国人业农耕，知养蚕，做绵布。其地产大栗、长尾鸡。辰韩相传为秦之亡人，因避苦役亡至韩国，马韩割地与之。其语言有近似秦语者，故又名秦韩。有城郭房屋，诸小邑落各有渠帅。土地肥美，产五谷、桑蚕、铁。濊、倭、马韩等皆往市之。弁韩人与辰韩杂居，城郭衣服皆同，而言语风俗有异。其国刑法严峻。东汉建武二十年（44），韩廉斯人苏马諟等诣乐浪贡献，光武帝封之为汉廉斯邑君，使属乐浪郡，四时朝谒。"
	唐家璇主编	《中国外交辞典》	世界知识出版社，2000年	三韩与汉的交往	"三韩指朝鲜半岛南部的辰韩、弁韩、马韩三个部落联盟。马韩月支部酋长称辰王，名义上是三韩的大君长。东汉时，三韩开始与汉王朝建立联系。公元44年，廉斯（地名）人苏马谩曾到东汉乐浪郡贡献地方特产，光武帝封他为汉廉斯邑君，归乐浪郡管辖，并令他四时入境朝谒。东汉末年三韩力量渐盛，汉地郡县不少百姓苦于战乱，入三韩避难。（黎虎、侯旭东）"
	林剑鸣吴永琪主编	《秦汉文化史大辞典》	汉语大词典出版社，2002年	马韩	"古国名。三韩之一。汉时其人已有农业和丝织业，邑落杂居，无城郭。后为百济所代。（谭前学）"

条目指出"三韩"可指马韩、辰韩和弁韩，也可指百济、新罗和高句丽。

二

有关马韩（三韩）历史文献记载的出处，主要见于二十四史中南朝刘宋范晔撰《后汉书》、西晋陈寿撰、南朝刘宋裴松之注《三国志》和唐房玄龄等撰《晋书》等三部典籍，是研究马韩（三韩）历史文化的十分珍贵而基础的史料。通常认为《后汉书》《三国志》的学术价值稍高于《晋书》，而《三国志》又以成书年代最早、记述马韩（三韩）内容最为详备最显重要。对于古史典籍，历代均有考订，其诸多的见解在一定程度上反映了当时人们对于这些史籍进行学术探究的新成果，可看作是史学领域中的一项研究传统。当今学人多以（北京）中华书局的点校本为依据，推创古书今译今注之体裁，它一方面起到了普及历史文化知识的作用，同时也集中体现了学界对这些历史文献考证的新认识和新观点。

表二　典籍译本所见马韩（三韩）内容资料

文献类型	作者	书籍名称	出版社及发行时间	内容提要
典籍译本	苏渊雷主编	《三国志今注今译》	湖南师范大学出版社，1991年	本书分上中下三册，对晋陈寿志文进行详细的注译，并附刘宋裴松之原注，其中"卷三十魏书三十东夷"的部分为刘范弟注译。
	张舜徽编	《三国志辞典》	山东教育出版社，1992年	一部专书辞典。选词以中华书局标点本1985年版《三国志》为据，正文和裴注一概收录。收词一万八千多条，大致分为语词、人名、地名、职官、典籍、天文历算、历史典故等类别。
	田余庆吴树平主编	《三国志今译》	中州古籍出版社、霍兰德出版公司，1991年	本书分上下两册，翻译了陈志正文，没有注释，其中"卷三十魏书三十东夷"部分由古清尧译。
	刘国辉等	《三国志现代文版》	红旗出版社，1992年	本书分上下两册，仅翻译了陈志正文，没有注释。
	曹文柱主编	《白话三国志》	中央民族学院出版社，1994年	本书全六册，翻译了陈志和部分裴注，有简单注释，其中"卷三十魏书三十东夷"部分由王建民、李晖译。

续表

文献类型	作者	书籍名称	出版社及发行时间	内容提要
典籍译本	戴逸主编 吴顺东等译	《三国志全译》	贵州人民出版社，1994年	本书分三册，翻译了陈志正文，没有注释，有裴松之原注。
	杜经国主编	《文白对照三国志》	中州古籍出版社，1995年	仅翻译了陈志正文，没有注释。
	方北辰注译	《三国志注译》	陕西人民出版社，1995年	全书分三册，四川大学方北辰教授注译，此书280万字，向为史家重视。
	王根林等译	《白话三国志》	上海古籍出版社，1996年	仅翻译了陈志正文，没有注释。
	吴金华点校	《三国志》	岳麓书社，2002年	作者曾著《三国志校诂》（江苏古籍出版社1990）、《三国志丛考》（上海古籍出版社2000）、《三国志论集》（中华书局2002）等。
	许嘉璐主编	《二十四史全译》（《三国志》分册）	汉语大词典出版社，2004年	仅翻译了陈志正文，没有注释。
	田余庆 吴树平等译	《传世经典文白对照三国志》	三秦出版社，2004年	全书共二册，即"魏书"上册，"蜀书""吴书"合为下册，采用文白对照的方式直译，没有注释，译文通晓流畅；译者为著名三国研究专家、中国魏晋南北朝史学会秘书长梁满仓等。
	栗平夫 武彰译	《三国志（文白对照本）》	中华书局，2007年	全书共五册，翻译了陈志正文，没有裴注。
	杨达璋注译	《文白对照全注全译三国志》	线装书局，2008年	全书共四册，由众多专家学者，在忠实原著的基础上，进行文白对照，全注、全译，力求注释准确，译文生动、流畅。
	吴顺东译	《白话三国志》	岳麓书社，2008年	全书上下册，理解当先，直译为主，尊重原文，兼顾变通，译文可信，兼及可读。

续表

文献类型	作者	书籍名称	出版社及发行时间	内容提要
典籍译本	王静芝等	《白话三国志》	新世界出版社，2008年	本书分上中下册，台湾十一位知名教授合译编著，翻译了陈寿《三国志》志文，书中附有插图，其中"卷三十魏书三十东夷"部分由王金凌译。
	章惠康主编	《三国志文白对照》	华夏出版社，2011年	本书分上中下三册，直译为主，辅以意译，左右对照，阅读方便，裴松之的注附在各卷之末。
	方北辰	《三国志全本今译注》	陕西人民出版社，2011年	全书包括三个分册，今译、今注、标点、校勘四者皆备，其基本性质，是具有坚实学术基础的普及性读物。作者随史学前辈缪钺先生研习魏晋南北朝史，受聘韩国教原出版社大型图书《三国志》首席指导专家。
	张舜徽编	《后汉书辞典》	山东教育出版社，1994年	此书为"二十五史辞典丛书"之一，一部专书辞典，为了帮助读者阅读《后汉书》提供方便。有附录：东汉纪年表、东汉帝系表、东汉时期全图（选自谭其骧主编《中国历史地图集》）。
	宋文民著	《后汉书考释》	上海古籍出版社，1995年	此书第328-331页，有对《后汉书》卷八十五《东夷传》部分的考证注释内容。
	章惠康易孟醇主编	《后汉书今注今译》	岳麓书社，1998年	全书上下册，其中"卷八十五东夷列传第七十五"由刘范弟注释，以中华书局点校本为底本，广泛参考他种版本（包括今人的点校成果）和广泛参考历代注解，以直译为主，辅以意译。这是海内外第一部《后汉书》全注全译本。
	李虎等译	《文白对照后汉书》第2版.	三秦出版社，2004年	全书上下两册，文白对译，无注释。
	刘乃和主编	《晋书辞典》	山东教育出版社，2001	本书收录《晋书》原文中的人名、地名、国名、朝代年代、民族、职官、著作、典章、制度、名物、天文、历算、音乐、科技、动物、植物、成语典故、历史事件等名词术语以及疑难语词共约2400多条。

续表

文献类型	作者	书籍名称	出版社及发行时间	内容提要
典籍译本	许嘉璐主编	《二十四史全译晋书》	汉语大词典出版社，2004年	全四册，翻译了正文，文白对照。
	《中国史籍精华译丛》编委会编	《中国史籍精华译丛三国志晋书南史北史隋书》	青岛出版社，1993年	选择五部史书中的名篇进行翻译，没有原文对照，其中《晋书·张华传》《晋书·武帝纪》中均有涉及马韩的内容。

据不完全统计，自20世纪90年代以来，有关《后汉书》《三国志》和《晋书》三部史籍的今译今注书籍，从数量上看以《三国志》最大，有18本之多、占绝对优势，而《后汉书》和《晋书》仅有4本和3本。之所以《三国志》的译本数量众多，主要原因还是受古典小说《三国演义》在社会上有着十分广泛影响所造成，但也应看到这些书籍在普及三国文化的倾向中，也不乏反映对《三国志》史料研究达到较高学术水平的成果，如吴金华点校《三国志》、王静芝等《白话三国志》和方北辰《三国志全本今译注》（有陕西人民出版社1995年、2011年两个版本）等，均值得一读。俗言说学无止境，综上书籍所见，如《三国志·魏书·东夷传》中有一段对"马韩"描述的句子："臣智或加优呼臣云遣支报安邪踧支濆臣离儿不例拘邪秦支廉之号"，迄今仍未见到有为学界所一致首肯和信服的译注和解读。

此外，张舜徽编《后汉书辞典》、刘乃和主编《晋书辞典》也不失为研读《后汉书》《晋书》的参考书。

三

学术专著是对某一学科或某一专门课题进行全面系统论述的著作。论著的篇幅一般比较长，因此能围绕较大的复杂性问题做深入细致地探讨和全面论述，具有内容广博、论述系统、观点成熟等特点，一般是重要科学研究成果的体现，具有较高的学术参考价值。目前中国学界文献中虽然尚未见有以"马韩"或"三韩"为主题，进行系统阐述的专门著述，但是将"马韩"或"三韩"

作为专著中的部分章节来辅助说明学术论著主题的例子还是较为多见的。

表三　学术专著所见马韩（三韩）内容资料

文献类型	作者	书名	出版社及发行时间	章节	内容提要
学术专著	独头山熊译	《朝鲜史》	点石斋书局，1903年	朝鲜史上卷 三韩（第9页）	原著作者（日）吉备西村丰，述三韩的由来、历史，内容十分简略。
	程演生编注	《模范文选》	亚东图书馆，1931年	叙述类 叙事之文第一（附记典制之文，记风土之文）三韩（第41页）	此书为北京大学预科教本，节选自《后汉书·东夷列传》，述三韩的历史。
	王桐龄	《东洋史》（民国丛书第5编73历史地理类）	上海书店，（1989年再版重印）	第二编中古史汉族全盛时代 汉族第一次大一统时代 第二章古朝鲜之兴亡及其对中国之关系 第五节三韩之建国（第87页）	三韩建国与中国流民迁移有关。
	李季	《二千年中日关系发展史第1册》	学用社，1938年	第四章朝鲜半岛与中日关系下（七）三韩(第184页)	三韩地理位置，及各自所有部落数目，势力变化，三韩自建立之初就与中国有密切联系。
	潘公昭	《今日的韩国》	中国科学图书仪器公司，1947年	第四章古代的韩国 第一节韩国上古史（七）三韩——马韩、弁韩、辰韩(第79页) 第三节新罗王朝（一）三韩之统一（第85页）	三韩（马、辰、弁韩）的由来、历史及变革，汉武帝时起中韩交流频繁。新罗利用大唐统一三韩（百济、新罗、高句丽）。
	王立达	《朝鲜简史》	出版兼发行者：北京王立达（回民印刷厂），1953年	一、古朝鲜时代三韩（第3页）	全书行文简略仅66页，三韩为两个条目，仅简短的两句话。

续表

文献类型	作者	书名	出版社及发行时间	章节	内容提要
学术专著	（韩）李丙寿著（韩）许宇成译	《韩国史大观》	台湾正中书局，1961年	第二编上代史（古朝鲜 – 新罗末）第二期（汉设郡县以后的东方各社会）第六章 南方系的各社会（三韩）（第43页）	分为"三韩的位置问题及其社会""三韩的产业及其风俗"两个部分。认为三韩中以辰韩为主要国家，有根据语言发音探讨三韩名称的来由等。
	王仪	《古代中韩关系与日本》	台湾中华书局，1973年	柒"前三韩"——朝鲜半岛南部的政权一、三韩国家与箕氏政权并于於朝鲜半岛南北二部，二、朝鲜半岛的土著居民——马韩，三、秦之亡人经略辰韩，四、齐东亡人建立弁韩（第44页）；拾"后三韩"与驾洛的兴起（第58页）	汉魏时期除马韩为原住民所建外，朝鲜半岛的其他政权都与中国的移民有关系。
	（清）阿桂等撰孙文良陆玉华点校	《满洲源流考》	辽宁民族出版社，1988年	三韩（第13页）三韩分地（第106页）三韩属国（第106页）三韩故地等（第107页）	论述三韩的由来、历史及变革。
	朱寰主编王建吉等编著	《世界上古中世纪史》	北京大学出版社，1990年	第十三章第一节朝鲜古朝鲜与三韩部落联盟（第458页）三国的形成（第459页）	朝鲜半岛南部是韩族的活动范围。青铜时代，韩族分为3个部落联盟，东南部是辰韩部落联盟，西南部是马韩部落联盟，中部是弁韩部落联盟。公元2世纪，马韩部落联盟以百济部落为中心形成国家，都于汉城，控制汉江下游地区。公元4世纪，辰韩部落联盟中的新罗部落兼并了辰韩其他部落，建立新罗国，以庆州为首都。

文献类型	作者	书名	出版社及发行时间	章节	内容提要
学术专著	（清）钱仪吉著	《三国会要》40卷	上海古籍出版社，1991年	三韩（第784页）	清代学者辑录典籍中对三韩的记述。
	杨昭全韩俊光	《中朝关系简史》	辽宁民族出版社，1992年	第二章 第一节秦与辰韩（第14页）； 第三章 第一节东汉、两晋与三韩 一、东汉与三韩 二、魏、西晋与三韩 （一）魏与三韩 （二）西晋与三韩（第27页）； 第三节东汉至南北朝与朝鲜之贸易往来与文化交流 一、东汉至南北朝与朝鲜之贸易往来 （一）东汉至两晋与三韩 二、东汉至南北朝与朝鲜之文化交流（第44页）	本书用较多的篇幅，较全面地论述了自秦汉至两晋，中国与朝鲜半岛诸政权的政治、经济、文化等方面的关系。
	陈玉龙，杨通方等	《汉文化论纲——兼述中朝中日中越文化交流》	北京大学出版社，1993年	第三章 第二节汉魏时期中国与三韩的文化交流（第199页）	本书提出以汉字为载体的"汉文化圈"的视角，论述古代中国与周边国家的关系问题；以文献记载和考古发现记述了汉魏时期中国与三韩之间的往来历史和文化传播概况。
	（韩）李基白著；厉帆译	韩国史新论	国际文化出版公司，1994年	第二章城邑国家与联盟王国 第三节诸联盟王国的形成 辰韩与三韩（第27页）	铁器、稻米文化的吸取，使得实力稳定增长，导致辰国的重建，在其原有的版图上出现了三个新的政治实体，这就是马韩、辰韩和弁韩。

续表

文献类型	作者	书名	出版社及发行时间	章节	内容提要
学术专著	刘永智	《中朝关系史研究》	中州古籍出版社，1994年	第二编乐浪郡时期的中朝关系 一、乐浪郡的建立与三韩的兴起 二、乐浪郡与三韩的来往 三、乐浪郡的文化（第27页）	本书观点认为：三韩的社会，一般认为还未发展到奴隶社会，尚处于部落联盟阶段。中国古史之所以称之为国，因为其朝贡，自称为国，汉朝也习惯称之为国。伯济国即百济国，公元前8年建国，公元16年冬10月，马韩旧将周勤据牛谷城反抗百济的统一战争，当即被百济镇压，至此百济也统一了马韩地区。三韩于公元前后，建立了奴隶制度的国家。到公元194年，箕子朝鲜准王又进入马韩地区，一度称为"韩王"，是对三韩社会的一大推动。同时论述了乐浪郡与马韩、百济等的复杂关系。
	黄枝连	《东亚的礼义世界——中国封建王朝与朝鲜半岛关系形态论》	中国人民大学出版社，1994年	第一章礼治主义在朝鲜半岛的建立和"天朝礼治体系"的开张：天朝礼治体系形成的内因外因及其曲折过程之探索 第一节从游猎时代到农耕文明在朝鲜半岛的形成 1.4"五族共和"和"三韩七十八国"时代的氏族社会（第19页）	用礼治体系的思想理论描述三韩的氏族聚落社会，以期揭示其社会结构和发展状况。

文献类型	作者	书名	出版社及发行时间	章节	内容提要
学术专著	全春元	《早期东北亚文化圈中的朝鲜》	延边大学出版社，1995年	第一章古代朝鲜三国的兴起 二、三韩与中国郡县、日本列岛的关系及百济、新罗的崛起 （第13页）	三国两汉时期，由部落组成的三韩通过乐浪、带方郡同两汉、魏朝廷结成册封朝贡关系，由此获得铁器、水稻栽培、织绢等技术。朝鲜"渡来人"对日本列岛的迁移和开垦，致使日本列岛得以从野蛮状态过渡到以农业经济为特征的文明阶段，进而跨入东北亚文化圈。随着社会政治经济的发展，三韩组成强大的部落联盟，掀起了反抗中国封建王朝郡县统治的斗争。
	杨通方	《中韩古代关系史论》	中国社会科学出版社，1996年	汉魏时期中国与三韩的关系 （第16页）	中国的铁器文化与青铜器文化一起，经半岛北部传入三韩后，半岛南部的稻作、蚕桑等农业生产有了飞跃的发展，使三韩从新石器时代直接进入铁器时代。
	《中朝关系通史》编写组编	《中朝关系通史上》	吉林人民出版社，1996年	第一章先秦时期的中朝关系 第四节箕子朝鲜的结束与卫满朝鲜的建立 二、箕子之后准王逃亡三韩(第29页) 第二章秦与西汉时期的中朝关系 第三节乐浪郡与三韩 二、三韩之兴起 三、乐浪郡与三韩往来（第41页）	此书由韩国国际交流财团资助出版。 据史料解释了箕子朝鲜王族后人的去向，所谓"王海中"，乃是指马韩之地。三韩比乐浪郡出现要早。一般认为三韩社会尚处于部落联盟阶段。马韩的伯济（百济）国于公元8年吞并马韩，进入了阶级社会。公元194年，箕子朝鲜准王进入马韩地区，又是对马韩社会的一大推动。三韩与秦汉王莽曹魏及乐浪、带方两郡均往来频繁。

续表

文献类型	作者	书名	出版社及发行时间	章节	内容提要
学术专著	何劲松	《韩国佛教史上》	宗教文化出版社，1997年	第一章佛教的初传三国前史 4."汉四郡"与"三韩"（第6页）	简介三韩的由来、历史及变革。
	朴真奭等	《朝鲜简史》	延边大学出版社，1998年	第二章朝鲜的奴隶制国家——古朝鲜和辰国 辰国的建立及其社会经济和国家机构 奴隶制社会的危机 辰国的分裂(第36页）	辰国是建立于现今朝鲜半岛中南部的古代国家，由马韩、辰韩、弁韩等三韩族形成，大约是公元前三世纪至公元一世纪的奴隶制国家。 辰国的中心地区是"月支国"，约在今朝鲜忠清南道的稷山；它的末期，国都南迁至"国邑"，即今锦江以南的益山附近。
	陈池等著.	《韩国》	当代世界出版社，1998年	第二章历史 一、从檀君建国到三韩时代 （第54页）	此书是一本介绍世界列国国情风俗的通俗读物。
	王巍	《东亚地区古代铁器及冶铁术的传播与交流》	中国社会科学出版社，1999年	序论 三古代文献所见六世纪以前东亚诸国的官方交流 （一）乐浪、带方郡与三韩(第19页） 上篇从冶铁业及铁器制造技术看东亚诸国的交流 第二章我国古代铁器及冶铁技术对朝鲜半岛的传播 第二节乐浪郡建立后汉代铁器对朝鲜半岛的传播 二、汉代铁器和冶铁术对三韩的传播 （第79页）；	此书为"日本研究博士丛书"之一，作者为现任中国社会科学院考古研究所所长。由冶铁技术的传播探讨东亚各国之间的文化交流，资料较全面，考论颇详备。

续表

文献 类型	作者	书名	出版社及 发行时间	章节	内容提要
				下篇从古代铁器的谱系看东亚诸国的交流 第一章兵器 第二节朝鲜半岛的铁兵器 二、三韩时代的兵器（第208页）； 第四节从铁兵器看东亚诸国的交流 一、我国汉魏时期的铁兵器与朝鲜半岛乐浪、三韩铁兵器的比较 二、弥生时代铁兵器与乐浪、三韩铁兵器的比较（第261页）	
学术专著	杨昭全、何彤梅	《中国——朝鲜·韩国关系史上》	天津人民出版社，2001年	第三章秦－西汉与朝鲜之关系 秦与箕氏朝鲜、辰韩之关系（第33页）； 第四章东汉－南北朝与朝鲜之关系 第一节东汉、西晋与三韩 一、东汉与三韩 二、魏与三韩 三、西晋与三韩（第78页）	秦末众多中国民众为避战乱和过重徭役，进入毗邻的朝鲜半岛，半岛南部的马韩热情接待，让其安居于东部。他们与当地朝鲜民众友好和睦，自然融合，建立辰韩，从而使半岛南部进入三韩并存时代，促进了朝鲜社会的进步与发展。 东汉时期，辰韩、马韩、弁韩皆与乐浪郡来往，臣服东汉。辰韩与东汉之关系较为密切，马韩次之，弁韩较少。曹魏时期辰韩、马韩、弁韩依附于魏之乐浪郡、带方郡。 西晋时期，朝鲜半岛中部、南部仍为辰韩、马韩、弁韩。新罗、百济虽仍辖属于辰韩、马韩，但其势力日益增强。

续表

文献类型	作者	书名	出版社及发行时间	章节	内容提要
学术专著	徐寒主编	《中华私家藏书第13卷、第39卷》	中国工人出版社，2001年	《后汉书》：三韩列传（第7089页）；《日知录》：三韩（第22801页）	重新出版印行古代文献史籍《后汉书》《日知录》。
	程妮娜	《东北史》	吉林大学出版社，2001年	第三章隋唐王朝羁縻统治时期 第五节隋唐东方丝绸之路 一、东北诸族与朝鲜半岛诸国间的经济文化交流 三韩与百济、新罗（第145页）	秦汉时期，朝鲜半岛南端的居民形成三个群体，史书称为"三韩"，分别是马韩、辰韩、弁韩（又称弁辰）。
	朱谦之	《朱谦之文集第9卷》	福建教育出版社，2002年	韩国禅教史 第一编教学传来之时代 第二章三韩与三国之鼎立（第363页）	汉以后，半岛之南部有三韩之称，所谓马韩、辰韩、弁韩是也。马韩者百济，辰韩者新罗，弁韩者任那，加之高句丽之勃兴，与百济、新罗鼎立，出现三国争衡之时代。
	马大正主编	《中国东北边疆研究》	中国社会科学出版社，2003年	周边地区及与中国东北关系篇 三韩考(李德山)（第239页）	此篇为论文集书中所收录的论文。 三韩是马韩、辰韩和弁韩的合称。辰国灭亡后，三韩在今朝鲜半岛南部继之而起。韩人约在周初开始迁徙，持续的时间很长，最晚的到了秦代才入居半岛。三韩的主体民族为韩族，属华夏族系周族的一支，此外，还有族属东夷的辰、秦诸民族。所以，三韩是自中国腹地迁入朝鲜半岛的古民族。三韩的祖居地在今陕西韩城，为周武王之子所封国，侯爵，《太平寰宇记·同

续表

文献类型	作者	书名	出版社及发行时间	章节	内容提要
学术专著					州》所载的"韩城"、《文献通考·封建考·韩》所载的"韩",均系指此而言。后来,其势力逐渐衰落。
	欧阳哲生主编	《傅斯年全集第2卷》	湖南教育出版社,2003年	东北史纲(第一卷)第四章两汉魏晋之东北属部(上史料)六、三韩(第460页)	辑录三韩的历史文献。
	汪高鑫、程仁桃著	《东亚三国古代关系史》	北京工业大学出版社,2006年	第一章古代东亚三国的早期交往 第一节古代中国与朝鲜半岛国家的早期交往 三、从"三韩"部落到三国争雄(第8页)	本书以中国历代正史和日、朝、韩的古代史籍为依据,参考、借鉴了当今一些中国学者的重要研究成果编纂而成。全书以中日朝三国之间的古代交往和关系为主要考察对象,旨在通过对三国间交往历史的叙述,使今日东亚三国人民能够对于邻国的历史与相互关系有一个客观的、正确的了解。
	王忠和	《韩国王廷史》	团结出版社,2006年	第一章古朝鲜国五辰国、三韩及其他小国(第16页)	中原的韩国后裔、北方的濊貊族与当地土著的结合,可能就是朝鲜半岛南部三韩的起源。三韩最早见于记载是在《后汉书》中。三韩,指的是马韩、辰韩和弁韩(也称卞韩)。马韩在朝鲜半岛的西南方,辰韩在东南方,弁韩则在他们的中间。
	李穆文	《百花齐放的古代舞蹈》	西北大学出版社,2006年	魏晋南北朝舞蹈东夷三韩之乐舞(第110页)	提及三韩的歌舞习俗。

续表

文献类型	作者	书名	出版社及发行时间	章节	内容提要
学术专著	杨军、王秋彬	《中国与朝鲜半岛关系史论》	社会科学文献出版社，2006年	第四章新体系——羁縻 一、三韩民族国家的构建（第120页）	西汉在朝鲜半岛北部设四郡时，半岛南部的三韩各部还实行着聚落联盟的统治模式，所谓的"国"，不过是聚落间的联盟。
	杨军	《高句丽民族与国家的演变》	中国社会科学出版社，2006年	上篇高句丽民族的形成与演变 第三章前高句丽时期的民族融合（上）——中原移民的影响 马韩与三韩（第79页）； 下篇高句丽国家的形成与演变 第八章前高句丽时期政治组织形式的演变 第七节马韩国（第211页）	在论述高句丽与其王国的形成和演变中，介绍高句丽传统区域及邻近民族的状况及关系影响等。
	刘国石	《中朝疆界与民族关系研究》	吉林文史出版社，2006年	第二章魏晋至隋唐中朝疆界与民族 一、曹魏时期乐浪、带方郡与三韩的关系（第18页）	记述三韩与汉魏有往来关系。
	何劲松	《韩国佛教史》	社会科学文献出版社，2008年	第一章佛教的初传 第一节三国前史 4."汉四郡"与"三韩"（第5页）	当卫氏朝鲜在半岛的北方建立政权的时候，半岛的南方也存在着一个尚处于部落联盟阶段的古老民族。这个民族分为三支，即马韩、辰韩、弁韩，统称"三韩"。 地下出土的铁刀、石器等遗物告诉我们，三韩尚未走出金石并用时代，中国的铁器文化和青铜文化的输入，使其从新石器时代直接进入到铁器时代。

续表

文献类型	作者	书名	出版社及发行时间	章节	内容提要
学术专著					本时期具有代表性的棋盘式支石墓也表示着三韩同山东半岛在文化上的密切性。三韩对汉文化的渴求曾受到卫氏朝鲜右渠的阻碍。乐浪、带方等郡的设置无疑加速了汉文化在半岛的传播。后来，三韩逐渐演化成新罗和百济，同时又兴起了高句丽，于是半岛的历史遂进入三国鼎立时期。
	孟祥才	《中国历史秦汉史》	人民出版社，2009年	第五章东汉前期的政治与经济（25-105年）第五节东汉前期的民族政策与对外关系四、三韩、倭国与交趾（第471页）	在今之朝鲜半岛南部有三韩，即马韩、辰韩、弁韩。马韩在西部，有54国，北与乐浪接壤，南与倭相望。辰韩居东部，有12国，北面与秽貊为邻。"辰韩，耆老自言秦之亡人，避苦役，适韩国，马韩割东界地与之"。弁韩在半岛最南端，亦有12国，其南与倭相望。三韩78国，实际上是78个邑落，大者上万户，小者数千家。三韩中以马韩最大，共立其种为辰王，尽王三韩之地。三韩农业生产比较发达，居民皆能歌善舞。其社会已发展到奴隶制阶段，但还保留着氏族社会的遗风。建武二十年（44年）韩国廉斯人苏马諟等到乐浪郡，向东汉皇朝贡献，表示臣属之意。刘秀封苏马諟为汉廉斯邑君，使其归乐浪郡管辖，四时朝谒。

续表

文献类型	作者	书名	出版社及发行时间	章节	内容提要
学术专著	大中国上下五千年丛书编委会编撰	《中国历代政治演进》	外文出版社，2010年	外交风云 秦旦通三韩(第202页)	秦旦通使三韩，促进了民族之间的关系和民族文化之间的交流。汉文化对三韩的影响是全方位的，也包括政治文化的影响，正是在汉文化的影响下，三韩部落集团开始步上了国家建设的道路，逐渐形成百济、新罗两个奴隶制国家。（注：此见于《资治通鉴》，其"三韩"是指辽东的公孙氏政权以及朝鲜半岛的高句丽，而不是指马、辰、弁等三韩诸国）
	孟祥才、刘宝贞	《一本书读懂秦汉》	中华书局，2011年	下编：秦汉历史专题 秦汉时期的对外关系 朝鲜与三韩 （第223页）	卫满代准王统治朝鲜后，准王率部分臣民数千人逃到了汉江以南，攻破马韩，自立为辰韩的国王。准王的后代死灭后，马韩人复自立为王。当时汉江之南有三国，即马韩、辰韩和弁韩。三国中马韩力量最强大，其首领被立为辰王，成为三国的领袖。三国中，辰韩与中国的血缘联系最密切。

　　上述涉及有马韩（三韩）等相关内容之学术专著的出现，明显带有时代的烙印。据不完全统计，在1949年以前见有寥寥可数的5部，且内容十分简短，有的只是引用文献典籍原文、或翻译于日文书刊；20世纪50年代至80年代的40年间，涉及有马韩（三韩）等相关内容的学术专著，在中国只见有2部；进入90年代中国改革开放时期，尤其是中韩建交以来，涉及有马韩（三韩）等相关内容的学术专著呈井喷般问世，计有30余部之多。

　　从形式和内容来看，这些学术专著有这样一些特点：①韩国老一辈史学家李丙焘、李基白两位先生的论著被翻译介绍进入中国学界，给人有启迪和新鲜感；②这些论著的学科方向主要集中在世界史、东亚史和朝鲜·韩国史和国际关系史等方面，则仅见有少数在以秦汉史、东北史为学科方向的论著中所涉及；③新出现较多从专门史角度、如礼制思想、王廷政治、民族宗教、舞蹈艺术和铁器冶炼技术等方面，去了解和认识马韩（三韩）历史文化的论述，拓宽了考察的视域，提升了研究的深度。

四

学术论文是针对某一特定学术课题进行探索和讨论，提出创新见解和研究发现的学理性文章，是及时体现该学术领域最新研究成果、并反映其学术态势的科学记录，也是考量学科研究水平和推动专题研究进程的重要参数。

表四　学术论文所见马韩（三韩）内容资料

文献类型	作者	论文名称	刊物名称及期刊号	主办者	内容提要
学术论文	罗继祖	辰国三韩考	北方文物1995年01期第73-75页	黑龙江省北方文物杂志社	《三国志·东夷传》提到韩有三，一马韩，二辰韩，三弁韩，接着说："辰韩者，古之辰国也。"；《后汉书·东夷传》也同样写道："皆古之辰国也。"为什么出现了辰国？如果既指三韩中的辰韩，为什么说它是古之辰国呢？难道三韩中只有辰韩最古吗？或者三韩未分之先，仅有辰韩，名为辰国？这些问题，不但前人没有注释，即近人王先谦《后汉书集解》、卢弼《三国志集解》也都未置一词。大概首先注意到的是蒙文通先生的《周秦少数民族研究》。作者认为：箕子的国号是辰，不是朝鲜。朝鲜这个名称，大概始于战国时期，后来卫满袭用。箕子封到朝鲜，海外土著民族是马韩，但韩之名是西周晚期或东周初期韩国人带去的，后来分为三韩，东部叫辰韩，中部叫马韩，西部叫弁韩，三韩之名由此起。

续表

文献类型	作者	论文名称	刊物名称及期刊号	主办者	内容提要
学术论文	张国荣	韩国"辰韩"民俗与洞庭蛮越民俗之比较	益阳师专学报1997年04期第3–8页	湖南城市学院（湖南省益阳师范高等专科学校）	韩国"辰韩"遗民，《后汉书》称之为"秦之亡人"，但究系来自何方？这已成千古之谜。若将其语言等民俗与秦汉以前的洞庭湖区、沅湘之间的土著居民"蛮越"的语言等民俗进行比较，就会惊异地发现，秦汉以前迁徙到韩国的辰韩移民，具有鲜明的洞庭蛮越特征，韩国"辰韩"移民就直接源于洞庭蛮越区。
	张军	辰国小考	北方文物1998年02期第77–81页	黑龙江省北方文物杂志社	古朝鲜有"三韩"，为"古之辰国"，以十二支辰命国，与中华文化有何关系？其文化内涵如何？这为治古朝鲜文化史之尚待解决的问题。颛顼—帝喾—殷商文化对东北亚地区古文化有着极为重要的影响，甚至直接影响这一地区古族、古国的文化构成与历史文化进程；这是从东北亚古文化研究中得出的结论。
	杨军	辰国考	北方文物2001年03期第63–64页	黑龙江省北方文物杂志社	《三国志》《后汉书》所载古辰国为西汉时古国，而不是商周之际的古方国。辰国之名源于辰韩。辰韩亦名秦韩、岑韩，是马韩统治下的中原移民与马韩人相融合而形成的部族。箕氏朝鲜遗民曾迁至马韩地建立韩国，统治辰韩部的马韩人因而建立辰国与之对抗，并最终灭韩国统一三韩各部。
	赵红梅	夫余、马韩、邪马台三国"下户"之比较	东疆学刊2001年03期第39–41页	延边大学	夫余、马韩、邪马台分别为中国、朝鲜、日本古代国家，并皆受中原朝廷的册封，向中原朝廷称臣纳贡，其"下户"这一阶层就是在中原先进文化影响下社会发展到一定阶段而产生的。但由于其自身社会发展状况各有不同，因而"下户"所包含的阶级、阶层也不尽一致。

文献类型	作者	论文名称	刊物名称及期刊号	主办者	内容提要
学术论文	刘子敏	关于古"辰国"与"三韩"的探讨	社会科学战线 2003 年 03 期第 131–138 页	吉林省社会科学院	本文针对古"辰国"与"三韩"在朝鲜半岛南部存续的时间、性质问题，从辰国之名及其地入手，梳理有关文献，指出：辰国只是朝鲜半岛南部的原始地名，而非国家实体，而"三韩"正是在"辰国"这一地区发展起来的部落联盟。
	苗威	乐浪郡与"三韩"	东北史地 2004 年 06 期第 33–40 页	吉林省社会科学院	"三韩"受汉文化滋养较多，在乐浪郡设置之后，表现尤为明显，本文从政治、经济、文化等方面分析论述了乐浪与"三韩"的关系，指出乐浪郡在其存续期间在向朝鲜半岛南部传播中原文化方面所起到的桥梁作用，明确"三韩"文化中的某些汉文化因素。
	孙祥伟	三国时期东吴、辽东与三韩关系探略	陇东学院学报（社会科学版）2006 年 01 期第 88–94 页	甘肃省庆阳市陇东学院	两汉时期，随着中国与亚洲各国经济、文化交往的发展，逐渐形成了以中国为中心的东亚文化圈，同时开辟了经印度通往欧洲的海上丝绸之路。三国时期，中国与周边国家交往更加密切，不仅有曹魏与邪马台国的交往，割据辽东的公孙氏政权和江东孙吴政权也展开了积极的对外往来。本文试就辽东、三韩、东吴三边关系做初步探讨。
	苗威	关于"古之辰国"的再探讨	东北史地 2006 年 01 期第 39–42 页	吉林省社会科学院	本文认为史书所载"古之辰国"即是箕子在朝鲜半岛建立的国家，春秋时期，箕子之国（辰国）北迁于今大同江中下游地区，同古"良夷"（乐浪夷）相融合而为"朝鲜蛮夷"，国号改为"朝鲜"；"古之辰国"并非夏代商族先公相土所建，因为就彼时的历史条件来看，相土不可能离开中原地区而远征朝鲜半岛南部，《诗经》中的"相土烈烈，海外有截"所表达的是作为夏朝的一个诸侯国国君的相土所曾建过的功业，并对海外地区（如朝鲜半岛）产生过强烈影响，使之截然臣服。

续表

文献类型	作者	论文名称	刊物名称及期刊号	主办者	内容提要
学术论文	刘子敏	朝鲜半岛"三韩"研究	朝鲜·韩国历史研究（第十一辑）——中国朝鲜史研究会会刊2009.08.13	中国朝鲜史研究会2009年年会及"朝鲜历史与东亚文化"学术研讨会	本文对"三韩"的历史进行整体研究，其中包括"三韩"地区的石器时代、青铜时代、铁器时代以及建立在该地的"辰国"（箕子之国）、韩族的形成、"三韩"（马韩、辰韩、弁韩）的地理范围、政治经济文化状况、与中国边郡和中原王朝的关系等。
	林永珍、孙璐	吴越土墩墓与马韩坟丘墓的构造比较	东南文化2010年05期第110-115页	南京博物院	坟丘墓是马韩文化曾经流行的一种墓葬形式，其特点为埋藏主体位于堆土而成的坟丘中而非地面以下，在韩国首尔、京畿地区、忠清地区、全罗地区等地都有所发现。而在中国的吴越地区，从商代后期开始出现的土墩墓，与坟丘墓有很多相似的特点。虽然二者之间存在较大的年代差距，但一些新发现可以证明，马韩与吴越地区有着广泛而深入的交流，不能排除土墩墓与坟丘墓之间存在影响与被影响的关系。所以，在今后的研究中，应深入挖掘二者的具体关联。
	黄建秋	江南土墩墓三题	东南文化2011年03期第98-102页	南京博物院	土墩墓最初指江南地区商至战国早期平地起封的熟土墩内无墓坑的墓葬。近二十年的发现表明，土墩墓内挖有土坑，其源头可上溯至崧泽文化，下限延至汉代。韩国马韩坟丘墓与吴越土墩墓有不少相似之处，但其可能源自与其时代相当的汉代土墩墓。吴越土墩墓封土既有一次筑成也有多次加筑而成的，器物群瘗埋入土墩的时间也各不相同。土墩墓内存在故意打破随葬品并抛撒的丧葬仪式，可能表明器物与墓主共生死。

续表

文献类型	作者	论文名称	刊物名称及期刊号	主办者	内容提要
学术论文	林永珍	韩国坟丘墓社会的性质	东南文化 2011 年 04 期第 100-103 页	南京博物院	在古代韩国，马韩盛行过坟丘墓，其主要特征是在地上的坟丘中，由多个埋葬主体通过追加葬形式形成。坟丘墓最晚到公元前 1 世纪开始出现，其存在从方形木棺向圆形石室的变迁过程。韩国坟丘墓社会中只有百济国发展成为国家百济，因其与先进地区临近，容易接收先进文化，其他小国在酋长社会状态下被吞并，因其农业共同体性质过强，并且与周边国家对等交流困难。
	曹永铉	马韩古坟坟丘的区划盛土法	东南文化 2011 年 04 期 第 104-106 页	南京博物院	坟丘的区划盛土法是指在筑造坟丘时将其分成许多区域，由不同人力分别承担作业的筑造方式。为识别区划界限可设置异色黏土带、土壤列或排列石材作为标志物。坟丘的区划方向都是从坟丘中心呈放射状分布的，随着坟丘规模的扩大，区划数也在增多。中国春秋时期已使用区划盛土法这种技术，因而这种盛土方法应当是起源于中国。
	苗威	"辰韩六部"与新罗的早期历史探析	朝鲜·韩国历史研究（第十二辑）——中国朝鲜史研究会会刊 2012.03.31	中国朝鲜史研究会	"新罗六部"始称"辰韩六部"，是在辰韩历史的发展过程中出现的一种新的组合，是新罗历史的早期阶段。公元 3 世纪，新罗诸建国神话传说随着六部的逐渐形成而产生的。
	杨昭全	建国 60 年来我国的朝鲜·韩国史和中朝、中韩关系史研究综述	朝鲜·韩国历史研究（第十二辑）——中国朝鲜史研究会会刊 2012.03.31	中国朝鲜史研究会	建国 60 年来，我国的朝鲜·韩国史和中朝、中韩关系史研究取得重大成就，但仍有些不足，有待进一步提高。

经检索，目前中国文献中所见有关于马韩（三韩）研究的学术论文，最早见诸出版期刊的时间是在中韩建交之后的1995年。虽然此项研究起步比较晚，但在较短的时间里至今已发表的相关学术论文数目超过了15篇。其中有多篇论文观点比较新颖、结论也很独特。在此值得提及的是韩国学者林永珍教授，他运用考古比较学的方法最先关注马韩坟丘墓与中国吴越土墩墓的相互关系研究，自20世纪90年代就率先来到中国江南进行学术考察，多年来与中国考古学界同行一直保持友好交往，同时参与并合做了许多项学术交流活动[①]，促进了中国学界对马韩文化的认识和了解，今后也将会进一步推动中国学界对马韩文化的学术研究。

古代朝鲜半岛南部的马韩诸国持续长达三四百年之久，其物质文化面貌由金石并用时代跨入铁器时代，马韩人知农耕、晓蚕桑，信鬼神、祭天君，社会形态也已由部落联盟阶段过渡向奴隶制国家发展；马韩与百济，马韩与三韩，三韩与新罗、伽耶，马韩与古代中国、日本均有着复杂的关系和紧密的联系，可见马韩历史文化研究是一个极有价值和意义的学术命题。

通过古籍史料已勾勒出马韩（三韩）历史的时空框架和线索，历史学者据此可以梳理出马韩诸国社会发展的基本状况和一般规律，若再应用考古学的理论与方法去探索和发现，势必能将马韩历史文化研究推向一个更新的境界：

第一，运用考古类型学和考古区系文化理论，以河流（如锦江、洛东江和蟾津江等）为中心，出土陶器为编年标本，找寻出属于相同年代和相同文化类型的遗址，以期与马韩、辰韩和弁韩相比照对应；

第二，运用聚落考古原理，以同一区域内，同一时期的遗址为对象，考察其组合形态、大小等级、分布密度及单体构成（如围墙或环濠、居址和墓葬的形制）等因素特征，以期与马韩的各个部落小国相比照对应；

第三，注意有关农业植物、驯养动物、蚕丝纺织、石器、铁器等遗迹或遗物的发现和分析；

第四，注意有关海洋文明的贝丘遗址、海岸岩石上的题刻或岩画、船舶遗骸和渔猎工具等遗迹或遗物的发现与研究等。

---

① 如2000年11月，中国南京"吴文化国际学术研讨会"；2002年6月，中国绍兴"越文化国际学术讨论会"；2007年11月中国温州"瓯文化学术研讨会"；2008年6月，中国南京"六朝建康都城学术研讨会"；2009年11月，"2009年中国镇江吴文化国际学术研讨会"；2010年12月，中国南京"古代东亚土墩遗存及其社会——中韩土墩墓比较研究学术研讨会"等

在此要说明的是本人对马韩考古完全陌生，上述建议仅仅是自己的揣测意会而已，不当之处，敬请批评指正。

（注：本文为2012年11月29日参加在韩国全罗南道罗州举办的"全南地域马韩小国与百济"国际学术会议所作）

"武宁王时代的东亚世界"特别展参观记

朴淳发

今年九月韩国国立公州博物馆举办特别展，题目为"武宁王时代的东亚世界"。这次展示会是每年秋季忠清南道常例开幕的百济文化祭活动中的一环，因为今年正是第六十周年，具有特别留念的意义。据了解，特展目的是以武宁王陵出土文物为中心，关注古代韩、中、日之间的文化交流，推动对于这个方面的学术研究。自2014年9月25号至同年11月23号，整个展示时间正好为六十日，参观人数超过6.2万，每天达到1000人以上。展品总数达到172件，包括韩国武宁王陵出土品等134件、中国南京市博物馆藏品30件、日本8件等，可以传递当时文物交流的信息（图一）。

300平方米左右的展示室中，在内容上分为以下几个部分：以百济对外交流现况为中心的导入部分、以百

图一 展示海报

济开拓海路为中心的第一部分、以堪称东亚文物交流宝库的武宁王陵出土品为中心的第二部分、以百济作为东亚交流枢纽的内容为中心的第三部等（图二）。

图二　展示室景况

百济是与高句丽和新罗组成韩国古代三国时代的一个国家。对于百济历史，韩国学界经常分段为三个时期，依次为汉城期（公元250—300年国家成立，建都于汉城，即现今首尔所在的风纳土城和梦村土城，然后公元475年因高句丽而陷落）、熊津期（公元475—538年：迁都于熊津，即现今公州）、泗沘期（公元538—660年：再迁都于泗沘城，即现今扶余）。据文献记载，百济从4世纪后叶到公元660年与中国频繁交往，总共69次，平均下来每不到5年便有一次交流。

图三　梦村土城出土鎏金铜銙带

地处朝鲜半岛中部的百济首次遣使通往东晋的时间是公元372年，据《晋书》记载（《三国史记》记为公元371年）百济派遣使节进贡方物，百济王余勾被封为镇东将军。那时百济使节可以利用西晋以前的旧有航路，并自朝鲜半岛西海岸至山东。但是，当时辽东和山东已属前燕，是否停泊于前燕的港口，仍需要探讨。然后踏袭孙吴以来已经开通的从山东到长江口的航路。无论通过如何的海路方式，这种正式外交关系都应该需要礼物的连接，比如印绶、衣帻等，相关考古资料也证明了这样的史实。1985年，首尔梦村土城出土的一件鎏金铜锌带即属此例（图三）。在目前已发现的中国地区的材料中，与这件带具相似的还有两件，即南京大学北园东晋墓和武汉市汉阳晋墓的出土品。关于这两处墓葬的具体年代目前还需要进一步研究，但在笔者看来至少不是东晋晚期。那么，这些资料亦在指证，公元372年以前已存在百济与东晋正式开展外交活动的可能性。

随着公元372年百济与东晋之间开展外交关系，百济和东晋开始频繁互相派遣使节，史籍中载有的交流年份有公元379年、384年、386年、416年等。在那个时段里，辽东半岛所属权发生变化，变成高句丽的管辖领域。当时高句丽与百济两国正处于紧张状态，虽然百济可以利用旧有的航路，但高句丽肯定不容许百济船只进入辽东沿海港口。在这种情况下，百济很可能采取迂回高句丽势力圈的航路，这就是所谓的"北路南线航路"。目前，有些人已经提出了这条航路开始于刘宋时期。由南朝都城建康到百济的航路是：建康出长江口，再循东海、黄海北上，然后在胶东半岛成山角附近转向东驶，横越黄海，直达朝鲜半岛西海岸江华湾沿岸，到达百济。

武宁王（公元501-523年在位），在整个百济史上，他是一个卓越的明君。武宁王的出生时间不明，但是据《日本书纪》记载，他的母亲是盖卤王的后宫。她在前往日本的途中，在日本的一个小海岛上生下了武宁王，并且送他回到汉城。因为武宁王不是嫡子，所以在盖卤王去世之后他不能成为嗣王。直到公元501年，武宁王终于当王，复兴国家。特别与中国南朝梁武帝交好，频繁地进行交流。以砖室构成的南朝式陵墓，就如实地反映了那时的情况。武宁王陵出土的大量的中国文物也证明百济和梁朝之间的交流状况。

武宁王陵与宋山里6号墓都是砖室墓，是百济主动接受中国南朝文物影响的证据。不仅墓室建筑方面，而且整个丧葬文化也是中国样式，比如镇墓兽、买地券、墓志等随葬品。据墓志，公元523年5月7日武宁王去世，而被葬于公元525年8月12日，整个居丧花了27个月。王妃也是一样的情况，于公元526年12月死亡，经过27个月，直到公元529年2月12日才合葬于武宁王陵。这样的居丧时间，与《周书》等中国文献所载的3年制相近。值得注意的是在王陵墓室里买地券上放置有梁朝铸造铁五铢钱，按文献记载公元523年12月份刚刚在中国铸行，那么武宁王陵的五铢钱属于几乎同时引入的最新进口品。因此，可以推测当时中韩之间文物交流的速度之快。

图四　武宁王陵出土黑釉四系壶

目前，从西晋到初唐之时段里由中国传来文物当中属陶瓷器最多，数量已达200件以上，金属品其次，武宁王陵出土文物也是这种倾向（图四）。可是，在日本发现的中国文物都是以金属品为中心的，与百济的情况大相径庭。可能金属品文物不是由中国直达日本，而是经由百济再传入日本。这次日方的大阪府高井田古坟出土的铜镜和熨斗，与武宁王陵出土的完全一样，韩日学界认为其为本来由百济从中国南朝进口，再送往日本的文物。其中，铜制盌和托盘等一系列器皿，由百济学习制造技术而自己生产，而后与佛教文化一起传授给日本。

同时开幕展示会出版图录，题目是《武宁王时代的东亚世界》（图五）。由首尔通天文化社出版，共有174页（ISBN978-89-958814-3-9，出刊数量800部）。此图录收录整个展品的彩色照片和韩中日有关部门专家撰写的4篇文章等。由专家运用各自国语和韩语翻译完成的4篇文章题目依次为：《在武宁王陵出现的东北亚交流现象》（韩国韩神大学权五荣教授）、《日本盖附铜盌以及承台的谱系和年代》（日本福冈大学桃崎祐辅教授）、《三国时代龙凤纹环头大刀的制作和传播》（韩国国立中央博物馆朴庆道）、《武宁王陵出土墓志与石兽和南京出土同类器物的比较》（南京市博物馆朱敏、戴惠婷）。在书籍卷尾也附有关于古代东北亚地区文物

图五　展示图录

**图六　南京西善桥南朝墓
出土石制镇墓兽（未展品）**

交流的参考论文等资料目录，为研
究者提供方便。

　　此外，在展示期间另有一次特
别演讲。演讲者是日本冈山理工大
学教授龟田修一，他留学韩国忠南
大学获得硕士学位，以古代韩日交
流为专攻。这次讲题是《古代日本
铜匙小考——以鸟取县福本70号坟
出土为中心》，内容着眼于与武宁王
陵出土的铜筷和铜匙的相关性。

　　总体而言，我个人认为本次公州博物馆举办的特别展的水平较高，很好
地提高了学术研究性。执意寻找白璧微瑕的话，展示会题目略有缺陷，以武宁
王在位的6世纪前后为中心的文物较少，缺乏时期集中性的展示。在此我将简
单介绍一件类似于武宁王陵镇墓兽的南朝石制镇墓兽的资料。南京西善桥岱山
M3号南朝墓葬出土，现藏于南京市博物馆。首先，在材料方面上是目前被发现
的镇墓兽中与武宁王陵镇墓兽最为相近的，另外从整体形制上来看也是最为相
似的。尽管其体量比武宁王陵镇墓兽更小，在一定程度上还略有差异，但是，
可以将这样的南朝石制镇墓兽视为迄今为止最好的比较材料（图六）。

鐎斗考

朴淳发

一、序

鐎斗一般是军队用来做饭的炊具，晚上可以用来敲打作为警戒信号。其形状多为有足带长手柄状（梓溪，1958）。从带有铭文的实物资料或文献记载的铭文器皿图等来看，鐎斗没有"流"，是有注口和盖子的带手柄与足的器具。因为这种器具的形状与盛酒的"大斗"及盛汤的"魁斗"相似，所以将其命名为"鐎斗"（孙机，1991:325）。有人认为鐎斗与"刁斗"没有区别（梓溪，1958），但是多数人认为两者之间是有区别的，并认为有足的是鐎斗。由于带有"刁斗"铭记的实物尚未被确定所以不好断言（徐家珍1958），为了与鐎斗区分，将无足带手柄的炊具作为刁斗（孙机，1991）。

从带有铭文的实物例来看，"鐎"是有盖、扁圆形的器身上带有足、并且有鸡头型的"流"（即注口）的铜质器具。在报告书里也将其称为"盉"（孙机，1991:325）。这种铜器最早出现于春秋时代晚期，战国时期较多，并一直持续到汉代（朱风瀚，1995:95–96）。

鐎斗于汉代出现，南北朝时期特别盛行，到唐代逐渐衰退。本稿将对其变迁过程进行具体探讨。因此，笔者集中了至今为止的报告材料，根据其形态属性进行型式分类，试图对各形式以其时间性及地域性的特征为中心进行探讨。

二、鐎斗型式分类

（一）形态属性与其定型性

本稿将进行探讨的鐎斗，以迄今为止以文章形式公开于学术界的资料为中心，包括一部分笔者亲见的例子，共计79例（参照表1）。鉴于对资料的调查还不够完全，很有可能有所缺漏，不过如果能将本文中笔者根据已确认的资料为基础对其进行的分析作为将来进一步研究的基础的话，将是笔者的荣幸。

鐎斗根据其多种多样的形态差异可以进行多种区分。其中手柄部形态的不同是可以反映其全体形态差异的明显的特征。根据手柄部的形态可以将鐎斗大致分为3类。

第一类是带有10–15厘米左右比较短的直形手柄的鐎斗。这一类型实例不多，方便起见将这一类称为"直柄鐎斗"。

第二类实例很多。在其弯曲呈"S"型的手柄的端部装饰有龙头或鸟头。这一类可以被统称为"曲柄鐎斗"，其中的大部分是由龙头装饰的"龙首柄鐎斗"，只有一小部分是由类似鸭头的鸟头装饰的。为了将这一小部分与龙首柄鐎斗进行区别，将其称为凫首柄鐎斗。龙首柄鐎斗和凫首柄鐎斗的盛行时期有一定差异。对于这一点将在后文进行具体论述。

第三类的鐎斗有20厘米以上的较长的手柄几乎呈水平状连接在斗身的口缘上。仅从手柄的形态来看，与第一类的鐎斗没有太大区别，但是在口缘有"流"，即注口这一点，是这两类的明显区别。在这里将这一类称为"带流横柄鐎斗"。这一类可以细分为柄部有段差的"有段横柄"和像第一类的直柄那样的"无段横柄"。这两种类型之间也可以看出有时期性的差距，对这一点也将在后文进行具体论述。

像这样由于手柄部的形态差异与其他的形态差异相关联，所以可以将其作为对鐎斗进行型式分类的有效基础。并且，在各类的内部，也可以观察到鐎斗的细部的形态差异。因此，以器身的口缘、器身的底部形态以及足的形状等为中心对各个属性的多样性进行归类如下。

鐎斗的口缘部全部都是外反的。根据具体情况可以分为4种。有口缘部没有弯曲度变化的"平直外反"；有中间部分稍稍变深并外反的"弯曲外反"；有以中间段为界线外反程度有所变化的"二段外反"；还有几乎没有外反，几乎呈垂直的直口。将这些属性以平直外反，弯曲外反，二段外反，直口的顺序用阿拉伯数字1、2、3、4做成了一览表（参照表1）进行表示（参照图1）。

根据器身底部的形态差异，可以分为底部的中间部分突起的"尖底"，器壁与底部之间没有明显界限且底部呈圆形的"环底"，底部虽然呈扁平但是器壁与底部没有明显界限的"抹角平底"，以及器壁与底部有明显界限但底部扁平的"平底"。将这些属性以尖底，环底，抹角平底，平底的顺序用阿拉伯数字1、2、3、4做成一览表（参照表1）进行表示（参照图2）。

从图1可以看出足的形状一共可以分为5种。"楔足"是横断面为类似三角形的楔形；"兽蹄足"表现为马那样的兽类的蹄子的形状：兽蹄足中有上部为人面或兽面的铺首装饰的"铺首附蹄足"的，也有足的中间表现为膝盖部的"有膝兽蹄足"；另外还有兼具楔足和兽蹄足二者特征的"楔蹄足"。将楔足、楔蹄足、兽蹄足、铺首附蹄足、有膝兽蹄足用阿拉伯数字1、2、3、4、5替换后列于一览表中（参照表1）。

另外有些例子在其器身和足之间，或是与手柄之间的接合部可以看出采用了薄板进行张合的技法（参照图1）。为了方便说明，将其称为"叠板状接合"，采用了这一技法的例子在一览表中都有标出。在这里，采用了叠板状接合的部位的合计数目都替换成阿拉伯数字列于一览表中（参照表1）。比如说，器身与手柄或是在与其一致的地方只有一只足采用了叠板状接合的表示为"1"，在与器身接合的3只足都采用了叠板状接合的表示为"3"等。

（二）鐎斗型式

根据柄部，器身及足等各种形态属性的定型组合，可以将鐎斗大概区分为直柄鐎斗（图2-1至3，图7-13）、龙首柄鐎斗、装饰附龙首柄鐎斗、带流横柄鐎斗、枭首柄鐎斗5种形式。将这些形式标记为A、B、C、D、E列入了一览表中。龙首柄鐎斗（B）又可以根据足的形态细分为龙首柄楔足鐎斗（图2-4至10，图7-5、8），龙首柄楔蹄足鐎斗（图2-11至15，图7-4、6、11、12）、龙首柄兽蹄足鐎斗（图3-1至7，图7-2、9、13至17、23）、支柱附龙首柄兽蹄足鐎斗（图7-19、21、24），龙首柄铺首附蹄足鐎斗（图3-8至11，图7-7、10、18、20、22）。将这些标为B1、B2、B3、B4、B5列入了表中（参照表1）。另外，支柱附龙首柄兽蹄足鐎斗和龙首柄铺首附蹄足鐎斗的大部分器身上都会有几条弦文环绕，在一览表中用阿拉伯数字表示其条数。

装饰附龙首柄鐎斗（C）是指口缘部有鱼尾形装饰，环钮，环钮附鱼尾形装饰，并且带有注口（流）的龙首柄鐎斗。有带流龙首柄兽蹄足鐎斗（图4-1）、鱼尾形饰附龙首柄鐎斗（图4-2、3）、环钮鱼尾形饰附龙首柄鐎斗（图4-4、5），环钮附龙首柄鐎斗（图4-6）等，将这些在表中标记为C1、C2、C3、C4。

带流横柄鐎斗（D）可以细分为带流无段横柄兽蹄足鐎斗（图5-1，图

8-1)、带流有段横柄兽蹄足鐎斗（图 5-2 至 6、8、10、11，图 8-2 至 4）、带流有段横柄有膝兽蹄足鐎斗（图 5-7、9、12 至 14，图 8-5 至 7）等。将其表示为 D1、D2、D3 列入了一览表中。带流横柄鐎斗的柄端被处理为圆形、方形、梯形、琵琶形等板状。可以看出这些柄端部特征有 D1- 圆形、D2- 方形与梯形、D3- 琵琶形这样的密切联系。随着柄端部形状按照圆形、方形、梯形、琵琶形的顺序不断变迁，细部形式也按照 D1、D2、D3 的顺序进行移动。对于这一点作为编年资料，在后文将进行具体论述。

兔首柄鐎斗也跟前面的装饰附龙首柄鐎斗一样，鱼尾形饰和注口（流），或者只有其一，或者两者兼具。将其细分为鱼尾形饰附兔首柄鐎斗（图 4-7）、带流鱼尾形饰附兔首柄鐎斗（图 4-9、10）和带流兔首柄鐎斗（图 4-8）、在一览表中将其表示为 E1、E2、E3。

将以上内容的要点进行拔萃如下：

直柄鐎斗（A）
龙首柄鐎斗（B）：
龙首柄楔足鐎斗（B1）
龙首柄楔蹄足鐎斗（B2）
龙首柄兽蹄足鐎斗（B3）
支柱附龙首柄兽蹄足鐎斗（B4）
龙首柄铺首附兽蹄足鐎斗（B5）

装饰附龙首柄鐎斗（C）：
带流龙首柄兽蹄足鐎斗（C1）
鱼尾形饰附龙首柄鐎斗（C2）
环钮鱼尾形饰附龙首柄鐎斗（C3）
环钮附龙首柄鐎斗（C4）

带流横柄鐎斗（D）：
带流无段横柄兽蹄足鐎斗（D1）
带流有段横柄兽蹄足鐎斗（D2）
带流有段横柄有膝蹄足鐎斗（D3）

兔首柄鐎斗（E）：

鱼尾形饰附兔首柄鐎斗（E1）

带流鱼尾形饰附兔首柄鐎斗（E2）

带流兔首柄鐎斗（E3）

笔者将已确定的79件鐎斗根据出土地、各种属性、出处等整理出"表一"的鐎斗一览表。在表里标记的年代，是以各报告书中的纪年资料等为根据，其中有一部分是笔者的研究结果。对于这一点将在下文具体论述。

三、鐎斗编年

（一）编年根据资料

为了对鐎斗的各个型式进行编年，在对主要的鐎斗进行探讨时，为了便于论文中心要旨的展开，将对上述鐎斗的各个型式进行考察。

1. 直柄鐎斗（A）

图2-1是从浙江省上虞县凤凰山汉代古墓群（胡继根，1993）出土的铁制直柄鐎斗。根据报告书可知，鐎斗被用来随葬的88号墓室被推定为属于汉代第2期，绝对年代为西汉末到东汉早期，是这次调查对象的鐎斗中年代最早的。这一资料表明直柄鐎斗的成形早于龙首柄鐎斗。

图7-1也是浙江省上虞县驮山汉代古墓的出土品（黎毓馨，2002）。报告者将这个鐎斗被随葬的28号木顶砖椁墓的年代推定为东汉中期或晚期，大概是公元200年前后的2世纪末到3世纪初。图2-2是从南京栖霞山及其附近的汉墓出土的（葛家瑾，1959），虽然具体的出土情况及年代没有被报告，但是根据鐎斗的形态可以推定与前边的驮山汉墓出土品是同一时期的。

图7-3和图2-3是表明直柄鐎斗下限年代的资料。前者是安徽省马鞍山市的东吴将军朱然墓（丁邦钧，1986）的出土品，是下限为公元249年的陶制鐎斗。虽然材质上有不同，但是器身和足的形态都与以后的龙首柄鐎斗没有差异，可以说是表现直柄鐎斗和龙首柄鐎斗之间在形式上具有继承关系的资料。后者是从云南省姚安县的晋墓（孙太初，1956）出土的铜鐎斗，根据铭文墓砖可知其下限为公元278年左右。

2. 龙首柄楔足鐎斗（B1）

图7-5出土于浙江省安吉县天子岗3号晋代砖室墓（程亦胜，1995），是迄今所知的龙首柄楔足鐎斗中年代最早的。报告者认为这座古墓比太康六年（公元285年）纪年墓的2号墓要早，推断其年代为三国末至西晋初，具体来说是公元266-280年左右。如前所述，除去龙首柄，器身和足的形态与朱然墓出土品酷似，由此可见两者之间在形式上的继承关系。这一实例表明龙首柄楔足鐎斗大约出现在公元3世纪中叶以后。与其一起的随葬品还有钱纹陶器和铺首附蹄形三足洗。

图2-4是出土于湖南省攸县的东吴时代窖藏的铜鐎斗。一起的随葬品还有铜鸡首鐎盉和铺首附蹄形铜三足洗（陈少华，1990）。报告者将这个窖藏出土的遗物的年代推定为可与朱然墓相比较的东吴时代。可以被看作是处于公元3世纪中叶龙首柄楔足鐎斗的出现期的实例。

图7-8是江苏省句容西晋"元康四年"（公元294年）纪年墓的出土品（南波，1976）。把这个鐎斗的下限年代定为公元294年左右应该是妥当的。图2-9是浙江省衢县街路村西晋墓（崔成实）的出土品。根据铭文砖可以确认这座墓筑造于公元298年左右，由此可将这个铁制鐎斗的下限定为公元298年。一同随葬的还有钱纹陶器。

图2-5、6都是从安徽省马鞍山市桃冲村的晋代墓出土（解有信、吴志兴，1993）。2-5出土于根据纪年铭砖可知其筑造年代为公元308年的3号墓，2-6出土于同样由纪年铭砖表明其筑造年代为公元316年左右的2号墓。这些实例的下限都是公元4世纪初叶，相当于龙首柄楔足鐎斗的新阶段。

3. 龙首柄楔蹄足鐎斗（B2）

图7-4是江苏省镇江高淳化肥厂1号砖室墓的出土品（刘建国，1984）。报告者指出由于在这座墓中有"大泉五百"（嘉禾五年/公元236年铸造）和"大泉当千"（赤乌元年/公元238年铸造）等东吴的铜钱作为随葬品，所以是238年以后筑造的东吴前期墓葬。由此可推定这个鐎斗大概处于公元3世纪前半-中叶阶段。一起的随葬品有龙首柄铜熨斗。

图7-6是丹徒葛村1号砖室墓的出土品。报告者将其推定为东吴后期（刘建国，1984）。相当于公元3世纪中叶。

图7-11是江西省南昌市郊外的晋代砖室墓的出土品。虽然有鐎斗作为随葬品的京家山晋墓没有纪年资料，但是从墓室的形制和随葬的内容可以推

定与绳金塔晋墓为同一时期。绳金塔晋墓中出土了"永安元年（公元304年）"铭半圆神兽镜（许智范，1981）。因此，可以认为这个鐎斗的年代大致为公元300年前后。

图2-15是江苏省刊江县甘泉东晋墓的出土品（李则斌、吴炜，1988），这座墓葬的时期由随葬品的青瓷鸡首壶可被推断为东晋晚期。从图片上可以看出鐎斗的器身上有3条弦文，器身为环底。这种器身形态属于比较早期的特征，与由随葬遗物断定的古墓年代不相符合。

图2-11是南京象山7号东晋墓的出土品。由于这座墓被推定为死于公元322年的王庾的墓（袁俊卿，1972），所以这个鐎斗可以被看作是年代下限为公元322年的纪年资料。图2-12是南京象山5号墓的出土品。这座墓被推定为死亡于公元358年的王闽之的墓，所以鐎斗的年代下限为公元358年。从照片可以看出，这两件的口缘部都呈弯曲外反，足的形态可以大致看出是楔蹄足，但是不太明显。

4. 龙首柄兽蹄足鐎斗（B3）

图7-2是山东省沂水县荆山的汉墓出土品（马玺伦，1985）。手柄的形态是龙首柄，但是柄首确实鸟头。与此类似的鸟头形柄头在下文将要提到的山东诸城县西晋墓的出土品中也被确认。报告者认为这座墓的年代是西汉，但是由于随葬品有龙虎镜和四乳镜，所以要追溯到东汉中期以前是很困难的。所以在这里，笔者推定其为公元2世纪后半 - 末期的东汉晚期，认为这个鐎斗可以被看作是处于最古老阶段的龙首柄兽蹄足鐎斗。

图7-9是山东省诸城县西晋墓的出土品（韩岗，1985）。它与刚才的荆山鐎斗在形态上具有极大的相似性，特别是柄头也是鸟头形。虽然从出土了鐎斗的1号墓当中没有发现能够确认纪年的资料，但是从报告为年代晚于它的2号墓中发掘出了"太康六年作（公元285年）"铭的墓砖，可知2号墓的年代为公元285年左右。由此可推出1号墓出土的鐎斗的年代下限为公元285年。

图7-17是南京市富贵山4号砖室墓的出土品（祁海宁、华国荣、张金喜，1998）。器身的形态为环底，口缘部为平直外反。这些特征与前述图7-2和图7-9相似，但是与后述有抹角平底及平底器身的龙首柄兽蹄足鐎斗的例子相异。如果重视这一不同，可以将B3进一步细分为环底系和抹角平底系。富贵山2号墓中也有与此相同的鐎斗作为随葬品（图3-2），可以将这些都看作是东晋早期。

图7-13是南京邓府山碧峰寺1号墓的出土品,与土制的三足洗一同被随葬(尹焕章,1955)。从整体来看器形与刚才所见环底系不同,是抹角平底。没有纪年资料,但是共同出土的陶器三足洗值得注意。它是铜制三足洗的仿制品,而铜制三足洗流行于三国至西晋时代。作为纪年资料,有湖北宜都"永平十年(公元291年)"铭墓的出土品(王家德,1988),浙江平阳"元康元年(公元291年)"铭墓的出土品(徐定水、金柏东,1988),福建连江县"元康九年(公元299年)"铭墓的出土品(骆明勇,1991)以及南京迈皋桥"永嘉二年(公元308年)"铭墓的出土品(南京市文物保管委员会,1966)等。这些都是铺首附蹄形铜三足洗。从这些纪年资料,可以推定邓府山碧峰寺1号墓出土的土制三足洗的年代为公元4世纪初期。

图7-14是南京老虎山4号"颜镇之墓"的出土品。众所周知老虎山晋墓是公元316年跟随晋元帝下江南的颜含的后裔的墓地(李蔚然,1959)。老虎山晋墓2号,3号,4号墓各有出土铜鐎斗一件。最初的报告书里没有公布照片和图片,但是这里介绍的4号墓出土的鐎斗现在展示于南京市博物馆,可以进行考察。虽然没有具体的纪年资料,但是大致可推定为公元4世纪前半期。抹角平底的器身,口缘部弯曲外反。与此酷似的有图7-15的原州法泉里的出土品。

图7-23是风纳土城的出土品。其下限很明显为高句丽攻陷汉城的公元475年,这对于鐎斗的编年非常重要。这个鐎斗是1925年8月,由于汉江大洪水,风纳土城的一部分被破坏,从城内的土沙中露出的大型壶中,以与带流有段横柄鐎斗(图5-9)一起埋葬的形式被发现(国立文化财研究所,2002)。鐎斗的形态为平底的器身部带有二段外反口缘部,器身中央有一条弦文。器身部与足结合的3处都使用了叠板状接合技法。龙首上下颚都以很大的角度外反,雕刻鲜明。龙首柄的器身接合部和柄端是几乎平行的曲轴形(crank)。

5. 龙首柄铺首附兽蹄足鐎斗(B5)

图7-7是从山东省寿光县纪台吕家村发现的铜器窖藏里出土的(贾效孔,1984)。一起的随葬品还有铺首附蹄形铜三足洗和龙首柄熨斗等。虽然没有纪年资料,但是铺首附蹄形铜三足洗如前所述是盛行于三国至西晋时期的铜器,纪年墓的出土品相当于公元291-308年之间的西晋晚期。龙首熨斗也流行于东汉到西晋时期。报告者将这个窖藏定为东汉初期,考虑到前述内容,应该将其定为东汉晚期到西晋初期。具体来说可以推定为公元3世纪中叶。这个鐎

斗可以说是处于龙首柄铺首附兽蹄足鐎斗中最古老的阶段。

图3-8被发现于山东省牟平县的窖藏（林仙庭、宋协礼，1994）。报告者将这件遗物推定为公元4世纪前期前半叶的东晋十六国时期。匈奴族的刘渊在控制前赵的时候，以青州为据点被册命为安东将军，从此自命为青州刺史，在东晋初的公元318年曾投靠东晋元帝，后来又投靠成为后赵（公元319-352）明帝的石勒，公元323年被后赵所灭。这被认为与曹嶷的势力相关。另一方面，也存在认为牟平的出土品与五胡十六国中在山东半岛建国的南燕（公元398-410年）有关的见解（桃崎祐辅，2004）。从南京迈皋桥公元308年铭晋墓出土品（图7-18）以及安徽芜湖市赭山公元336年铭晋墓出土品（王步艺，1956：图3-9）来看，推定这个鐎斗的年代为以曹嶷势力灭亡的公元323年为下限的公元4世纪前期前半叶。

图7-20，图3-10是辽宁省朝阳袁台子东晋墓的出土品（李庆发，1984）。报告者推定这个古墓为公元4世纪初到4世纪中叶的时期。这个鐎斗与图3-11辽宁省北票县仓粮窖鲜卑族的出土品（孙国平、李智，1994）非常相似。口缘部呈弯曲外反，这与前述的南京象山7号墓，5号墓，以及老虎山4号墓的出土品等出土的龙首柄兽蹄足鐎斗相似。关于仓粮窖，报告者认为是前燕（公元349-370年）初或是比这略早的时期。借鉴前述的口缘部为内弯外反的鐎斗，推定其为年代为4世纪前期后半叶。

图7-22是辽宁省锦州北魏墓的出土品（刘谦，1990）。从类型学来看，这个鐎斗处于龙首柄铺兽附兽蹄足鐎斗中较晚的阶段。报告者认为，这座墓的年代为比纪年为公元395年的崔遹墓的出土品稍晚的北魏时期。在这里将其推定为公元400年前后的公元4世纪末到5世纪初。

6. 支柱附龙首柄兽蹄足鐎斗（B4）

图7-19被报告为是内蒙古土默特旗汉代古城附近的砖室墓的出土品（李逸友，1956），但是与被介绍为呼和浩特美岱村北魏墓的出土品（宿白，1977）是同一件物品。报告者将其推定为4世纪末期（宿白，1977），后边将会提到将其定为稍早一些的4世纪后半期更为妥当。根据报告者的说明（李逸友，1956），鐎斗的足是铺首附蹄足，器身上有2条弦文。这一特征与龙首柄铺首附兽蹄足鐎斗（B5）有着极密切的相关性。从类型学来看，这一型式的鐎斗（B4）是从B5式派生而来的。在前文探讨过的几乎所有的龙首柄铺首附兽蹄足鐎斗上都可以确认到的弦文，在处于最新阶段的公元4世纪末到5世纪

初的锦州北魏墓的出土品中却没有被发现。因此，可以推定这一鐎斗的年代要稍早一些，处于公元4世纪后半期。

图7-21是南京大学博物馆的收藏品，2004年2月笔者亲眼所见。在抹角平底的器身上有6条弦文。足上没有铺首装饰，与编年为公元5世纪后期后半叶的北魏"太和年间（公元477-499年）"的宁夏固原北魏墓出土（宁夏回族自治区固原博物馆、中日原州联合考古队，1999）的图7-24的鐎斗相似。由于器身弦文的存在，所以将其置于稍早于锦州北魏墓的公元5世纪后期前半叶。

7. 带流横柄鐎斗（D）

图8-1是从广州下塘狮带岗晋墓（全洪，1996）出土的带流无段横柄兽蹄足鐎斗（D1）。与神兽镜，青瓷鸡首壶一起出土。报告者推定为西晋末到东晋初，可以认为是公元4世纪初叶。这个鐎斗是目前被报告的处于最古老阶段的带流无段横柄兽蹄足鐎斗。

图5-1是长沙南郊黄泥塘墓3号墓出土（高至喜，1956）的D1式鐎斗。报告者认为这座坟墓的年代为公元4世纪初，但是从一起随葬的黑釉鸡首壶的形态来看将其置于公元4世纪后半期比较妥当。

图8-2是出土于南京马群砖室墓的带流有段横柄兽蹄鐎斗（D2）（党华、张敏，1985）。抹角平底的器身，口缘部平直外反，端部呈水平状大幅度外反。柄端一边是呈弧形的方形，中间有"凸"字形的孔。形态上与此类似的有平壤兵器厂地的出土品（朝鲜总督府，1925、1927；图8-3）和江西省大余县南朝墓的出土品（张小平，1987；图5-2）。由于前者的柄端部、后者的口缘部有缺失所以很难进行细部的比较，但是从器身的底部形态等来看可以认为是处于同一型式阶段的。对于南京马群墓的年代，报告者将其编年定为南朝刘宋代（公元420—479年），笔者认为定为公元5世纪中叶的东晋时代比较妥当。前述的江西大余南朝墓是"元嘉八年（公元431）"铭纪年墓，所以可以确定有段横柄的D2式鐎斗大约在公元5世纪前期后半叶就已经出现了。

图8-4是出土于贵州平坝县马场37号砖室墓的D2式鐎斗（贵州省博物馆考古组，1973）。平底的器身，口缘部二段外反，柄端部一边是略呈弧形的梯形，中间穿孔，呈现钥匙孔形态。37号砖室墓出土了"永元十六年"铭的陶罐。"永元"的年号在后汉（公元89—105年）、前凉（公元320—323年）、南齐（公元499—501年）等多个时代被使用，但是永元十六年只有东汉时的公元

104年并无其他，与该坟墓的年代相去甚远。由于报告者将断代重要依据的陶罐理解为传世之品，所以其不能作为坟墓年代的参考。对于柄端部为梯形、口缘处为二段外反的这一类型的有段横柄鐎斗，笔者认为应将其置于公元5世纪前半期的东晋到刘宋代这一时期。与此形态类似，几乎处于同一时期的D2式鐎斗有贵州平坝县尹关六朝墓的出土品（贵州省博物馆，1959；图5-4）和庆州皇吾洞16号墓（有光教一、藤井和夫，2000）第一椁出土品（图5-5）等。特别是后者作为新罗考古学编年的交叉年代资料具有重大意义，其柄部背面有"高德兴锊"的阴刻铭[①]。

　　能够证明这个年代的资料有风纳土城出土的图5-9的鐎斗。这个鐎斗是带流有段横柄有膝蹄足鐎斗（D3），与前述D2式相比，足的形态变为有膝式，柄头的形态也从梯形变为琵琶形。毋庸置疑从类型学来说是向前发展了一个阶段。由于这个鐎斗是从与上文图7-23的龙首柄兽蹄足鐎斗（B3）一起被埋葬的状况下被发现的，所以其下限很明显为百济的汉城陷落公元475年。虽然很难具体表现出演变的速度，但是笔者认为D2式和D3式都存在于仅有50多年寿命的刘宋代的看法有些牵强。风纳土城的鐎斗，可以推定最晚不超过公元5世纪后期前半叶时的刘宋晚期。

　　图5-6是1993年出土于江苏省江都县大桥果园场铜器窖藏的D2式带流有段横柄鐎斗（邹厚本，2003）。口缘部及器身的形态与前述庆州皇吾洞16号墓的出土品（图5-5）相近。有人提出这个窖藏是梁代的看法，但是仅从鐎斗的形式来看，判定为晚于5世纪中叶是很困难的。另外，与鐎斗一起出土的铜器中的铜碗和托值得注意（参照图6）。对于这种形态的铜碗和托迄今为止来自日本列岛的报告很多，但是被推定为中国的出土品还是首次[②]。

　　图5-8是在山东省临淄县发现的北魏"崔猷"墓的出土品（张光明、李剑，1985）。出土了两件，但是只介绍一件。从抹角平底的器身和兽蹄足的形

[①] 曾有人提出认为这个铭文是吉祥的意思的见解。但是"锊"的字意本来是指重量为6两，所以很有可能是鐎斗制作所需的铜的重量，或是鐎斗的规格。如果是这样的话，高德兴自然可以推测为是这个"锊"（鐎斗的规格或是制作需要铜6两的鐎斗）的所有者或是订货者。

[②] 对于这个碗和托的资料的重要性，福冈大学的桃崎给了提示。这些遗物，是在2002年度忠南大学校百济研究所主办的以"古代东亚细亚文物交流"为主题的国际学术会议上因邹厚本先生（南京博物院）演示的幻灯片，作为邹厚本（2003）论文用而提供的，但是由于编辑方面的原因照片没有被登载。2004年11月，通过出席了国立公州博物馆主办的学术恳谈会议的桃崎老师的讲义，了解了这种形态碗和托的研究现状，本文才能够加以介绍。对于提供幻灯片的邹厚本老师和对于资料的重要性给予启示的桃崎老师表示感谢。

态来看应该属于D2式。墓志表明被葬者崔猷死亡年代是公元493年，所以这个鐎斗的年代下限应该为公元493年。并且从类型学来看，时代要比下限为公元475年的风纳土城的鐎斗要早，所以可以将其置于公元5世纪中叶以前。因为是被葬者生前的使用品，所以不能排除制作于公元5世纪中叶、随葬于公元493年的可能性。另外考虑被葬者的死亡时期，这一地域被包含在北魏的领域之内，所以有可能与南朝的鐎斗形式相异。宁夏固原北魏墓的出土品（图5-10；宁夏回族自治区固原博物馆、中日原州联合考古队，1999；李逸友，1956）和河北省曲阳公元524年纪年墓的出土品（图5-11；郑绍宗，1972）等都证明了与后述的南朝地区的鐎斗有所不同这一事实。

图8-5是出土于四川省绵阳市园艺乡南朝墓的带流有段横柄有膝蹄足鐎斗（D3）（何志国、唐光孝，1996）。报告者认为这座坟墓的年代为齐（公元479-502年）-梁（公元502-557年）代。形态来看与前述风纳土城出土的D3式鐎斗和甘肃张家川公元529年纪年墓出土的D3式鐎斗（秦明智、任步云，1975）相似。

图8-6是出土于贵州平埧县马场55号砖室墓的D3式鐎斗（贵州省博物馆考古组，1973）。与上文的四川园艺乡鐎斗（图8-5）相比器身更加狭长。这种细长形器身，是江苏镇江金山园艺场发现的梁"太清二年（公元548年）"窖藏出土的D3式鐎斗（图5-12；刘兴，1985）及河北赞皇的东魏公元576年纪年墓（石家庄地区革委会文化局文物发掘组，1977）出土的D3式金铜鐎斗（图5-13）等较晚时期的鐎斗上能看到的特征。马场55号墓中与鐎斗一起出土的青瓷碗与浙江瑞安发现的梁"天监九年（公元510年）"墓的出土品（潘知山，1993）相类似，可以作为考证坟墓年代的参考。马场55号墓的出土品与"天监九年"墓的青瓷碗相比，由于是外反度较小的直口形，所以可以认为其时代要稍微早一些。从这一点，可以推定为齐到梁的交替期。与马场55号出土的D3式鐎斗相类似的，有四川阳西山崖墓出土品（图5-14；何志国，1990）。由于报告的照片状况不太良好所以不好把握详细的器形，但是可以看出年代为公元500年前后的齐梁的交替期。

图8-7是浙江绍兴缪家桥水井旧址（方杰，1964）中出土。器身的形态与上文的贵州马场55号墓的出土品一样呈高狭形。但是从口缘部的形态来看要比马场55号的鐎斗的外反度小很多，接近直口形。在后述的唐代凫首柄鐎斗中这种直口形口缘部的数量很多，由此可以看作是D3式鐎斗的口缘部形态

从二段外反向直口形外反过渡时期的物品。缪家桥水井旧址出土的鐎斗与前述"太清二年"窖藏出土的鐎斗基本上处于同一阶段，可将其置于公元6世纪前期后半叶。

8. 装饰附龙首柄鐎斗（C）

图4-1是从福州屏山南朝墓出土的带流龙首柄兽蹄足鐎斗（C1）（梅华全，1985）。平底的器身，口缘部呈二段外反，以及端部被加长表现的足的形态都与上文风纳土城的出土品相似。柄部与器身的相接处的叠板状接合也和风纳土城的鐎斗相同，另外呈曲轴形（crank）的柄的两端互相平行等类似点很多。报告者将这座坟墓推定为刘宋时代，但是考虑到风纳土城的鐎斗的下限是公元475年，所以可以认定这件鐎斗是5世纪后半期的。

图4-2的出土情况未被报告，但是相关资料在北京召开的学术会议中被介绍（李学勤，1982）。在平底的器身上带有S形的龙首柄，在其相对面的口缘部带有鱼尾形状饰，是鱼尾形饰附龙首柄鐎斗（C2）。足是有膝蹄足，这种有膝式蹄足可见于先前探讨过的以公元475年为下限的风纳土城出土的D3式带流有段横柄鐎斗，一同随葬的B3式龙首柄兽蹄足鐎斗的足与屏山南朝墓鐎斗的足相同这一点在上文中已经进行过论述。从这一点可以判断，C2式鱼尾形装饰附龙首柄鐎斗与C1式带流龙首柄兽蹄足鐎斗相同，大约出现于公元5世纪后半期。

图4-3是在江西大余县观路村的河岸高地发现的C2式鱼尾形饰附龙首柄鐎斗（张小平，1984）。根据报告者的叙述，鐎斗的足为"狮膝虎足"，与一般的鐎斗的足不同。报告者断定这个鐎斗是西晋时期的，但是没有提供具体的根据。从后述有纪年的凫首柄鐎斗的例子来看，此件鐎斗是唐以后的可能性更大。

图4-4是在福建省浦城县发现的C3式环钮鱼尾形饰附龙首柄鐎斗（赵洪章，1964）。同一形式的例子有北京琉璃河1号墓出土的铁鐎斗（卢嘉兵、韩健识，2000；图4-5）。报告者指出，从1号墓中出土了开元通宝（公元621年始铸），由此推定这座墓的上限是公元621年，下限为盛唐时期（公元7世纪末–8世纪前半期）。正如报告者的见解，可以大概确此件认鐎斗的时代为公元7世纪后半期。与福建浦城的实例的时代相隔不远。

图4-6是在山东沂水县发现的铁器窖藏里出土的环钮附龙首柄鐎斗（C4）（马玺伦，1988）。报告者将这个鐎斗命名为"盉"，并将其年代定为东汉时期。但是共同随葬的遗物当中，有两边带有对称环钮的铁鼎，与初唐时期湖南长

沙咸嘉湖唐墓的出土品（熊传新、陈慰民，1980）相似。由此应该将此件鐎斗看作是唐代的。

9. 兔首柄鐎斗（E）

图4-7是从江苏镇江2号唐墓出土的鱼尾形饰附兔首柄鐎斗（E1）（刘建国，1985）。从这座墓中与隋五铢一同出土了开元通宝，所以推定为公元7世纪前半期的唐初。这是迄今所知的兔首柄鐎斗中最古老的实例。可以看出兔首柄大约是在公元7世纪之后继承龙首柄被使用的。

图4-10是从河南偃师杏园村唐墓出土的带流鱼尾形饰附兔首柄鐎斗（E2）（徐殿魁，1986）。由于这座墓是亡于公元717年的李景由和亡于公元738年的夫人的合葬墓，所以该鐎斗的下限年代为公元738年。兔首柄的形状与上文浙江唐墓的出土品一致。被判断为同一型式的陶瓷制鐎斗也在北京昌平出土（图4-9）。

图4-8是从西安市秦川机械厂M16唐墓出土的铁制带流兔首柄鐎斗（E3）（西安市文物管理处，1992）。报告者认为这座坟墓是从盛唐（公元7世纪末到8世纪前叶）到中唐（公元8世纪中叶到9世纪初）的平民墓。笔者遵从报告者的见解，将此件鐎斗的时代定为公元8世纪。

（二）鐎斗各型式的展开情况

以上，探讨了鐎斗编年的根据资料。在此基础上，对各个型式的展开情况做一总结。

A型式的直柄鐎斗被确认为大约从公元前后开始到3世纪中叶。仅从目前为止确定的资料来看，想对其时期性或地域性的定型性差异有一定认识是很困难的。

B型式的龙首柄鐎斗最早出现的是B3龙首柄兽蹄足鐎斗。从现在的资料来看，被推定为公元2世纪中叶的山东沂水县荆山汉墓的出土品是年代最早的。荆山汉墓的鐎斗器身底部为尖底形，柄头是鸟头形（图7-2）。这一型式的系谱源自山东诸城西晋墓出土品，最后结束于南京富贵山东晋墓的出土品（图3-2，图7-17）。兽蹄足龙首柄鐎斗中尖底或环底器身的鐎斗从时期上来说是比较早的。今后随着资料的增加，也许能区分抹角平底与平底兽蹄足鐎斗的不同型式。总之，尖环底系兽蹄足龙首柄鐎斗在公元2世纪后半期到4世纪前半期流行。

继承这种型式的是B1式的龙首柄楔足鐎斗。年代最早的是被推定为公元3世纪后期前半叶的浙江天子岗的出土品（图7-5），最晚的是以公元316年为下限的安徽马鞍山 M2 墓的出土品（图 2-6）。但是，楔形足早在 A 型式的直柄鐎斗阶段就已出现，从至今为止的报告中可以看出在地域性方面如安徽，江苏，浙江等东吴地区有密切的关联性。在东吴地区固有的楔足直柄鐎斗上附上龙首柄的要素，形成 B1 式的龙首柄楔足鐎斗。关于这一点，明显地表现在朱然墓的鐎斗（图 7-2）和天子岗的鐎斗（图 7-5）都是弯曲外反口缘的尖底形，仅仅柄部的形状有所不同。如果是这样，那么龙首柄的起源来自何处呢？笔者认为大概来自于长江以北地区。从上文所见的带有尖环底系器身的龙首柄兽蹄足从时期上来说是先行者这一点也可以做出这样的推定。另一方面，不光是龙首柄自身，连兽蹄足这一足的形态也被传播。这一点与后述的 B2 式龙首柄楔蹄足鐎斗的出现及其展开过程都有密切的联系。

B2 式龙首柄鐎斗的足的形态可以看作是东吴地区固有的楔足与被认为是来自江北地区的兽蹄足相结合的产物。其中年代最早的是被推定为公元 3 世纪前中叶的镇江高淳化肥厂 M1 墓的出土品（图 7-4）。楔蹄足作为旧东吴地区的鐎斗特征一直存续到东晋时代，消亡于东晋之后。

在 B3 式当中，可以认为抹角平底器身的龙首柄兽蹄足鐎斗和楔蹄足鐎斗在一定期间内并存，后来龙首柄鐎斗占了主流。典型的抹角平底龙首柄兽蹄足鐎斗主要流行于东晋统治地区，其中年代最早的是被编年为公元 4 世纪初的南京邓府山的出土品（图 7-13）。经过时间的推移，器身的形态逐渐平底化，口缘部从平直外反经过弯曲外反到达二段外反。在已经报告的实例中，明确知道其下限年代并且其下限为最晚的是风纳土城的出土品（图 7-23）。由此可知，二段外反大约出现在公元 5 世纪中叶。另外，足和柄部与器身接合部的叠板状接合，在推定为公元 4 世纪前半至中叶的韩国原州法泉里出土品所处时代的阶段只可见 1 处，而到风纳土城出土品的所处时代阶段则扩大到了 3 处。并且，叠板状接合不仅用于龙首柄兽蹄足鐎斗，还被用于以后的带流有段横柄鐎斗。

B4 式的支柱附龙首柄兽蹄足鐎斗的例子到目前为止仅知 3 例。这一类型中被判断为时代最早的是内蒙古美岱村的出土品（图 7-19），年代为公元 4 世纪后半期。其器身的形态、花纹以及足的形态等与后述 B5 式龙首柄铺首附兽蹄足鐎斗类似，可以推定两者在类型学上有密切的关联性。既出的实例当中年代最晚的为公元 5 世纪第 4 四半期，从地域上来说，与内蒙古等北朝地域有很深的关系。

B5 的龙首柄铺首附兽蹄足鐎斗出现在公元 3 世纪中叶，存续到公元 4 世纪末至 5 世纪初叶。地域性方面，能看出与山东，辽宁的关联性，但是在湖北，安徽，南京等地也有出土，所以并不明确。铺首附蹄足除了鐎斗之外，主要从东汉末到西晋时期，在铜三足洗之类的器种中也很多见。龙首柄铺首附蹄足鐎斗，与其地域性特征相比，时期性的特征更加明显。但是很难排除到西晋为止的制造地主要在江北地区的可能性，所以也带有一定的地域性。

被括称为C型式的鐎斗形态多种多样，出现时期从公元5世纪后半期一直到唐代，显示了时期性的特征。福州屏山的出土品（图4-1）其器身及足的形态与风纳土城的出土品多有相似，因此其年代的推定较为容易。可以看出带流龙首柄鐎斗这种新的器具产生于大约公元5世纪后半期。另外，北京的龙首柄鐎斗的足的形态是有膝蹄足这一点引起了人们的注意。有膝蹄足是D3式带流横柄鐎斗仅有的特征，龙首柄鐎斗中仅此一例。从风纳土城的出土品（图5-9），可以推出，有膝蹄足的出现时期为公元5世纪后期前半叶。

D的带流横柄鐎斗始出于公元4世纪初，存续到公元6世纪后半期。不光是从柄的段差的有无、足的形态、柄端的形态等特征，还有从器身与口径比，即口径与器身的高度的比率等计量方面的属性来看，D1、D2、D3的区分比较明显。时期上来说，是按照D1、D2、D3的顺序展开，D1是从公元4世纪初到4世纪后半期，D2出现于公元4世纪前期后半叶，延续到5公元世纪前半期，D3出现于公元5世纪后期前半叶，存续到公元6世纪后半期。根据已公开的资料，D1式的无段横柄的柄头是圆盘状，D2是中孔方形和中孔梯形（参照图8-4），D3式则全为琵琶形（参照图8-5、8-6）。

E式是出现在唐之后的凫首柄鐎斗。始出于公元7世纪前半期，存续到公元8世纪。到了这一时期，出现了鐎斗从平民墓里出土的例子，表现了原来鐎斗仅存在于上层阶级的社会形态的变化。

将以上论述的内容总结为图7和图8。

四、结语

众所周知，鐎斗是在军队中用来炊事或用作警戒信号的有柄的三足器具。笔者对目前为止已被确认的79件资料进行型式分类的结果，大致可分为直柄鐎斗（A），龙首柄鐎斗（B），装饰附龙首柄鐎斗（C），带流横柄鐎斗（D），凫首柄鐎斗（E）的5种型式。

B型式的龙首柄是最一般的鐎斗的形态，根据足的形态以及柄部的细部差异，可以细分为龙首柄楔足鐎斗（B1）、龙首柄楔蹄足鐎斗（B2）、龙首柄兽蹄足鐎斗（B3）、支柱附龙首柄兽蹄足鐎斗（B4）和龙首柄铺首附兽蹄足鐎斗（B5）。

C型式的装饰附龙首柄鐎斗出现于公元5世纪后半期，根据细部形态，可分为带流龙首柄兽蹄足鐎斗（C1）、鱼尾形饰附龙首柄鐎斗（C2）、环钮鱼尾形饰附龙首柄鐎斗（C3）和环钮附龙首柄鐎斗（C4）。

D型式是口缘部带有注口（流）的鐎斗，出现于公元4世纪初，存续到公元6世纪后半期。根据足，柄，器身和端顶部形态可以细分为带流无段横柄兽蹄足鐎斗（D1）、带流有段横柄兽蹄足鐎斗（D2）和带流有段横柄有膝蹄足鐎斗（D3）。

E型式是柄端装饰为鸭形的凫首柄鐎斗，是唐代流行的型式。根据细部差异可分为鱼尾形饰附凫首柄鐎斗（E1）、带流鱼尾形饰附凫首柄鐎斗（E2）和带流凫首柄鐎斗（E3）。

将各种型式的展开过程进行总结，得到了图7和图8。

表1　鐎斗一览表

出土地	型式	材质	柄形态	器身属性	口缘属性	足属性	口径（cm）	体高（cm）	器身高（cm）	足高（cm）	柄长（cm）	器身高/口径比	足/体比	器身弦纹数	叠合处数	图号	年代（公元一）	出处（下列数字为参考文献的编号）
安徽马安山朱然墓	A	陶瓷	直柄	1	2	1	17.7	11.4	7.2	4.2	12.0	0.41	0.37			7-3	249年	62
浙江上虞	A	铁	直柄	3	1	3		18.0	9.6	8.4	14.4		0.47		1	2-1	公元前后	83
浙江上虞驮山	A	铜	直柄	3	1	1	31.2	18.8	9.2	9.6		0.29	0.51			7-1	2C末-3C初	36
云南姚安	A	铜	直柄	4	4	1	9.0	7.7	3.0	4.7	10.0	0.33	0.61			2-3	278年	31
南京栖霞山	A	铜	直柄	2												2-2	2C末-3C初	2
江西瑞昌	B1	铁	龙首柄	1	2	1	19.0									2-8	西晋末	65
浙江安吉	B1	铜	龙首柄	1	2	1	15.7	11.3	6.3	5.0	14.0	0.40	0.44		2	7-5	3C后期前半叶	64
江苏句容	B1	铜	龙首柄	1	2	1	17.5									7-8	294年	11
安徽马鞍山M3	B1	铜	龙首柄	2	1	1	17.5	13.8	6.6	7.2		0.38	0.52			2-5	308年	80

续表

安徽马鞍山M2	B1	铜	龙首柄	1	1	1	13.5	10.5	5.7	4.8		0.42	0.46	2		2-6	316年	80
湖南攸县	B1	铜	龙首柄	3	2	1	20.0	14.1	5.5	8.6	16.0	0.28	0.61			2-4	3C中叶	73
浙江衢县	B1	铁	龙首柄	4	2	1	17.0									2-9	298年	74
南京梅家山	B1	铜	龙首柄	0	2	1										2-10	西晋代	16
江苏邗江	B2	铜	龙首柄	3	2	3	22.5	15.0	7.5	7.5		0.33	0.50	3		2-15	东晋晚期	53
辽宁喇嘛洞	B2	铜	龙首柄	3	1	2	16.0				10.0				1	2-12	4C初	38
江西南昌	B2	铜	龙首柄	3	1?	2	12.5			5.5	11.5					2-11	4C初	82
江苏镇江高淳	B2	铜	龙首柄	2	1	2										7-4	238年以后3C前半~中叶	45
江苏镇江丹徒	B2	铜	龙首柄	2	1	2	12.0	10.0	4.8	5.2		0.40	0.52			7-6	3C中叶	45
福建松政	B2	铜	龙首柄	3	0	2	16.0									2-14	306年	14
山东沂水窖藏	B3	铁	龙首柄	4	0	3	17.0									3-7		20
福建福州郊区	B3	陶瓷	龙首柄	4	3	3										3-6	刘宋	13
南京象山M5	B3	铜	龙首柄	3	2	2										7-12	358年	44
南京象山M7	B3	铜	龙首柄	3	2	2	17.7									7-11	322年	44
南京长岗村	B3	铜	龙首柄	1	1	3	13.2	9.5	4.1	5.4		0.31	0.57	2		2-13	3C中叶	37
韩国庆州饰履	B3	铜	龙首柄	3	2	3								1		7-16	5C前半	69
南京邓府山	B3	铜	龙首柄	3	2	3										7-13	4C初	49
山东沂水汉墓	B3	铜	龙首柄	1	1	3	17.0	8.3	6.4	1.9		0.38	0.23			7-2	2C后半	18
吉林集安七星	B3	铜	龙首柄	3	1	3	13.6	8.0	3.5	4.5	10.0	0.26	0.56			3-3	4C中叶	57

续表

出土地	型式	材质	柄形态	器身属性	口缘属性	足属性	口径(cm)	体高(cm)	器身高(cm)	足高(cm)	柄长(cm)	器身高/口径比	足/体比	器身弦纹数	叠合处数	图号	年代(公元—)	出处(下列数字为参考文献的编号)
南京富贵山M2	B3	铜	龙首柄	2	1	3	11.4	6.4	4.4	2.0		0.39	0.31			3-2	东晋早期	8
南京富贵山M4	B3	铜	龙首柄	3	1	3	11.2	5.7	3.9	1.8		0.35	0.32			7-17	东晋早期	8
南京老虎山M4	B3	铜	龙首柄	3	2	3	13.0	10.4	5.2	5.2		0.40	0.50			7-14	4C前半	52

出土地	型式	材质	柄形态	器身属性	口缘属性	足属性	口径(cm)	体高(cm)	器身高(cm)	足高(cm)	柄长(cm)	器身高/口径比	足/体比	器身弦纹数	叠合处数	图号	年代(公元—)	出处(下列数字为参考文献的编号)
韩国法泉里	B3	铜	龙首柄	3	2	3	17.6	13.5	6.5	7.0		0.37	0.52	1		3-4;7-15	东晋	32
韩国风纳土城	B3	铜	龙首柄	4	3	3								1	3	7-23	下限475年	5
陕西城固	B3	铜	龙首柄	0	2	3	11.7	5.5	2.5	3.0		0.21	0.55			3-1	3C中后叶	41
山东诸城	B3	铜	龙首柄	2	1	3	16.7	8.0	4.8	3.2		0.29	0.40			7-9	285年	78
四川绵阳西山	B3	铁	龙首柄	4	3	3	15.2				16.0					3-5	刘宋	76
宁夏固原	B4	铜	龙首柄	4	2	3	18.2									7-24	5C后期后半叶	42
内蒙古美垈	B4	铜	龙首柄	3	2	4	21.2							4		7-19	4C后半	51;33
南京大学博物馆	B4	铜	龙首柄	3	2	3								6		7-21	5C后期前半叶	
山东寿光	B5	铜	龙首柄	2	2	4	16.3							2		7-7	3C中叶	1
辽宁朝阳袁台	B5	铜	龙首柄	3	2	4	18.2	10.6	7.0	3.6	12.0	0.38	0.34	4		3-10;7-20	4C前半	50
湖北汉阳	B5	铜	龙首柄	3	1	4	17.8	14.0	6.4	7.6		0.36	0.54			7-10	3C后期后半叶	66
山东牟平	B5	铜	龙首柄	3	2	4	19.0				15.0					3-8	4C前期前半叶	55
辽宁锦州	B5	铜	龙首柄	3	1	4	22.0	14.5	8.0	6.5	14.6	0.36	0.45			7-22	4C末	47

续表

地点																		
南京迈皋桥	B5	铜	龙首柄	3	1	4	17.5	12.0	7.0	5.0	12.0	0.40	0.42	1		7-18	308年	10
安徽芜湖	B5	铜	龙首柄	3	2	4	15.5							3?		3-9	336年	40
辽宁北票	B5	铜	龙首柄	3	2	4	18.0	11.0	6.3	4.7		0.35	0.43	4		3-11	4C前期后半叶	29
浙江绍兴	B?	陶瓷	缺失	4	1	1		12.5	5.9	6.6			0.53	2		2-7	286年	34
福州屏山	C1	铜	龙首柄	4	3	3	14.6	14.8	6.8	8.0	11.5	0.47	0.54		1	4-1	5C后半	21
北京	C2	铜	龙首柄	4	3?	5										4-2	5C后半	54
江西大余观路村	C2	铜	龙首柄	4	3?	6	18.0									4-3	唐代	58
北京琉璃河	C3	铁	龙首柄	4	3	3	16.0	10.0	3.0	7.0		0.19	0.70			4-5	7C后半	12
福建浦城	C3	铜	龙首柄	4	2	6	17.0				13.0					4-4	7C	70
山东沂水	C4	铁	龙首柄	4	1	3	20.0	14.0	8.0	6.0		0.40	0.43	3		4-6	唐代？	19
广州下塘	D1	铜	横圆头柄	3	0	3	12.7	9.0	4.0	5.0	22.0	0.31	0.56			8-1	4C初	61
湖南和沙黄泥塘3号墓	D1	铜	横圆头柄	3	2	3	12.0	8.2			22.2					5-1	4C后半	4
韩国平壤	D2	铜	未详	3	2	3	11.7	10.2			16.5					8-3	东晋代	67;68
河北曲阳	D2	铜	横段棒头柄	3	3	3	7.5	5.4			18.0					5-11	524年	63
江苏江都	D2	铜	横段梯头柄	3	3	3								1?		5-6	5C前半~中叶	75
韩国庆州皇吾洞16号坟	D2	铜	横段梯头柄	4	3	3	13.0	11.5	5.1	6.4	26.0	0.39	0.56		1	5-5	5C前半	86
南京马群	D2	铜	横段方头柄	3	2	3	13.2	9.4	4.0	5.4	24.0	0.30	0.57			8-2	东晋代4C中叶	15

续表

出土地	型式	材质	柄形态	器身属性	口缘属性	足属性	口径(cm)	体高(cm)	器身高(cm)	足高(cm)	柄长(cm)	器身高/口径比	足/体比	器身弦纹数	叠合处数	图号	年代	出处(下列数字为参考文献的编号)
福建闽侯	D2	铜	未详	4	0	3	9.7	9.5			22.5					5-3	5C末	81
贵州平坝马场	D2	铜	横段梯头柄	4	3	3	13.5	10.6	5.0	5.6		0.37	0.53			8-4	东晋~刘宋代5C前半	7
宁夏固原	D2	铜	横段圆头柄	4	3	3	14.5	10.6	5.2	5.4		0.36	0.51			5-10	5C后期后半叶	42
山东临淄	D2	铜	横段柄	4	3	3	14.8	12.7			27.0					5-8	493年以前	56
贵州平坝尹关	D2	铜	横段柄	3	2	3	13.5				24.0					5-4	5C前半	6
江西大余	D2	铜	横段柄	3	0	3	13.0	9.5	4.5	5.0	22.0	0.35	0.53			5-2	431年	59
四川绵阳园艺乡	D3	铜	横段琵琶柄	4	3	5	14.3	13.0	5.5	7.5	26.5	0.38	0.58			8-5	5C末-6C初	77
四川绵阳西山	D3	铜	横段琵琶柄	4	3	5	14.4	13.2			27.9					5-14	5C末-6C初	76
韩国风纳土城	D3	铜	横段琵琶柄	4	3	5									3	5-9	下限475年5C后期前半叶	5
甘肃张家川	D3	铜	横段琵琶柄	4	3	5	10.8	10.0			21.4					5-7	529年以前	72
浙江绍兴井址	D3	铜	缺失	4	3	5	13.3	14.9	6.7	8.2		0.50	0.55		3	8-7	6C前期后半叶	23
江苏镇江金山园窖藏	D3	铜	横段琵琶柄	4	3	5	11.6	15.1			27.3					5-12	548年	48
贵州平坝马场	D3	铜	横段琵琶柄	4	3	5	9.3	19.0	5.7	13.3		0.60	0.70			8-6	6C初	7
河北赞皇东魏墓	D3	金铜	横段琵琶柄	4	3	5		10.2								5-13	576年	28
江苏镇江M2	E1	铜	凫首柄	4	4	6	10.0		5.2	4.8			0.48			4-7	7C前半	46
河南偃师	E2	铜	凫首柄	3	2	6										4-10	738年	26
北京昌平	E2	陶瓷	凫首柄	4	1	1	7.5	6.5	3.0	3.5	6.5	0.40	0.54			4-9	唐代	84
陕西西安	E3	铁	凫首柄	3	0	3		19.0	9.0	10.0	15.0		0.53			4-8	8C	25

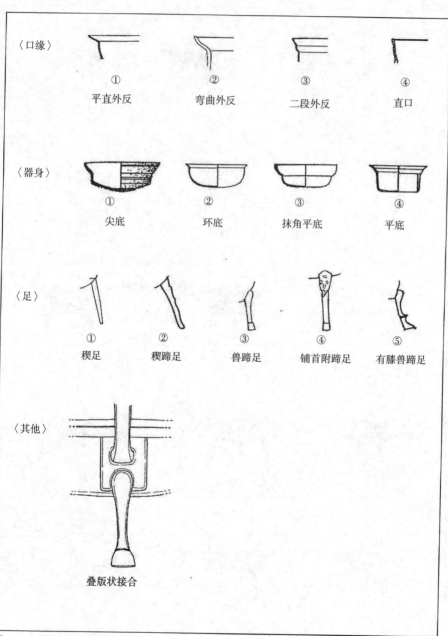

〈口缘〉

①
平直外反

②
弯曲外反

③
二段外反

④
直口

〈器身〉

①
尖底

②
环底

③
抹角平底

④
平底

〈足〉

①
樏足

②
樏蹄足

③
兽蹄足

④
铺首附蹄足

⑤
有膝兽蹄足

〈其他〉

叠版状接合

【图1】鐎斗的形态属性

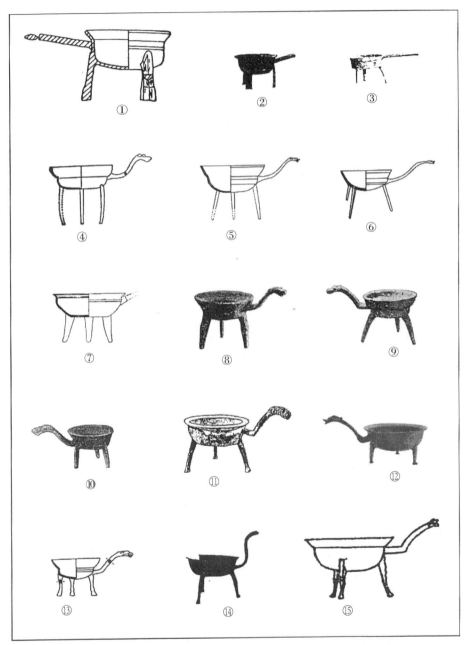

【图 2】直柄鐎斗与龙首鐎斗（图面缩尺1/4，照片缩尺不同）

①　②　③
④　⑤　⑥
⑦　⑧　⑨
⑩　⑪

【图3】龙首鐎斗（图面缩尺1/4，照片缩尺不同）

333

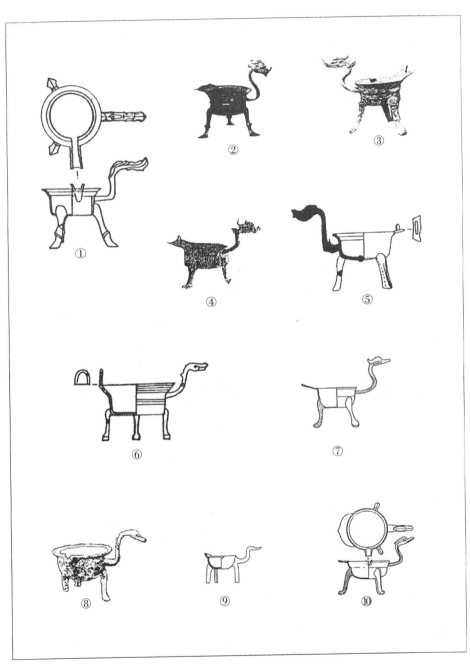

【图4】龙首柄鐎斗与凫首柄鐎斗（图面缩尺1/4，照片缩尺不同）

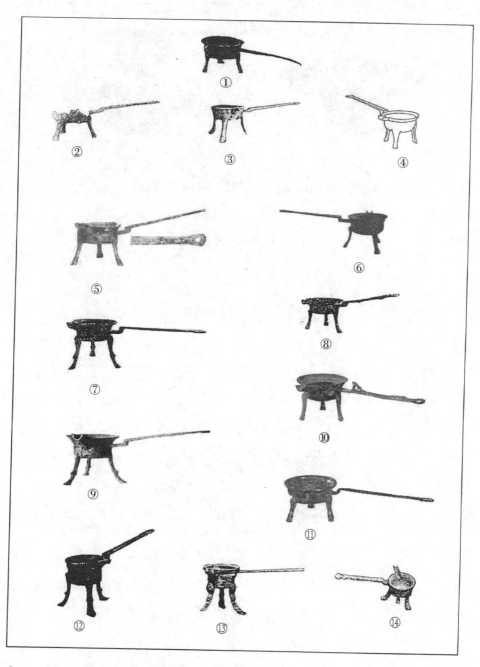

【图5】带流横柄鐎斗（缩尺不同）

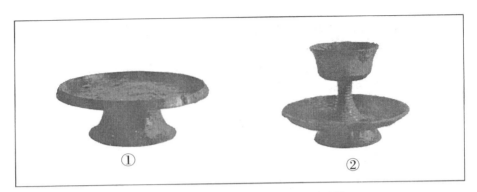

【图6】江苏省江都县大桥果园场铜器窖藏出土铜器

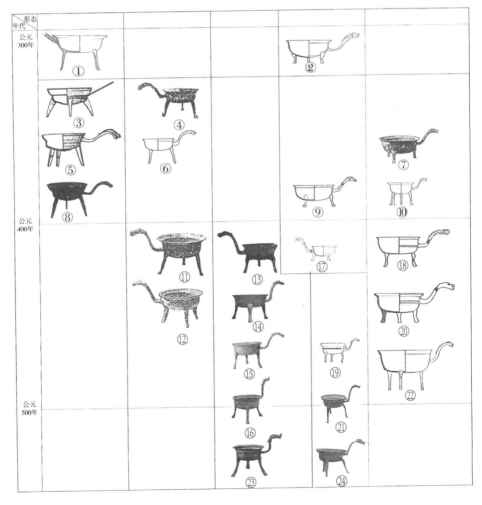

【图7】龙首柄鐎斗编年表

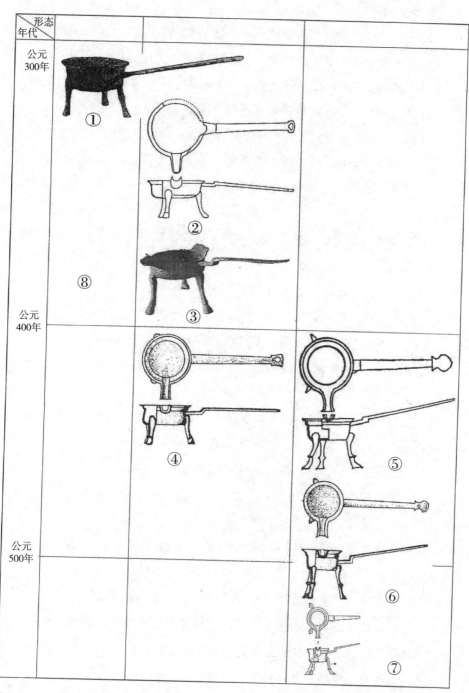

【图 8】带流横柄鐎斗 编年表

参考文献：

[1] 贾效孔 . 纪国故城附近出土一批汉代铜器 [J]. 考古, 1984, 1.

[2] 葛家瑾 . 南京栖霞山及其附近汉墓清理简报 [J]. 考古, 1959, 1.

[3] 姜林海 . 江苏南京卡子门外六朝早期墓 [J]. 考古, 1990, 11.

[4] 高至喜 . 长沙南郊的两晋南朝隋代墓葬 [J]. 考古, 1965, 5.

[5] 国立文化财研究所 . 风纳土城 II[M]. 首尔：国立文化财研究所, 2002.

[6] 贵州省博物馆 . 贵州平坝县尹关六朝墓 [J]. 考古, 1959, 1.

[7] 贵州省博物馆考古组 . 贵州平坝马场东晋南朝墓发掘简报 [J]. 考古, 1973, 6.

[8] 祁海宁, 华国荣, 张金喜 . 江苏南京市富贵山六朝墓地发掘简报 [J]. 考古, 1998, 8.

[9] 骆明勇 . 福建连江县发现西晋纪年墓 [J]. 考古, 1991, 3.

[10] 南京市文物保管委员会 . 南京迈皋桥西晋墓清理 [J]. 考古, 1966, 4.

[11] 南波 . 江苏句容西晋元康四年墓 [J]. 考古, 1976, 6.

[12] 卢嘉兵, 韩健识 .1997 年琉璃河遗址墓葬发掘简报 [J]. 文物, 2000, 11.

[13] 卢茂村 . 福建福州郊区南朝墓 [J]. 考古, 1974, 4.

[14] 卢茂村 . 福建松政县发现西晋墓 [J]. 文物, 1975, 4.

[15] 党华, 张敏 . 南京马群六朝墓 [J]. 考古, 1985, 11.

[16] 屠思华, 李鉴昭 . 南京梅家山六朝墓清理记略 [J]. 文物参考资料, 1956, 4.

[17] 罗敦静 . 长沙烂泥冲齐代博室墓清理简报 [J]. 文物参考资料, 1957, 12.

[18] 马玺伦 . 山东沂水县荆山西汉墓 [J]. 文物, 1985, 5.

[19] 马玺伦 . 山东沂水县发现汉代铁器窖藏 [J]. 考古, 1988, 6.

[20] 马玺伦 . 山东沂水出土窖藏铁器 [J]. 考古, 1989, 11.

[21] 梅华全 . 福州屏山南朝墓 [J]. 考古 .1985, 1.

[22] 潘知山 . 浙江瑞安梁天监九年墓 [J]. 文物, 1993, 11.

[23] 方杰 . 浙江绍兴缪家桥宋井发掘简报 [J]. 考古, 1964, 11.

[24]徐家珍."熨斗"和"鐎斗","刁斗"[J].文物参考资料,1958,1.

[25]西安市文物管理处.西安东郊秦川机械厂汉唐墓葬发掘简报[J].考古与文物,1992,3.

[26]徐殿魁.河南偃师杏园村的六座纪年唐墓[J].考古,1986,5.

[27]徐定水,金柏东.浙江平阳发现一座晋墓[J].考古,1988,10.

[28]石家庄地区革委会文化局文物发掘组.河北赞皇东魏李希宗墓[J].考古,1977,6.

[29]孙国平,李智.辽宁北票仓粮窖鲜卑墓[J].文物,1994,11.

[30]孙机.汉代物质文化资料图说[M].北京:文物出版社,1991.

[31]孙太初.云南姚安阳派水库晋墓清理简报[J].考古通讯,1956,3.

[32]宋义政,尹炯元.法泉里[M].首尔:国立中央博物馆,2000.

[33]宿白.盛乐、平城一带的拓跋鲜卑－北魏遗迹－鲜卑遗迹辑录之二[J].文物,1977,11.

[34]沈作霖.浙江绍兴坡塘乡后家岭晋太康七年墓[J].考古,1992,5.

[35]杨华.湖北宜都陆城发现一座东汉墓[J].考古,1988,10.

[36]黎毓馨.上虞驮山古墓葬发掘[A]//泸杭甬高速公路考古报告.北京:文物出版社,2002.

[37]易家胜,王志高,张瑶.南京长岗村五号墓发掘简报[J].文物,2002,7.

[38]辽宁省文物考古研究所.辽西地区三燕时期重要墓葬简介[A]//三燕文物精粹.沈阳:辽宁人民出版社,2002.

[39]王家德.湖北宜都发掘三座汉晋墓[J].考古,1988,8.

[40]王步艺.芜湖赭山古墓清理简报[J].文物,1956,12.

[41]王寿芝.陕西城固蜀汉墓葬清理记[J].考古与文物,1992,3.

[42]宁夏回族自治区固原博物馆,中日原州联合考古队.原州古墓集成[M].北京:文物出版社,1999.

[43]熊传新,陈慰民.湖南长沙咸嘉湖唐墓发掘简报[J].考古,1980,6.

[44]袁俊卿.南京象山5号,6号,7号墓清理简报[J].文物,1972,11.

[45]刘建国.镇江东吴西晋墓[J].考古,1984,6.

[46]刘建国.江苏镇江唐墓[J].考古，1985，2.

[47]刘谦.锦州北魏墓清理简报[J].考古，1990，5.

[48]刘兴.江苏梁太清二年窖藏铜器[J].考古，1985，6.

[49]尹焕章.南京邓府山古残墓二次至四次清理简介[J].文物参考资料，1955，11.

[50]李庆发.朝阳袁台子东晋壁画墓[J].文物，1984，6.

[51]李逸友.内蒙古土默特旗出土的汉代铜器[J].考古通讯，1956，2.

[52]李蔚然.南京老虎山晋墓[J].考古，1959，6.

[53]李则斌，吴炜.江苏邗江甘泉六里东晋墓[J].东南文化，1988，3.

[54]李学勤.北京拣选青铜器的几件珍品[J].文物，1982，9.

[55]林仙庭，宋协礼.山东牟平发现十六国时期文物[J].考古，1994，2.

[56]张光明，李剑.临淄北朝崔氏墓地第二次清理简报[J].考古，1985，3.

[57]张雪岩.集安县两座高句丽积石墓的清理[J].考古，1979，1.

[58]张小平.大余县出土西晋龙首凤尾青铜鐎斗[J].文物，1984，11.

[59]张小平.江西大余清理一座南朝宋纪年墓[J].考古，1987，4.

[60]梓溪.青铜器名辞解说[J].文物参考资料，1958，11.

[61]全洪.广州市下塘狮带岗晋墓发掘简报[J].考古，1996，1.

[62]丁邦钧.安徽马鞍山东吴朱然墓发掘简报[J].文物，1986，3.

[63]郑绍宗.河北曲阳发现北魏墓[J].考古，1972，5.

[64]程亦胜.浙江安吉天子岗汉晋墓[J].文物，1995，6.

[65]程应林.江西瑞昌马头西晋墓[J].考古，1974，1.

[66]程欣人.湖北汉阳蔡甸一号墓清理[J].考古，1966，4.

[67]朝鲜总督府.乐浪郡时代ノ遗迹.图版（下册）[M].朝鲜总督府，1927.

[68]朝鲜总督府.乐浪郡时代ノ遗迹.本文[M].朝鲜总督府，1927.

[69]朝鲜总督府.庆州金铃冢饰履冢发掘调查报告[A]//大正十三年度古迹调查报告：第一册.朝鲜总督府，1931.

[70]赵洪章.浦城出土唐代铜鐎斗[J].考古，1986，4.

[71]朱凤瀚.古代中国青铜器[M].天津：南开大学出版社，1995.

[72]秦明智,任步云.甘肃张家川发现"大赵神平二年"墓[J].文物,1975,6.

[73]陈少华.湖南攸县出土东吴窖藏文物[J].考古,1990,2.

[74]崔成实.浙江衢县街路村西晋墓[J].考古,1974,6.

[75]邹厚本.最近南朝考古的新收获[J].百济研究,2003,38.

[76]何志国.四川绵阳西山六朝崖墓[J].考古,1990,11.

[77]何志国,唐光孝.四川绵阳市园艺鄉发现南朝墓[J].考古,1996,8.

[78]韩岗.山东省诸城县西晋墓清理简报[J].考古,1985,12.

[79]韩孔乐,韩兆民.宁夏固原北魏墓清理简报[J].文物,1984,6.

[80]解有信,吴志兴.安徽马鞍山桃冲村三座晋墓清理简报[J].文物,1993,11.

[81]黄汉杰.福建闽侯关口桥头山发现古墓[J].考古,1965,8.

[82]许智范.江西南昌市郊的两座晋墓[J].考古,1981,6.

[83]胡继根.浙江上虞凤凰山古墓葬发掘报告[A]//浙江汉六朝墓报告集[C].北京:科学出版社,2012.

[84]马希桂.北京市发现的几座唐墓[J].考古,1980,6.

[85]桃崎祐辅.骑马文化传入倭国之道——慕容鲜卑三燕、朝鲜半岛三国、倭国的马具的比较研究[J]//古代的风,特别号 NO.2—考古讲座演讲集.市民的古代研究会(关东),2004.

[86]有光教一,藤井和夫.朝鲜古迹研究会遗稿Ⅰ[M].联合国教科文组织东亚文化研究中心.财团法人东洋文库,2000.

通过考古材料看唐熊津都督府所在

朴淳发

依据《资治通鉴》的记载，唐高宗龙朔二年（公元662）和《三国史记》文武王3年，熊津都督刘仁愿屯驻于"熊津城"或称"熊津府城"。对于"熊津城"（或"熊津府城"）具体的位置，韩国学术界的认识仍存在分歧。以往的主流看法是，公元662年左右熊津都督府为百济复兴军所攻，被迫从泗沘城迁移到熊津城，而熊津城即现今忠清南道公州。这种说法笔者不能认同。因为根据考古材料，唐朝政权设置于百济故地的熊津都督府并没有迁移到其他地方。也就是说，从公元660年到公元671年（或公元672年）唐朝势力撤出都督府，衙署一直位于百济原都泗沘城。

根据《三国史记》《旧唐书》《新唐书》等文献及"大唐平百济碑"的记载：公元660年7月18日百济被唐和新罗的联合军所灭，唐军苏定方于9月3日将百济王及王妃、王子等13人，大臣37人，连同百姓1.2万多人带回唐朝。他还将百济故土分为熊津、马韩、东明、金涟、德安5个都督府，以唐兵1万和新罗兵7000镇守。当时，将帅刘仁愿的驻地在百济亡都泗沘，即现今忠清南道扶余。而熊津都督刘仁愿所驻扎的地方又被称百济府城。

但依《资治通鉴》唐高宗龙朔二年（公元662年）和《三国史记》文武王3年的记载，熊津都督刘仁愿驻屯于"熊津城"或称"熊津府城"。对于"熊津城"（或"熊津府城"）的位置，韩国学者们看法各不同。直到最近几年形成的相对统一的看法认为，公元662年左右熊津都督府被百济复兴军所攻，从泗沘城迁移到熊津城，即现今忠清南道公州。

正如上文所述的那样，文献记载与释义背道而驰的情况下到底哪种说法与事实相符，这是一个值得讨论的问题。而参照考古学材料无疑是考证文献准确性的最有效手段，因此，笔者查看了与唐熊津都督府相关的一系列考古资料，试图理清其驻地的具体位置。

一、"大唐"铭纹瓦当

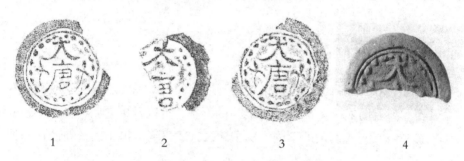

1　　　　　　2　　　　　　3　　　　　　4

图1　百济故地出土的"大唐"铭纹瓦当

"大唐"铭纹瓦当，即瓦当面押印了"大唐"铭文字样的瓦当，1945年曾出土于忠清南道扶余（参看图1-1）。"大唐"铭文字样的意思应该是标识这种瓦当为唐朝政权在百济故土建筑官府所用的建筑构件。这件瓦当暗示，扶余是唐朝官府所在地，即熊津都督府驻地。众所周知，扶余就是百济最后的都城泗沘城。因此，可以推定，唐朝设置于百济故地的熊津都督府是在泗沘城。尽管这些考古学材料足以说明问题，但长期以来学术界并没有予以重视。直到今天，在探讨熊津都督府的所在地及迁移等问题时，学者们还依旧不使用这些考古材料。

1981年，在靠近前一次发现地点的扶余双北里，再次出土一件"大唐"铭纹瓦当（参看图1-2）。此后，于1993年，又在扶苏山城发掘地点采集到一件（参看图1-3）。再加上出土地未详的一件（参看图1-4），目前发现的"大唐"铭纹瓦当总数已到4件[①]。

迄今为止，无论是在百济故地的其他地点还是在整个朝鲜半岛地区，还没发现类似的"大唐"铭纹瓦当。同时，似乎在中国也没有发现过。因此，谁也无法妄断这种瓦当来源建筑的作用和性质。不过，可以确定的是，这些建筑必定与唐朝官府有关的。加之，"大唐"铭纹瓦当出土的地点在百济故城

---

① 龟田修一.扶余大唐铭轩丸瓦语的[J].古代文化（日本）56（11），2004（11）.

的布局上处于中枢位置。学术界普遍认为百济王宫地点可能位于其后邻区，其中扶苏山城里的瓦当出土地点较靠近熊津都督刘仁愿纪功碑的发现地（参看图2）。依据这些材料可以推定，使用"大唐"铭纹瓦当的建筑应该是熊津都督府衙门。如果这种推定正确的话，现今所有的"大唐"铭纹瓦当都是出土于扶余，也就是唐朝开设于百济故地的熊津都督府驻地。同时，作为重要的考古资料，"大唐"铭纹瓦当与熊津都督府所在地的直接关联性应该被重视。

二、唐式莲花纹瓦当

2005年，在扶余官北里百济推定王宫遗址发现了几件唐式莲花纹瓦当和一个瓦窑（参看图2）。观察这几件瓦当的形制，可以看出它们与已往发现的百济式莲花纹瓦当有明确的不同。据了解，官北里瓦窑出土的莲花纹瓦当特征也与含元殿遗址发现的一些瓦当[①]颇为近似。瓦当花蕊较扁，纽状，外有八个单瓣，并以三角纹相间隔（参看图3）。唐占据百济故地的时间是公元660年至671年左右，而官北里出土的瓦当正是这一段时间的典型莲花纹瓦当。因此，在当前隋唐瓦当编年还不够完备的情况下，

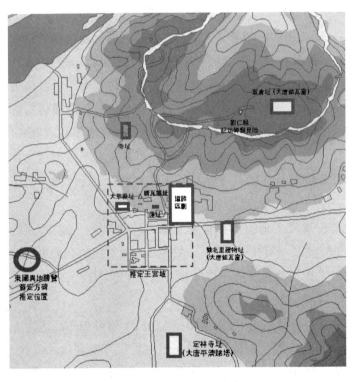

图2 唐式瓦当出土地点

---

① 李梅. 中原地区莲花纹瓦当的类型与分期 [J]. 文物春秋，2002（2）.

这些瓦当为编年提供了重要的年代基准。

1. 扶余官北里瓦窑　　2. 官北里出土莲花纹瓦当　　3. 大明宫含元殿瓦当

图3　韩国扶余官北里遗址出土唐式瓦窑、莲花纹瓦当和同式唐莲花纹瓦当

同时，虽然这次所发现的窑口整体形制不太清晰，但是其后半部延伸至路面、平面上看似呈梯形的形态与唐大明宫含元殿遗址发现的瓦窑[①]类似。从图2中瓦窑的具体位置可以看出，其位置与"大唐"铭纹瓦当的出土地点靠近。据此可以推断，无论是"大唐"铭纹瓦当，还是这些莲花纹瓦当，都应该是唐朝建设百济故地统治官府，即熊津都督府所用。而制造这些瓦当的匠人们也应该是从唐境跨海而来，否则很难制造出这样形制的瓦当。当然，唐莲花纹瓦当也是在出土地点以外的整个百济故地未曾再次出现过。这就更加暗示了，扶余是百济故地唐统治中心，即熊津都督府的驻所。

令人可惜的是，对于官北里瓦窑发掘调查还没完成。到现今为止，只挖出了窑内堆积层的一半，所以报告内容太过简短，只有几张窑址的照片。但是，根据报告书里的描述，除了莲花纹瓦当之外，还出土了几件筒瓦[②]。据此可以推测，来自唐朝的瓦工在百济故地制造了一系列的建筑瓦件。

三、"首府"铭文平瓦

在2003年扶余官北里遗址发掘的过程中出土了几件"首府"铭文平瓦[③]（参看图4）。如前文所述，这一地点被认作百济王宫区。所以有的学者认为

---

① 安家瑶，李春林. 唐大明宫含元殿遗址1995~1996年发掘报告 [J]. 考古学报，1997（3）.

② 国立扶余文化财研究所. 扶余官北里百济遗迹发掘报告 III–2001~2007年调查区域百济遗迹篇 [M]. 首尔：文化财厅，2009：126.

③ 国立扶余文化财研究所. 扶余官北里百济遗迹发掘报告 III–2001~2007年调查区域百济遗迹篇 [M]. 首尔：文化财厅，2009：314–319.

"首府"指的是"百济最高官府"，即王宫。但是，现代汉语词语中"首府"的意思并不同于"王宫"或"都城"。因此，笔者不赞同这种看法，并于下文探讨"首府"铭文平瓦上所印的"首府"之义。

图 4　扶余官北里遗址出土"首府"铭文平瓦片

"首府"一词是清代以来普遍使用的。据笔者查找[①]，书中最早提到"首府"二字的是1697年刻本的《贵州通志》，用来记载"贵阳首府"。从那时起，"首府"的常用意义如下[②]：

- ·省会所在的府、知府的称呼
- ·自治区或自治州人民政府驻地
- ·附属国和殖民的最高政府机关所在地

那么，在百济故地扶余官北里出土的"首府"铭文平瓦作为最早出现"首府"词语的明确实例，就是惊人的实物资料了。这一发现可以将"首府"这一词语的使用历史追溯到初唐时期。而且除了这几件瓦片以外，在当时的文献和考古材料当中也找不到任何"首府"字样。这种情况下，平瓦上"首府"的意义就值得研究。根据后世的词意，可以猜测，百济自称王宫或都城的可能性几乎不存在。如果这种看法明确的话，那"首府"可能是唐朝对百济故地设置官府的称谓。

---

① 参看台湾中央研究院电子版《清代经世文编》检索。

② 参看中国百科网（www.chinabaike.com）。

观察平瓦上铭文的形制，整个印刻的外郭为长方形，这和在百济地区经常发现的瓦面上铭文的圆形外郭有明显差异，反倒与唐大明宫等遗址出土砖瓦印刻更相似。这一点也支持上文推定，因此，笔者更坚定地认为"首府"铭文瓦为唐朝瓦工亲做，抑或在他们监督之下为百济亡民所作。

四、结语

综上所述，"大唐"铭纹瓦当、唐式瓦窑及莲花纹瓦当、唐式瓦窑出土的筒瓦、"首府"铭文平瓦等都与唐朝在百济故地开设的官府，即熊津都督府有关。这种唐式瓦当和平瓦除了扶余地区以外没有其他发现，因此可以说，扶余就是熊津都督府所在地。另外，在《资治通鉴》唐高宗龙朔二年（公元662年）和《三国史记》文武王3年的记载中，熊津都督刘仁愿驻屯地"熊津城"或"熊津府城"是现今扶余，而并不是公州。自公元660年至公元671年（或公元672年）[1]，熊津都督府始终驻于百济原都泗沘城，即扶余。公元663年在扶余树立熊津都督刘仁愿纪功碑[2]这一点也可佐证公元662年熊津都督府并未迁移至现今的公州[3]。综合文献记载和考古材料，笔者同意有的学者所提出的，百济首都泗沘城被唐占领后改称熊津[4]的看法。

---

① 赵智滨.熊津都督府陷落始末 [J].中国边疆史地研究，2010（2）.他认为672年熊津都督府废置.

② 1909年在百济故都城扶余扶苏山城里被发现时已残断为3片，现今经修复而立在国立扶余博物馆.

③ 金周成.熊津都督府的地理位置和性格 [J].百济研究，2012（56）.

④ 赵智滨.唐朝在百济故地初设行政建置考略 [J].中国历史地理论丛，2012（27）.

简介几种环黄海文物和其历史意义

朴淳发　朴智熙（译）

一、极东亚农猎区农耕文化形成

中国山东地区与朝鲜半岛以辽东半岛为媒介，自从史前时代一直有文化交流。从地理角度来看，朝鲜半岛本身并不封闭。以白头山（长白山）为最高峰，连接于中国东北地区的辽宁省以及吉林省的山地。所以，如以考古学为中心来探究朝鲜半岛的历史文化，不得不考虑与朝鲜半岛连接的中国东北地域的山地地区。因此，笔者将包含连接于朝鲜半岛的中国东北地区的东部山地的地理空间设定为"极东亚农猎区"（朴淳发，2015a）。

极东亚农猎区的空间范围是穿过小兴安岭山地东流的黑龙江以南，乌苏里江以西，辽东半岛以及辽河以东的山区和整个朝鲜半岛。新石器时代以

图一　极东亚农猎区范围（朴淳发，2015a）

来，该地区的产业经济是混合渔猎、狩猎、农耕，可谓是农猎混合经济区。农耕文化无法长期地存在于该地区的以北或以东地区，因此该地区是位于欧亚大陆的最东边的农业地区（图一）。

新石器晚期以来，在极东亚农猎区可确认的考古文化，具有以下几种分明的特征：以农业和渔猎为中心的生计经济，筒形罐为主的炊事器使用，维持积石墓、石棺墓、支石墓等的石墓传统，还有琵琶形铜剑、多钮镜等具有特征的青铜器的制造和使用。极东亚农猎区中开始出现农耕特征是公元前3000~2500年间形成的偏堡文化。偏堡文化成立过程中出现的用作装饰的隆起线的细条堆纹被认为来源于与山东大汶口文化同时期的胶东半岛的邱家庄时期——北庄时期（朴淳发，2015b）。由图二可知，属于偏堡文化早期的大连长兴岛三堂遗址（刘俊勇，1997）出土的陶器与山东烟台白石村遗址陶器（烟台市博物馆，2000）之间存在着相似点。

根据最新的辽东半岛南部地区农业考古资料发现成果（张翠敏，2010），在公元前4500年间，已确认出现大量的水稻植物硅素体。发现于1994年的王家村遗址上层文化与山东地区的龙山文化阶段同期。前期的下层层位中只发现了粟、黍等北方传统的旱作农

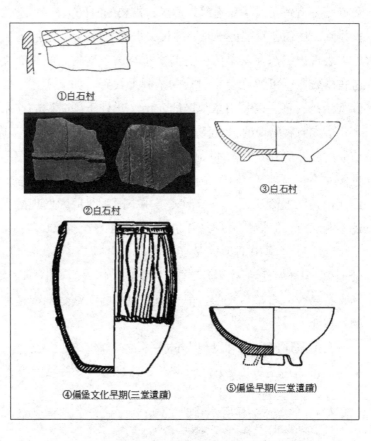

图二 偏堡文化陶器与山东白石村文化要素

作物的植物硅素体。这时期属于前述的偏堡文化时期，根据王家村遗址上下层发现的植物硅素体资料，可知偏堡文化早期的北方地区，即辽西地区，以发达的田农耕为中心，到晚期开始水稻农耕。

水稻农耕，当然是从山东地区传入的。到现在为止，山东地区已确认的最早的水稻植物硅素体发现于蓬莱大仲家遗址，其时间大致为大汶口早期。至龙山时期到达高峰，在栖霞杨家圈遗址都发现了稻子颗粒、颗粒壳、股子、叶片等（北京大学考古实习队等，2000）。胶州赵家庄通过稻子植物硅素体分析被揭露为水田遗址（靳桂云等，2007），年代为4000年前。由此，表明在中国长江下游流域开始的水稻农耕进入朝鲜半岛地区的路线为经由山东半岛以及辽东半岛的北路。

朝鲜半岛的中南部地区，即现在的南韩地区，开始种植水稻的时间，根据最新的考古资料，一般推测为公元前13世纪的渼沙里类型阶段[1]。从辽东半岛南端传播到朝鲜半岛南海岸地区，需要的时间大概推定为230年[2]，所以不能排除以后还会发现更早时期的相关水稻资料的可能性。

表现出极东亚农猎区的史前文化与山东地区之间具有文化交流的另一个考古学资料，可以在青铜时代的墓制上找到。如上所述，极东亚农猎区的特殊墓制是石墓。以与山东地区的龙山文化处于同时期的辽东半岛小珠山上层文化形成前后出现的积石墓为首，延续到羊头洼文化或者双砣子3期文化形成前后的公元前16—前15世纪出现的支石墓、石椁墓、石棺墓等，在公元前11世纪左右，沿着千山山地的西北山脚继续北上，到公元前8世纪左右扩散至西流松花江上流流域。至今，关于在中国东北地区发现的积石墓的准确数量还不能确定，但被认为一共有114处，存在着至少300多座（华玉冰，2011）。其中，密度最集中的地区是辽东半岛北部及东北沿海的几条河川流域（66处）。在朝鲜半岛地区，随着羊头洼文化为代表的青铜器时代农耕文化的扩展和支石墓等的石墓传统的扩散，朝鲜半岛的南端全罗南道地区表现出最稠密的分布度。

在山东地区，也可发现支石墓等的石墓传统。1928年，由鸟居龙藏发现的淄博市淄川王母山（图三中的1）为开始，支石墓的存在被学界所知。支

---

[1] 韩国考古环境研究所调查发掘的世宗市大坪里遗址出土了该阶段的水田和有稻子壳痕的陶器片。报告还未出版，资料来源于高丽大学李弘钟教授，在此表示感谢。

[2] 参考水稻农耕在日本列岛扩散的速度（每年3公里），笔者自算出需要的时间（朴淳发，2015b）

石墓一般多分布在以胶东半岛东段的荣成、乳山、文登为中心的一带（图3的圆圈内），但现在几乎不存。王母山支石墓是3个支石的上方附加大小1.84×1.16×0.88m的盖石，全高为0.7m。形式上属于在朝鲜半岛南部地区多见的棋盘式（李慧竹，2004）。在乳山南黄庄发掘了15座石椁墓和5座石棺墓（图三中的2）（王锡平，2000）。墓葬形成群集的状态和其结构方面极其类似于极东亚农猎区的石椁墓以及石棺墓。报告认定该遗址的时期为西周中晚期，即公元前1000—770年之间。鉴于当时其他山东地区的墓制为土圹墓，因此推测石椁墓集团的墓主为居住在胶东半岛东段的嵎夷。

图三　极东亚农猎区支石墓与山东石墓（华玉冰，2011 修订）

曾经有观点提出把山东地区出现支石墓、石椁墓、石棺墓（图四）看作为与朝鲜半岛南部地区交流而产生的现象（李慧竹，2004），但考虑到同一类型的墓制在极东亚农猎区的辽东半岛一带中最先出现的事实与最先出现的时间，将山东地区出现的特殊墓制理解为辽东半岛与山东半岛之间交流产生的现象更为合理。

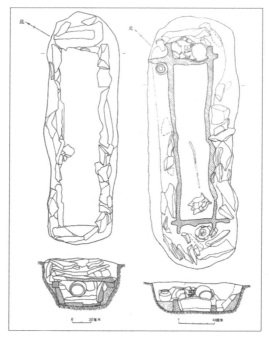

图四　山东地区石椁墓以及石棺墓（王锡平，2000）

二、古朝鲜时期环黄海文物交流

"朝鲜"的名称，最初出现在《管子》揆道篇和轻重甲篇的"发朝鲜"。虽"发"与"朝鲜"的关系不清楚，但可理解为种族名或者政治体的名称。即使对于《管子》的撰述时间存在着不同观点，但是一般大致看为反映齐桓公时期的内容（朴峻亨，2004）。古朝鲜应该是公元前7世纪已经成立的政治体。在考古学编年上古朝鲜属于青铜器时代，本小节上接前一节讨论公元前7世纪以后山东地区与极东亚农猎区之间的交流。

关于古朝鲜与山东地区之间的交流，有根据《管子》的记载来分析齐国与古朝鲜之间进行文皮等特产交易的研究（朴峻亨，2004），探讨雄基松坪洞出土的贝子作为山东特产流入朝鲜半岛东地区的路径的研究（朴善敏，2005），以及通过山东地区出土的古朝鲜系或东北系青铜器来探究齐国和古朝鲜或朝鲜半岛之间的交流情况的研究（吴江原，2001；李慧竹、王青，2002；李清圭，2003；王青，2007）等。在2011年笔者作为北京大学访问教授调查山东地区时，发现蓬莱市龙口博物馆展示的细形铜鉾并且介绍给韩国学界，同时提出古朝鲜与山东之间交流的问题（朴淳发，2012）。整理以上的研究成果和最近在中国学界发表的新资料，探讨古朝鲜与山东地区之间的交流面貌。

至今，山东地区出土的古朝鲜时期的考古资料有5件。琵琶形铜剑1件、琵琶形铜鉾1件、细形铜剑2件和细形铜鉾1件等（图五）。其中，已在韩国国内学界被正式介绍的是栖霞杏家庄2号春秋时代墓葬出土的琵琶形铜剑。此枚铜剑于1976年发掘，1992年出版报告（李元章，1992），2001年其信息在韩国国内公布（吴江原，2001）。当时报告书上收录的图片比较简略，推测其年代为战国早期（公元前475–390年）[1]，根据日后绘制的详细的图片（图五①；图六2）和探讨具体时间的研究（王青，2007），将其年代推测为春秋晚期（公元前569–公元前476年）。此枚铜剑属于琵琶形铜剑的中期型，锋部残缺一部分，残存长为25.8cm，剑身最大宽为3.6cm，茎部长为3.6cm。

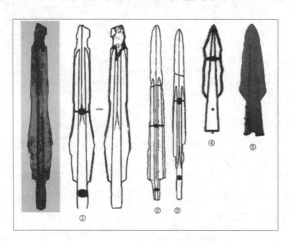

图五　山东出土东北系青铜武器

---

[1] 本稿中使用的春秋战国时代的年代区分与标准的根据参考《燕下都瓦当研究》（刘德彪、吴磬军，2004），参考内容为如下：春秋早期：公元前770—670年，春秋中期：公元前669—570年，春秋晚期：公元前569—476年，战国早期：公元前475—390年，战国中期：公元前389—310年，战国晚期：公元前309—221年。

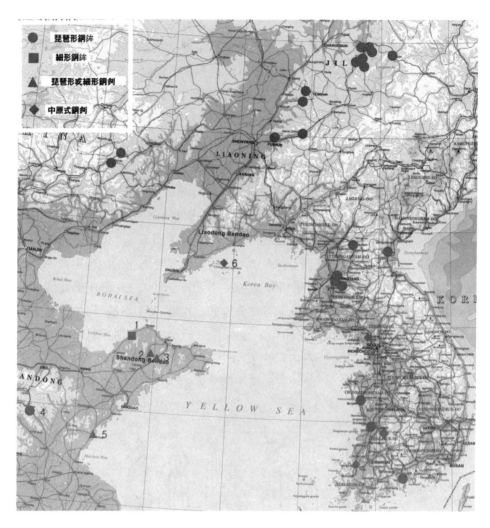

图六　山东出土东北系青铜武器的分布

细形铜剑，有调查栖霞金山遗址时的采集品（林仙庭等，1996）和日照出土品（杨深富等，1990）[①]。均为刃部为平行的细形铜剑，大都是与大连尹家村出土的细形铜剑同一形式。这些平行直刃细形铜剑分布在以辽东半岛为中心的区域。金山细形铜剑长度为34cm（图五②；图六3），日照出土品长度为44.6cm，刃部宽为2.6cm（图五③；图六5）。

[①]　日照出土的细形铜剑图面，在原报告（杨深富等，1990）与王青教授介绍的内容之间有差异。在王青（2007）介绍的图片中细形铜剑的锋部已被切断并且刃部下端一部分残缺，但报告图片并未进行表示。有可能是细形铜剑在发现时的状态与王青教授实测时的状态不同。本文上"图五"引用了王青（2007）的图片。

除以上介绍的青铜器之外，还有笔者推定为东北系青铜器的器物。它就是2003年在山东新泰市周家庄67号墓葬出土的琵琶形铜鉾。这铜鉾连接于中原系铜戈的末端，作为构成戟的一部分被使用，从形态上来看被推定转用为琵琶形铜鉾（图五④；图六4）。因为报告未出，不能把握相关的内容，但以铜鉾结合的铜戈形式来看，此时期可推定战国中期（公元前389–前310年）。无须多言，琵琶形铜鉾与琵琶形铜剑，是极东亚农猎区传统的青铜武器。目前已知在中国东北地区一共有13件，在朝鲜半岛也有9件左右被学界介绍公布（宫里修，2010；参考图六）。琵琶形铜鉾明确的出现时间还不确定，但是琵琶形铜矛的后身，即细形铜鉾出现在公元前3世纪后半期左右（成璟瑭，2009），作为战国中期琵琶形铜鉾的例子，具有资料价值。

前面所述，龙口出土的细形铜鉾已被笔者介绍给学界，但还不知道其准确的出土地点。此件铜鉾全长为约20cm，是所谓的短锋细形铜鉾，属于早期的铜鉾样式（图五⑤；图六1）。銎部下端外侧上原有环耳，已缺失只留下痕迹。因短锋形的细形铜鉾上具有环耳的例子少见，值得关注。

以上的山东地区出土青铜武器大体属于春秋晚期—战国晚期。虽然出土例子不多，但反映了山东地区与位于极东亚农猎区的古朝鲜之间的交流关系。有个观点认为包括杏家村琵琶形铜剑在内的一系列的铜剑是通过燕国流入齐国的（吴江原，2001），齐国与古朝鲜之间借助于毛皮交易这种方式利用海路进行直接交涉的可能性高（朴峻亨，2004；王青，2007）。

能够证明当时古朝鲜与齐国之间发生海路交流的考古资料，有大连长海县哈仙岛徐家沟战国墓的出土品。位于大长山岛附近的小岛上的这处遗址发现在1980年，根据了解发现当时情况的当地人的证言，杂石堆下面出土了6件青铜器①。目前还未正式报告，具体情况未知，墓葬大小约为长2m，宽0.5~1m左右。采集了属于琵琶形铜剑末期的铜剑1件、细形铜剑1件、中原系铜剑1件、剑鞘1件、铜斧1件、铜凿1件等（长海县县志办公室，2002）。长山列岛属于自史前时代以来山东半岛的文物不断往来的海上通道。所以，可知中原系铜剑源于齐国，即山东半岛，由此可充分地猜测当时古朝鲜与齐国之间海上贸易路线的一部分。

战国时期齐国铜剑在1976年韩国全罗北道完州上林里被发现，共埋葬

① 2016年6月韩国国立文化财研究为考察古代海上交通路线而对该遗址进行实地考察时，当地居民的证言。

26件（全荣来，1976）（图六及图七②）。报告者认为此铜剑是中国内陆地区的中原式铜剑，推定其时间为公元前500年左右，但在中国学界，一般的意见认为是山东地区的战国中期（公元前389–310年）的齐国铜剑（李慧竹，2004）。据此，齐国铜剑的重要特点之一，是刃部断面有像凹透镜的浅血沟。浅血沟在韩国咸平草浦里出土的中原系铜剑中也有发现（国立光州博物馆，1988）（图六及图七①），所以此铜剑也可推定为齐国铜剑。同样的齐国铜剑在韩国坡州云井地区也出土了1件（图六及图七③）。

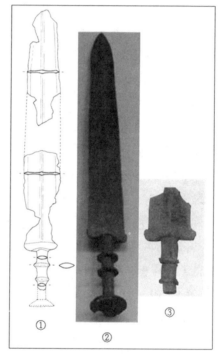

图七   南韩出土齐式剑

对于在韩国中南部地区出土的齐国铜剑，有学者认为是山东地区出身的流亡民带来的（李慧竹，2004）。他们的流亡路径，应该是通过山东半岛与辽东半岛之间的庙岛列岛的沿岸航路，登陆了朝鲜半岛的中南海岸。如上所述，朝鲜半岛中南部地区出土的齐国铜剑的时间是战国中期公元前4世纪。当时辽西地区已有战国燕国势力的影响，古朝鲜势力的一部分开始通过海上南下朝鲜半岛地区。这被理解为位于极东亚农猎区北部的黏土带陶器文化南下朝鲜半岛地区的契机（朴淳发，2015c）。另一方面，与山东地区在公元前431年鲁南的莒国被楚国灭亡的不久后再被编入齐国的时期相似。韩国完州上林里出土的大量的齐国铜剑埋葬应与当时的政势变化有关。

三、汉以后时期的环黄海文物交流

通过文献记载大家都已清楚，为了躲避秦国统一结束战国时代与秦汉交替期的混乱，赵、燕、齐国人民流亡到朝鲜半岛的地区。据《史记·朝鲜传》也可知，公元前198年卫满征服了原来燕、齐国的流民，篡夺古朝鲜，卫满朝鲜的右渠在位时有很多来自汉朝的流民。《三国志·魏书东夷传》"辰韩"条记载，辰韩自称"为避免秦役而逃亡"。其后也继续有为逃避中国内地政势混乱，来到朝鲜半岛的事例。历任百济恩率的流民陈法子的墓志上揭示他的远祖是在汉末，即东汉末年为了避免黄巾贼之乱而流亡到朝鲜半岛的马韩地区。同样作为百济流民死亡在唐朝的以祢寔进为代表的祢氏先祖，被认为是西晋末年山东的南燕被东晋灭亡的410年到刘宋建国的420年之间过海移居到百济的（曹凡焕，2015）。

但在考古资料上显示朝鲜半岛与山东地区之间的人力、物力移动的资料不多。其中，最有代表性的是乐浪、带方等中国郡县与山东地区之间的交流，按照郡县势力的盛衰可部分确认与以朝鲜半岛中南部为中心的三韩的关系。其中，引起学者关注的是仁川市云北洞出土的非乐浪系的汉式陶器。推定为公元前1世纪前半期的此件陶器明显区别于当地陶器，也不同于已发现的同时期的乐浪郡地区的陶器。根据在金浦云阳洞、金浦阳村、坡州葛岘里等周边地区出土的产于中国山东地区的白色陶器的情况，有学者提出这些陶器可能不是通过郡县，而是从山东地区直接传来的观点（郑仁盛，2012）。

在本段，让我们稍看一下汉江下游流域出土的白色陶器瓮的时代。参考最近中国学界的研究成果（杨哲峰，2014），在环渤海地区出土白色陶器的墓葬有砖室墓、砖石混筑墓、少数的木椁墓，基本上属于东汉时期，目前未溯及西汉中晚期。汉代白色陶器流行始于西汉末期直到东晋，魏晋以后，圆底瓮和壶消失。白色陶器的原料黏土多分布在莱州湾附近的山坡，目前烧制遗址只有龙口埠下王家遗址，出土的器种以圆底瓮与壶为主。根据山东地区生产的白色陶器随葬的大连普兰店姜屯汉墓报告书，白色陶器瓮出现在公元1世纪前期前半叶至东汉中晚期（辽宁省文物考古研究所，2013）。从金浦云阳洞27号坟丘墓的出土品与细形铜剑、铁长剑一起出土的情况来看，金浦阳村

2-3地点的1号坟丘墓以及坡州葛岘里出土品的时间可定为东汉晚期（桓帝 - 献帝，公元147—220年）（参考图八）。

汉江下游流域出土的白色陶器，的确是山东地区生产的，从样式来看该时间集中于桓灵之末前后。关于此时期，根据以乐浪郡势的变迁为基础进行的时期区分研究（权五重，2016），也是乐浪居民的逃离时期（公元110—190年）。当然，不能排除因中国内地政势不安，导致山东等地居民流入到朝鲜半岛地区的可能性，但除白色陶器以外，未同时出土当时山东地区产的其他文物，所以，白色陶器应与乐浪郡民的逃离有关。

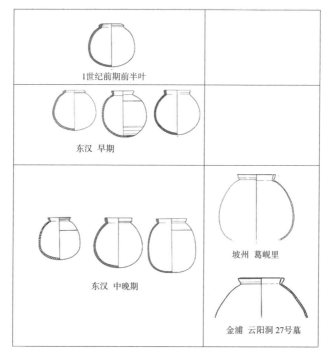

图八 汉江下游流域白色陶器与比较资料

不过，山东地区与乐浪关系最紧密的时期是王莽至东汉的过渡期。该时期，在山东发生多次的农民起义，向中央政府和地方上层频繁发起攻击。而在乐浪地区，多年之前便有民间商人在中国内地进行活跃的交易活动，且保持着与中国内地无关的安定状态，所以首先被考虑为避难处（权五重，2016）。如上所述，当时享受着安定与富有的乐浪的主要贸易伙伴就是山东地区。东汉的光武帝刘秀在掌握天下之前，最大的竞争对手是雄踞于山东的梁王刘永，其背后势力便是乐浪。中国内地霸权被刘秀掌握后，乐浪士人出身

的王调杀害乐浪太守，自封
为乐浪太守。王调政变，被
认为与当时的政局相关。公
元30年，中国内地混乱尚
未完全平息之际，光武帝就
发兵镇压王调之乱，似乎是
为尽早切断山东与乐浪的政
治联结，之后山东与乐浪郡
之间的民间层面的大量直
接交流逐渐减少（权五重，
2007）。

从公元前1世纪后半期
开始，这一时期可以被比定
为王调政变结束的时期，表
现出朝鲜半岛与山东地区之
间关系的考古资料是最近在
仁川云南洞一带发现的遗址。

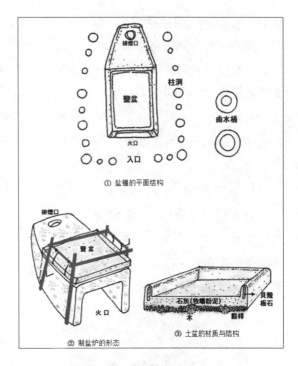

图九　盐棚的结构以及设备模式图

报告书上认为此遗址是贝冢，笔者认为是与制盐有关的遗址（朴淳发、李弘
钟，2015）。此内容概括如下。

众所周知，盐在普及真正的农耕之后的社会中，为生存所必需的物质。
在朝鲜半岛多数分布于以西海岸为代表的泥滩中也应存在适合自然环境的制
盐法，即卤水煮盐方式。采集卤水的场所和方式上存在差异，但在卤水煮盐
方式上，与地理上相邻的中国山东地区相同。山东地区是在古海岸线附近挖
盐井并利用涌出的卤水的方式，然而以西海岸为中心的朝鲜半岛则利用现代
的海岸泥滩，采用挖盐井采集卤水的方式。另外，在煮卤水的方式上，在古
代朝鲜半岛，推测为利用煮沸用陶器方式和以贝粉和石灰泥来制造土釜的方
式（参考图九）。

根据目前的考古学情况以及证据，利用土釜煮盐是始于原三国时代的朝
鲜半岛中南部地区的可能性很高，仁川云南洞遗址应属于其中最早的阶段。
出土遗物中，包括铁茎铜镞或者五铢钱等，可知其时期为公元前后，并且可
推测与乐浪郡的关联性。据最近中国的研究成果（王青、朱继平，2006；曹

元启，1996），直到春秋战国时代一直使用如盔形一样的陶器制盐，西汉前期时出现利用铁釜的煮盐法，原来的盔形陶器煮盐法逐渐消失。特别因汉武帝之后实行盐业官营专卖，山东一带的民间制盐业者很有可能离散到朝鲜半岛等地的附近地区。在云南洞遗址，石灰成分的物质分布于贝壳层之间，被判断为使用土釜的痕迹。目前还未发现山东地区的石灰制土釜的实物资料，但后代制盐遗址中曾发现过石灰痕迹，因此石灰制土釜有可能起源于山东地区[①]。

公元前后时出现的朝鲜半岛原三国时代的土釜制盐方式，被理解为山东地区的制盐工作者来到乐浪郡县后开始扩散到仁川云南洞等地的周边地区。

关于在西汉晚期公元前1世纪后半左右，中国内地有势力人士流入乐浪地区的另一个考古资料是金海良洞里332号墓出土的青铜鼎与蔚山下垈23号墓出土的青铜鼎（图十）。有学者认为，这些都是汉代中国制造，通过乐浪郡流入的（郑仁盛，1996）。

图十　朝鲜半岛南部出土铜鼎

但是在下垈的铜鼎表面上存在铸造师的固定痕，与汉朝中央制造的有区别，关于这点，有观点认为是山东半岛战国时期齐国青铜器的特征"乳丁"脱落的痕迹（李慧竹，2004）。良洞里铜鼎的口缘部周边外壁上端刻有铭文，解读为"西□铜鼎容一斗并盖重十一斤第七"。有学者认为，"西"字之后的不明文字为"乡"，"西乡"是位于现在的北京南部的"涿郡"，由此为依据指出这件铜鼎应该是西汉晚期元帝（公元前49—公元前33年）时期制造的（李

---

① 根据山东大学王青教授，调查制盐遗址分布时，发现有石灰成分的实例，可关注以后考古调查的结果。

学勤，2002）。时间上，下垈铜鼎经历了战国晚期—西汉前期，其制造地是山东地区，良洞里铜鼎属于西汉晚期，这种主张比较有说服力。总之，它们出现在朝鲜半岛南部地区是与当时中国内地的河北或山东等地的势力为逃离战乱而移居到乐浪地区有关。据推测之后在乐浪郡的郡势衰弱的桓灵之末，可能是居民在逃离过程中再次移居到朝鲜半岛南部地区的结果。

四、结语

山东地区直到龙山文化晚期，维持了与西边邻近的中原地区政治体对等的地位。这属于大汶口文化（大约公元前4300—公元前2200年）以及山东龙山文化（大约公元前2200—公元前1900年）时期。但是，夏朝（公元前2070—公元前1600年）成立以后，不断衰败，附庸于华夏，被认知为东夷。考古文化上，岳石文化（大约公元前1900—公元前1600年）被理解为当时东夷文化的标志。在大汶口文化与龙山文化时期，山东地区居民曾过海登上辽东半岛，在这个过程中，在辽东半岛的南端出现了极东亚农猎区最早的农耕文化，即偏堡文化（约公元前3000—公元前2500年）。

这时期的居民移动或考古文化的扩散是几乎基于如气候变化一样的自然因素发生的，之后，政治社会因素的作用逐渐地变大。岳石文化不仅集中分布在辽东半岛的南部一带，而且文化内容上与山东地区的文化极其类似，明显区别于极东亚农猎区的土著文化，不能排除始于夏王朝成立后对东夷的政治军事压力导致集团移居的可能性。根据山东地区东夷文化的考古学研究（张锟，2010），东夷文化经过岳石文化—芝水2期遗存—珍珠门文化—南黄庄文化，其地方范围逐渐地缩小到胶东半岛东南部。岳石文化的结束，与商朝的出现密切相关，芝水2期遗存的衰落也与商武丁（公元前1250—1192年在位）的东夷攻占有关。珍珠门文化的终结也发生在西周中期前后，被理解为压迫东夷族的结果。最终，在春秋战国时期只剩下分布在胶东半岛的东南段，即现在的威海市一带的南黄庄文化。公元前567年莱国被齐国灭亡，便是东夷文化的终结。

根据文献资料，山东地区的东夷通称为嵎夷。根据对嵎夷的历史地理研究（刘凤鸣，2011），当初嵎夷位于山东半岛的东边，但随着时间变迁，地理上的认识逐渐变化为辽东及朝鲜半岛。这样的历史地理认识的变化，与前述的东夷文化考古学研究结果也是吻合的。把朝鲜半岛认知为嵎夷的地理观，从唐朝苏定方军队远征百济时唐高宗把金春秋任命为'嵎夷道行军总管'的事实来看，大致7世纪中叶以后形成的可能性高。

如此，山东地区的历史与文物在史前时代开始不断地通过自然或政治、社会因素传入越海的辽东半岛，在此与土著文化融合，再次扩散到位于极东亚农猎区文化东南部的朝鲜半岛地区。这样的历史惯性，在古朝鲜时期通过与齐国交易等形态来延续，设置乐浪郡以后，特别是公元前后交流活跃，形成连接山东半岛—乐浪郡—朝鲜半岛三韩社会的网络。

在三韩社会，出现国家阶段的政治体的三国时代以后，山东地区作为与历代中国内地政权的交涉通道上的中间据点，重要性逐渐变高。特别对于与中国南朝政权维持紧密的交涉关系的百济来说更是如此（朴淳发，2016）。唐《元和郡县图志》河南道7黄县条有记载，"向新罗·百济的来往始终由此开始"①。东汉至三国时期东莱郡的治所黄县是现在的龙口。龙口发现有古朝鲜时期朝鲜半岛特有的细形铜铧，由此可知，那样的情况在以后也未曾改变。

参考文献：
韩文：

[1]国立光州博物馆.咸平草浦里遗迹[M].光州：国立光州博物馆，1988.

[2]权五重.乐浪王调政权成立的国际的环境[J].历史学报，2007，196.

[3]权五重.乐浪历史的展开与百济[A]//"百济的发展与乐浪、带方"，"聚焦百济史"集中讨论学术会议Ⅳ发表论文集.汉城百济博物馆百济学研究，2016.

[4]朴淳发.从考古资料看山东与朝鲜半岛的古代海上交通[A]//百济与周边世界.진인진出版社，2012.

[5]朴淳发.极东亚细亚农猎区设定[J].百济研究，2015a，61.

[6]朴淳发.偏堡文化的形成与展开[J].韩国青铜器学报，2015b，16.

[7]朴淳发.粘土带陶器文化的起源与展开[A]//第9回韩国青铜器学会

① 《元和郡县图志》河南道7黄县：大人故城，在县北二十里。司马宣王伐辽东，造此城，军粮船从此入，今新罗百济往还常由于此。

学术大会发表论集.韩国青铜器学会，2015c.

[8]朴淳发.百济的海上交流与寄泊港——以对中国航路为中心[J].百济学报，2016，16.

[9]朴善敏.雄基松平洞出土贝壳与贝壳形玉探讨——与韩国半岛东北地区的货币使用相关[J].韩国考古学报，2005，56.

[10]朴峻亨.古朝鲜的海上交易路与莱夷[J].北方史论丛，2004，2.

[11]成璟瑭.朝鲜半岛青铜武器研究与中国东北地域的比较[D].光州：全南大学校，2009.

[12]吴江原.春秋末东夷系莱族木椁墓出土琵琶形铜剑[J].韩国古代史研究，2001，23.

[13]李清圭.对于韩中交流的考古学的探究[J].韩国古代史研究，2003，32.

[14]李慧竹，王青.后期青铜器——初期铁器时代中国山东地域与韩国间的交流[J].白山学报，2002，64.

[15]全荣来.完州上林里中国式铜剑相关——春秋末战国初中国青铜器文化的南韩流入问题[A]//全北遗迹调查报告第6辑.全州市立博物馆，1976.

[16]郑仁盛.朝鲜半岛出土（青铜）鼎的性格[J].古文化，1996，48.

[17]郑仁盛.汉江下流域的汉式系陶器[A]//"中部地区原三国时代外来系遗物与乐浪"第9届梅山纪念讲座.崇实大学韩国基督教博物馆，2012.

[18]曹凡焕.中国流民的百济归化与定居过程的探讨——以"陈法子墓志铭"为中心[J].韩国古代史探究，2015，19.

中文：

[1]靳桂云等.山东胶州赵家庄遗址4000年前稻田的植硅体证据[J].科学通报，2007，18.

[2]辽宁省文物考古研究所.姜屯汉墓[M].北京：文物出版社，2013.

[3]朴淳发，李弘钟.朝鲜半岛古代制盐初探[J].东方考古，2015，12.

[4]北京大学考古实习队等.栖霞杨家圈遗址发掘报告[A]//胶东考古.北京：文物出版社，2000.

[5] 杨深富等 . 山东日照市周代文化遗存 [J]. 文物, 1990, 6.

[6] 梁法伟 . 山东地区出土东周时代铜兵器研究 [D]. 济南: 山东大学, 2006.

[7] 杨哲峰 . 环渤海地区汉晋墓葬出土的白陶器及相关问题 [J]. 海岱考古, 2014, 7.

[8] 烟台市博物馆 . 烟台白石村遗址发掘报告 [A]// 胶东考古 . 北京: 文物出版社, 2000.

[9] 王锡平 . 乳山南黄庄石椁墓 [A]// 胶东考古 . 北京: 文物出版社, 2000.

[10] 王青 . 山东发现的几把东北系青铜短剑及相关问题 [J]. 考古, 2007, 8.

[11] 王青, 朱继平 . 山东北部商周盉形器的用途与产地再论 [J]. 考古, 2006, 4.

[12] 刘德彪, 吴磬军 . 燕下都瓦当研究 [M]. 保定: 河北大学出版社, 2004.

[13] 刘凤鸣 . 嵎夷、旸谷地望考 [J]. 中国历史地理论丛, 2011, 2.

[14] 刘俊勇 . 辽宁瓦房店市长兴岛青铜文化遗址调查 [J]. 考古, 1997, 12.

[15] 李元章 . 山东栖霞县占疃乡杏家庄战国墓清理简报 [J]. 考古, 1992, 1.

[16] 李学勤 . 韩国金海良洞出土西汉铜鼎续考 [J]. 文博, 2002, 6.

[17] 李慧竹 . 汉代以前山东与朝鲜半岛南部的交往 [J]. 北方文物, 2004, 1.

[18] 林仙庭等 . 山东栖霞市金山东周遗址的清理 [J]. 考古, 1996, 4.

[19] 张锟 . 东夷文化的考古学研究 [D]. 北京: 中国社会科学院研究生院, 2010.

[20] 张翠敏 . 辽东半岛南部农业考古新发现与突破 [J]. 辽宁省博物馆馆刊, 2010.

[21] 长海县县志办公室 . 长海县志 [M]. 大连: 大连出版社, 2002.

[22] 曹元启 . 试论西周至战国时代的盉形器 [J]. 北方文物, 1996, 3.

[23] 华玉冰 . 中国东北地区石棚研究 [M]. 北京: 科学出版社, 2011.

连云港封土石室墓的历史性格

朴淳发

一、对连云港封土石室墓的认识

连云港是位于淮河下游多数支流中的一条新沐河流入大海之处的冲积平原（图1）。新沐河南部有金屏山、云台山、伊芦山等，展开为西南—东北方向的地势，其山上分布着多座封土石室墓，当地人用唐王洞、藏军洞、土瓮子、土洞子、古墓葬等多样的地名进行称呼。20世纪初以来，这些遗址为人工制造的看法一直存在，但对其性质上仅有为秦始皇的长生不老起源而造的风水墩或者官方用烽火墩等的推定。1954年发掘调查了3座墓葬，石室内部发现六朝青瓷碗，可推定其时间，但发掘者认为是六朝以后的军事设施（朱江，1955）。1980年代以后，学界认为这些遗址是墓葬的认识有所增加。1989—1990年之间，南京博物院与连云港市博物馆联合实行墓葬群分布调查以及对21座石室墓的发掘调查。分布调查时，编号的石室墓有200余座，根据最近的统计数量达到790座左右（张学锋，2011）。迄今为止，发掘调查还未结束，其数量应该

图1 连云港位置和地形
（修订连云港市博物馆说明板）

更多。1990年2月，对其中1座进行具体调查，对22座进行发掘调查，推测其大概的时间和性质。据担任调查的连云港博物馆的纪达凯、陈中所撰文章（1993），石室墓的构造时间为初唐到晚唐，一部分墓葬可追溯到隋代。所以，连云港地区石室墓被理解为唐代墓制。但没有可作为比较的其他地区同时期的墓制，对于其起源还是无法确定。根据春秋时代的土墩墓广泛分布在太湖周边，有学者认为两者相关（林留根，2000），但不存在时间上的连续性，不能把握为同一系谱（纪达凯、陈中，1993）。

笔者是偶然获知连云港石室墓的。2011年7月，笔者参观连云港博物馆中初次接触了石室土墩墓的照片说明。说明板中写到，其遗址的时代为春秋或者唐代，是一个非常奇妙的内容。经过南京大学贺云翱教授的介绍，连云港重点文物保护研究所高伟所长向笔者介绍了此地方的石室土墩的全面情况，使得笔者理解了其重要性。石室土墩给笔者的第一次印象是与朝鲜半岛百济泗沘期墓制存在类似性。笔者将这一看法告知高伟所长，并参与了现场共同调查的工作。

其后，笔者听闻2011年9月南京江宁东晋博物馆开馆纪念学术会议上南京大学的张学锋教授发表了对连云港石室墓的起源的新见解。张教授在《东南文化》2011年第4期论文上主张，"连云港土墩石室墓是唐代新罗移民的墓葬（张学锋，2011）"。这一见解不同于在中国内部中寻找其起源，展开了新的研究视角。但对其具体的检讨上有若干的疑问，对此笔者将在后面详论。

2011年10月中旬，笔者等3人和高伟所长等连云港研究所方的调查团终于实行了共同实地调查。调查时间仅有2天，但可详细查看到石室土墩的结构和环境条件。

实行当地共同调查的遗址有2处，是朝阳镇西庄村大西山石室墓群（6座）和韩李村小团山石室墓群。因为时间关系，后者只观察17座。这一带包括被损坏的墓葬，应该还分布有更多的石室。通过这次调查，笔者认识了很多新的材料，连云港石室墓跟朝鲜半岛有密切关系的想法逐渐强烈，具体为不是与新罗有关，而是跟百济和高句丽有关。

二、连云港石室墓和百济泗沘期石室墓的比较

（一）连云港石室墓的结构特征

1. 大西山石室墓群（图2）

这批墓群分布在高200米左右的岩山山脊以及南斜面。表土很浅，石室在岩山的地表上砌成地上式，也有石室下部位于地下的半地下式。观察残留的封坟，用石头砌成圆形似乎可令人联想高句丽的封石石室墓。但石室的平面形是稍微细长的长方形（长2.5米，宽1.3米），墓道有左偏、右偏、中间等多种式样。石室壁的构筑方式为先在下部建立大石再堆砌经过初步加工的石块，奥壁有使用已加工的岩石。藻井是用较大的板状石覆盖，墓道和石室之间有门框。与古墓群接近的山顶有石筑山城，城墙除了一部分几乎都已倒塌，难以判别其轮廓。

1 石室入口　　　　　2 石室奥壁状态　　　　　3 墓道门框

图2　大西山石室墓结构

2. 小团山石室墓群（图3）

小团山石室墓群分布在大西山墓群西北方向约3公里处的高为150米的枝陵山脊和山斜面的两侧。调查的17座中大部分是半地下式或者地下式，也有地上式。石室也是细长的长方形平面，墓道位置左偏、右偏、中间等均有。石室两墙壁下部使用较大的长台石，连接于藻井的部分是用已加工的石块先铺垫一层，最后用大扁平石覆盖藻井。玄室和墓道连接部分都有门框，如有露出封土的情况，在墓道的末线一致的地点用护石来围绕成圆形并完成封坟。石室的地面有的直接使用生土面，也有的使用尸床石。残存状态中较为良好的石室大小为3.75×1.5米、3×1.7米、3.7×2.1米、3.4×1.5米，石室的高度

为1米左右。石室的墙壁有涂抹石灰的痕迹，但大部分只有简单的石筑，用来做墙壁的石材中未发现琢石痕迹。

1 13号石室奥壁　　　2 12号石室奥壁　　　3 14号石室门框

4 15号石室与封坟护石　　5 17号石室墓道　　6 17号石室墙壁

图3　小团山石室墓结构

3. 其他特点

笔者参加现场调查的只有23座，但想提及之前发掘调查中确认的连云港地区石室墓特征的重点。

首先，墓道的左右侧具有耳室。其例为云台区南云台乡关里村花果行2号墓（纪达凯、陈中，1993），在耳室的架构法上使用抹角藻井。现在为止，这时期的抹角藻井只存在于高句丽，所以可看出与高句丽有关系。与高句丽的相关性在此地的地名也可找到。据一同参加当地调查的志愿者的指点，位于云台山的最东北的主峰叫"盖苏文峯"，并且知道盖苏文意味着高句丽的渊盖苏文。由此看来，连云港的石室墓主人中有高句丽系人的可能性极高。

另外，虽在地表调查中并未确认，但在发掘地上几乎都有铁制棺钉出土。包括百济的朝鲜半岛三国时期的石室墓都使用木棺的事实已广为人知，这点也跟石室墓的形制一起，可用于推定被葬者的身份。

（二）泗沘期百济石室墓的情况

公元600—660年的百济石室墓中与连云港地区石室墓最相似的例子分布

在忠南西海岸地区的舒川、保宁、洪城等地。其中，保宁莲芝里古墓群是保存最良好的资料，所以用此遗址为中心进行探讨。

海拔高240米山上的东南斜面有50座墓，结构为长方形平面的横穴式石室。按照石室的筑造材料以及筑造方式可分为3个类型。I型是用1-2张大型板石构造两侧墙壁之后，以板石盖住藻井，是几乎全石室位于地下的地下式，并具备门框（图4）。II型是墙壁下部树立较大的板石，此上再加3-5层的割石砌成墙壁，用板石盖住藻井，是石室的下部为地下或者把上部露出于地上的半地下式。地板有覆盖板石或者小河卵石，也有直接使用生土，并具备门框。属于这类型的有莲芝里2号墓（图5）。III型是把割石砌成墙

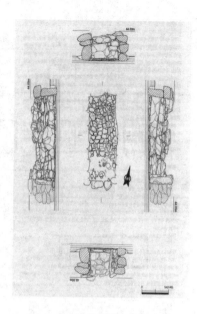

图6 莲芝里 III 型石室结构

（莲芝里1号：李弘钟 等2002）

壁，奥壁只用一枚板石，是石室全部位于地上的地上式，也具备门框（图6）。

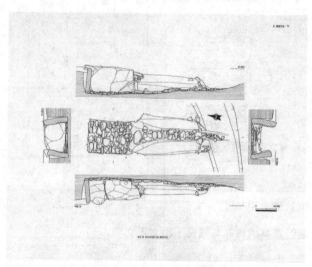

图4 莲芝里 I 型石室的结构

（莲芝里3号：李弘钟 等2002）

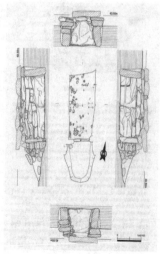

图5 莲芝里 II 型石室结构

（莲芝里2号：李弘钟 等2002）

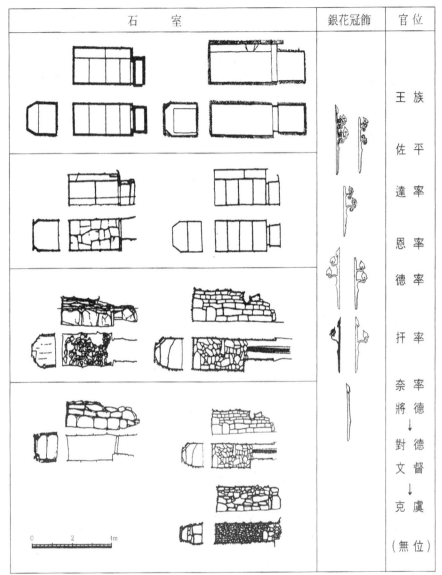

圖 22. 百濟後期型石室·百濟의 官等 對比圖

图 7　百济泗沘期石室墓的形态与棺位（山本孝文 2006）

　　报告判断不同的3类型的石室之间存在着时间上的先后关系，依次为
Ⅰ→Ⅱ→Ⅲ型的演变。随葬品绝大部分是陶器，有三足器、盖杯、直口短颈壶、
盘口壶、长颈瓶等。其中，根据直口短颈壶和三足器等善于反应时间上的变化
的细部器型演变来看，Ⅰ型和Ⅱ型属于较早期，Ⅱ型和Ⅲ型属于较晚期。Ⅰ型

和 III 型虽不处在共存，但 II 型和前两型处于共存。所以，根据石室构造材料和方式的不同，不能排除存在被葬者的身份差异的可能性。比如说，II 型出土铁制帽额框 [①] 的扶余盐仓里古墓群 II–14 号（李南奭等，2003:85），可被理解为中下官吏的墓制。

泗沘期的石室按照规模、构造石材以及加工程度存在身份差异。石室的单面为六角形，使用规格为 250×125 米的治石板石、或者使用有规格但未加工的板石、或者割石筑造，或者石室长度与前述一样但宽度变小等，这些一般都反应了身份差异（图 7，山本孝文，2006:110–115）。莲芝里古墓群以及保宁、舒川、洪城、青阳等地中西部西海岸一带的石室墓都是宽度相比起长度来说较小，并且未发现治石的板石条。这不能完全排除反映了地域色彩的可能性，可看作与地域集团的被葬者身份紧密相关。

（三）连云港石室墓和泗沘期百济石室墓的相似性

朝鲜半岛的石室墓中跟连云港石室墓最相似的是泗沘期百济石室墓，具体如下。

首先，石室全体的平面形上，百济泗沘期石室主流是长宽比为接近于 2:1 的长方形，反观同时期高句丽石室的主流为方形，新罗也如此。连云港的石室是最接近于百济的长方形平面形，两地域之间的相似性最高（图 8）。

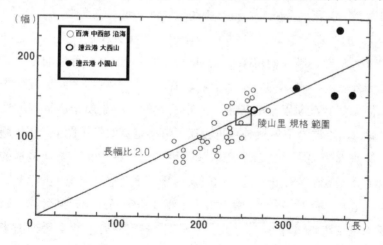

图 8　百济泗沘期中西部沿海地区石室墓与连云港石室墓的长宽比比较
（山本孝文 2006 修改）

[①] 一般叫为"冠帽框"。冠是收尾发髻部分，帽是覆盖冠的外部。所以，逆三角形的铁制框是装饰在帽的前面，使用"帽额框"一词较为适当。

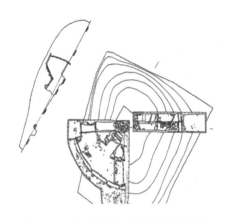

图 9 庆州龙江洞古墓护石与石室
（金元龙等 1990）

其次，石室壁的构造方法和形态上也是百济和连云港相似性最高的地方。墙壁中下部砌成垂直，仅连接于藻井的上部是内倾。短壁是使用接近六角形的立面形态的板石，这是泗沘期百济石室的特征，连云港也与之类似。藻井的形态以及架构方式上也极其相似。在同时期的高句丽或新罗难以找到使用较大的偏平石放于两墙壁架构的方式。高句丽和新罗的石室平面接近于方形，把四墙壁同时进行内倾，然后变为缩小的藻井部上覆盖较小的偏平石。特别是高句丽使用减小四壁的角度并且内收作为抹角藻井的架构。

并且，石室内部的设施方面，是连云港最类似于百济泗沘期的地方。新罗一般构造高出比玄室地面的尸床，百济则是敷石全地面或者直接使用挖掘面，连云港的情况与百济相同。

但是，连云港石室和百济石室之间也发现了相异性。连云港石室墓的封坟边使用护石，但在百济泗沘期石室中并未发现。这点反而类似于公元7世纪后半至8世纪前叶的新罗石室墓封土（图9）。如前所述，石室的构造和形态上存在的较大差异，难以设定系统上的相关性。关于这点有趣的是，最近在扶余发现的统一新罗时期的石室墓上发现有护石，石室的平面形或者构造方式上是遵循百济泗沘期以来的传统。发现石室的场所是属于泗沘都城外郭内部的青山城，出土遗物中包括绿釉折腹盌，可推定其时期（图10）。折腹盌是唐代的起源西方的金属器或者陶瓷器的器种，到现在为止，发现最早的是永泰公主墓（公元706年）出土品，一般流行于公元7世纪末至8世纪初（齐东方，1999：66）。青山城石室墓中也出土了纵长连续马蹄形印花纹碗。这件碗根据新罗印花纹陶器编年案，应属于公元7世纪前期后半叶至后期前半叶之间（崔秉铉，2011），但考虑到一起出土的绿釉折腹盌，其年代应不晚于公元8世纪前期前半叶以前。

反正，青山城石室墓可定为公元8世纪前半期，并且可知道石室的平面形态还存续了泗沘期的墓制传统。但是封坟周边设置护石的这一点，可理解为跟随当时的流行。因此，可看出连云港石室墓的护石与同时期流行的新罗墓葬相关。

图 10 扶余青山城统一新罗石室墓与出土遗物

连云港石室和百济泗沘期石室墓之间，其他的不同点是一部分的石室墓中确认有耳室。如前所述，耳室是高句丽石室墓的特征，流行时间为公元5世纪至6世纪后半，其中属于最晚期的是平壤高山里9号（图11，小场恒吉等，1938）。按照现有的连云港石室墓发掘调查结果，时间上可追溯到隋代，难以排除连云港石室墓受到高句丽墓制影响的可能性。而且从采用抹角藻井架构这一点来看，不能不谈到高句丽墓制的影响。

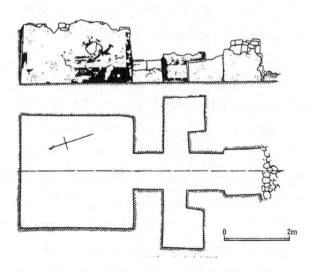

图 11 平壤高山里 9 号（小场恒吉等 1938）

三、连云港石室墓的出现背景

（一）百济与连云港地区

据文献史料，公元371年或372年开始，百济直接与位于长江地区的东晋进行交流。根据《晋书》《宋书》《三国史记》等记载的朝贡、册封等正式交流内容研究（俞元载1993），公元373年（《三国史记》百济朝贡）、公元379年（《三国史记》百济朝贡）、公元384年（《晋书》以及《三国史记》百济朝贡）、公元386年（《晋书》东晋册封）、公元406年（《三国史记》百济朝贡）、公元416年（《宋书》以及《三国史记》东晋册封）等发生了多次交流。但在此期间对辽东半岛的管辖权发生了变化。

根据《三国史记·高句丽本纪》"故国原王2（公元385）年"条、"广开土王11（公元401）年"条、"同王14（公元404）年"条等记载，公元385—404年之间辽东地区被编入高句丽的领域。百济和高句丽处于对立、紧张的关系状态，所以百济难于利用经过辽东半岛的海上交流路线。百济摸索出绕开高句丽影响圈下的辽东半岛的新航路，这就是北路南线航路。北路南线航路，比起之前由朝鲜半岛西海岸→辽东半岛→山东半岛连接的北路北线，存在着横渡西海的危险，但也是能够大大缩短距离的航路。这条航路的具体旅程为：朝鲜半岛西海岸江华湾→横渡西海→山东胶东半岛东南部成山角→山东东南部沿海→连云港→江苏沿海→长江下游→建康。对于开发北路南线航路时间的一般看法为刘宋时期（周裕兴，2010；孙光圻，2011），但如前所述，难于排除高句丽进出辽东半岛的公元5世纪初以后，百济利用这条航道的可能性（朴淳发，2012）。

为了解在这条航道上连云港处的位置，可参考盖卤王18（公元472）年派遣使臣到北魏平城的使行路线。虽然没有能了解具体行驶路线的资料，但可关注随行百济使臣回国的东使邵安的前职为沛郡太守的这一记载。《魏书》列传第32卷"薛野、虎子传"谈到邵安在任沛郡太守的时候，因诬告徐州刺史虎子暗通南齐而被赐死。沛郡是位于江苏省北部的内陆水运的要地。虎子赴任徐州刺史是公元480-491年之间，邵安担任东使时间为公元472—475年，时间上也较为接近。因为沛郡位于经过连云港—徐州连接到河北的路口，当时百济使臣利用南线航路到达连云港，所以有可能是在使臣的回国之路上把东使邵安任命为归还使（朴淳发，2010）。

　　无论如何，可以看出连云港在公元5世纪初以来的横渡西海航路上处于重要的位置，在这种背景下，百济人应该往来连云港频繁。特别是，作为做好横渡大海和等待顺风等航海相关活动的最后准备场所，连云港的作用是巨大的。圆仁的《入唐求法巡礼行记》记载，为了航海顺利，在连云港的海岛上进行无事祈愿祭祀以及跟当地的新罗水手商量航海日程。新罗水手是职业性地被雇佣在横渡西海的航海并且担任引导海路的工作（李洪甫，1990）。由统一新罗出身艄公的活动可知，更早之前在连云港一带的百济人中也有从事这种工作的人，可以看作新罗人是继承前百济人的这种角色。

　　对于这种推定，可关注在连云港重点文物保护研究所所藏文物，即出土于石室墓附近的山城内部灰坑的文物。笔者在高伟所长的介绍下进行了实际观测，认为是百济陶器碎片。陶器片和隋代青瓷片一起出土（图12）。

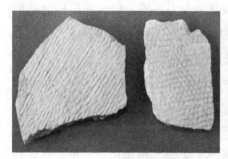

图12　连云港灰坑出土的推测为百济系的陶器与隋代青瓷
（连云港重点文物保护研究所）

（二）百济遗民和连云港

　　公元660年7月，百济泗沘都城陷落以后，王和大臣以及1万余名的百济人被押送到唐朝。虽然文献记载的具体数字不同，但包括百济王在内的50余人应押送到当时皇帝所在的洛阳并且在朝堂拜谒皇帝，其余1.2万或者2万名百姓应被安排到适当的场所①。可判断当时使用的航路也是横渡西海的北路南线，在这情况下，他们应是经过连云港走向洛阳。

目前为止，难以得知多数的百济百姓遗民被安排到哪些地方，但难以排除把百济平民遗民安排到原有百济人从事航海工作的连云港地区的可能性，特别是如前所述，在连云港密集分布着类似于百济地区的墓制，更能证明将百济平民遗民安排至连云港这一推测。即使把百济平民遗民安排到其它地方，随着时间推移，百济遗民也可能移居到百济人已定居的连云港。无论如何，目前虽然对其期间的经过无法得到确定认识，但至少从考古资料上可知百济系人曾居住在连云港。

新罗统一三国以后，百济遗民的国籍自然改为新罗，所以在当地的他们也被视为新罗人。最后，如前所述，可理解为在圆仁生前时期的连云港已成为新罗船工的活动舞台。从事航海和贸易的新罗人集团不仅在连云港，还分布在山东—浙江的各个沿海地区，但确定发现有百济系墓葬的地方只有连云港这一点也支持这种推定。

另一方面，在连云港地区的石室墓中观察到的高句丽要素，也证明有高句丽人移居到连云港的可能性。公元668年灭亡的高句丽遗民中一部分移居到

---

① a.《三国史记》卷第二十八 百济本纪第六 义慈王二十年（公元660年）
（前略）定方以王及太子孝、王子泰、隆、演及大臣将士八十八人、百姓一万二千八百人送京师。（后略）
b.《三国史记》卷第五 新罗本纪 武烈王七年（公元660年）
定方以百济王及王族臣寮九十三人、百姓一万二千人，自泗沘乘船回唐
c.《三国史记》卷第四十二 列传二 金庾信中
（唐人）虏百济王及臣寮九十三人、卒二万人，以九月三日自泗沘泛船而归，留郎将刘仁愿等镇守之。定方既献俘，天子慰藉之。（后略）
d.《三国遗事》卷第一 纪异篇 太宗春秋公条定方以王义慈及太子隆、王子泰、王子演及大臣将士八十八人，百姓一万二千八百七人，送京师。
e.《旧唐书》卷第一百九十九上 列传 百济传
虏义慈及太子隆、小王孝、演、伪将五十八人等，送于京师。
f.《日本书纪》卷第二十六 齐明天皇六年秋七月条
将军苏定方等所提百济王以下太子隆等诸王子十三人、大佐平沙宅千福、国办成以下七人并五十许人奉进朝堂（后略）
g.《日本书纪》卷第二十六 齐明天皇六年同十一月条
百济王义慈、其妻恩古、其子隆等，其臣大佐平千幅、国办成、孙登等凡五十馀人，秋于七月十三日为苏将军所提而送。

百济人已定居的连云港的可能性也存在。他们随着时间流逝都融合为新罗系住民。

四、结语

连云港是朝鲜半岛和中国之间海上交通道路的必经地。百济开始与长江流域的东晋、南朝进行正式外交活动以来，连云港的地位从未改变，特别是从高句丽占领辽东半岛一带的5世纪初以后难以利用北路北线航路进而探索横渡西海航路的情况下，连云港的重要性更加提升了。

在连云港地区发现的"土墩石室墓"，从其结构和平面形态来看，最类似于公元7世纪前半到百济灭亡的公元660年之间在中西部沿海地区流行的墓制，这可推测与利用横渡西海路线的百济相关。可充分地提出，从事航海准备工作的百济人的存在。

随着公元660年百济灭亡，押送到中国的1.2万~2万人的大规模的百济人在哪里以及怎么安排都尚未可知，但是从百济渡海到第一登录地点的连云港应有多数百济人定居的可能性较高。高句丽灭亡以后，高句丽人也应到连云港定居。新罗统一三国之后，他们都被称为新罗人是理所应当的。在此基础上，把连云港石室墓理解为新罗移住民的墓葬的见解也有道理，但是从考古资料上看，它的起源应为百济系的居民。

参考文献：

[1]朴淳发.北魏平城断想[J].百济学报，2010，3.

[2]朴淳发.从考古资料看山东与韩半的岛的古代海上交通[A]//百济与周边世界.진인진出版社，2012.

[3]金元龙，等.庆州龙江洞古坟发掘调查报告书[M].庆州：文化财研究所，1990.

[4]山本孝文.三国时代律令의考古学的研究[M].首尔：书景文化社，2006.

[5]李南奭，等.盐仓里古坟群[M].公州：公州大学校博物馆，2003.

[6]李弘钟，等.莲芝里遗迹[M].世宗：高丽大学校埋藏文化财研究所，

2002.

[7] 崔秉铉 . 新罗后期样式陶器的编年 [J]. 岭南考古学，2011，59.

[8] 纪达凯，陈中 . 连云港地区土墩石室遗存时代性质新考 [J]. 东南文化，1993，1.

[9] 李洪甫 . 古代连云港地区的对朝交通 [J]. 东南文化，1990，5.

[10] 林留根 . 江南石室土墩 [A]// 江苏考古五十年 . 南京：南京出版社，2000.

[11] 张学锋 . 江苏连云港"土墩石室"遗存性质刍议 [J]. 东南文化，2011，4.

[12] 齐东方 . 唐代金银器研究 [M]. 北京：社会科学院出版社，1999.

[13] 朱江 . 吴县五峯山烽燧墩清理简报 [J]. 考古通讯，1955，4.

[14] 东潮 . 高句丽考古学研究 [M]. 东京：吉川弘文馆，1997.

[15] 小场恒吉，等 . 高句丽古坟调查 [A]// 昭和十二年度古迹调查报告 . 京城：朝鲜古迹研究会，1938.

韩国古代制盐考古初探

朴淳发　李弘钟

众所周知，盐作为生存不可或缺的物质，在古代就为人类所认识。随着人类社会进入农业生产阶段，日常饮食中所摄取的盐分不能满足人类身体需要的情况下，不同地区的人们都有可能开发制盐技术，以获得食盐。根据自然条件的不同，各地获得食盐的方法有所不同。有的地区用岩盐，有的通过熬煮盐井中的卤水制井盐，还有的利用海水提取海盐等等。从青铜器时代开始，朝鲜半岛地区的人们将农耕作为主要生业方式，那时候很可能已经存在某种制盐技术。根据自然环境可以大胆推断，在三面临海的半岛地区人类应该更倾向取用海水制盐。但遗憾的是，目前在韩国还没有发现任何与制盐有关的考古证据。

从现实情况来看，韩国学术界并非不关注史前及历史时期的制盐问题，只是在关注范畴上略显狭窄。即，关注焦点主要集中于遗址出土的制盐陶器。因此本文的写作初衷在于，推动韩国考古学界对以前制盐考古学研究妥当性的反思，并对未来的研究工作提供一定的启发作用。从盐业考古研究的角度出发，首先需要确定韩国地域内所采用的制盐模式。考虑到朝鲜半岛的自然条件，可以确定，由古至今这一地区主要依靠熬煮海水成盐法获得食盐。根据朝鲜时代广泛使用的传统制盐法，具体操作是先把海水浓缩为卤水，再于土盆或铁盆中熬煮卤水终而成盐。在很长的时期内，这种制盐技术被持续地使用。一直到1909年，日本式天日制盐法首次被引入韩国。由于这种方法比传统熬煮法成本更低，因而天日制盐法替代传统的熬煮海水成盐法被广泛使用。与此同时，天日盐迅速占领市场，而煎熬盐也销声匿迹。[①]可想而知，如

---

① 高桥邦周．朝鲜的制盐事业 [A]// 朝鲜满洲台湾实状要览．东鲜日报社，1924：331–333.

果要发现古代制盐的考古遗迹，首先应该仔细考查朝鲜时代的制盐工程遗迹；然后，需要对可能与制盐有关的考古材料进行科学的分析和判定，以便确定其是否可以作为制盐活动的证据。下文中通过对韩国传统制盐法的阐述以及对疑似制盐用具的技术分析，初步探讨古代朝鲜半岛地区的制盐情况。

一、韩国传统制盐法和考古材料

依据相关报告，20世纪初分布在朝鲜全境的制盐釜屋达3962个，年产量2亿6000万斤左右。[①] 主要的盐产地集中在全罗南道、京畿道、忠清南道、庆尚南道、咸镜南道、平安南道等地。这些盐产地都临近海洋，其中大多数位于朝鲜半岛的西海岸。从地形来看，西海岸是潮差最大的地方。退潮时，在海岸线边际露出的广大涂地上易取得高盐度的卤水。当时制盐方法有两类：第一是直接熬煮海水法；另一种方法是在盐田内集取高盐度卤水，再通过熬煮卤水法制盐。通常，前者比后者效率更低，因此在生产中遭到淘汰。而潮差很小的朝鲜半岛东海岸，即海滩涂地不发达地区，只能采用直接熬煮海水法。可见，对熬煮卤水制盐法来说，最重要的就是盐田。盐田为汇集卤水的地方，一般选择在地形略高的海滩涂地上。这种地形可以保证在涨潮以外的时间内，外海水无法灌入盐田。鉴于制盐的实际需要，盐田演变出两种形式：有堤盐田和无堤盐田。以田埂为围的盐田叫"有堤式盐田"，不带围埂的是"无堤式盐田"。"有堤式盐田"出现于17世纪，一般分布于潮差较小的朝鲜半岛东海和南海岸，如庆尚南道、咸镜南道等地。[②] 此外，还有一种人工盐田——"扬水式盐田"，主要也分布在地形与朝鲜半岛东海岸相似的潮差很小的地方。这些地区的自然引力无法推动海水涌入海岸沙丘之上，收集卤水只能依靠人工将海水扬入盐田，因而被称为"扬水式盐田"。

上述的几种制盐法中，西海岸常用的"无堤式盐田"作为最古老的传统方法被广泛采用。因此，下文中将以"无堤式盐田"为中心，探索与古代制盐相关的考古遗迹。

---

① 农商工部水产局. 制盐业 [A]// 韩国水产志. 日韩印刷株式会社，1908：561–562.

② 金义焕. 朝鲜后期忠清道的盐生产和生产方式——以瑞山、泰安为中心 [J]. 朝鲜时代史学报，2004（28）.

（一）韩国传统制盐法及设备

依据民俗调查，韩国传统制盐场由"盐田"和"盐幕"组成。先在盐田汇集卤水，然后把卤水运到盐幕熬煮成盐。盐田的位置一般选择在涨潮线和退潮线之间的砂土堆积层面上，地形结构属于以砂土为主的海滩涂地。涨潮时被淹没，落潮时露出，并经日晒而干燥。经过这样的反复过程，海涂砂粒的盐分越来越高，可以汇集适合煎熬用的高浓度卤水（12% 以上）。盐幕则设在潮水无法侵入的高地，附近柴草丰富的山地是最佳的地点。[①] 因为在整个制盐过程中需要大量燃料，燃料费往往占制盐成本的1/3–1/2，所以易取得燃料的地点更加适合。恰巧的是，朝鲜半岛西海岸处处可见这样优良的自然环境，因此可以提出代表性位置的模式，如下（参考图一）。

图一　朝鲜半岛传统制盐所的位置及设施

19世纪末，朝鲜西海岸盐田的面积可以计算，每一个盐幕平均需要盐田约3000平方米。[②] 经营一个盐幕需要4–5个人：钱主提供经营费用；盐汉1名，承担制作盐釜以及管理煎熬工程；盐井夫1名，从事设置卤水井和汇集卤水于盐田的工作；杂役夫2~3名，用牛力翻动盐田的土地以及运卤水等。

到低潮期，即上下弦月时候，一日两三次翻动盐田的土地。然后在田内各处挖盐井，一个盐田需要挖掘盐井25个左右。盐井的平面呈圆形，直径5~10米，深达2米。在井壁内侧树立多个木柱，木柱外侧卷草编织物等做成井桶。接着，用咸砂将介于井桶与井壁之间的空隙和上面填平。涨潮时，海水浸透盐井周围的咸砂，溶解的卤水流入井桶中。待退潮时，把井桶里的卤水运到盐幕周边的卤水桶内，便完成煮盐前的准备工作。

另外，盐釜（或称盐盆）的制作是由盐汉负责，当时普遍使用的盐釜是

---

① 金日基. 关与煎熬盐制造方法的研究 [J]. 文化历史地理，1991（3）.

② 金日基. 关与煎熬盐制造方法的研究 [J]. 文化历史地理，1991（3）.

用牡蛎灰制成的"土盆"。简单阐述其制作过程，就是将牡蛎或海贝壳焚烧后粉碎成石灰，再用木头和草秆结好框架，最后在框架上贴覆石灰泥做出四角形盆（参考图四）。土盆本身很脆弱、寿命很短，每个新的土盆仅经得起1~2次熬煮。因此，煮盐过程中会出现很多祈祷顺利完成煮盐的祭祀活动。盐幕的结构较为简单，仅是树立若干个木柱组成的通天草幕（参考图二），中部只有一个煎熬灶（参考图三）。为了加快水汽蒸发和便于排烟，盐幕上未设屋顶。

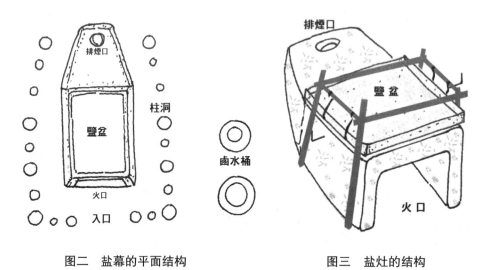

图二　盐幕的平面结构　　　　　　　　图三　盐灶的结构

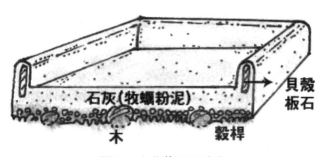

图四　土盆截面和质地

（二）推定制盐考古遗迹

综合上文所述，我们可以掌握与制盐遗迹相关的一些现象和线索。首先，关于制盐遗址地理位置判定问题。通过总结朝鲜时期盐场的地理环境特征，可以推测其他可能盐场的选址、布局与范围。也就是说，可以判定某些靠近朝鲜时期传统制盐场所的，或者与它具有相似地理环境的考古遗址与制盐活

动有关。制盐遗址很可能
处于面临广阔海涂、背对山
地海岸、海拔略高的平地之
上。第二，在盐场遗迹中，
最可能保存下来并被发现的
是盐幕。而盐幕以外的其他
遗存，因经不起海涂上海水
的冲蚀，最终痕迹全无。但
存留下来的盐幕结构也较为
简单，仅有许多不规则的柱
洞和被烧结的熬煮灶址而已。

目前，已发现的考古遗
址当中，符合制盐遗址条件
的不多。其中的两个疑似制
盐遗址——仁川云南洞遗址
和忠清南道唐津市伏云里遗
址，是经过本文两位作者亲
自调查（参看图五）。下面
对这两个遗址情况进行简单的介绍。

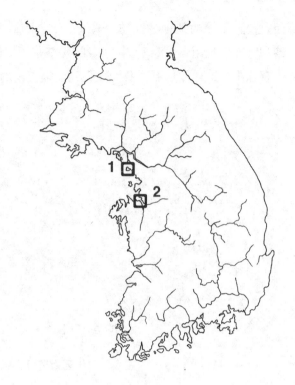

图五　本文所提及遗址的位置

（1 仁川永宗岛云南遗址，2 忠南唐津伏云里遗址）

1. 仁川云南洞遗址

2008年4月–2009年2月，韩国考古环境研究所对位于永宗岛南部海岸的
仁川云南洞遗址进行了正式的考古发掘。永宗岛距仁川海岸3公里，现今以桥
体连接而成为仁川国际机场城市。云南洞遗址包括云南 A 遗址和云南 B 遗址，
两个地点东西相距约1公里（参看图六）。在两个地点出土几处房址、许多不
规则的柱洞和土坑，在部分谷底还发现贝丘遗迹（参看图七）。云南 A 遗址和
云南 B 遗址的年代相差不大，都属于朝鲜半岛中南部地区的原三国时代，即，
公元3世纪左右。从制盐遗址的角度来观察，首先，这两个遗址的选址布局与
朝鲜时代盐场颇为相似，尤其发现许多不规则柱洞和土坑很容易令人联想到
朝鲜时期的盐幕遗迹。再者，在贝丘层间观察到的石灰质泥带，疑似废弃的
传统制盐用土盆（参看图八）。此外，遗址中发现的房址与当时普通聚落的居
住址相比更为简陋。由此可以大胆推测，这些住址并不是普通的居住用房屋，

而是盐幕附属的某种建筑物。遗址中出土陶器大多为煮沸用器、大形储藏用器和特殊祭祀用器（参看图九）。特殊祭祀用器的器面有透孔、器底平面中央也有孔洞，这样的形制让我们联想到汇集卤水的卤水井。

图六　仁川云南遗址立地环境

图七　云南 A 遗迹现象

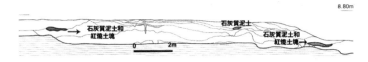

图八　贝丘层间的石灰质泥土和红烧土块（云南 B）

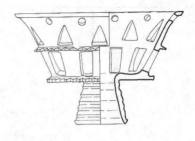

图九　云南遗址出土特殊祭祀用陶器

若上述论述正确，可以推断云南 A、B 两个遗址是韩国古代制盐场。同样值得关注的是贝丘层中的石灰质泥土，如果它是制盐土盆废弃物，那么韩国地区在公元3世纪就已经出现土盆熬煮制盐法了。

2. 唐津伏云里遗址

1995年，忠南大学校博物馆调查发掘[①]位于牙山湾南海岸的忠清南道唐津市伏云里遗址。调查前，遗址区域地面上分布着一些贝壳堆积，因而被当作贝丘遗址。经过发掘，贝壳层仅为厚度不到50厘米的单纯堆积，年代也属于近代。但是，在贝壳层以下的黑色堆积层上发现了公元4世纪左右的陶片和石头群遗迹。当时，调查队并未弄清遗迹的具体性质。时至今日，我们认为这一遗迹应该与制盐有关。根据之一是遗址位置（参看图十）。

图十　唐津伏云里遗址位地

---

① 忠南大学校博物馆. 牙山国家工团忠南富谷地区考古民俗调查 [M]. 大田：忠南大学校博物馆，1996：50–52.

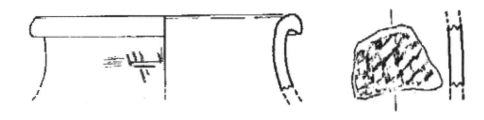

图十一　伏云里出土陶片

图十二　同类的深钵形土器

首先遗迹所处地理位置与朝鲜时期制盐场极其近似，都是面临海涂背依山地的自然环境。第二，混入柴灰的黑土堆积层上面分布着一些石头，呈现某种列就配置（参看图十三），很可能是石头的炉或灶的遗迹。此外，同一层面上采集的陶片作为"深钵形土器"的残片，就是当时普遍使用的小型煮沸用器（参看图十一、十二）。综合以上遗迹现象和特征可以推定唐津伏云里遗址为制盐场。不能回避的是，同作为制盐场，唐津伏云里遗址与仁川云南遗址的差别很大。这一差别可以用规模来解释，唐津伏云里遗址很可能比仁川云南遗址规模更小、制盐设施较为简单、不具备煮盐专用的石灰土盆，而是以日常煮沸用器代替。

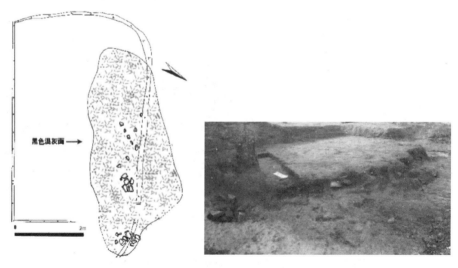

图十三　唐津伏云里遗址的遗迹现象

二、技术分析

如开篇所提，韩国考古学界到目前为止尚未发现与制盐相关的确凿考古证据。在这种情况下，前文中笔者们积极寻找各种线索，确定古代朝鲜半岛存在熬煮制盐活动。并通过探讨已调查的沿海遗址，阐述了最晚公元3世纪以后朝鲜半岛开始用石灰泥制土盆煮盐的可能性。同时，当时可能也存在使用日常煮沸器制得食盐的现象。然而，这些初步推定需要更多、更确凿的证据支持。因此，笔者们试图运用较为可靠的科学性分析法[①]对其进行检证。根据堀内（Horiuchi）先生研究团队的研究成果，制盐用陶器平均含有氯电离子0.6mg/g。即，1克陶器约含有氯电离子0.6毫克。如果被分析的陶片含有超过这一基准的氯电离子，就可以推断为制盐陶器。作为疑似制盐遗址的唐津伏云里遗址与仁川云南遗址，曾经出土了一些陶片。为进一步证明两个遗址的性质，在这些陶片中选择适合的材料，进行初步的科学性分析（图十四）。

图十四　分析样本照片（上：唐津伏云里遗址出土，下：仁川云南洞贝塚出土）

（一）方法

为确认韩国海岸地区遗址中发现的陶器是否被用于古代的制盐业，我们对6个陶片样本进行化学分析。这些陶器样本中的3片发现于仁川云南洞贝塚，另3片是出土于忠清南道唐津郡伏云里遗址，都属于原三国时代到百济早期（相当于公元3—4世纪）。

鉴于研究的需要，我们对陶片样本进行了一系列的前期处理。首先将陶片样本放入烘干炉内，在100℃的温度下干燥24个小时。然后用玛瑙研体

---

① Horiuchi A,Ochiai N，Kurozumi H, et al . Detection of chloride from pottery as a marker for salt: A new analytical method validated using simulated salt-making pottery and applied to Japanese ceramics. *Journal of Archaeological Science* , 2011,38(11):2950-2954.

（AgateMortar）对样本进行细致的研磨，并取得1.5g以上的粉末样本。接下来借鉴 Horiuchietal.（2011）提出的化学处理方法，用蒸馏水检验可溶性氯离子（Cl–），用氟化铵（NH4F）检验非水溶性氯离子（Cl–）。

检测中，将1g的样本粉末与10ml的蒸馏水置于最大容量为50ml的特氟龙（teflon）质试管中后，用3000rpm的转速进行10分钟的圆心分离。然后，在分离的样本中抽取5ml的上层清液，用美国戴安（DIONEX）ICS–1500型离子层析仪（IonChromatographySystem）进行水溶性氯离子的测定。采用以上这种方法，对每个样本进行反复的3次操作，可以提取大部分的水溶性氯离子。之后，继续对充分提取过水溶性氯离子的样本进行非水溶性氯离子检测。

操作方法是：在样本中加入10ml浓度为0.28M的氟化铵水溶液，并在圆心分离机上用3000rpm的转速进行10分钟的分离，最后在试管中抽取5ml的上层清液，用ICS–110型离子层析仪（IonChromatographySystem）进行非水溶性氯离子的测定。这个过程也需要进行反复3次操作，以提取大部分的非水溶性氯离子。

（二）分析结果

沿海地区遗址中出土的陶器极有可能曾经被用于制盐或者其他活动，陶器上自然会留下各种化学痕迹。但是在从被废弃到被发现的这一段相当长的时间，由于陶器暴露于外部环境中，很容易被环境中的各种盐分污染。这种被污染的陶器虽然含有盐分，而事实上与制盐业毫无关联。水溶性氯离子较容易受到外界环境的影响，而非水溶性氯离子与制盐业关联较为密切。因此，我们将陶片样本中的水溶性盐类充分提取后，再采用氟化铵检验非水溶性氯离子的方法。

在研究中我们发现，随着对样本中水溶性氯离子提取回数的增加，大部分样本的水溶性氯离子浓度大幅度地下降。同时，在所有的陶片样本上都提取到了水溶性的氯离子。其中，唐津伏云里遗址的样本在检测中显示出比其他任何样本都高的水溶性氯离子存在范围（0.0517–0.2866mg/g）。再者，作为唯一口沿部位的陶片，样本（BWH3）具有最高的水溶性氯离子值（0.2866mg/g）。而非水溶性氯离子的分析结果显示，所有样本都不包含非水溶性氯离子，无法证明这些陶器与制盐业相关。因此，非水溶性氯离子的实验结果并不如人意。

表一　分析样本氯离子值

遗址名	样本编号	样本属性	回数	水溶性 Cl-	非水溶性 Cl-
唐津伏云里遗址	BWH1	陶片	1 次	0.0291	0.0000
		陶片	2 次	0.0149	0.0000
		陶片	3 次	0.0077	0.0000
	BWH2	陶片	1 次	0.0716	0.0000
		陶片	2 次	0.0349	0.0000
		陶片	3 次	0.0176	0.0000
	BWH3	陶片	1 次	0.1684	0.0000
		陶片	2 次	0.0811	0.0000
		陶片	3 次	0.0371	0.0000
仁川云南洞贝塚	YJH1	陶片	1 次	0.0016	0.0000
		陶片	2 次	0.0000	0.0000
		陶片	3 次	0.0000	0.0000
	YJH2	陶片	1 次	0.0012	0.0000
		陶片	2 次	0.0000	0.0000
		陶片	3 次	0.0000	0.0000
	YJH3	陶片	1 次	0.0013	0.0000
		陶片	2 次	0.0012	0.0000
		陶片	3 次	0.0000	0.0000

尽管如此，从仁川云南遗址的遗迹现象来看，几乎不存在使用日常煮沸用器制盐的可能性。这意味着，到了仁川云南阶段（即原三国时代），已经开始使用土盆熬煮制盐的可能性更大。

三、结语

综上所述，笔者们认为，在古代朝鲜半岛已经存在因地制宜的制盐方法，也就是"卤水熬煮制盐"。这种制盐方法适合广阔的海涂地区，特别是朝鲜半岛西海岸地区。虽然"卤水熬煮制盐"的原理与中国山东地区差不多，但汇集卤水的场所有所不同。山东地区制盐通常凿井于古海岸线而集卤水，而朝鲜半岛地区则在现今海涂上设盐田挖卤水井。可想而知，这些差异是自然条件的差别导致的。再者，朝鲜半岛煮沸卤水的方式有两种：一种是使用日常煮沸陶器；另一种是使用制盐专用的石灰土盆。

根据目前掌握的证据，土盆煮盐法可能开始于原三国时代（公元前100年—300年）的朝鲜半岛中南部地区，仁川云南遗址就是最早的遗址。值得注意的是，出土遗物中也存在由乐浪等中国郡县地区来的输入品，比如：五铢钱和铁茎铜镞等。据此，其年代可以追溯到公元3世纪以前。另外，也存在土盆煮盐法源于中国郡县地区的可能性。

依据中国学者的研究成果[1]，西汉前期已出现铁釜煮盐法，而盔形器煮盐法逐渐退出历史舞台[2]。考虑到这种情况，虽然目前在山东地区还没发现石灰制土盆，但还是存在土盆煮盐法源于山东、经过乐浪辗转来到朝鲜半岛的可能。从那以后，朝鲜半岛土盆煮盐法一直持续被使用，直至19世纪初叶，最后甚至下限至20世纪50年代[3]。即便日常煮沸器制盐法仍旧在民间流传和使用，也仅为自给自足式的少量生产而已。

日本制盐以陶器煮盐为主，最早铁釜制盐法开始于奈良时代初叶的8世纪前半叶。即石川县泷·柴遗址[4]。用铁釜制盐必须具备在盐田汇集卤水的卤水系统，而鉴于日本海岸缓慢倾斜的海涂并不发达，盐田的样式应该是在海边沙丘上建造的"扬水式盐田"。就像前文提到的一样，这种人工盐田经常使用于朝鲜半岛东南海岸。但是，目前还没发现相关的古代韩国考古材料，日本"扬水式盐田"与韩国东海岸"扬水式盐田"之间的关系仍不明确。

本文作者：朴淳发，韩国，大田市，国立忠南大学校考古学科教授

李弘钟，韩国，世宗市，高丽大学校考古美术史学科教授

---

① 王青，朱继平. 山东北部商周盔形器的用途与产地再论 [J]. 考古，2006（4）.

② 曹元启. 试论西周至战国时代的盔形器 [J]. 北方文物，1996（3）.

③ 宋台镐. 忠清大观（2）[M]. 忠清大观编纂会，1959：434.

④ 桥本澄夫，户涧干夫. 日本土器制盐研究 [M]. 青木书店，1994：668–669.

第三部 交流与影响

百济与六朝文化交流研究的断想

周裕兴

一、4 至 6 世纪东亚的国际关系的总体把握

朝鲜半岛的三国争战 中国的南北对峙 日本的倭
生存发展变化调整 近攻远交

百济是韩国古代的一个国家，更是 3—7 世纪东亚文化圈中的一个重要国家。他既要同高句丽和新罗竞相鼎立争战，又直接与中国的南北政权和东部日本的倭政权相交涉，在东亚的国际舞台上扮演着十分重要和活跃的角色。

因此，从某种意义上来说百济堪称当时东亚国际政治外交关系变化发展的聚焦点（轴）。真正了解了百济的历史，也就大致了解了当时的东亚世界；反之，从历史学的眼光看，如果不了解当时东亚各国的概况，就不可能全面深刻地认识百济的历史。

在这长达三个多世纪的三国争斗中，为了孤立对方，壮大自己势力，争战三方均争先恐后地开展外交战，致使中国众多封建王朝和日本大和（倭）国均以不同形式卷入朝鲜半岛三国争战的游涡中。

"远交近攻"是当时各国普遍采取的外交策略，不断的军事冲突和变幻的结盟关系是常见的国际现象，而唯有百济与中国六朝的交往是以制度和文化的交流为内容，以和平的方式来进行，持续的时间也最为长久。

在朝鲜半岛高句丽、百济、新罗三国之间的争战中，日本的倭政权得到的利益最大，它以多次的武力介入为代价，通过国家间的外交途径，直接从朝鲜半岛，尤其是通过百济，不断引进大批劳动力、优秀工匠和各类高级学

者及高僧，从而实现了日本早期社会政治经济的迅速发展和国家的形成。

二、百济与六朝交往的特点

交往的文献记载　海上交通的线路　名义和文化
汉文　五经博士　工匠　画师　历法　佛教
物品交换　乐舞

根据文献的记载，中国和百济的交往始见于《晋书·简文帝纪》咸安二年，即372年百济遣使贡方物，晋册封其王为镇东将军领乐浪太守。到6世纪后期百济同六朝交往记录竟达34次之多（是六朝对外交涉记载最多的国家之一），充分地反映了两国的友好关系。

但在日本奈良天理市石上神宫发现了百济王赠予日本王的七支刀，刀上铭文为："泰□四年□月十六日丙午正阳，造百练□七支刀，……"近年对七支刀 X 射线及显微摄影研究表明，刀铭年号所缺字为"禾"偏旁。由此推测，其年号很可能为东晋太和四年（369年）可见百济和中国的交往早于文献的记载。

再根据在韩国汉城的风纳土城和梦村土城（推测为百济早期的重要城邑）考古发现的许多中国陶瓷——钱纹陶罐标本来看，百济和中国南方（今江苏浙江地区）的交往，至少于公元3世纪就已进行了。

百济与六朝在陆地上不相联通（一是路途遥远，二是有高句丽和北朝等的阻隔），主要是通过海上线路进行沟通交流的。一般来说海上航行的速度可以比陆上行走快三倍多，若能利用信风则更为便捷，不过遇到风浪和恶劣天气等的风险系数要比陆上要高（公元379年，百济近仇首王遣使朝贡，但"其使海上遇恶风，不达而还"。见《三国史记》百济本纪2）。

据文献记载，推测百济与六朝交往的海上航通大概是这样的："自建康出大江至于海，转料角至登州大洋；东北行，过大谢岛、龟□岛、淤岛、乌湖岛三百里，北渡乌湖海，至马石山东之都里镇"。具体来说这条航线是：从建康（今南京）沿长江东下，在长江口北端海门附近之料角转向北行驶，大体傍黄海海岸北行，过山东半岛东端之成山角，再进入登州大洋，即威海、烟台北部海域，再沿庙岛列岛北上，经大谢岛（即长岛）、乌湖岛（即北隍城岛）等，渡渤海悔峡到达辽东半岛南端的都里镇。都里镇即马石津，亦即三国时的沓津（或称沓渚），即今辽宁旅顺。即可进入朝鲜半岛的西海岸线。

还有一种可能是船至山东半岛后直接横渡到对岸的百济沿海海岸。山东半岛的最东端据朝鲜半岛的最近直线距离仅约200公里，六朝时山东半岛曾一度在刘宋控制之下，其沿海不会受到敌对势力的侵扰，故在六朝期间，百济与刘宋的交往最密切达到了12次之多。

百济与六朝的频频交往，一方面是为了得到中国正统王朝的名分和道义上的支持，使自己在争战中师出有名，并以此威慑和钳制敌对方；另一方面百济是当时东亚较发达的农业国家，自然接近且易于接受六朝的先进文化来发展和强大自己。在当时的东亚诸国当中百济与六朝的关系，更多的是体现在文化的联系的上面，因此，两国的关系也因此而表现得稳固和亲密。

汉文最早传至百济的时间不详。公元三世纪中叶百济始用汉文记载历史，说明在这之前已使用了汉文。百济近肖古王时由博士高兴用汉文撰写《书记》、是百济开国以来第一部文字记事的史书。

百济很早便吸收了中国的博士制度，有通晓易、诗、书、礼、春秋的五经博士，还有其他各种专门博士。王仁、高兴等著名儒学家都得到博士称号。关于百济的教育机构，史书未有明确的记载，但从实行博士制，特别是有从事经学研究的博士来看，可以推断百济似已有国学（太学）之类的教育机构。国学（太学）之类机构的出现和在国学中讲授五经，都是从中国传来的和向中国学习的。如450年百济的毗有王向当时中国六朝的刘宋王朝派遣使臣，要来了《易林》《式占》和腰弩。541年，百济又从中国六朝的梁王朝请来了"《毛诗》博士，《涅槃》等经义，并工匠、画师等"。这一切，对当时百济儒学和文化发展产生了积极影啊。（《宋书·夷蛮传》说：宋元嘉二十七年，百济"表求《易林》《式占》、腰弩，太祖并与之"；《南史·夷貊下》亦载：梁武帝"中大通六年（534年）、大同七年（541年），累遣使献方物，并请《涅盘》等经义、《毛诗》博士并工匠画师等，并给之"）

《北史·百济传》称其："行宋《元嘉历》，以建寅月为岁首"，同样说明百济传统上使用中国的年号历法。使用六朝年号，表明奉六朝为正朔；而使用六朝历法，势必在文化上深受影响。

佛教在百济文化中占有重要地位，百济的佛教也是从中国传入的。公元384年，胡僧摩罗难陀从中国东晋到百济传播佛经、引起百济统治阶级的极大兴趣和重视。次年，百济"创佛寺于汉山，度僧十人"。这就是百济信奉佛教的开始。从此以后，佛教在百济逐渐兴盛，成为"僧尼寺塔甚多"的国家。公元541年百济遣使到梁，请求《涅槃》，这说明当时百济对于佛教，不仅是在宗教上崇拜，而且开始注重经义的研究。在此过程中，有人甚至到印度求法。（《三国史记·百济本纪》第二称：枕流王元年（384年）"九月，胡僧摩罗难陀自晋至，王迎之致宫内礼敬焉，佛法始于此"。）公元527年，百济为崇敬中国的梁武帝在其都城所在的熊津川建立与建康佛寺同名的大通寺，以表明两国的亲密关系。

同时，百济的文化也传入中国，如百济送给中国的有马匹、铁甲、雕斧、明光铠之类的东西，以及百济的音乐和舞蹈等。

三、研究百济与六朝文化交流的意义

补充文献记载的不足

促进百济史的研究（陶瓷编年、瓦当编年、制度史、艺术史）

促进中韩学术交流（佛教考古、寺院配置、石塔；发掘、研究、保护文化遗产的经验）

确立和提高百济在古代东亚文化圈中的地位和影响

从史学理论角度来讲，研究历史离不开史料。史料又分三类，即文献，实物和口碑（当事人的口述，回忆录，证言等）资料。现存的有关百济的文献资料，因为受年代久远，著作人的观念，成书的时代等多方面的影响，既不多，也颇有争议，可利用的很有限；反映百济历史的所谓"口碑"资料现在已不可能有；因此，通过考察研究已发现的百济时期的文化遗存（文化财，文物）这些实物资料来证明，修正和补充百济史就显得尤为重要。

百济史研究的深入，必须依赖于文物考古学来解决，已在学术界形成共识。探讨百济与六朝文化的交流，可以有益于百济史的研究。例如说中国六朝陶瓷器的发现与研究已经较为成熟，百济时期的墓葬和遗址中也经常会发现，那么就可以利用中国陶瓷器的编年体系，来帮助和佐证百济时期墓葬和遗址的年代。又如古代建筑上使用的瓦当，是体现韩，中，日三国历史文化的特有文物，把六朝，百济和倭的瓦当互相比照研究，就可以客观地揭示其年代，特征，来源和文化交流的路线等。

　　百济文化对古代日本的影响很大，研究方面也较重视。同样，通过对百济的了解和研究也可以促进韩、中、日三国学术界的交流。例如百济佛教考古的资料比较多，寺院的布局配置，佛塔的形制实物，莲花纹瓦当的品类和制作等原来都是中国六朝考古的空白，非常需要这方面的资料给予借鉴。还有韩国对于百济时期文化遗存的发掘，研究和保护管理等方面，已积累了许多好的经验，值得中国的同行学习。

　　百济地处朝鲜半岛西南部，它的存在从公元前18年到7世纪中叶长达六七百年。百济依据本国社会经济的基础，利用相邻的中国六朝以及高句丽文化的影响，创造了朝鲜半岛南部发达的经济和文化，并且影响和促进了当时日本的文化发展。百济文化是早期东亚文化圈形成的主要因素；百济历史是古代东亚史的重要组成部分。百济研究理当得到学术界的关注。

从海上交通看中国与百济的关系

周裕兴

一、时代背景

约从公元2世纪至公元7世纪，也就是相当于中国历史纪年的后汉至中唐之际，在中国，朝鲜半岛和日本列岛这三个环绕黄海和东中国海的古代东亚世界里，发生了一场持续数百年的国家的大整合和社会的大变革。中国由强势割据、南北分裂而走向封建社会顶峰——唐代盛世；朝鲜半岛由北部高句丽、南部百济和新罗的三国鼎立而形成统一新罗；日本则由众多的部落联盟逐渐转变为统一的大和政权，进而使其社会文明进程产生了飞跃。

在当时纷杂的东亚国际关系中，各国均从自己的目的和利益出发，相互之间展开着错综复杂的交往活动。百济与中国各朝代的交往最为密切和频繁。百济与中国积极交往，首先是从政治、外交目的出发的。百济要维持自己的统治，于争战中师出有名，或在一些国际争端中获得对己有利的调解，因此非常需要得到中国王朝在道义上的支持，以资巩固其在国际上的地位；其二是出于经济和文化的原因。当时的中国是一个文化先进、经济发达的国家，百济在与中国的主动交流中，学习了汉字儒学、科学技术、律令典制和宗教文化等，壮大了自己国家的实力和声望。其三，在百济与中国的经济文化交流中，也有着和别国不同的特点，即百济吸收中国文化之后，把中国的先进文化传播到日本，起到了形成东亚文化圈的轴心作用。百济与汉唐之际的中国各政权、高句丽、新罗和倭等之间，发生着变化且多样的外交关系，曾经发生的重大历史事件都同百济有着千丝万缕的联系。因此从某种意义说以百济为中心，了解了百济与东亚诸国的对外关系，也就了解了当时风云变化的整个东亚世界。

我们知道，古代东亚文化圈之所以能形成的客观因素是：中国，朝鲜半岛和日本列岛均环绕着黄海和东中国海而存在，国家之间的文化交流与传播主要是凭借海上交通为中介来实现的，百济与中国各朝代的交往也不例外。透过古代史籍文献中的有关记载和考古发现研究，从航海史的角度揭示中国与百济之间来往和交流的历史面貌，以此深化百济与中国关系之认识是有一定意义的。

二、海上航路

据相关史籍记载，百济与汉唐之际中国历代政权的使节往来交流十分密切。

《北史·百济传》、《隋书·百济传》均记载：百济国初立于带方故地，汉末辽东太守公孙度以女妻之，遂为东夷强国，这说明早在公元二世纪末百济已崭露头角。百济与辽东比邻，而中国三国时期的曹魏、孙吴政权与辽东公孙氏政权均有交涉，那么，此时曹魏、孙吴政权与百济也有接触是完全可能的。

公元280年，就在百济联盟统一式国家才形成不久，百济古尔王就开始派遣使节与中国西晋政权通商朝贡。从这一年开始，到公元290年，前后10余年间，百济总共派出8批使节到西晋来，足见当时双方交往之频繁。

西晋灭亡以后，中国中原大乱，东晋偏居江南。在这种动乱的情况下，百济依然向东晋政权先后派了6批使节，而东晋政权也向百济遣使2次。

到了中国的南北朝时期，与高句丽主要出使北朝不同，百济则以遣使到南朝为主，总共对南朝4个政权遣使27次，同时向北朝遣使仅有5次。与此同时，南朝向百济遣使4次，而北朝仅北魏向百济遣使1次。①

另外也有学者专门从史籍中检索列表，来说明百济向南北朝派遣使者情况（表1.2）。

表1　百济向南朝派遣使者的情况

	东晋	宋	南齐	梁	陈	合计
百济	6	12	4	7	4	33

---

① 汪高鑫，程仁桃.东亚三国古代关系史：朝鲜三国 [M].北京：北京工业大学出版社，2007.

表2　百济向北朝派遣使者的情况

	五胡国家	北魏	东魏	北齐	北周	合计
百济		1		2	2	5

注：由于中国史籍在对外交往的记载方面遗漏不少，所以表1和表2的统计只能视作最低的数据。（引自韩昇. 百济与南朝的文化交流及其在东亚的意义 [A]. 石源华. 东亚汉文化圈与中国关系："东亚汉文化图与中国关"国际学术会议暨中

隋文帝开皇元年（公元581年），隋朝刚刚建立，百济威德王就遣使与隋通贡。隋朝虽国祚短促，百济亦屡屡派遣使节不断（有15次）。

进入唐代（公元618年始），百济几乎每年遣使者前往，直至两国关系恶化而终止（有35次）。

以上各个时期百济与中国交往活动的总数已近百次，这些交往活动并不是全部由通常的陆路交通来实现的，而主要是通过海上船舶航行来连接的。海上航线是沟通两国关系的桥梁，而这海上交通航线的形成凝聚着古代东亚各国沿海先民的航海历史和经验。

从中国现存的一些史料记载中，可以看出古代中国对东亚环海航路的开辟和认识由来已久。

据约成书于战国时的《山海经》称："东海之内，北海之隅，有国名曰朝鲜。""东海"，指今黄海；"北海"，指今渤海。由此可见，当时人们已知道朝鲜半岛在今黄海水域，与渤海相距不远，这样，沿着辽东半岛往南航行，海船就不难驶达该地了。同时，随着航迹的延伸，当时中国人已航至半岛的南部与东南部了。据那里的考古资料显示，就曾多次发现战国时代的中国铜铎、铜剑等。①

公元前221年秦始皇统一中国后，在航海史上发生过两件大事②：

一是公元前210年，秦始皇巡游江海，史书正式记录了他由今浙江和江苏沿海至山东半岛北端的海上航行路线，即"至钱唐（今浙江省杭州），临浙江（今钱塘江）"，"上会稽（今浙江省绍兴），祭大禹，望于南海"。然后，"还

---

① 孙光圻. 中国航海史纲 [M]. 大连：大连海运学院出版社，1991：24.

② 《史记·秦始皇本纪》，《史记·淮南衡山列传》.

过吴（今江苏省苏州市），从江乘（今江苏省南京附近）渡（长江），并海上（今江苏省东部沿海），北至琅邪（今山东省胶南）"，"自琅邪北至荣成山（今山东半岛成山角），弗见。至芝罘（今山东省烟台），见巨鱼，射杀一鱼。遂并海西"。

二是公元前219年、前210年秦始皇两次派遣方士徐福率童男童女、资五谷百工入海求仙。有学者根据历史记载、地形态势和航海位置等因素推论认为，徐福船队东渡行止的唯一可能是日本列岛。其可行性海上航线大略是，第一段航路：琅邪港—成山角—芝罘港；第二段航路：芝罘—蓬莱头—庙岛群岛——辽东南端老铁山；第三段航路：老铁山—鸭绿江口—朝鲜半岛西海岸—朝鲜半岛东南部海岸（釜山至巨济岛一线沿海）；第四段航路：朝鲜半岛东南沿岸—对马岛—冲岛—大岛—北九州沿岸[①]。

109年，汉武帝派遣楼船将军杨仆率水军五万人，从山东渡渤海，沿黄海北岸与东岸，取水路直攻朝鲜[②]，因而疏通了汉朝与韩和倭之间交往的海上交通线。《后汉书·东夷传》上说"倭，在韩东南大海中，依山岛为居，凡百余国。自武帝灭朝鲜，使译通于汉者三十许国"。又载：光武帝"建武中元二年（57年），倭奴国奉贡朝贺，使人自称大夫，倭国之极南界也、光武赐以印绶。"此金印1784年已在日本九州福冈县志贺岛被发现（图一）。可见自从汉武帝以后，直至东汉（25—220年）的末年，东亚地区环海沿岸，历山东半岛、辽东半岛、朝鲜半岛和日本列岛的海上航路一直是存在和畅通的（图二）。

图一　汉倭奴国王金印

① 孙光圻.中国航海史纲[M].大连：大连海运学院出版社，1991：34.
② 《史记·朝鲜列传》："天子募罪人击朝鲜。其秋，遣楼船将军杨仆从齐浮渤海，兵五万人。"

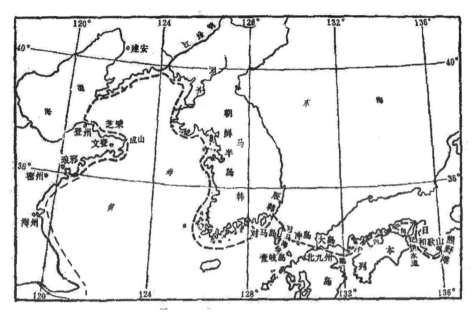

图二 秦汉时期东亚环海海上航线

（图片来源：孙光圻主编《中国航海史纲》）

三国时期，统治中国东南沿海地区的东吴政权，为争霸中原，扩大对外政治影响，开拓从长江口沿岸北航，从海上直接与割据辽东的公孙氏政权建立联系，同时又带动了与其近邻高句丽的交往。吴主孙权自公元205年至公元239年的三十余年间，曾七次派人出使辽东。孙权对辽东的经略并不顺利，甚至付出了代价，但它对于历史的发展，仍然具有积极的意义。一是开辟了江左（今长江下游的江苏、浙江沿海地区）直通东北地区及朝鲜半岛的海上交通，为东晋、南朝时期以中国南方建康（今江苏省南京市）为政治、经济和文化中心与百济等东亚各国的直接交往奠定了基础；二是加速了江左与东北地区经济文化的交流。孙权通使辽东除了有政治目的以外，其经略的过程中还含有经贸文化交流内容。孙权除了从辽东得到马匹以外、双方又各以"方土所出"进行互市。孙权"比年已来，复远遣船，越渡大海，多持货物，诳诱边民。边民无知，与之交关"，"浮舟百艘，沈滞津岸，贸迁有无"①。这种交往，对于促进两地社会经济文化的发展产生了积极的意义，也对今后古代东

① 《三国志》卷8，《魏志·公孙度传》，注引《魏书》.

亚各国之间通使交往内涵的深化产生了巨大的影响①。

三国曹魏于238年击破辽东公孙氏政权，势力扩大至乐浪、带方诸郡，影响涉及朝鲜半岛。曹魏与倭的海上交通十分频繁，从238—246年的八年间，双方相互通使交往竟达6次之多。《三国志·魏志·倭人传》记载："倭人在带方东南大海之中，依山岛为国邑，旧百余国，汉时有朝见者，今使译所通三十国。从郡（魏属带方郡）至倭，循海岸水行，历韩国，乍南乍东，到其北岸狗邪韩国，七千余里；始度一海，千余里至对马国。……又南渡一海千余里，名曰瀚海，至一大（支）国……又渡一海，千余里至末卢国（约今日本佐贺县东松浦半岛）。"三国时期，由于造船和航海技术的进步，循朝鲜半岛西南的百济（三韩）海岸航行后，以对马岛、壹岐岛为中介横渡朝鲜海峡的海上航路已形成并稳定下来。②

265年—420年是中国的两晋时期。西晋统一时间不长，北方中原即遇五胡乱华、战端蜂起；东晋偏安江南，一度渐成中国的政治、经济、文化的中心。由于辽西慕容鲜卑的崛起，高句丽、百济和新罗的鼎立争战，以及倭国对朝鲜半岛的觊觎，造成环海东亚诸国之间的海上交通有所阻断，以致诸国与中国之间的正常交往十分稀疏和不够紧密。史籍记载，东亚诸国中关系最为密切的百济与中国之间的通使交往，在为时一百五十多年的两晋时期也仅见十次有余。值得注意的是，在韩国进行的百济考古工作中，有不少考古发现成果印证了这一时期百济与中国两晋王朝有过海上交往的史实，同时也丰富了百济早期历史的研究内容：如在首尔风纳土城和梦村土城以及洪城神衿城发现的钱纹陶器；在原州法泉里2号坟出土的羊形青瓷器；在天安龙院里9号石椁墓出土的黑瓷鸡首壶；天安花城里出土的青瓷盘口壶；在首尔石村洞8号土圹墓出土的附耳罐③（图三）；还有1985年在梦村土城发掘调查时出土的金铜銙带金具，以及在百济考古中大量发现的汉城样式百济土器——直口短颈壶等④（图四）。这些考古发现的实物表示着百济在3世纪到4世纪期间，已经和很远的中国江南地区通过海上交通而进行直接交往了。

---

① 黎虎.孙权对辽东的经略[J].北京师范大学学报，1994（5）.

② 孙光圻.中国航海史纲[M].大连：大连海运学院出版社，1991：52.

③ 成正镛等.中国六朝与韩国百济的交流——以陶瓷器为中心[J].东南文化，2006（1）.

④ 朴淳发.汉城时期百济的对中国交涉之一例——对梦村土城出土金铜銙带金具考察[A]//.东亚古物：B辑.北京：文物出版社，2007年.

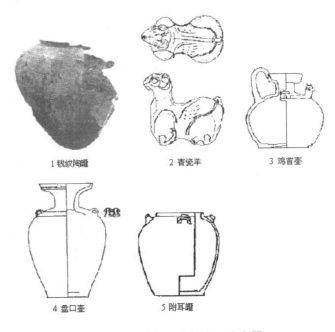

1 钱纹陶罐　　　　　2 青瓷羊　　　　　3 鸡首壶

4 盘口壶　　　　5 附耳罐

图三　百济考古发现的中国陶瓷器

图四　梦村土城金铜銙带和百济土器

南朝时期（420年—589年）的宋、齐、梁、陈四个王朝，为了巩固政权，活跃经济，扩大影响，对东亚各国采取积极姿态，航海交往日益增多，并在航路开拓上取得了重大的进展。自东晋以后，继为南朝刘宋，政治中心仍在建康（今江苏省南京市），此时刘宋政权所统治地域的版图首次覆盖到了山东半岛。地处朝鲜半岛西南部的百济，

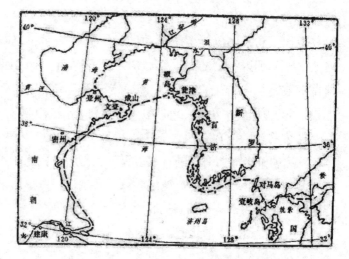

图五　南朝与百济海上交通航路示意图

（图片来源：孙光圻主编《中国航海史纲》）

在三国的角逐中其政局得到了一定的稳定。一方面，百济南"与倭和通"，允许倭国的通使船只可以"道经百济"与南朝交往；另一方面，百济又东与新罗结成同盟，还充当媒介协助新罗同南朝通使交往，《册府元龟·外臣部》"鞮译"条载："梁高祖普通二年，新罗王募秦始遣使随百济奉献。……语言待百济覆通"。为避免高句丽的海上侵扰，加之各国海上航行经验的积累，原本全线均环海沿岸航行的海上交通线路发生了演变。

这条航线一般从建康为出发点，顺江而下，出长江口后即转向黄海沿岸北航，到达山东半岛成山角附近后转向东驶，横渡黄海，直趋朝鲜半岛西海岸江华湾沿岸，抵达百济。若再往倭国，则继续循朝鲜半岛西岸南行，然后过济洲海峡，经对马岛、壹岐岛到达福冈（博多），再过关门海峡（穴门），入濑户内海，直达大阪（难波津）。

这条航线的开辟，对中国与百济文化交流起了极为重要的作用。当时中国正处于南北分裂时期，从东晋政治中心南迁开始到隋代统一为止，中国文化的分布发生了巨大变化，基本上偏移于江南，南朝成了当时中国文化的中心。据史书有记载的交往来说，仅在南朝刘宋期间，百济的使者前往中国南方的次数竟达十四次之多，倭国使者也曾前后八次到达过建康，后来百济又帮助新罗国与中国梁朝建立起了联系。到南朝齐、梁、陈时，中国和百济之间仍循着这条航路，保持着联系。这些往来，对百济乃至新罗和倭的文化发

展发生了巨大的影响 [①] (图五)。

隋代（589—618年）统一中国的时间很短暂，只有不到三十年的光景，但从中国到朝鲜半岛的海上交通却发生了许多事情，如隋军就曾三次动用水师自东莱郡（今山东省掖县）启航，走渤、黄海沿岸越海至浿水（今大同江），直趋平壤，征讨高句丽。此时中国与百济之间十五次通使交往的航路，应基本上沿袭前代，但存在两种航法：一是按南朝的航线由山东半岛东部横渡黄海，直达朝鲜半岛西海岸的百济境界。二是沿汉代的航线，由山东半岛北部朝着北偏东方向，沿庙岛群岛越渡渤海海峡到达辽东半岛东南部，然后再顺岸航行至朝鲜半岛的百济。前者通常称之为"北南道"，航路快捷方便，但风险较大；后者通常称之为"北道"，航路平稳安全，但航线长、耗费时日。

从600年至614年的14年里，隋、倭之间五度遣使互访，当时中日之间的海上航路，一如南朝时所开辟的路线，在《隋书·倭国传》中隋使裴世清赴日行程的记载："明年（指公元608年），上遣文林郎裴世清使于倭国。度百济，行至竹岛（今全罗南道珍岛西南的一个小岛），南望耽罗国（济州岛）、经都斯麻国（对马岛），乃在大海中。又东至一支国（壹岐岛），又至竹斯国（筑紫），又东至秦王国（山阳道西部秦氏居住区），其人同于华夏，以为夷洲，疑不能明也。又经十余国，达于海岸。自竹斯国以东，皆附庸于倭。"据此可知，隋使赴日是先由海路到达朝鲜半岛的百济，然后沿朝鲜半岛西南方海域航行，经对马岛、壹岐岛，横渡朝鲜海峡，抵达日本北九州，再穿越濑户内海到达大阪湾 [②]。

继隋朝而起的唐代（618年—907年），是中国海上交通发展的重要阶段。对东亚诸国的航线而言：唐代前期，由于政治和军事的色彩浓厚，虽有大规模的海上活动，但航海事业并无新的成就；唐代中后期开始，航海交往中的贸易和文化成分得到重视，特别是发现了横渡东中国海，直航日本的新航路，将古代航业推向一个高潮。

初唐时，唐太宗延续了隋朝征讨高句丽的国策，分别于公元645、647和648年，三次派遣舟师浮海进击高句丽。其海上航路多自山东半岛莱州启程，渡渤海海峡，循辽东半岛南岸东驶，直趋鸭绿江，也就走的是通常称之为的

---

① 齐易 . 中国航海史（古代航海史）[M]. 北京：人民交通出版社，1988：67.

② 孙光圻 . 中国航海史纲 [M]. 大连：大连海运学院出版社，1991：75.

"北道"航路。

唐高宗继位后，采取了与唐太宗不同的军事策略，即在朝鲜半岛的南部取得立足点，以孤立和夹击高句丽。公元660年，唐将苏定方引水军渡海，直扑朝鲜半岛西岸，击破百济军队；公元663年，唐将孙仁师率淄、青、莱、海四州水军7000人渡海增援，与留守熊津的刘仁轨、刘仁愿部会师，终在白江口之战大破倭军。这两次唐军的海上航路，则都是从山东半岛的成山角出发，横向渡跨黄海，直趋朝鲜半岛西岸，抵达熊津江口（今朝鲜半岛锦江入海口）的，即通常称之为的"北南道"航线。

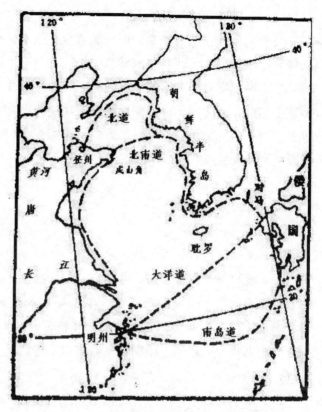

图六　唐代赴朝鲜半岛及日本的航路示意图
（图片来源：孙光圻主编《中国航海史纲》）

唐代中后期，朝鲜半岛为新罗所统一，日本列岛统一的大和政权也已得到发展和巩固。终唐一代，中、朝、日以海上交通为中介，睦邻友好交流，写下了三国古代关系史上最辉煌的篇章。统一新罗通过既有的海上航路，登陆山东半岛，与唐朝频繁遣使通好，大量吸收和模仿了唐的文化与制度，民间航海往来亦十分活跃。日本也不断派出遣唐使、留学生和学问僧赴唐学习，把唐朝的制度、宗教、文化和技艺等大量地引入本国，由此，在中国与日本之间专门探索开辟了两条新的航路：

一条是从长江口横渡东中国海，直达日本奄美大岛的航线，也称南岛道。在日本遣使中期（672—769年），从日本的博多扬帆，先到五岛列岛，从五岛向南航行，经屋久岛再到奄美大岛，然后向西航行，横渡东中国海，从扬子江口驶入扬州港，利用大运河北上转陆路到达唐都长安。

另一条是从中国到日本最近的航线则是南道，也称大洋道。自明州（今浙江省宁波）出发，朝东北向横渡东中国海，直达日本的五岛列岛。若从日本来中国时，则自博多启航扬帆，先到五岛候风，等到顺风时，则可一气横渡东中国海，到达明州或扬州。这条航线比北道和南岛道都短，中间无岛屿可资停泊，而且要利用信风。无疑、这条航线的危险也较大，开通时间较晚，大概已到九世纪的中叶 [①]（图六）。

三、造船与航海技术

百济土地肥沃，气候温和，水利条件优越，农业较发达。随着农业的发展，手工业也迅速发展起来，养蚕、纺织、冶铁、造船业等手工业部门都相当发达。百济在与中国的交往中，除了出于政治需要的朝贡册封关系以外，还非常注重学习当时中国先进的文化和技艺，如《三国史记》百济本纪载：圣王"十九年，王遣使入梁朝贡，兼表请毛诗博士、涅槃等经义，并工匠画师等，从之。"

百济地域面临广阔的黄海，是个熟悉海洋的国家，应具有一定的造船和航海技术基础。百济不仅能制造出自己有特色的海船的型式，其造船的技术还传播到新罗和日本。《日本书纪》卷二十五载：白雉元年（公元650年）"遣倭汉直县、白发部连镫、难波吉士胡床于安艺国，使造百济舶二只。"有学者推测，这两条百济船可能就是公元653年日本第二次的遣唐使船。因为当时百济与中国南朝关系密切，日本可能利用百济引进的中国先进的造船技术，在安艺国仿造二艘百济船。如是，那么"百济舶"就可与中国当时的过洋大船——"唐船"相比了。而就航海技术言，在中国南朝时期，百济的船只不仅能够航行到中国的南方，而且还能够到达南洋印度一带了，其根据有韩国李能和《朝鲜佛教通史（上编）》一书中"百济圣王四年"条的记载：百济律宗之鼻祖谦益，于百济圣王四年（公元526年），为求律典，乃渡海转至中印度常伽那大律寺，学梵文五载，洞晓竺语，深究律部，庄严戒体。后与梵僧倍达多三藏赍梵本阿昙藏五部之律文归国，百济王以羽葆鼓吹迎于郊，安置

---

① 席龙飞．中国造船史 [M]．武汉：湖北教育出版社，2000：123．

于兴轮寺，并召国内二十八位名僧，共译律部七十二卷。

由于年代久远，资料缺失，有关百济在造船和航海技术方面的具体情况还不是很丰富。在此我们利用中国的一些文献资料，来对当时造船和航海的技术情况，做一点简单的探索和了解。

两汉时期（公元前206——公元220年）是中国航海事业获得大发展，出现中国造船史上第一个高峰时期。据文献记载，汉武帝曾亲自七次出海巡游，足迹遍及山东半岛和辽东半岛周边的黄海和渤海海域；并曾从长江中游顺流而下出长江口，北上航行到山东半岛南缘的琅玡。《史记》卷三十记载：武帝"治楼船，高十余丈，旗帜加其上，甚壮。"汉代还设有楼船军，其规模可率战船千艘。东汉建武十八年（公元42年），伏波将军马援南征交趾就"将楼船大小二千余艘，战士二万余人。"[①]（图七）

图七　汉代的楼船（采自《武经总要》）

汉代海船的制造地点，北方集中在山东半岛及渤海的沿岸；南方有吴郡（今江苏省苏州）和会稽郡（今浙江省绍兴），以及南海郡（今广东、广西沿海地区），这些地方在战国时就有造船的传统。

---

① 范晔. 后汉书·马援传 [M]. 北京：中华书局，1965：839.

从广东、湖南、湖北考古出土的木船实物，可以推测汉代船舶的一些基本特征（图八 – 图十二）：

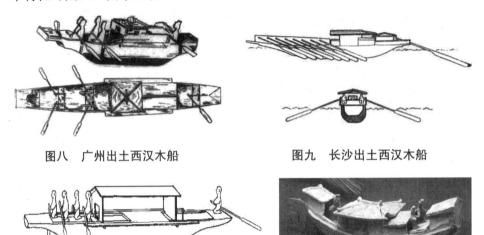

图八　广州出土西汉木船　　　　　图九　长沙出土西汉木船

图十　湖北江陵出土西汉木船　　　图十二　广东德庆出土东汉陶船图

十一　广州出土东汉陶船

（一）船舶设有甲板和上层建筑，具有中国船舶特色。（二）船舶两舷设有舷伸甲板，可作通道、撑篙和减缓船舶横向摇摆。（三）船首和船尾都有向外延伸的部分（即有"前出艄"和"后出艄"），增加了船长和船宽，扩大了甲板的装载和操作面积。（四）使用横梁构件支承甲板和舱壁，增加了船体的刚度和强度。（五）已广泛应用铁钉（箍）来连接船板的技术。（六）至迟在东汉时期，经历了由船尾舵浆向船尾舵的演变。船尾舵的出现，在船舶发展史上是一件重大意义的事，舵结合风帆（汉代已应用）和导航方向是确保船只安全航行的三要素。（七）从广州出土东汉陶船船首所悬船碇的形制看，可复原成一个木石结合带有两爪的泊船工具，具有早期杆锚的雏形，改变了早期单靠碇石重量泊船的理念。①

早在西汉时期，中国天文航海的"海中占星书"就多达136卷。在《淮南子》中，已出现了明确的利用天体（特别是北斗星和北极星）来进行海上导航的文字记载："夫乘舟而惑者，不知东西，见斗极则寤矣。"②随着季节的变化，往往会有定期而至的季风，又称之为信风，它对航海是极有利的。东汉年间，有关这方面的文字记载也已见诸文献了，如应劭在《风俗通义》中即提及："五月有落梅风，江淮以为信风。"这种梅雨季节以后出现的东南向的"落梅风"，即为航海所凭借以驱动船舶扬帆北向航行的恒向风。两汉时期的航海当以近海沿岸航行或跨越岛屿间航行为常势，船舶远航必然以地文导航与陆标定位为依据，从历史记载分析，汉代的地文航海术也已有了重要的进展。

三国两晋南北朝（220—581年）是造船和航海技术进一步充实提高的时期。东吴、东晋以及其后南朝各代，皆立足于东南沿海或江河水乡地区，为满足水陆交通和航海事业的需要，造船业比前代发展更快。东吴时期，除沿江的造船地以外，在沿海还设了一些专造海船的船厂，如在会稽（今浙江省绍兴）、永嘉（今浙江省温州）就设有船厂，在今浙江平阳县设有横屿船屯。在建安（今福建福州）还专设有管理造船的典船校尉，当时曾将罪人"送付建安作船"③。三国曹魏景初元年（公元237年），辽东公孙渊自称燕王拒魏。魏明帝曾"诏青、兖、幽、冀四州，大作海船"④，以备征讨所用，这是反映

图十三　东吴的走舸

---

① 席龙飞．中国造船史 [M]．武汉：湖北教育出版社，2000：71-95．

② 《淮南子·人间训》．

③ 陈寿．三国志·吴志·孙皓传 [M]．北京：中华书局，1959：1170．

④ 陈寿．三国志·魏志·明帝纪 [M]．北京：中华书局，1959：109．

图十四　东晋的双体画舫
（根据宋代摹本顾恺之《洛神赋图》绘制）

当时北方造海船地点的记载。

当时东吴造船业所制船舶的型制已很多，造船数量也很可观。所造的战舰如有外蒙牛皮的"蒙冲"，有舷置女墙（矮墙）的"斗舰"，有往来如飞鸥的"走舸"（图十三），有履波涛如平地的"舫船"（图十四）等等。直至东吴灭亡时，被西晋收缴的舟船尚有五千余艘，可见东吴的水军规模有多庞大。

两晋时期，造船业也有相当水平。西晋大将王浚，曾在蜀中制造大船准备伐吴之用，其"大船连舫，方百二十步，受二千余人。"东晋末年，孙恩、卢循海上起义时，曾"作八槽舰九枚，起四层，高十余丈"①。可知其时造船，不但数量多，而且体势大。

南朝各代的造船势头不减，十分繁荣。刘宋时，孝武帝刘骏"度六合，龙舟翔凤以下，三千四十五艘，舟航之盛，三代二京无比"②。南朝的舟船，不仅数量多，在航速上也颇为迅捷，"去来趣袭，捷过风电"。《南齐书·祖冲之传》记有：大科学家祖冲之"以诸葛亮有木马流牛，及造一器，不因风水，施机自运，不劳人力。又造千里船，于新亭（今江苏省南京市西郊）试之，日行百余里"。又《陈书·徐世谱传》记载："世谱性机巧，谙解旧法所造机械并随机损益，妙思出人。"南朝梁代侯景之乱时，"世谱乃别造楼船、拍舰、火舫、水车，以益军势。将战，又乘大舰居前，大败景军，生擒景将任约，景败走"。

三国时，东吴丹阳太守万震对南海海船上的硬帆驶风技术曾做过记述：

①《太平御览》卷770，《舟部》.

②（唐）徐坚《初学记》卷25《舟》.

"随舟大小或作四帆，前后沓载之。有卢头木，叶如牖形，长丈余，织以为帆。其四帆不正前向。皆使邪移，相聚以取风吹。风后者激而相射，亦并得风力。若急，则随宜增减之。邪张相取风气，而无高危之虑，故行不避迅风激波，所以能疾。"细读其操作特点，可见当时驶风技术已十分熟练。有关航海史研究者认为，频繁的航海实践必然会产生积累和传承航海经验的需要，三国至南北朝时期应该已出现航路指南、原始海图等一系列指导航海安全操作的记录和资料。东晋法显在《佛国记》中记载："大海弥漫无边，不识东西，唯望日、月、星宿而进。"另外，据古籍《谈薮》曰："梁汝南（今河南省汝南）周舍，少好学，有才辩。顾谐被使高丽，以海路艰难，问于舍，舍曰，昼则揆日而行，夜则考星而泊。"由此可见航海人对天文导航术的重视。同时，有文献说明此时期人们对航海相关的潮汐、信风转换时间与相应航期关系等水文及气象知识的认识也在深化。

隋开皇九年（公元589年），隋文帝杨坚命令行军元帅杨素统率以五牙舰为主力，并黄龙、平乘、舴艋等舰数千艘的庞大水军，在长江上与陈朝守军展开激战，消灭了陈朝统治，结束了南北分裂的局面。《隋书·杨素传》记载："（杨）素居永安，造大舰，名曰五牙。上起楼五层，高百余尺，前后左右置六拍竿（抛巨石武器），并高五十尺，容战士八百人，旗帜加于上。次曰黄龙，置兵百人。自余平乘、舴艋等各有差。及大举伐陈，以素为行军元帅，引舟师趣三峡。"五牙舰体量大、功能全，并与其他种类的战船相组合，在军事征战中占有绝对优势，从一定程度上反映了隋唐时期造船的技术与水平（图十五）。

隋代有很强的造船和航海能力，却没能用于国计民生，反而穷兵黩武，于612—614年，三次派兵进攻高句丽，最后以失败而告终。司马光在《资治通鉴》卷一八一中记载道：隋大业七年（611年）春，"下诏讨

图十五　隋代五牙舰

高丽，敕幽州总管元弘嗣往东莱（今山东省掖县）海口造船三百艘、官吏督役，昼夜立水中，略不敢息，自腰以下皆生蛆，死者什三四。……七月，发江、淮以南民夫及船，运黎阳及洛口诸仓米至涿郡，舳舻相次千余里，载兵甲及攻取之具，往还在道常数十万人，填咽于道，昼夜不绝，死者相枕，臭秽盈路，天下骚动。"

在唐代，随着国内生产力的发展和国际海上交往的频繁，造船生产能力不断扩大，造船地点遍及全国各地。沿海地区历来是建造海船的主要地区：北方主要有登州、莱州，南方则以扬州、明州（今浙江省宁波）、温州、福州、泉州、广州、高州（今广东省茂名）、琼州（海南省海口）和交州（今属越南）等地最为著名。[①]

20世纪六七十年代，在江苏如皋和扬州分别考古发现过两艘唐代沉船的实证资料。两船均不算大，也非属海洋航行的船舶，但可以了解到一些唐代造船的技术情况。

（一）江苏如皋唐代木船，船长18米，宽2.58米，深1.6米，排水量33-35吨，是一艘唐朝单桅运输木船，也是中国出现最早使用水密舱壁的古船。船舶的水密舱壁是中国造船技术的一项创造。水密隔舱的设计是用隔舱板把船舱分隔成独立的舱区，即便个别船舱破损漏水也不会影响其他船舱，从而提高船舶的抗沉性。其次，由于隔舱板与船板紧密钉合，增加船体横向强度，能加固船体。隔舱板也能发挥肋骨作用，不用另造肋骨，简化造船程序。该船还使用了以桐油、石灰，掺和旧麻制品为捻料的中国木船传统的捻缝技术。（图十六）。

图十六　江苏如皋出土唐代木船

（二）扬州施桥唐代木船（同时还伴出有一只独木舟），用料厚质坚的楠

---

① 陈希育.中国帆船与海外贸易[M].厦门：厦门大学出版社，1991：10.

木制成，残长18.4米（原长24米），中宽4.3米，深1.3米，船板厚0.13米。全船分作五个大舱，整个船身是以榫头和铁钉并用相连接的。扬州施桥古船的结构坚实，制作精细，木板之间都以油灰填缝。木料上有节疤和裂痕处，则用小木块补塞（图十七）。研究者认为，该船船体肥阔，底平舱浅，载重量达45吨之重，应是航行于运河之上的官方运输船。而在唐代，大的航海船舶长达20丈、可载六七百人，载货万斛。

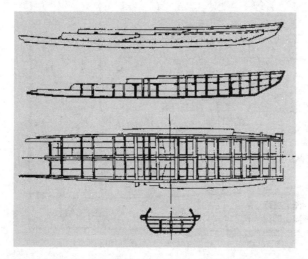

图十七　江苏扬州施桥出土唐代木船（按《文物》1961年6期53页改绘）

唐代的航海者已能正确认识季风的变化规律，并成功地运用到航海活动中去。如黄海与东中国海水域中，在四月到七月初旬的夏季，此时中国沿海盛行西南季风，适合由中国起帆朝北驶向朝鲜半岛或日本；而从朝鲜半岛或日本返航的时期，又多在八月底与九月初的秋末冬初，此时靠日本九州海区多吹西北风，靠中国沿海则多吹东北风。特别值得指出的是，在夏末秋初的台风盛行期间，唐舶基本上泊锚停航，这可能反映了中国航海者对于像台风之类的灾害性气象已开始有所防范。

唐代的地文航海术出现了新的进展，有关对外交通路线和域外自然人文地理等文献日显多见，对安全、准确、快速地海上远洋航行，提供了可靠和翔实的信息和技术基础，此类的典型事例就如曾任唐朝宰相的贾耽即是。贾耽（730—805年），他一生嗜读书，尤其酷爱地理学。在鸿胪卿任上，他利用职务之便，从少数民族、外国使者及唐朝返国使臣口中搜集各地、各族及各国的山川地势等情况，撰写了不少地理学著作，并绘制了一些地图。贾耽

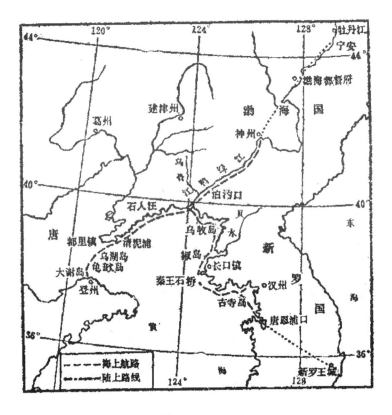

图十八　登州海行入高丽、渤海道

的著作多佚，有关道路的记载是从《新唐书·地理志》的引文中得知的。据贾耽《皇华四达记》中记述，当时由唐朝交通四邻的道路共有七条：其中连接外界的陆路通道有五条；通往海外的海上航线有两条，一条在南方，为"广州通海夷道"，另一条在北方，即"登州海行入高丽、渤海道"，是反映唐朝海上交通的重要资料。这里根据贾耽叙述的顺序，略述"登州海行入高丽、渤海道"的行程，以了解唐朝与朝鲜半岛交通的一般状况：

"登州东北海行，过大谢岛（今山东省长岛县庙岛群岛南部的长山岛）、龟歆岛（今庙岛群岛中部的砣矶岛）、末岛（今庙岛群岛中部的钦岛）、乌湖岛（今庙岛群岛北部的隍城岛）三百里。北渡乌湖海（今渤海海峡北部的老铁山水道），至马石山（今辽宁省大连市旅顺口区的老铁山）东之都里镇（今旅顺口区）二百里。东傍海壖（今大连至旅顺南路海边），过青泥浦（今大连市中心青泥洼桥一带）、桃花浦（今大连市金州区东北清水河口的红水浦）、杏花浦（今大连市庄河县碧流河口的花园口）、石人汪（今石城岛北部海峡）、橐驼湾（今鹿岛以北的大洋河口）、乌骨江（今辽宁省丹东市附近鸭绿江入海口处）八百里。乃南傍海壖，过乌牧岛（今身弥岛）、贝江口（今大同江口，可循江溯流至平壤）、椒岛，得新罗西北之长口镇（今长渊县的长命镇）。又过秦王石桥（今瓮津半岛外岛群中一岛，据说形如桥道者）、麻田岛（今开城西南方海中的乔桐岛）、古寺岛（今江华岛），得物岛（今大阜岛），千里至鸭绿江唐恩浦口（此句似误，应为鸭绿江千里至唐思浦口，唐思浦口为今仁川以南的马山里附近海口，以今图估测，似在牙山湾内）。乃东南陆行，七百里至新罗王城（今朝鲜半岛东南部的庆州）。"（图十八）① 这条沿岸航路，航程较长，但风险小、较为安全，当为唐朝与统一新罗之间官方认可和保护的主要航路。令人感到钦佩的是，贾耽在所述之"广州通海夷道"和"登州海行入高丽、渤海道"内容里，就有关于航期、航距、地形、航标等航海技术方面的描述，这对航海者来说是很大的帮助。

唐代海洋航行的船舶，以船身大、容积广、构造坚固、抵抗风涛力强以及船员航海技术熟练而著于世。唐代航海业和造船业的发展，与唐朝强盛的国力和在国际上的影响紧密相关，已成为当时社会生活中颇为重视的事情。但总体来说，唐代航海事业真正进入全面繁荣新时期的转折点，大概是在公元七世纪后期开始的了。

四、回顾与展望

《唐会要》卷九十五载：百济，"以百家济海，因号百济焉。大海之北，小海之南。东北至新罗，西至越州，南渡海至倭国，北渡至高丽。"古代百济是一个面向广阔海洋的国家，文化先进、经济和手工业发达；它西南隔海与中国相望，东南隔海同日本相邻，又属东亚诸国海上交通的重要通道。

《隋书·东夷传（百济）》卷八十一记载："平陈之岁，有一战船漂至海东牟罗国，其船得还，经于百济，昌资送之甚厚，并遣使奉表贺平陈。高祖善之，下诏曰：'百济王既闻平陈，远令奉表，往复至难，若逢风浪，便致伤损。百济心迹淳至，朕已委知。相去虽远，事同言面，何必数遣使来相体悉。自今以后，不须年别入贡，朕亦不遣使往，王宜知之。'使者舞蹈而去。"② 这

---

① 见《新唐书·地理志》.

　　孙光圻. 中国航海史纲 [M]. 大连：大连海运学院出版社，1991：80–81.

② 亦见《三国史记·百济本纪》卷第二十七：威德王 "三十六年，隋平陈，有一战船，漂至耽牟罗国。其船得还，经于国界，王资送之甚厚，并遣使奉表，贺平陈。高祖善之，下诏曰：'百济王既闻平陈，远令奉表，往复至难，若逢风浪，便致伤损。百济王心迹淳至，朕已委知。相去虽远，事同言面，何必数遣使，来相体悉。自今以后，不须年别入贡，朕亦不遣使往，王宜知之。'"

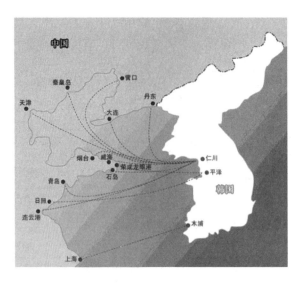

图十九　当代中国和韩国的海上航线

段史料非常形象地反映了百济与隋朝的关系和海上航路等情况。相关这一类的文献记载，在中韩日三国的史籍中还可以搜集到不少。总之，海洋文化对于深化百济学的研究来说，应该具有一定的学术意义，本文写作的初衷也就是抛砖引玉，以唤起学界的关注。

作为朝鲜半岛上一个具有数百年历史的古国——百济，在对外关系交往中，自始至终均贯穿着睦邻友好的姿态。在其立国之初，百济王曾分别与汉末辽东公孙氏政权和西晋带方郡王联姻通婚[①]，以求与邻为伴，共同发展。公元372年，百济近肖古王与中国东晋王朝恢复通使交往重新建立联系。尤其在南朝宋、齐、梁、陈的一百六十多年的期间，百济随着经济迅速发展，国力逐渐强盛，十分重视和密切与中国的关系和往来，主动积极地汲取了不少中国先进的文化，并将其进一步传播和影响到了新罗、倭国，奠定了百济在古代东亚国际关系中的重要地位。百济后期同隋、唐王朝的交往极其频繁，由于当时东亚各国之间政治、外交风云的无情和多变，使百济最终在为朝鲜半岛统一国家形成的过程中做出了牺牲。虽然在古代东亚世界里百济已成为一段历史，但是它所体现出来的追崇文明、发展经济、与邻为善的百济精神，则将永远值得人们记取和回味。

我们欣喜地发现，至少在一千四百年前，主要由百济所开辟的，连接朝鲜半岛和中国东部的海上交通，时至今日仍在中韩两国的众多沿海港口之间贯通着（图十九）。只不过现在与古代相比其航路更直接和无风险了，船舶更大、

---

① 《隋书·东夷传（百济）》卷八十一："东明之后，有仇台者，笃于仁信，始立其国于带方故地。汉辽东太守公孙度以女妻之，渐以昌盛，为东夷强国。"；《三国史记·百济本纪（责稽王）》卷第二十四："王征发丁夫，葺慰礼城，高句丽伐带方，带方请救于我。先是，王娶带方王女宝果为夫人，故曰：带方我舅甥之国，不可不副其请，遂出师救之。"

更坚固了，航海技术更现代化了，经济贸易合作也成为航运的主要内容了。

　　不仅如此，为了促进中国城市与韩国城市之间的了解和友谊，开展双方在经济、科技、文化等方面的交流与合作，共同推动社会繁荣与进步，维护东亚及世界的和平。据截至2005年的统计，仅中国东部沿海地区的一些省、市与韩国的道、市，结为国际友好城市之数量已达到45对。

表3　中国（部分省、市）与韩国的国际友好城市统计

结交时间　　城市名称　　国别	中国	韩国
1997-04-18	鞍山市	安山市
1997-11-27	丹东市	议政府市
1998-04-01	葫芦岛市	仁川市富平区
1999-10-24	锦州市	坡州市
1993-10-04	辽宁省	京畿道
1997-05-20	普兰店市	牙山市
1998-08-31	沈阳市	城南市
2005-05-18	德州市	始兴市
1999-03-24	东营市	二陟市
2005-06-28	菏泽市	金浦市
1993-10-27	济南市	水原市
1996-06-09	胶南市	庆山市
2001-05-25	莱州市	北济州郡
2001-06-07	聊城市	宜宁郡
2003-10-25	临沂市	镇海市
2001-11-01	平度市	汉城市九老区
1993-12-04	青岛市	大邱市
2005-10-13	乳山市	河南市
1993-09-08	山东省	庆尚南道
1997-04-23	泰安市	泰安郡

注：辽宁省栏对应前七行；山东省栏对应后续行。

续表

结交时间 城市名称 国别	中国		韩国
1995-02-27	山东省	威海市	丽水市
1995-04-20		潍坊市	安养市
1994-11-03		烟台市	群山市
2003-12-05		淄博市	广州市
1999-09-21	江苏省	常州市	南扬州市
2003-11-26		大丰市	九里市
1999-04-22		淮安市	完州市
1994-10-27		江苏省	全罗北道
1993-07-01		连云港市	木浦市
1994-11-14		南京市	大田市
1997-10-22		南通市	金堤市
1996-03-21		苏州市	全州市
1998-04-23		苏州市相城区	荣州市
2000-09-27		泰州市	阴城郡
2000-09-27		吴江市	华城郡
2000-09-27		徐州市	井邑市
1998-08-31		盐城市	南原市
2000-05-10		扬州市	龙仁市
1998-05-17		镇江市	益山市
1993-08-24	上海市	上海市	釜山市
1998-05-17	浙江省	浙江省	全罗南道
2000-09-27		台州市	务安郡
2003-10-10		湖州市	灵岩郡
1994-11-01		杭州市	丽川市
1999-06-18		嘉兴市	江陵市

　　2007年恰逢"韩中交流年"，在此谨引韩国卢武铉总统专此所致贺信中的话来作为结语，他说："目前，韩国与中国正在构建名副其实的'全面合作伙伴关系'。在建交后短短的15年里，两国在贸易、投资和人员交流等领域取得了世界上史无前例的飞速发展，不久还将开创年贸易规模达2000亿美元，人员往来达1000万人次的新时代。韩中两国拥有东北亚和平与繁荣的共同目标。今后，两国将在相互尊重与信任的基础之上共同努力开创合作与共存的未来。"

六朝与东南亚海上交通概述

周裕兴

自古以来中国与东南亚各国的往来，多因地理条件的因素（东南亚的多数国家位于海岛或半岛上），均通过海上交通来联系；使节的往返、货物的贸易、文化的传播大都经过海路的传递而实现。中国学界将这条海上航线称之为"南海丝绸之路"，其形成于秦汉时期，发展于六朝和隋代，繁荣于唐宋时期，转变于明清时期，是已知的最为古老的海上航线之一。

一

关于六朝时期对这段航路的发展演变过程，在《梁书·诸夷传》上曾概括地说："海南诸国，大抵在交州南及西南大海洲上，相去近者三五千里，远者二三万里，其西与西域诸国接。……及吴孙权时，遣宣化从事朱应、中郎康泰通焉。其所经及传闻，则有百数十国，因立记传。晋代通中国者盖鲜，故不载史官。及宋、齐，至者有十余国，始为之传。自梁革运，其奉正朔，修贡职，航海岁至，逾于前代矣。"

吴黄武五年（226年），东吴孙权由原岭南的交州分出南海、苍梧等4郡，新设置广州，因州治原在广信（今广西梧州、封开一带），广州之名取自广信的"广"字。交广分治后，广州州治迁到番禺（今广东广州），广州由此取代今广西徐闻、合浦而成为六朝"南海丝绸之路"的主要港口。自广州登陆路或循海岸线北上至长江口即可进入六朝都城建业（今南京）。

吴黄武五年（226年），大秦（罗马）商人秦论来到了交趾。太守吴邈立即遣送秦论往武昌（今湖北鄂州），受到吴大帝孙权的礼遇。孙权向秦论问大秦的"方土风俗"，秦论"具以事对"。秦论对山越"黝、歙短人"感到稀罕，孙权便派会稽人刘咸送给他山越男女10人。由于刘咸在路途中病逝，秦论未能得到这份"礼物"而径自回国了。从秦论来华这件事看，东吴已与遥远的北非西亚地区有了往来关系。①

赤乌六年（243年），扶南（位于今柬埔寨至越南南端）王范旃遣使东吴，带来乐人及地方特产。林邑（位于今越南广南省至平顺省地区）王也遣使来吴聘问。赤乌八年至十三年（245—250年），孙权派遣"中郎康泰、宣化从事朱应使于寻国"（"寻"指扶南王范寻）②。康泰和朱应在航海访问扶南期间，曾历游南海诸国。归国后，朱应写有《扶南异物志》，康泰写有《吴时外国传》等书，介绍南海诸国情况。可惜这两部书已散失无存，只于其他文献如《水经注》《艺文类聚》《通典》《太平御览》等书中，还能散见到一些资料，成为研究南洋各地古代历史地理的珍贵资料。

东晋据有中国东南半壁江山，对东南亚各国的航海贸易，仍为重视。由于印度佛教当时在中国传布渐广，因此在航海活动中，时见经济贸易与佛教流传同步并行的现象，中、印佛教徒多借助海上商舶此往彼来。在渡海求法的僧人之中，东晋的法显是位杰出的人物。他于东晋隆安三年（399年），从长安出发，经河西走廊，穿越葱岭（帕米尔），遍历印度以后，南下乘船经斯里兰卡、苏门答腊、爪哇，渡南海、东海，于义熙八年（412年）在山东半岛的崂山登陆，回到阔别十三年的祖国。回国后，他根据亲身历经三十多国的所见所闻，写成《佛国记》。这是一部关于远洋航行的纪实性文献，对了解和研究中国以及东南亚古代航海活动有重大价值。

南朝四代，中国与东南亚各国间使节奉表、交易方物、传经求法等十分频繁。

刘宋时（420至479年），与海南诸国交往甚多。据载刘宋与林邑（今越南中南部）、扶南（今柬埔寨）、诃罗陁（今印尼境内）、呵罗单（今印尼爪哇）以及师子国（今斯里兰卡）、天竺（今印度）等国家与地区均有航海来往。

南齐时（479至502年），继续与海南诸国友好交往，一时间中外"商舶远届，委输南州，故交（州）、广（州）富贵，牣积王府"。

---

① 《梁书》卷54《诸夷传·中天竺国》载：孙权黄武五年（226年），有大秦贾人秦论来到交趾，交趾太守吴邈遣送诣权，权问方土谣俗，论具以事对。时诸葛恪讨丹阳，获黝、歙短人，论见之日："大秦希见此人"。权以男女各十人，差使会稽刘咸送论。咸于道物故，论乃径还本国。这是大秦人从海道来者。

② 另有黄武五年（226年）康泰、朱应出使之说。此据伯希和.交广印度两道考[M].北京：中华书局，1955：88—89。

梁朝时（502至557年），航海交往的宗教色彩颇见浓郁，交换礼物除传统方物外，还有佛事用品。梁武帝听说扶南有长一丈二尺的佛发，特地"诏遣沙门释云宝随使往迎之。"①

此时，梁朝与西亚的波斯、大秦等国的海上交往也仍在日益开展。

陈朝时（557至589年），国力衰微，但与丹丹（今马来半岛吉兰丹）、盘盘（今泰国南部万伦湾一带）、林邑、扶南、狼牙修（今马来半岛北大年一带）、天竺等海南诸国仍有海上往来。②

综合史料记载，六朝时期中国与"海南诸国"跨越南海、印度洋和波斯湾的远洋航路可以做如下简示：

建康（南京）—沿海经会稽郡、晋安郡和梁安郡（今浙江、福建东南沿海）—广州—林邑（越南）—扶南（柬埔寨）—苏门答腊与爪哇之间（或经马六甲海峡）—师子国（斯里兰卡）—天竺（印度）③—波斯（伊朗）—大秦（西亚、北非）。

二

考古发现表明，在这条六朝时期沟通东西方的海上航道沿线地区，现今仍出土不少与海上交通有关的实物资料，见证了"南海丝绸之路"的辉煌历史。

在江苏南京象山七号墓出土有来自古罗马的玻璃杯、西方的金刚石戒指和南海的鹦鹉螺杯；④南京富贵山晋墓和仙鹤观六号墓出土有两件波斯萨珊王朝风格的玻璃杯等。⑤另外在六朝的贵族墓葬中，也经常会发现一些具有地中海沿岸金工技法制作的粟粒金珠式饰物。

1960年广东英德县浛洸南齐墓出土的3枚萨珊朝银币、1973年广东曲江县南华寺南朝墓出土的9枚萨珊朝银币和1984年广东遂溪县边湾村发现的金银器窖藏等，也都是由波斯经海路传入的。⑥

① 《梁书·诸夷传》

② 孙光圻.中国航海史纲[M].大连：大连海运学院出版社，1991：62.

③ 《通典·边防典·天竺》：唐以前，印度"西与大秦、安息（波斯）交市海中，或至扶南、交趾贸易。"

④ 南京市博物馆.南京象山五号、六号、七号墓清理简报[J].文物，1972（11）.

⑤ 南京市博物馆，南京市玄武区文化局.江苏南京市富贵山六朝墓发掘简报[J].考古，1998（8）.南京市博物馆.江苏南京仙鹤观东晋墓[J].文物，2001，3.

⑥ 全洪.广州出土海上丝绸之路遗物源流初探[A].华南考古：（1）[M].北京：文物出版社，2004.

1975年，广东省博物馆在西沙群岛考古调查中，在西沙群岛的北礁采集到我国南朝时期的六耳罐和陶杯等，说明了当时中国的船舶已经能够逐渐脱离沿着海岸行驶的传统航线，而可以从广州出港循海南岛东部而下直达东南亚诸国港口。[①]

2001年，广东肇庆黄岗镇东晋"苍梧广信侯"墓，发现一件波斯的玻璃器皿，与南京出土的同类器物十分相似。同时还出土了金指环等金银首饰。[②]

同样，在东南亚不少地方经过考古工作也发现了与海上交流相关的文物，这对于研究六朝时期东南亚海上交往情况具有参考价值。如在今越南境内，曾发现中国六朝早期的典型物品钱纹陶片；[③]在林邑占婆故地的越南茶乔（Trakieu）遗址，既出土有古印度罗马风格的陶片，还发现有中国汉晋风格的瓦砖；[④]1944年，法国考古学家在扶南故地的奥佑古城，挖掘出古印度的金戒指、布拉夫米文印章、铸有图案的铅质货牌，还有中国汉代铜镜，以及古罗马金币等大批文物，这说明奥佑古城在从罗马、印度、东南亚到中国的海上航路中是一个很重要的中转口岸。[⑤]

可考的史籍记录了海上交通的线索，考古发现则证实并揭示了其贸易往来和文化传播的内涵和记忆。

三

百济位于朝鲜半岛西南部，其社会进步、文化开明，是3至7世纪亚洲地区的一个重要国家。它面向海洋，具有一定的航海和造船技术基础，其西面与中国、东面与日本和琉球列岛隔海相望，是太平洋西岸环海文化圈中极其重要的链节。

在与六朝的密切交往过程中，百济对西线（沿黄海海岸或横渡黄海至长江口入建康）的海上航路方面积累了十分丰富的经验，历史文献的记载也很

① 杨少祥.试论徐闻、合浦港的兴衰 [J].海交史研究，1985.1.

② 广东省考古研究所，肇庆市博物馆.广东肇庆市坪石岗东晋墓 [A].华南考古：（1）[M].北京：文物出版社，2004.

③ 贺云翱等.南京新出土六朝钱纹陶瓷器标本研究 [J].东亚考古论坛，2005（1）.

④ 李庆新.从考古发现看秦汉六朝时期的岭南与南海交通 [J].学术月刊，2006（10）.

⑤ 戴尔·布朗.东南亚——重新找回的历史 [M].北京：华夏出版社，2002.
　　谢崇安.雨林中的国度——追踪东南亚古代文明 [M].重庆：重庆出版社，2001.

翔实。因此，百济的使者、商人或僧侣，假如要前往中国南方、甚至去东南亚的话，他们完全可以搭乘熟悉目的地的船舶，而不必自己冒险去摸索新的航路，这样既便捷又安全。其实这也是那个时代远航贸易交往的惯例，六朝时期许多传经求法的僧侣就是如此做的，百济律宗之祖谦益当年去天竺应该也不出其外。

百济与倭的交往也是非常密切的，其人员往来频繁，海上交流的历史很悠久，其东渡对马海峡即可抵九州、并可熟悉周围岛屿。百济时期是否存在由百济至九州后再往南、向琉球延伸、从而进入菲律宾群岛，再前往东南亚及南亚的海上航路呢？当然这条航路既短便又直接，从一般的逻辑推理来说是符合情理的，不过我们在此应该注意两个问题：

（一）中国历史文献中出现大陆与菲律宾有海上直接交往的记载最早是在宋代，其内容可见于周去非《岭外代答》（成书于1178年）、赵汝适《诸番志》（成书于1225年）两书，此时中国与东南亚海上交通的起始大港已从广州扩展到中国东南沿海的福建一带，明确地出现中国与菲律宾（古称吕宋王）之间正式贸易交往的记录。但学界也有认为中国与菲律宾的往来可以提早到宋代以前的南朝和唐代，[①] 甚至有的人还提出可提早到公元三世纪的说法等等，我想早期民间初级的、或偶尔过往式的交往和接触是一定会有的。另据一些报道显示，在菲律宾境内曾发现唐代的钱币、陶瓷和墓葬等，那么这说明至少在唐代中晚期的时候中国和菲律宾之间的交往已是确凿事实。

（二）航海线路的确定还应该同海流、季风和造船技术等一系列因素有关联。在沿日本列岛和琉球列岛以西，台湾以东，至菲律宾群岛东北的一线海洋上，一直存在着世界海洋中第二大暖流——黑潮（KuroshioCurrent）。黑潮是一支强大的海流，其流速强、流量大，流宽约达200公里，它由南向北沿岸（列岛）而流。这就要求在这条航路上航行的船舶，如果它是由北向南行驶的话，就必须依靠季风驱使风帆产生动力和速度来抵消海流影响，这对于出航的时间、船舶的质量、体量和船速以及驾驭风帆的海航技术等产生许多限制作用。这些情况对于早期人们航海经验和造船技术等，是一个很现实和艰巨的考验。

---

① 吴景宏.南朝隋唐时代中菲关系之探讨（上）[J].大陆杂志，1965（3）.

　吴景宏.南朝隋唐时代中菲关系之探讨（中）[J].大陆杂志，1965（4）.

　吴景宏.南朝隋唐时代中菲关系之探讨（下）[J].大陆杂志，1965（5）.

从考古材料看先秦到汉晋时期山东与朝鲜半岛的海上交往

朴淳发

有关研究结果显示，中国的山东半岛与朝鲜半岛之间海上交往的历史可追溯到战国时期。今年年初，笔者参观山东地区各博物馆时，发现了关于这一问题的三件新材料，它们分别是：登州博物馆所藏汉代白色陶器、青瓷狮子形器和龙口博物馆所藏细形铜铎。本文将引用这些材料与朝鲜半岛出土材料进行比较，从而尝试揭示两地域之间海上交往的意义。

一、龙口博物馆藏朝鲜半岛铜铎

此件铜铎因为博物馆陈列说明牌上没有具体标明，所以出土地点不详。但直观其器形，一眼可辨，这件铜铎不是当地产品，而是从朝鲜半岛传来（参见图三）。无论这件器物是以何种途径到达博物馆的，可以推定的是，铜铎的出土地点应该在博物馆所在辖区的附近。如果这一推测准确，龙口博物馆的铜铎可以为研究先秦时期山东与朝鲜半岛之间的交往做出较大的贡献。

根据目测，铜铎长度是大概20厘米左右，铎刃部比銎部的长度长，銎口缘有一条凸带，这些形制特征与朝鲜半岛的"短锋小型细形铜铎"相符。在铜铎的发展过程中，短锋小型细形铜铎出现最早，有学者提出具体时间为公元前3世纪后半（成璟瑭，2009）。在平壤石岩里遗址，曾与同型铜铎一起出土一件带铭文的中国铜戈，其上铭文："廿五年上郡守"。成璟瑭先生提出了这铭文中的"廿五年"，就是秦昭王25年，即公元前282年。关于铜戈的制作年代，由于秦戈流入朝鲜半岛是在公元前222年秦伐燕国的背景下，铜戈得以进出辽东地区，因此推断短锋小型细形铜铎在朝鲜半岛地域出现的时间应该不晚于公元前3世纪第4分期，并且可以将龙口博物馆所藏铜鉾传入那个地区的时代理解为属于战国齐代（参见图一）。到目前为止，整个细形铜鉾的分布范围仅局限于朝鲜半岛北部的大同江游域以南，所以说细形铜鉾与细形铜剑是古朝鲜以及其南方土著族的一种典型武器。总的来说，龙口博物馆所藏朝鲜半岛铜鉾让我们得到新的认知，即战国晚期齐国与古朝鲜及朝鲜半岛中南部地域之间具有互相交往关系。

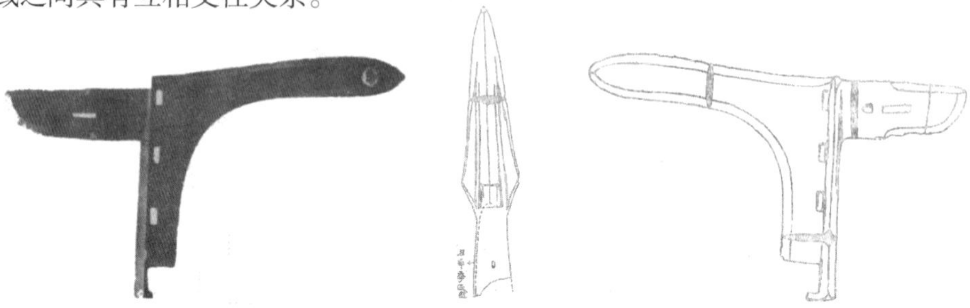

①　　②　　③

①平壤石岩里出土：内带铭如“廿五年上郡守…”
②③传平壤出土（②銎带铭如“五年季氏”）

图一　秦戈及伴出朝鲜半岛细型铜鉾

之前，以1977年韩国全罗北道完州郡上林里出土的中国铜剑为基础，韩中学界已达成共识，认为战国齐人是经海路到达朝鲜半岛南部地域的。但是，目前战国齐故土还未发现古朝鲜或朝鲜半岛土著考古文化的确切物证。在这种情况下，有人说当时两地域之间的交流是以单向为主，即齐国的亡民从山东跨海到朝鲜半岛南部等地（李慧竹，2004）。同时，山东大学王青教授也曾提出古朝鲜与齐国之间存在贸易往来的看法。此看法是以山东发现的战国时期的一些东北系铜剑为物证，结合《管子》等文献，推测在战国早期到晚期之间，为了“朝鲜之文皮”贸易，山东与辽东半岛之间贸易往来频繁（王青，2007）。尽管如此，除了龙口博物馆所藏铜鉾以外，还没发现这一时期与朝鲜半岛土著文化有关的考古材料。

如前所述，形制上龙口博物馆的铜鉾属朝鲜半岛短锋小形铜鉾，而朝鲜半岛细形铜鉾分布范围的北限为大同江游域。也就是说，这一类型的铜鉾并未跨越大同江游域一线。至今发现过的类似铜鉾分布，是以朝鲜半岛西海岸或是邻地为主，如平壤石岩里等（藤田亮策、梅原末治，1947）、黄海北道延安郡五岘里（社会科学院考古研究所，1983）、京畿道坡州郡云井里、全罗南

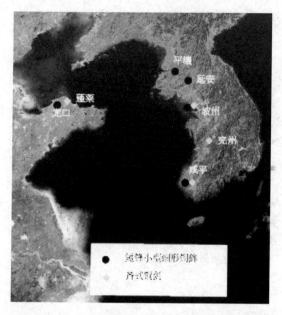

图二　有关山东与朝鲜半岛之间交往考古材料分布

道咸平郡草浦里（国立光州博物馆，1988）等（参见图四）。值得关注的是，在云井里及草浦里遗址共出的中国铜剑，与上林里出土的齐式铜剑形制一致。究竟这些考古材料能否证明战国齐国与朝鲜半岛西海岸或邻近地区有互相往来的事实（参见图二）是值得讨论的。草浦里铜鉾的年代比其他铜鉾更晚，有人说大概在公元前2世纪前半期。那么，按照此种说法，时代已经进入了汉代。但是，这并不意味着齐式铜剑舶来朝鲜半岛的年代就是汉代，而可能最迟是在战国齐国仍存在的时段内。或许是齐国为秦所亡之前，随难民避难而来。

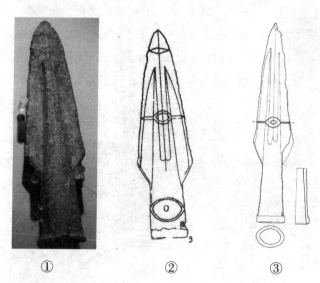

①
②
③

①山东龙口博物馆藏朝鲜半岛铜鉾
②朝鲜黄海北道延安郡五岘里出土铜鉾
③韩国全罗南道咸平草浦里出土铜鉾

图三　山东龙口博物馆藏朝鲜半岛铜鉾及比较材料

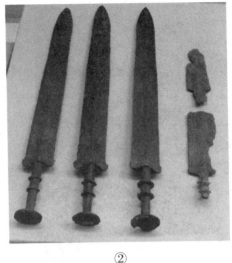

①　　　　　　　　②　　　　　　③

①韩国京畿道坡州云井里出土品

②韩国全罗北道完州上林里出土品

③韩国全罗南道咸平草浦里出土品

图四　朝鲜半岛出土齐式铜剑及伴出铜鏃

另外，还有其他齐亡民到达朝鲜半岛南部地域携带而来的器物，如：蔚山下垈墓葬出土的一件铜鼎和庆南金海良洞里墓葬出土的一件铜鼎（参见图五）。目前对于这两件器物，不同学者仍存在不同看法。李慧竹研究认为其年代为战国齐代，而韩国学界认为那些墓葬的年代是公元3世纪。不难看出，铜鼎铸造的年代与埋藏的年代至少存在400年的时间差，这是值得分析和解决的问题。

①　　　　　　　　　　②

①蔚山下垈墓葬出土

②庆南金海良洞里出土

图五　朝鲜半岛南部地域出土的铜鼎

428

二、登州博物馆藏白色陶器

登州博物馆里有一件夹砂灰白陶器，其器表大部分被海贝壳覆盖，很可能是从海底打捞的。此陶器口缘到肩部附着的贝壳比较少，可以通过这一部分观察其特征。该器应该是汉代的白陶瓮，普遍地分布在朝鲜半岛西北，即现今平壤中心地区。平壤本是古朝鲜的最后都城，公元前108年为汉所灭后便属于乐浪郡，这些众所周知的事实。因此，平壤一带汉文物非常丰富，白陶也属其中。

韩国学界将这类陶器称为白色土器，其特征为：夹粗砂坯，陶坯比较厚的可达1厘米左右，有一些器表留有拍印绳纹痕，口唇胖肥，并在唇部施有一周凸环。据目前所知材料，白色陶分布于山东半岛东北部、辽东半岛南端部及朝鲜半岛西北部乐浪郡故地等。其中乐浪地区的白色陶器出现于公元前1世纪后半期到1世纪末（谷丰信，2002）。同时，白色陶瓮在墓葬及日常生活遗址中都被发现，可推知其用途肯定与储藏当时切需的某种物品有关。乐浪地区墓葬里作为出土品的白色陶瓮是自公元前1世纪后半段到公元后3世纪前半段之间绵延地传承下来的（高久健二，1995）。以此能够推定，白色陶瓮是乐浪地区的人们生活所必需的物品，在生活中扮演着重要的角色，比如说用来贮藏调味用鱼酱或某种除了中国本地以外不能制造的物料。

至今，朝鲜半岛地域白色陶器仅发现于乐浪郡、带方郡故地。虽然发掘材料不少，但目前见诸报告的内容不多。其中以图面或照片等方式呈现的，如右；朝鲜平壤石岩里205号王盱墓出土品（原田淑人、田泽金吾，1930），平壤贞柏洞46号墓出土品（社会科学院考古学研究所田野工作队，1978），黄海北道黄州郡顺天里砖椁墓出土品（考古学及民俗学研究所，1958）等（参见图六）。

① 山东登州博物馆藏品　　②平壤石岩里205号墓
③ 平壤贞柏洞46号墓　　④黄海北道黄州顺天里

图六　山东登州博物馆藏白陶和朝鲜半岛出土比较材料

一般来说，大型容器类由一地区转移至另一地区，不是以贸易目的，就是以获取其内容物为目的。但是，目前能够证明这种看法的考古材料还不多。现今的韩国首尔地区是百济的最早都城所在地，当时百济都城叫"风纳土城"。在这里发现的一个遗存中出土了大量中国制灰釉钱纹陶器大瓮，值得注意的是大瓮里遗留着一些鱼类的残骨。鉴定结果显示，这些鱼骨分属于河豚等几种鱼类（权五荣等，2011）。因此，大形钱纹陶器可能是盛鱼酱类用器，也很有可能鱼酱本身和钱纹陶器一样原产于中国长江游域。

白色陶器的使用时间总共约300年，不属于长期流行的物品，同时在3世纪前半期以后消失就再未出现，这并不符合乐浪地区生产陶器的一贯特性。2002年在山东烟台龙口市埠下家汉白陶窑址（闫勇，2006）终于找到了突破性的考古材料，通过这一窑址，可以了解乐浪白色陶瓷的产地是山东东北部，并且乐浪人生活必须物品的生产地可能也分布在这个窑口的周边地区。海上贸易日常必需物品比贸易小件奢侈品规模更大、运输船也要更大。适合大型运输船只、并符合当时航路便利性以及海湾地貌等条件的港口，就在现今的蓬莱、龙口一带。

机缘巧合的是，在乐浪地区白色陶器消失的公元3世纪前半段，就是辽东所在公孙氏政权为曹魏所灭的时期。根据《三国志·魏书·公孙度传》的记述，公元190年公孙氏政权"越海收东莱诸县，置营州刺史"。综合考古材料和文献，公元2世纪末到3世纪前半叶，孙氏政权可能掌握着山东、辽东半岛和朝鲜半岛乐浪地区之间的大规模贸易。

三、登州博物馆藏青瓷狮子灯

登州博物馆陈列品中有一件青瓷狮子灯。1974年出现过一件特征与其完全一样的器物，2005年曾见之于报告（山东邹城市文物局，2005）。据报告称，该青瓷出土于西晋安北将军刘宝墓，刘宝死于公元301年。因此，登州博物馆藏品的年代很明显不晚于公元301年，笔者则推定年代为公元3世纪第4分期。

同时，2010年在朝鲜平壤乐浪区东山洞的一座壁画墓里发现了同样特征的瓷器残品（参见图七）。这件残片为剖析当时山东与朝鲜半岛的交往关系提供非常重要的参考价值。众所周知，西晋政权曾取代曹魏统治乐浪和带方郡，东山洞青瓷狮子灯传入的背景肯定与之有关。可是，西晋是否跨越乐浪、带方郡地界，与居于南方的百济等土著势力交往仍存在疑问。有学者曾撰文怀疑西晋与百济之间的交往是否存在（韦正，2011）。

①登州博物馆藏品　　②山东邹城西晋刘宝墓（301年）

③2011年朝鲜半岛平壤东山东壁画墓出土

图七　登州博物馆藏青瓷狮子灯和比较资料

①山东邹城西晋刘宝墓（301年）　②辽阳市上王家晋墓出土　③朝鲜半岛开城出土

图八　山东、辽东、朝鲜半岛出土青瓷虎子

围绕这个问题，上述的山东邹城刘宝墓提供了重要线索。刘宝墓陪葬品中还出土了一件青瓷虎子，其形制与朝鲜半岛传开城的出土品很相似（参见图八）。开城邻近百济，西晋时期可能属于百济的辖区。根据山东刘宝墓出土品，可以判断开城出土虎子和平壤东山洞狮子灯是趋近同时期的器物。据此，笔者认为西晋不但与乐浪、带方郡交往，而且越过郡界与南方的百济存在联系。根据文献《晋书·东夷传》的记载，马韩向百济过渡的时期，与西晋交往频繁："武帝太康元年、二年，其主频遣使入贡方物，七年、八年、十年又频至。太康元年，诣东夷校尉何龛上献。咸宁三年复来，明年又请内附"。需要注意的是，当时管理与东夷交涉的官署是地处现今辽宁省辽阳的东夷校尉府，并不是西晋中央政府。而青瓷产地不是山东，而是从长江以南生产，经过山东，输入辽阳东夷校尉府并最终到达百济。山东的出口港就是登州也就是今天的蓬莱，他们之间的关系不言自明。辽阳市上王家晋墓出土青瓷虎子也是支持这一论点的实物证据（参见图八）。

　　另外，再根据朝鲜半岛百济与中国交往的考古资料，以及韩国首尔风纳土城（权五荣等，2011）和梦村土城等百济都城出土的钱纹陶器（参见图九）进行研究。据目前考古发现，钱纹陶器的产地是长江流域的孙吴故地。而钱纹陶器流行于公元3世纪中叶到4世纪前半叶，所以百济故地出土的钱纹陶瓷器也应属这一时期。由此亦可推知，此时百济已与当时长江流域的政权——东吴或是东晋存在交流。对于从当时的历史情况看，钱纹陶器具体什么时候输运到百济的这一问题，北京大学韦正教授最近发表文章表示，百济能得到钱纹陶器是借公元228年前后东吴和公孙渊开始交往的机缘（韦正，2011）[①]。根据最近公开发表的风纳土城报告书，钱纹陶器出土遗存的碳14年代是公元根据250~350年。由此，关于百济引入钱纹陶器的背景问题，紧密结合钱纹陶器的年代推断之后，笔者将年代暂定为280年之后，即东吴被灭亡以后的西晋时代。这和青瓷所属的年代相近。

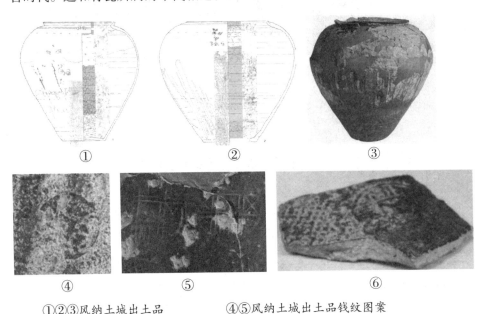

①②③风纳土城出土品　　　④⑤风纳土城出土品钱纹图案
⑥梦村土城出土钱纹陶器残片

图九　韩国首尔百济都城出土钱纹陶器

---

① 孙吴首通辽东公孙氏政权的时期，可能是建安年间。接着，公元229年、232年、233年，最后，239年为了救援公孙渊出兵，无为而还（参见黎虎1994文章）。

四、先秦到汉晋时期山东与朝鲜半岛中南部地域及百济的海上交往

综上所述，我们可以了解：战国齐到西晋时山东与朝鲜半岛之间的海上交往已经非常稳定。那么，海路具体的路线情况如何，也是需要了解的重要问题。关于从山东半岛经海路到朝鲜半岛路线，为大家所认同的重要的文献是《新唐书·地理志》中登州道的记载。目前，学术界对于它已有一些研究。

吉林大学魏存成教授对唐代登州，即现今蓬莱到朝鲜半岛的具体航路做了如下解析（魏存成，2008）：自登州渡海东北行，所过大谢岛、龟歆岛、末岛、乌湖岛，皆属今庙岛群岛。北渡之乌湖海，即今渤海海峡。马石山，即今辽东半岛南端老铁山。都里镇，即今旅顺。傍辽东半岛继续东北行，所过之青泥浦，即今大连市。东行顺次经过桃花浦（今清水河口东北侧）、杏花浦（今碧流河口东北侧）、石人汪（今石城岛之北庄河口附近）、橐驼湾（今大鹿岛与大洋河河口之间海域）、乌骨江口（今瑗河的乌骨江即凤凰山城附近的河流，乌骨江口接近鸭绿江）。沿海南行乌牧岛（今身尾岛）、贝江口（今大同江口）、椒岛（今同名）、长口镇（今大同湾）、秦王石桥（是指大东湾内的某海岛礁石）、麻田（今乔桐岛）、古寺（今江华岛）、得物岛（今大阜岛）、南阳湾（在牙山湾北部即唐恩浦口，唐恩为南阳旧名）。

虽然这条海路程是唐代时期的路线，但我们可以推定与以前的航路相比应该变化不大。尽管如此，随着各时期的政治、军事情况变化，具体航线上应该还有些差异。为了弄清这个问题，需要查看海路沿边所在历代政权的版图或管辖区的演变。战国齐到西晋的时期，除了占据辽东的公孙氏政权，山东和辽东半岛都属同一政权。朝鲜半岛除了西北部所在乐浪郡地区之外，政治上也比较稳定。公孙氏政权自公元189年开始独立，到公元238年为曹魏所灭的不到50年中，与山东东北部具有良好的关系，直至190年以后成了它的辖区。东晋以后是航路变化的关键时期，在这个时段，海路周边所在各政权的领域或辖区演变如下：

表一　东晋后海路周边所在各政权的领域或辖区演变表

时期	山东东北部	辽东半岛	朝鲜半岛
公元 327 年	后赵东牟郡	东晋	北部：高句丽，中部：百济
公元 366 年	前燕东牟郡	前燕	北部：高句丽，中部：百济
公元 395 年	后燕东牟郡	后燕	北部：高句丽，中北部：百济
公元 409 年	南燕东牟郡	高句丽	北部：高句丽，中部：百济
公元 449 年	刘宋东莱郡	高句丽	北部：高句丽，中部：百济

（谭其骧．中国历史地图集：第四册 [M]．中国地图出版社，1982．）

从上表来看，东晋早期山东属于后赵，但辽东半岛仍然在东晋影响力之下。此时，东晋与辽东地区慕容氏政权的海上交往路线是：自建康出大江（今长江）入海，循江苏、山东海岸北上，转料角（今成山头）至登州大洋（今渤海莱州湾），再由蓬莱角北渡渤海海峡，至马石津（今旅顺老铁山）登岸（孙光圻，2011；参见图十一）。有学者提出，这段航路最早是建安9年（公元209年）以后由孙吴与公孙氏政权之间海上交往的需要而发端的（黎虎，1994）。

地处朝鲜半岛中部的百济首次遣使通往东晋的时间是公元372年，据《晋书》记载（《三国史记》记为公元371年）百济派遣使节进贡方物，百济王馀勾被封为镇东将军。那时百济使节可以利用西晋以前的旧有航路，自朝鲜半岛西海岸至山东。但是，当时辽东和山东已属前燕，是否停泊于

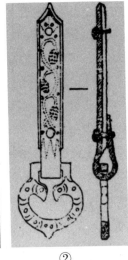

①　　　　　②

③

①南京大学北园东晋墓
②湖北武汉市汉阳晋墓
③韩国首尔梦村土城

图十　百济都城地区出土鎏铜銙带和中国
东晋比较资料

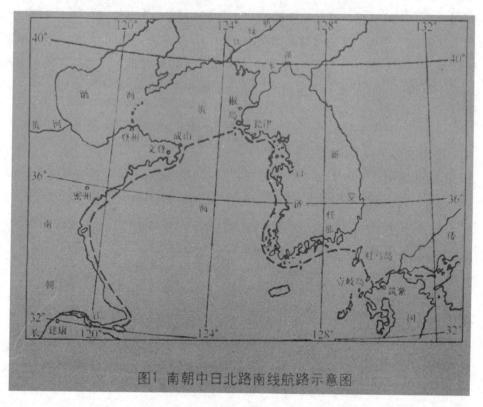

图1　南朝中日北路南线航路示意图

图十一　由百济到南朝的北路南线航路（孙光圻 2011）

前燕的港口，仍需要探讨，然后踏袭孙吴以来已经开通的从山东到长江口的航路。但无论如何，这种正式外交关系应该需要礼物，比如印绶、衣帻等等，相关考古资料也证明如此。1985年，首尔梦村土城出土的一件鎏铜銙带即属此例（朴淳发，2004）。在目前已发现的中国地区材料中，与这件带具相似者还有两件，那就是南京大学北园东晋墓（南京大学历史系考古组，1973）和武汉市汉阳晋墓（刘森淼，1994）的出土品（参见图十）。关于这两处墓葬的具体年代目前还需要研究，但在笔者看来至少不是东晋晚期。那么，这些资料亦在指证，公元372年以前已存在百济与东晋正式开展外交活动的可能性。

随着公元372年百济与东晋之间开展外交关系，百济和东晋开始频繁互相派遣使节，史籍中载有的交流年份有379年、384年、386年、416年等。在那个时段里，辽东半岛所属权发生变化，变成高句丽的管辖领域。当时高句丽与百济两国正处于紧张状态，虽然百济可以利用旧有的航路，但高句丽肯定不容许百济船只进入辽东沿海港口。在这种情况下，百济很可能采取迂回高句丽势力圈的航路，这就是所谓的"北路南线航路"。目前，有些人已经提出了这条航路开始于刘宋时期（周裕兴，2010；孙光圻，2011）。由南朝都城建康到百济的航路是：建康出长江口，再循东海、黄海北上，然后在胶东半岛成山角附近转向东驶，横越黄海，直达朝鲜半岛西海岸江华湾沿岸，到达百济。

参考文献：

[1]成璟瑭.朝鲜半岛青铜武器研究——与中国东北地域的比较[D].光州：全南大学，2009.

[2]高久健二.乐浪古坟文化研究[M].首尔：学研文化社，1995.

[3]谷丰信.乐浪土器的系谱.东亚与日本的考古学Ⅳ(生业)[M].东京：同成社，2002.

[4]国立光州博物馆.咸平草浦里遗迹[M].光州：国立光州博物馆，1988.

[5]考古学民俗学研究所.黄海北道、黄州郡、顺天里、上洞遗迹调查整理报告[M].平壤：科学院出版社，1958.

[6]考古学民俗学研究所.大同江、载宁江流域古坟发掘报告[M].平壤：科学院出版社，1958.

[7]黎虎.孙权对辽东的经略[J].北京师范大学报(社会科学版),1994,5.

[8]南京大学历史系考古组.南京大学北园东晋墓[J].文物，1973，4.

[9]李慧竹.汉代以前山东与朝鲜半岛南部的交往[J].北方文物,2004,1.

[10]刘森淼.湖北汉阳出土的晋代鎏金铜带钩[J].考古，1994，10.

[11]朴淳发.汉城期百济对中交涉一列：梦村土城出土金铜铸带金具追考[J].湖西考古学，2004，11.

[12]权五荣等.风纳土城ⅩⅡ——庆堂地区196号遗构报告[M].京畿道：韩神大学博物馆，2011.

[13]山东邹城市文物局.山东邹城西晋刘宝墓[J].文物，2005，1.

[14]社会科学院考古学研究所田野工作队.乐浪区域一带的墓群[M].平壤：科学百科事典综合出版社，1978.

[15]社会科学院考古研究所.平壤附近与黄海北道一带中已知的细形铜

剑关系遗物 [A].考古学资料集：第6集 [M].平壤：科学百科事典综合出版社，1983.

[16]孙光圻.中国航海历史的徘徊时期——三国、两晋、南北朝（公元220-589年）[J].世界海运，2011，6.

[17]藤田亮策，梅原末治.传平壤石岩里古坟出土品 [J].朝鲜古文化综鉴，1947，1.

[18]藤田亮策，梅原末治.传平壤府出土品——铜戈.铜鉾.车衡头.铜金具等 [J].朝鲜古文化综鉴，1947，1.

[19]王青.山东发现的几把东北系青铜短剑及相关问题[J].考古,2007,8.

[20]魏存成.汉唐时期中国通往朝鲜半岛和日本的文化线路及文化交流[J].吉林大学社会科学学报，2008，1.

[21]韦正.试谈韩国出土钱纹陶器的时代 [J].东南文化，2011，2.

[22]闫勇.白陶青瓷出胶东 [A].考古烟台 [M].济南：齐鲁书社，2006.

[23]原田淑人，田泽金吾.乐浪——五官掾王旰的坟墓[M].东京：刀江书院，1930.

[24]周裕兴.从海上交通看中国与百济的关系 [J].东南文化，2010，2.

入唐百济遗民流向与连云港封土石室墓

朴淳发

目前为止，即使从全中国范围来看，连云港封土石室墓也是独一无二的。对于其年代、谱系、特点等问题，已经有不少学者提出了相关意见。随着普查、调查和发掘的深入，其年代也越来越清楚，大概为南北朝末期或隋代到中晚唐。可是，对于墓主身份还存在意见分歧，有学者主张墓主为唐代新罗移民。从整体形制和结构上看，连云港地区分布的封土石室墓与朝鲜半岛古代百济的石室墓有直接关系。墓葬是在习俗方面具有最强保守性的考古学文化要素，能强烈地反映民族和时代的特点。所以，如果在某一文化领域以外的地方出现了该文化的墓葬特点的话，属于该文化的移民集团需要具备良好的移动条件，而且新定居地越孤立越好，这样才能避免外部文化因素的渗入。笔者认为连云港封土石室墓符合这样的设定。具体来说，大多数百济遗民是在公元660年被唐军带入，并被安置于徐州和兖州的。公元676年，为了充实辽东熊津都督府，当这些百济移民再次迁徙至高句丽故土的建安古城时，可能是经过连云港口通过海路到达了辽东。不久，随着侨置熊津都督府的消失，他们再度离散，不少百济遗民在从事海事服务的百济人所在的连云港一带定居，并依靠同一职业生存了下去。因为他们定居于跟外地人接触机会较少的海岛上，因此能够保持自己固有的墓葬习俗。在这种背景下得到长期绵延传承的百济遗民墓葬，应该就是连云港的封土石室墓。

从整个形制和结构上看，连云港地区分布的封土石室墓与朝鲜半岛古代百济石室墓有关。对于这一点笔者已经提出过意见。[①] 百济和中国南朝各政权

---

① 朴淳发. 连云港封土石室墓的历史性格 [J]. 百济研究，2013（57）.

所进行的频繁交流，必须通过海路来往，连云港就是航路上的一个必经港口。在连云港可能生活着为百济使节船供给必需品的人们，不排除其中有百济人的可能性。随着公元660年百济为唐与新罗的联合军所灭亡，一万两千到两万百济人被押送到唐内地，除了王族和高级官僚们，普通人多半会被安置于空旷落后之地，可能其中的部分百济人就选择了与百济有关系的连云港定居下来。如果这个推测不妄的话，连云港封土石室墓和百济末期石室墓之间的相似性就可以得到很好的解释。本文立足于已有的中韩学界同仁对百济遗民的研究的基础，加入笔者的意见，对连云港封土石室墓出现的历史背景加以分析。

一、百济遗民关联研究的现状与问题

迄今为止，关于入唐百济遗民的研究已有不少，但大多数研究集中于出土墓志等金石文学资料。自20世纪初叶罗振玉将扶馀融墓志收录于《芒洛冢墓遗文·第四编》以来，与百济遗民相关联的金石文学资料数量已达12件。[①]现存的12件金石文学资料主要集中于以洛阳（5件）、西安（4件）为中心的京畿（1件）和都畿道（1件），以及太原（1件）等地。显然，唐朝安置百济王族和权贵于两京及附近地方，以便加以控制。另外，这些墓志显示，百济上层遗民大概经过三代后开始和唐人通婚，融入唐文化，而且，在军事力量方面百济遗民有杰出的表现。[②]

以文献史料和墓志为中心的研究已取得了不少成就，表现为对百济显贵家族在唐地融入主流社会的具体过程和其贡献等方面的研究成果。然而，已

[①] 2015年之前被发现的百济遗民墓志如次：扶馀融墓志（1919年洛阳出土）、黑齿常之墓志（1929年洛阳出土）、黑齿俊墓志（1929年洛阳出土）、难元庆墓志（1960年河南鲁山县出土）、祢寔进墓志（2000年西安出土）、祢军墓志（2011年发表，西安出土）、祢素士墓志（2010年西安出土）、祢仁秀墓志（2010年西安出土）、陈法子墓志（2012年发表，洛阳出土）、太妃扶馀氏墓志（2004年陕西富平县出土）。此外，还有龙门石窟877号窟《扶馀氏造像记》、天龙寺石窟第15窟的《大唐勿部将军功德记》等碑刻。参看拜根兴.唐代高丽百济移民研究：以西安洛阳出土墓志为中心[M].北京：中国社会科学出版社，2012；尹龙九.中国出土高句丽百济遗民墓志铭研究动向[J].韩国古代史研究，2014（75）.

[②] 拜根兴.入乡随俗：墓志所载入唐百济遗民的生活轨迹——兼论百济遗民遗迹[J].陕西师范大学学报（哲学社会科学版），2009（4）；郑炳俊.在唐百济遗民[M]//百济文化史大系研究丛书：百济遗民们的活动.扶余：忠清南道历史文化研究院，2007.

往研究存在的不足也很明显。文献史料中关于押解入唐的百济普通人物民众的记载很少，也没有发现相关的墓志材料。在这种情况下，已往对百济遗民的研究本身带有不可避免的缺点。为了突破这种限制，并进一步深入探究整个百济遗民问题，需要新的方法。笔者认为考古资料可以在一定程度上弥补上述不足。

那么到底什么是有关百济遗民的考古资料呢？如前所说，百济灭亡之后入唐遗民的规模有一两万人。这样大规模的人群被安置到某地后必然会保留部分原有的生活习俗，也会有具有百济特点的文物遗留下来。百济灭亡之后离散开的遗民并不只存在于中国，日本也有，只是规模较小。据文献记载，当时日方政权安置了400到3000名百济遗民于都城周边和未开发地域。出于管理的考虑，日方为百济人划定了特别行政单位，并实行免税等保护性政策。因此，日本的百济遗民留下了不少的考古材料，表现为带有百济特色附火炕的房屋、以横穴式石室墓为主的墓葬、佛教寺院等。[①]虽然在对百济遗民的政策上，唐朝跟日本政权有所差异，但对于在一般民众的安置方式上不会有太大差异。为了充实国力和预防反叛等，政府应该会安置他们于比较容易监视控制的空旷之地。这一情况，在文献记载中也有见一鳞半爪，具体在下面会述及。

尽管出发点不同，但从遗民安置方式上看，政府颇有可能让普通老百姓集中居住。要使这种推测不妄，就必须在考古上找到遗迹现象。参考日本的情况，在房址、墓葬等方面寻找与百济旧土文物类似的遗存。笔者以为，立足于考古看百济遗民问题，才能突破以文献和墓志为主的现阶段研究的局限性，打开新的研究视野。从这种角度上看，连云港封土石室墓非常重要，值得予以高度关注。

---

① 菱田哲郎. 对于白村江以后日本佛教寺院的百济遗民的影响 [M]. 东洋美术史学：第2卷，2013.

二、入唐百济遗民的流向与连云港地区

据《三国史记》《旧唐书》《三国遗事》《日本书纪》等文献的记载，[1] 公元660年7月百济为新罗与唐的联合军所灭，在之后不到两个月的时间内一万两千到两万左右的人被押送到唐内地。虽然各文献记载里的具体数字有所出入，但韩中学界都认为当时迁移入唐的百济遗民数量肯定超过了一万。其中，包括百济王在内的王族和一些大臣们到了东都洛阳，在朝堂拜谒了皇帝，并被安置于都畿地区。然而，对于大多数一般民众的流向，文献记载太过疏略，要深入研究并不容易。

除了以上要所列举的百济遗民迁徙以外，还有一次规模比较大的入唐遗民迁徙，发生在侨置熊津都督府于辽东建安时。由于公元671年新罗在百济故都城设置了所夫里州，扶余融所治的熊津都督府实际上已告终。据《旧唐书》和《新唐书·百济传》等文献记载，那时扶余融跟随刘仁愿等入唐，可能带来了不少百济民众。公元676年2月唐朝廷把百济故土所设的熊津都督府侨置于辽东建安故城，同时任命扶余融为熊津都督、带方郡王，以便让他安抚百济遗民。不过，扶余融仅仅是依托高句丽安东府治民，不久之后的公元682年，随着扶余融的去世，辽东百济也灭亡了。

值得关注的是，组成辽东熊津都督府的百济遗民就是在公元660年入唐的百济百姓。据《资治通鉴》卷202记载，最初入唐的百济遗民被安置于河南道的徐州以及兖州一带。在辽东建安故城（即今辽宁省盖州东北的高丽城山）

---

① 《三国史记》卷二八《百济本纪》第六《义慈王》二十年（公元660年）：（前略）定方以王及太子孝、王子泰、隆、演及大臣将士八十八人、百姓一万二千八百人送京师。

《三国史记》卷五《新罗本纪·武烈王》七年（公元660年）：定方以百济王及王族臣寮九十三人、百姓一万二千人，自泗批乘船回唐。

《三国史记》卷四二《列传二·金庾信》：（庸人）房百济王及臣寮九十三人、卒二万人，以九月三日自泗批泛船而归，留郎将刘仁愿等镇守之。定方既献俘，天子慰籍之。

《三国遗事》卷一《纪异篇》太宗春秋公条：定方以王义慈及太子隆、王子泰、王子演及大臣将士八十八人，百姓一万二千八百七人，送京师。

《旧唐书》卷一九九上《列传·百济专》：房义慈及太子隆、小王孝、演、伪将五十八人等，送于京师。

《日本书纪》卷二六齐明天皇》六年秋七月条：将军苏定方等所提百济王以下太子隆等诸王子十三人、大佐平沙宅千福、国办成以下七入并五十许人奉进朝堂。

《日本书纪》卷二六《齐明天皇》六年同十一月条：百济王义慈、其妻恩古、其子隆等，其臣大佐平千幅、国办成、孙登等凡五十余入，秋于七月十三日为苏将军所捉而送。

侨置熊津都督府之后，以他们为主对建安故城进行了充实。^①众所周知，唐代的徐州和兖州位于靠近现今连云港的苏北山南内地。笔者在前文中已做出推测，认为在公元660年押送百济遗民去往洛阳的中途登陆地点可能就是连云港，除了王室成员和上层人员以外的百济遗民被留在了连云港这一地区。但在没有与这种推测相关的直接文献记载的情况下，《资治通鉴》的记载就是最为重要的线索。无论怎样，参照笔者前文所提的考古遗迹，即位于连云港的封土石室墓，百济遗民活动肯定与连云港有关，这是不可否认的。

综合目前得到的文献和考古证据，连云港就是唯一与入唐百济遗民的活动相关的地方。首先，针对连云港封土石室墓的整个形制和结构，在与同时段的东亚地区石室墓进行比较分析时，要把握互相间谱系的对照关系。笔者在前文中已经提出了连云港石室墓的形制与百济末期的石室墓颇为类似的观点，但其在部分结构上也有跟高句丽墓葬相似的元素。比如1989到1990年之间发掘的南云台乡前关村花果行2号墓具备两个耳室，与其他石室砌筑方法有所不同的是其顶部采用了藻井式架构法。^②因为藻井式顶部架构技法本身是高句丽石室墓的典型特征，可以说该墓主人与高句丽密切相关。通过这种考古证据笔者认为，连云港封土石室墓的筑造方法就是以百济系为主，同时也包含高句丽系的部分元素。

那么发生这种情况的背景到底是什么呢？笔者认为与如前所述的《资治通鉴》的记载密切相关。在唐高宗仪凤元年即公元676年，在已入唐被安置于徐、兖州的百济遗民再次迁徙至辽东熊津都督府的过程当中，他们颇有可能从连云港口出发经过海路抵达辽东。在这里，既存在那时候因某种原因，部分百济遗民留下定居于连云港的可能性，也存在他们都离开连云港去往辽东，而后随着熊津都督府的废置又回到连云港定居的可能性。鉴于在连云港封土石室墓当中发现了高句丽因素，从辽东回来的人群中肯定有一些高句丽人。据说现今连云港当地人将北云台山的主峰称为"盖苏文峰"，笔者认为"盖苏文"可能是来自于高句丽末期的朝廷实力独裁者"渊盖苏文"的名字。这个地名也暗示了连云港与高句丽人的关系。

总体来看，起码至少从考古角度上看，连云港和百济遗民的联系是不可

---

① 《资治通鉴》卷202：徙熊津都督府于建安古城，其百济户口先徙于徐兖等州者，皆置于建安。

② 纪达凯，陈中.连云港地区土墩石室遗存时代性质新考[J].东南文化，1993（1）.

否认的，同时也有部分文化因素与高句丽系流民相关。而且文献有明确记载，在靠近连云港的徐州以及兖州一带就是百济灭亡之后来到唐地的百济遗民的安置地。基于此，笔者认为连云港是公元676年百济遗民出发去往位于辽东建安古城的侨置熊津都督府或从辽东返回时可能抵达的港口。众所周知，唐代连云港的地貌与现在有所不同，它是由几个海岛连成的。这样的自然环境不太适合人类生活，可以推测当地定居人口应该不多，属于空旷之地。因此，唐朝允许或默认百济遗民定居于海岛及其周边。

　　除了连云港以外，另有与百济遗民有关的地方。按《唐六典》卷三《尚书户部》记载，在岭南诸州也有安置百济遗民的地方。[①]岭南地区就是主导百济复兴活动的百济王扶余丰的流配地。公元663年8月，为了复建百济，百济和日本大化政权派遣联合军于百济故土和唐军进行了最后一战。百济日本联合军战败，扶余丰逃往高句丽，但公元668年高句丽也为唐军所灭亡，扶余丰被押送入唐，流配于岭南。可是由于只有简单的记载，我们无法确定流配地的具体位置。韩国有学者关注到广西壮族自治区南宁市邕宁县"百济乡"这个地名的存在，但除此之外没有找到其他的相关材料，因此具体情况不得而知。还有中国学者根据清代方志类文献所记载的"百济堡"这一地名，即今湖北十堰市房县，推测此地可能与百济遗民的流向有关。[②]不过，除地名以外支持这种推定的材料还没有被发现。

三、通过连云港封土石室墓看百济遗民社会

　　据统计，分布在连云港地区的封土石室墓的数量已超过700多座，且可能有更多发现。就整体的墓葬规模来说，它并不小于百济本土的任何地方的墓群，这一点是值得关注的。换言之，在连云港一带居住的百济遗民的人口规模绝不逊色于百济本土的任何一个地方。比如说，经过全面发掘的位于忠清南道舒川郡楸洞里的百济墓群的整体数量只达到100座左右。目前为止，在分布密度上最大的百济墓群之一，是百济都城里居民专用的盐仓里墓群，其

---

① 《唐六典》卷三·《尚书户部》：凡岭南诸州税米者，上户一石二斗，次户八斗，下号六斗。若夷獠之户，皆从半输，轻税诸州高丽、百济应差征镇者，并令免课役。

② 拜根兴. 入乡随俗：墓志所载入唐百济遗民的生活轨迹——兼论百济遗民遗迹 [J]. 陕西师范大学学报（哲学社会科学版），2009（4）.

墓葬数量也不到300座。考虑到百济本土个别墓群的规模大小，连云港地区的墓葬规模可以说是非常庞大。

除了墓葬规模以外，连云港封土石室墓群还有一个特征，就是墓群延续时间很长。一般来说，墓群的延续时间必定与造墓集团的连续性程度有关。据有些研究者的看法，连云港封土石室墓自初唐延续至晚唐时段，甚或可以溯及隋代。[①]无论如何，这个时间长度绝不一般。那么，可以推测建造石室墓的人们，即百济遗民，在这一段时间里很可能坚持着互相的认同性。这一点与通过墓志内容所看到的百济遗民上层的情况迥然不同。百济遗民上层不到三代即已开始和唐人通婚，融入当地文化。[②]

这种情况到底是什么原因造成的呢？笔者以为，第一，是因为在连云港地区定居的人群的组成比较单纯，换言之，是以百济遗民为中心组成的。这可以使他们保持与百济本土同样的墓葬习俗。如果百济遗民入住于以唐人为主的地方，如与之前提到的百济遗民上层的情况一样，不久即与当地人通婚，要坚持百济固有习俗绝不容易。从这个角度上看，连云港地区在百济遗民入住时期很有可能是空旷之地。众所周知，现今连云港云台山等地在唐代就是几个海岛，不适合以农业生产为主的定居生活。可以肯定，从事航海活动以外的定居人口应该不多。百济遗民定居在这种空旷海角，便于开发和提高当地的生产力，对唐朝廷的发展也可以起到促进作用。笔者以为这是让百济遗民集中居住于连云港，从而使其保持认同性，并坚持墓葬等固有习俗的第二个原因。

现今连云港市西南地区和云台山都是历代海路交通的关节点，在南北朝时代分别被称为"胊山"和"郁州"（图一）。由于这里是海路和陆上的交汇点，南、北两方政权都对其高度重视。[③]郁州由位于胊山以东的相连海岛组成，对于要进出北方和防卫领土的南朝历代政权有着重要的战略价值。通过海路与南朝历代政权进行交流的百济也在郁州寄航或由此登陆去往建康。考虑到这些因素，在郁州当地颇有可能有一些让百济人从事海上交通服务的需要。这种推测可以通过连云港出土的百济系陶器得以证明（参看图二）。根据图二中

---

① 纪达凯，陈中．连云港地区土墩石室遗存时代性质新考 [J]．东南文化，1993（1）．

② 拜根兴．入乡随俗：墓志所载入唐百济遗民的生活轨迹——兼论百济遗民遗迹 [J]．陕西师范大学学报（哲学社会科学版），2009（4）．

③ 张兴兆．魏晋南北朝时期的北方近海水运 [J]．青岛大学师范学院学报，2008（2）．

两个陶片的制作技法和戳印纹样等，笔者认为其是在百济本土制作的。据连云港重点文物保护研究所的高伟所长介绍，这两个陶片是和隋代青瓷豆一起从一个灰坑中采集的。由此，我们可以推定在当时的连云港一带有使用这种陶器的百济人定居，并且这些百济人会为在经过郁州等地的海路上寄航或登陆的百济使臣们提供服务。

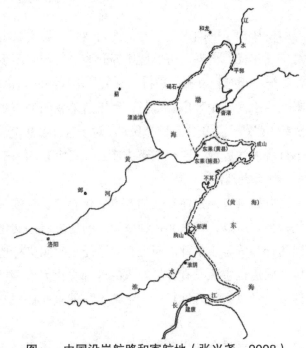

图一　中国沿岸航路和寄航地（张兴尧，2008）

图二　连云港出土百济系陶器

虽然有关定居人口的情况不详，但在连云港一带至少在隋代以前就已存在百济人，他们赖以生存的肯定是服务于海事需要的各种活动。百济遗民要在这种生活条件下的连云港一带入足和定居，他们也自然会从事各种与海事有关的服务。这就是在连云港定居的百济遗民子子孙孙孙延续下来所赖以生存的职业。在百济灭亡之后的几个世纪中，对他们的定位可能由百济人改变为代表朝鲜半岛的新罗人。当时新罗人的聚集地被称为新罗坊，因此最终在连云港地区留下了新罗坊的地名。

四、余言

目前为止，即使从全中国的视野来看，连云港封土石室墓也是独一无二的墓葬方式。对于其年代、谱系、历史性质等问题，已经有不少学者提出了相关意见。随着普查、调查和发掘的进行，有关其年代的问题也越来越清楚，大概是南北朝末期或隋代到中晚唐。可是，对于造墓集团的历史性质还存在意见分歧，有学者主张墓主为唐代新罗移民。[①] 对于这种看法笔者已经进行了探讨，并提出了百济人建造说。这种把建造连云港石室墓的人群的出身定位为外国人的看法，颇有突破性。

墓葬是在习俗方面具有最强保守性的考古文化要素，是唯一能强烈地反映民族性的文化领域。所以，在该文化领域以外的地方保持文化的原状一定需要该文化集团的迁移等客观条件。而且，为了能长时间坚持遗民固有的墓葬习俗，在定居地周边也应该没有容易混入的外部文化因素，也就是新的定居地越孤立越好。笔者以为连云港封土石室墓本身就是在良好条件下实现这种设想的结果。

下一步，要具体探索符合理想条件的情况，就是百济灭亡之后迁徙的百济遗民的存在。大多数百济遗民是在公元前 660 年被迫入唐，并被安置于徐州和兖州的。之后在公元 676 年为了充实辽东熊津都督府，当这些百济遗民再次迁往高句丽故土的建安古城时，可能经过连云港由海路到达辽东，而不久后随着侨置熊津都督府的消失，在离散的过程当中，不少从事海事服务的百济人在连云港一带定居，并把这一职业作为生计来源。

百济遗民定居于跟外地人接触机会较少的海岛上，因此能够保持自己固有的墓葬习俗。在这种背景下得以长期绵延传承下来的百济遗民的墓葬，就是连云港封土石室墓。

---

① 张学锋. 江苏连云港"土墩石室"遗存性质刍议 [J]. 东南文化，2011（4）.

六朝考古所见汉风仙道文化因素

——兼述对百济文化的影响

周裕兴　陈瑾瑜　赵淑怡

　　魏晋南北朝是中国古代由汉代走向隋唐的过渡时期，其历史文化发展的面貌特征通常用"承汉启唐"四个字来加以概括，倘若细而究之，对于此时的北方和南方而言，还是有所不同的：

　　北方，虽属华夏王朝正朔之地，由于经历多年战乱和北方民族入主等影响，原有传统的汉代文化呈塌方式消蜕，融多民族多元化的新文化因素则悄然兴起，进而成为隋唐盛世文化的坚实基础；

　　南方（亦称为"六朝"或"南朝"），则果不其然：长江以南的中国南方，在汉代即已全盘接受中央郡县制的直接管控，并受汉代文化的浸渍传布。司马氏晋室南渡，定都建康（今南京），将充习汉代遗风的晋制文化带入南方。汉晋之制在东晋一百年的历史进程中，以传承沿袭为主调，而少有创新。直到南朝刘宋时，刘裕亦以"汉室苗裔"自居，其北伐时受所见留存之汉代古迹遗存影响，而对物质文化中的汉风之制有所中兴。

　　何为"汉风仙道"，即指在神仙道教信仰意识的支配下，产生或形成的文物典章、丧葬礼仪和民间习俗等，均具有汉代文化的特征。简言之，从文化领域的角度来看，魏晋南北朝时期的北方，其保留与传承汉代风格的特性偏弱，而开启唐代文化渊源的成分较强；魏晋南北朝时期的南方，其所保留与传承得汉风仙道的文化特征明显，而被隋唐文化所借鉴和发展的文化内涵则不多。

一

六朝考古所发现的若干物质文化遗存，其或多或少地包含诸多缘自于汉代的且与神仙道教相关的文化因素。这种现象的产生，是与当时社会流行的宗教信仰、思想观念和社会风俗紧密联系的，它主要体现在道教思想、神仙观念与方术、生死观、风水学及丧葬习俗等方面。

（一）六朝时期道教思想概述

道教是中国源于汉代的本土宗教。东吴、东晋时期，民间道教逐渐在江南兴起，特别是永嘉之乱后，衣冠南渡，江南成为全国文化中心，道教更是步入发展期，道教的思想理论在这一阶段初成体系。道家代表人物葛洪著有《抱朴子》一书，其内篇主讲神仙方药、鬼怪变化、养生延年、禳邪却祸之事，并倡导玄道，追求自由惬意的神仙生活。《畅玄篇》曰"玄者，自然之始祖，而万殊之大宗也"，"夫玄道者，得之乎内，守之者外，用之者神，忘之者器，此思玄道之要言也……高不可登，深不可测，乘流光，策飞景，凌六虚，贯涵溶。出乎无上，入乎无下。经乎汗漫之门，游乎窈眇之野。逍遥恍惚之中，倘佯仿佛之表。咽九华于云端，咀六气于丹霞，俳徊茫昧，翱翔希微，履略蜿虹，践跚旋玑，此得之者也"。同时，论证神仙实有与成仙长生，《黄白篇》言"长生之道，道之至也，故古人重之也"，《论仙篇》载"或问曰：'神仙不死，信可得乎？'抱朴子答曰：'虽有至明，而有形者不可毕见焉……万物云云，何所不有，况列仙之人，盈乎竹素矣。不死之道，曷为无之？'"。《对俗篇》指出儒道兼修方能成仙，"欲求仙者，要当以忠孝和顺仁信为本。若德行不修，而但务方术，皆不得长生也"。

与此同时，六朝时期兴起的玄学成为哲学思潮的主流，以发言玄远、崇尚清谈为特征，辩证"有无""本末"问题，论争自然与名教，探究世界本体，代表人物有嵇康、阮籍、陶渊明等。玄学家将自己的生命理想寄托于神仙世界，追求超越世俗社会而逍遥自由长生不老的理想与境界，嵇康《养生论》载"至于导养得理，以尽性命，上获千余岁，下可数百年，可有之耳"，郭象在《大宗师注》中描述玄学思想逍遥境界，"故圣人常游外以冥内，无心以顺有，故虽终日挥形而神气无变，俯仰万机而淡然自若"，亦淋漓尽致地表现出仙道之风。

南朝梁代陶弘景集六朝道教之大成，构建较为系统完善的道教理论体系，开创茅山宗。陶弘景的道教思想讲究形神双修，养生求仙，《养性延命录·教戒篇第一》云"故人所以生者神也，神之所托者形也。神形离别则死，死者不可复生，离者不可复返，故乃圣人重之"。对学道与内在精神修养的关系进行论述，提出自己的养神之法，《真诰·甄命授第一》言"夫喜怒损志，哀戚损性，荣华惑德，阴阳竭精，皆学道之大忌，仙法之所疾也。虽还精胎息，仅而补之，内虚已彻，犹非本真。莫若知而不为，为而不散，此仙之要道，生之本业也"，"欲得延年，当洗面精心。日出二丈，正面向之，口吐死炁，鼻噏日精，须鼻得嚏便止，是为炁通，亦以补精复胎，长生之方也"。同时，陶弘景主张道、儒、释三教调和，兼容并包，他在《茅山长沙馆碑》中提出"万物森罗，不离两仪，百法纷凑，无越三教之境"。梁武帝对其恩遇有加，《南史·陶弘景传》载"国家每有吉凶征讨大事，无不前以咨询。月中常有数信，时人谓为山中宰相"。

（二）神仙观念与方术的流行

六朝时期的道教思想与玄学之风，为长生不老的神仙观念提供理论依据，得道成仙及对生命永恒追求的信仰，在社会各个阶层流行。神仙有无、是否可学，成为士人们热衷谈论的话题。嵇康认可神仙的存在，但认为无法通过后天习得，"夫神仙虽不目见，然记籍所载，前史所传，较而论之，其有必矣！似特受异气，禀之自然，非积学所能致也"，[1]葛洪却提出只要有合适的方法即可得道成仙获得长生，"若夫仙人，以药物养身，以术数延命，使内疾不生，外患不入，虽久视不死，而旧身不改，苟有其道，无以为难也"。[2]

在神仙观念的影响下，人们求仙热情高涨，作为修炼成仙途径的神仙方术盛行。在汉代时期，神仙方术就已出现，汉武帝痴迷炼丹之术，《史记·孝武本纪》载"于是天子始亲祠灶，而遣方士入海求蓬莱安期生之属，而事化丹砂诸药齐为黄金矣"；淮南王刘安服用仙药飞升成仙，《论衡·道虚篇》载"此言仙药有余，犬鸡食之，并随王而升天也"；"汉初三杰"之一张良弃人间事，欲从赤松子游，乃学辟谷，导引轻身，专心于延年轻身之法。发展到六朝时期，神仙方术主要包括炼丹、服食与养神炼形等。葛洪在《抱朴子内篇·金丹》强调炼丹术对于成仙的重要性："夫金丹之为物，烧之愈久，变化

---

① 韩格平．竹林七贤诗文全集译注 [M]．吉林：吉林文史出版社，1997：395.

② 葛洪．抱朴子内篇校释·论仙 [M]．王明，校释．北京：中华书局，1980：13.

愈妙。黄金入火，百炼不消，埋之，毕天不朽。服此二物，炼人身体，故能令人不老不死"，"升仙之要，在神丹也"。《世说新语·言语》亦载"何平叔云：'服五石散，非唯治病，亦觉神明开朗'"，在魏晋名士何晏的推崇下，六朝时期服食五石散等长生药的风气大盛。此外，玄学家提出"形恃神以立，神须形以存"的形神观，注重"修性以保神"，[①]"学仙之法，欲得恬愉澹泊，涤除嗜欲，内视反听，尸居无心"，[②]通过倡导养神炼形之术，求得成仙长生。

（三）六朝时期的生死观念

两汉以来，灵魂不灭的生死观流行，事死如事生。肉体的死亡不意味着生命的终结，而仅仅是生命形式的转化，灵魂将在另一个世界重新开始新的生活。《淮南子·原道训》记载"以天为盖，以地为舆"，说明这一时期天堂与地狱的观念已经形成。《论衡·薄葬篇》也有"谓死如生"的论述。六朝时期，通过道教与佛教的影响，灵魂不灭的生死观进一步发展，成为极为普遍的社会意识。死后世界开始建立并日益完善，鬼神之事也愈加丰富。《抱朴子内篇·论仙》载"鬼神之事，著于竹帛，昭昭如此，不可胜数"。南朝志怪小说集《幽明录》亦记载灵魂不死的鬼怪传奇，卷三有一则故事《方相头》云"广陵露白村人，每夜辄见鬼怪，咸有异形丑恶。怯弱者莫敢过。村人怪如此，疑必有故，相率得十人，一时发掘，入地尺许，得一朽方相头。访之故老，咸云：'尝有人冒雨送葬，至此遇劫，一时散走，方相头陷没泥中。'"。同时，《幽明录》卷五中《赵泰》一文还详细载有冥府的传说，表现了人们对死后世界的构想，"说初死时有二人乘黄马，从兵二人，但言'捉将去'。二人扶两腋东行，不知几里，便见大城如锡铁崔嵬。从城西门入，见官府舍，有二重黑门，数十梁瓦屋。男女当五六十，主吏著皂单衫，将泰名在第三十。须臾将入，府君西坐，断勘姓名。复将南入黑门，一人绛衣，坐大屋下，以次呼名前，问生时所行事，有何罪故，行何功德，作何善行"。由此可见，灵魂不灭的生死观在六朝时期深入人心。

（四）六朝时期的风水观念

六朝时期，以勘察丧葬风水为核心的风水观念在社会上得到广泛传播。早在汉代，风水观已经兴起。《史记·淮阴侯列传》中司马迁将韩信命运的改

---

① 同前页注释1.

② 葛洪. 抱朴子内篇校释·论仙 [M]. 王明，校释. 北京：中华书局，1980：16.

变与其母葬地的选择相互联系,"吾如淮阴,淮阴人为余言,韩信虽为布衣时,其志与众异。其母死,贫无以葬,然乃行营高敞地,令其旁可置万家。余视其母冢,良然"。《后汉书·袁安传》也载东汉时期袁安经神人指点选择吉地葬父,从此富贵的故事,"初,安父没,母使安访求葬地,道逢三书生,问安何之,安为言其故,生乃指一处,云:'葬此地,当世为上公。'须臾不见,安异也。于是遂葬其所占之地,故累世隆盛焉"。六朝时期,在神仙道教与生死观念的影响下,风水理论逐渐完善直至确立,风水名家辈出,风水著作应运而生。《晋书·郭璞传》记载"璞好经术,博学有高才,而讷于言论,词赋为中兴之冠。好古文奇字,妙于阴阳算历。有郭公者,客居河东,精于卜筮,璞从之受业。公以《青囊中书》九卷与之,由是遂洞五行、天文、卜筮之术,攘灾转祸,通致无方,虽京房、管辂不能过也"。《晋书·郭璞传》中还记载郭璞为母亲择墓的故事,"璞以母忧去职,卜葬地于暨阳,去水百步许。人以近水为言,璞曰:'当即为陆矣。'其后沙涨,去墓数十里,皆为桑田";《南史·张裕传》载,张裕的曾祖父张澄准备葬父,"郭璞为占墓地,曰:'葬某处,年过百岁,位至三司,而子孙不蕃。某处年几减半,位裁卿校,而累世贵显。'澄乃葬其劣处。位光禄,年六十四而亡,其子孙遂昌云"。托名郭璞所撰《葬书》,提出"葬者乘生气"之论,"气乘风则散,界水则止。古人聚之使不散,行之使有止,故谓之风水",将风水术从传统的相地术中独立出来,对风水进行具体定义,奠定了风水术的基础,为后世风水理论所传承。

风水理论与风水学者的兴盛发展,进一步促进了风水观在六朝社会各阶层的传播。统治阶级上层流行风水观,《南史·齐武帝纪》记载了齐武帝萧赜对葬地的选择:"陵墓万世所宅,意常恨休安陵未称,今可用东三处地最东边以葬我,名为景安陵"。《晋书·周光传》则记录了东晋名将陶侃葬亲的故事,"初,陶侃微时,丁艰,将葬,家中忽失牛而不知所在。遇一老父,谓曰:'前冈见一牛眠山汙中,其地若葬,位极人臣矣。'"。风水观对民间也影响深刻。《幽明录》卷二载有一则名为《冢上紫气》的传说,讲述了孙坚之父孙钟设瓜招待仙人,获其指点葬地,从而得到神灵护佑泽被子孙的轶事:"孙钟,吴郡富春人也,孙武之后。钟种瓜为业,瓜初熟,有三人来就乞瓜。钟遂引三人入草庵,设饭摭瓜以食之。三人食讫,谓钟曰:'蒙君厚恩,无以报也。请视君葬地。'遂将之上。谓曰:'欲得世世封侯,数世天子?'钟曰:'诺。'遂指一处:'可葬之!'三人曰:'我等是司命君。下山百步,勿反顾!'钟行三十步回首，见三人化作白鹤飞去。钟于指地葬父母。冢上常有紫气属天，漫延于地。父老曰：'孙氏兴矣！'"。由此可见，六朝时期风水观的传播广泛而深远，对社会思想产生深刻影响。

（五）六朝时期的丧葬礼俗

六朝时期的葬俗礼仪基本沿袭汉制，《晋书·礼志中》记载"古者天子诸侯葬礼粗备，汉世又多变革。魏晋以下世有改变，大体同汉之制"。同时，这一阶段道教信仰的确立、神仙观念的推动、灵魂不灭生死观的发展与风水之说的盛行，对丧葬礼俗产生重要影响。

1. 聚族而葬

族葬之风盛于汉代，发展到六朝时期，在风水观的影响下，帝王贵族一般都聚族而葬，已成定制。《建康实录》记载，东晋除废帝司马奕葬吴县吴陵、穆帝永平陵葬幕府山之阳外，其余帝王均葬于鸡笼山之阳或钟山之阳。

2. 招魂

两汉之间即流行招魂复魄之术，欲求重生。《后汉书·赵咨传》载"招复含敛之礼"，李贤注"招复，谓招魂复魄也"。六朝继承了汉代的招魂之礼，《南齐书·张融传》记载南齐世族张融遗命"令人捉麈尾登屋复魂"。同时，因为社会动荡不安，人们或客死他乡，或生死未卜。如人死而不得其尸，则招其魂而葬，希望死者安宁，招魂葬流行。《晋书·袁瑰传》载"时东海王越尸既为石勒所焚，妃裴氏求招魂葬越，朝廷疑之。瑰与博士傅纯议，以为招魂葬是谓埋神，不可从也。帝然之，虽许裴氏招魂葬越，遂下诏禁之"。

3. 沐浴，饭含

死者沐浴为两汉较为流行的习俗，《后汉书·礼仪志下》记大丧制"沐浴如礼"。六朝时期也相当重视沐浴之礼，《南史》多有王室贵族关于死后沐浴礼俗的记载，如《刘歊传》言"盥漱而敛"，又有"太中大夫琅邪王敬胤以天监八年卒，遗命：'……吾气绝便沐浴……'"。

沐浴之后是饭含之礼。汉代贵族死后以含玉为常制，以求不朽。六朝沿袭了这个礼俗，《南史·范云传》中记载，范云为其友"移尸自门入，躬自营含，招复如礼，时人以为难"。

4. 入殓，送葬，下葬

六朝时期的丧葬保留汉代的入殓习俗，分为小殓和大殓，但是治丧过程中多有不按照礼制提前埋葬的情况发生，《南史·徐勉传》记载梁朝学者徐勉上书严令禁止这种违礼做法，"《礼记·问丧》云：'三日而后殓者，以俟其生也。三日而不生，亦不生矣。'顷来不遵斯制，送终之礼，殡以期日……岂若缓其告敛之辰，申其望生之冀。请自今士庶宜悉依古，三日大敛。如其不奉，加以纠绳"。

死者入殓后，需停柩待葬。史书多记帝王的殡期，《南史·宋明帝纪》载"夏四月己亥，上疾大渐……是日，上崩于景福殿，时年三十四。五月戊寅，葬临沂县莫府山高宁陵"。死者灵柩前设有铭旌，上书写死者官阶、称呼。《后汉书·赵咨传》"表以旌铭之仪"，郑玄注《礼记·檀弓下》"明旌为神明之旌"，铭旌具有代表死者灵魂的作用。六朝时期，铭旌礼仪仍存，《南齐书·礼志下》载"太子妃斩草乘黄，议建铭旌。仆射王俭议：'礼，既涂棺，祝取铭置于殡东，大敛毕，便应建于西阶之东。'"。

殡期结束之后，开始出殡送葬，多用魂车运载死者衣冠，象征亡魂之所在，《南齐书·礼志下》左仆射王俭引范宁之语"葬必有魂车"，《南史·孙谦传》记载南朝梁循吏孙谦临终遗命"以常所乘者为魂车"，可见魂车是六朝出丧过程中必备的车舆仪制。送葬过程中，挽歌之礼亦广泛流行，相沿成俗。挽歌在汉武帝时即已出现，《晋书·礼志中》："新礼以为挽歌出于汉武帝役人之劳歌，声哀切，遂以为送终之礼。"六朝时期成为朝廷规定的丧葬礼俗之一，《宋书·刘道规传》记载"及长沙太妃檀氏、临川太妃曹氏后薨，祭皆给……挽歌一部……"。棺椁在下葬前需要择日，下葬时多伴有随葬品，体现了厚葬的风俗。

5. 发丧，奔丧，吊丧，赙赠

六朝时期，凡遭遇丧事，都需要发丧受吊，子女亲友闻丧后必须奔丧，《南齐书·王僧虔传》载"僧虔颇解星文，夜坐见豫章分野当有事故，时僧虔子慈为豫章内史，虑其有公事。少时，僧虔薨，慈弃郡奔赴"。吊丧盛行，《南史·冯道根传》记载冯道根"卒于官……帝即驾幸其宅，哭之甚恸"，同时盛行吊丧者执丧主之手的礼俗，《南史·齐东昏侯纪》记载"潘妃生女，百日而亡。制斩衰绖杖，衣悉粗布。群小来吊，盘旋地坐，举手受执蔬膳，积旬不听音伎"。

当时社会亦流行赙赠。赙赠制度在汉代就已存在，《汉书·叙传上》载"（班）婕之卒也，修缌麻，赙赠甚厚"。延续到六朝时期，帝王率先实行赙赠制度，《梁书·长沙嗣王业传》载萧懿遇祸，"天监元年，追崇丞相，封长沙郡王，谥曰宣武。给九旒、鸾辂、辒辌车，黄屋左纛，前后部羽葆鼓吹，挽歌二部，虎贲班剑百人，葬礼一依晋安平王故事"。

6. 丧祭

汉代盛行祭祀，《汉书·张良传》载"及良死，并葬黄石。每上冢伏腊祠黄石"。六朝时期也多有丧祭礼俗，以供奉亡灵，主要有设灵座、置贡品等。《南史·齐豫章文献王嶷传》载"三日施灵，惟香火、盘水、干饭、酒脯、槟榔而已，朔望菜食一盘，加以甘果，此外悉省"；《南齐书·武帝本纪》中齐武帝萧赜临终遗诏曰"我灵上……惟设饼、茶饮、干饭、酒脯而已。天下贵贱，咸同此制"，由此可见六朝时期祭祀之风普遍存于世间。

7. 凶门柏历

凶门柏历是魏晋之后特有的葬俗，耗费巨大。《宋书·礼志二》载"凶门非古，古有悬重，形似凶门。后人出之门外以表丧，俗遂行之"，《南史·孔琳之传》亦云"凶门柏装，不出礼典，起自末代，积习生常，遂成旧俗，爰自天子达于庶人……凡人士丧仪，多出闾里，每有此须，动十数万，损人财力，而义无所取"。《晋书·琅琊悼王焕传》记载晋元帝为其夭折的爱子"诏立凶门柏历，备吉凶仪服"，《宋书·礼志二》亦载"宋文帝元嘉十七年七月壬子，元皇后崩。兼司徒给事中刘温持节监丧。神虎门设凶门柏历至西上阁"。

8. 陵墓神道石刻

陵墓石刻源于汉代，《水经注·易水》引范晔《后汉书》载"中山简王焉之空也。厚其葬，采涿郡山石，以树坟茔，陵隧碑兽，并出此山，有所遗二石虎，后人因以名冈"。曹魏时期，实行薄葬，禁止建造陵墓石刻。此后禁令渐驰，发展到南朝时期，陵墓石刻已成规制，《宋书·礼志二》记载"至元帝太兴元年，有司奏：'故骠骑府主簿故恩营葬旧君顾荣，求立碑。'诏特听立。自是后，禁又渐颓。大臣长吏，人皆私立"。

9. 归乡葬

六朝时期是历史上人口流动的时期，归乡葬成为较普遍的葬俗。史载南朝王室多归葬故乡，《南齐书·明帝纪》记载齐明帝诏"去岁索房寇边，缘边诸州郡将士有临阵及疾病死亡者，并送还本土"。

二

从具体实物来看，在六朝的丧葬文化中，"汉风仙道"文化因素亦为多见，主要体现在墓地布局、墓葬内饰结构以及出土文物三个方面。

（一）墓地布局

"汉风仙道"的特点在六朝丧葬文化中的体现，首先表现在六朝时期的墓地布局。六朝时期世家大族多以族葬，且已经形成制度，其既反映了古代封建统治阶级选择墓地的"风水"之术，也反映了统治阶级内部的尊卑长幼之序。

1.倚山而建的墓地选择

六朝时期，统治者尤其迷信风水，相信葬地的好坏直接关系到家族的盛衰和王朝的兴亡，相墓之术也随之盛行。[①]在这种意识影响下，六朝人对墓地的风水极为重视。从已发掘的南朝帝王陵墓看，一般都选择在丘陵的山麓、山腰上，以及"背倚山岗，面临平原"的所谓风水宝地中，即所谓"山冲"之地为最佳。墓葬的朝向依山势走向而定，不限于朝南方向，普遍封土起坟。现已发掘的六朝大墓，其地势无不符合。

2.尊者的墓葬位置

六朝时期盛行聚族而葬，墓与墓之间的相互位置关系较为复杂，总体来说是长者居后，晚辈居侧；在墓室内则以尊者居右为常，即相对于墓葬朝向而言，如果墓门南向，则以东侧为尊。

以右为上为尊、以左为下为卑的观念，在秦汉时期已经成为普遍流行的观念，成为人们表示上下、尊卑、主次、重轻的一种习惯用法。可以看出，六朝时期的墓葬布局沿袭汉代尚右的传统，参照汉代的礼仪、等级制度安排墓葬的排列位置。

3.等级尊卑的神道石刻

墓前开设神道，神道两侧列置象征吉祥、驱灾避祸的石刻群，这一制度始自东汉，但三国两晋时期没有得以延续，到南朝宋武帝刘裕时又重现，并完备成为南朝帝王陵寝的定制。神道石刻的重现，推测与刘裕北伐有着密切的联系。"刘裕自诩汉室苗裔，晋宋禅代，时人多以为再造汉室，刘宋也以此自居，在丧葬一事上，有意与晋割断，而模仿汉朝。"[②]东汉时期，神道石刻主

---

① 赵翼.廿二史箚记校正：晋书·相墓[M].王树民，校.北京：中华书局，1984：174-175.

② 韦正.六朝墓葬的考古学研究[M].北京：北京大学出版社，2011：300-301.

要分布在河南洛阳和南阳，其余的在陕西、四川等地。而刘裕两次北伐，前后灭南燕，破北魏，亡后秦，收复山东，河南，关中等地，后关中虽得而复失，但黄河以南尽入南朝版图，"七分天下，而有其四"，约即今天的陕西东部，河南全境，山东全境成为南朝的疆土。许是在收复过程中，刘裕见到北方汉代留下的神道石刻之雄伟，回来便仿其形制，这才使"墓前置神道石刻"这一东汉旧制得以延续。

从神道看，六朝墓葬多依山麓筑成，神道均在墓前平地上，神道的长宽度可以反映出墓葬的规模。

从石刻看，六朝多数神道对称分布三对石刻，依次为石兽、石柱（或称华表等）和石碑，皆受汉风影响。石兽结合汉代石兽遗风，继承汉代传统手法；石柱柱础浮雕，受汉代画像石浮雕影响；石碑由汉代的圭首形演变为琬首形。石刻中又以石兽（图一）最具代表性，汉代石兽多昂首挺胸，体态矫健，兽首有角，身生双翼，四足立地，气势威猛；六朝石兽在沿袭这些基本特征的基础上进一步发展，分有角与无角两种，帝陵前的石兽均有角，右边的一角（或称天禄），左边的两角，称为麒麟；王侯墓前的无角，称为辟邪。此亦为区分墓葬等级尊卑的标志之一。另一方面，石兽的造型为自然界中不存在的神异瑞兽。它们神态强悍，雄骏灵动，肩生双翼，是天地间巨禽猛兽的集大成，置于墓前用以趋吉避邪，极具神秘色彩。

1　　　　　　　　　2　　　　　　　　　3

（1.狮子冲陈文帝永宁陵右麒麟 2.甘家巷梁代吴平忠侯萧景墓石辟邪 3.河南洛阳孙旗屯出土汉辟邪石雕）

图一　汉代、六朝墓葬中的石麒麟、石辟邪

图 1 来源：曾布川宽 . 六朝帝陵 [M]. 傅江，译 . 南京：南京出版社，2004：58.

图 2 来源：罗宗真等 . 六朝文物 [M]. 南京：南京出版社，2004：97.

图 3 来源：傅天仇 . 中国美术全集雕塑编 2：秦汉雕塑 [M]. 北京：人民美术出版社，1985：96.

（二）墓葬内饰结构

"汉风仙道"的特点在六朝丧葬文化中的体现，从墓葬的内饰结构看，主要表现在墓室中的各式砖拼壁画之上。

砖拼壁画中，有用几块画像砖拼砌成的小幅壁画，如常州戚家村南朝墓出土的龙、虎、飞仙等仙道题材的砖画（图二）；也有用数十块以至上百块画像砖拼砌成的大幅阳线刻壁画。后者用于装饰整个砖室墓，气魄宏伟，题材主要包括"羽人戏虎图""竹林七贤图"等。

（1. 一角兽画像 2. 二角兽画像 3. 狮子画像 4. 青龙图）

图二　常州戚家村南朝墓小幅砖拼壁画

图片来源：曾布川宽. 六朝帝陵 [M]. 傅江，译. 南京：南京出版社，2004：73，77，105.

以西善桥墓中的"竹林七贤图"（图三）为例，画面整体被分为二段，分别砌于墓室东西两壁，每壁各有四人，右壁人物从前面依次为嵇康、阮籍、山涛、王戎，左壁则为向秀、刘伶、阮咸和荣启期，荣启期本不属于"七贤"，推测加上他是为了让两边壁画人物对称。画面反映了当时玄学兴盛，清谈成风的社会特点。"竹林七贤"可谓是最早的玄学代表，其思想性质为玄儒兼治，而玄学家师从老庄，竹林玄学通过各自的玄学实践，逐渐沉淀出老庄道家的哲学思想，犹如所谓的"外儒内道"。

图三 南京西善桥墓墓室砖画 竹林七贤和荣启期图（拓本）

图片来源：曾布川宽.六朝帝陵 [M].傅江，译.南京：南京出版社，2004：114.

（三）出土文物

1. 买地券

买地券是在中国古代延续使用了很长时间的一种为死者购买阴宅、家地的契约凭证。六朝时期的买地券见诸报道者至今已有30余件，分布在江南七省，计浙江1件、江苏14件、安徽2件、湖北3件、湖南4件、广西4件、广东2件，并且绝大部分是墓葬考古出土。除陈朝外，各朝都有发现。①

根据目前已发现的考古资料，买地券最早出现于东汉。从形制到内容，六朝买地券与汉朝买地券都有着很大的关联。六朝买地券分铅锡、砖、石三类质地，有刻、写两种方式，以刻居多，文字皆直行左读。早期盛行铅质买地券，长条状，形似汉时简牍，有的还带有符箓。从形制上看，明显留有汉代遗风。道教中认为铅为命，汞为性，为性命之学之根源，铅在当时被神仙

---

① 王志高.六朝买地券综述 [J].东南文化，1996（2）.

家用来炼取金丹，也因此掀起拜铅狂热，故可看出此时买地券与道教也是关联密切。六朝买地券内容包括墓主人姓名、职官、郡望、死葬日期、买地情况、见证人等等，具体内容风格有所不同：有仿照现实地契形式，如南京滨江开发区 15 号路六朝墓 M3 出土的买地券[①]（图四），券文明确记述了土地买卖双方姓名、冢地面积、地价、证人等，仿照现实生活中的地契，保留有较多的汉代买地券遗风；也有形式千篇一律、充斥着役使鬼神的道教内容的，此类出现较多，如太康六年曹翌买地券、永康元年李达买地券、梁覃华滑石买地券（图四）等，多以天帝、土伯、东王公、西王母等道教膜拜的诸仙为见证，券尾或有"如天帝律令"之类的托词等等。

六朝买地券中经常出现"天帝""天帝如律令"等汉代流行的格式套话，以及道教中以人死为成仙的说辞，但文字内容前后有所变化，东汉以来一直强调死生异路、人鬼隔绝，在刘宋以后，增添了人神沟通、成神成仙的内容，实现了从现实目标或阶段性目标向终极目标的转变，这是天师道的重要特征。

1　　　　　　　　2

（1. 南京滨江开发区 15 号路六朝墓 M3 出土买地券拓本 2. 梁覃华滑石买地券拓本）

图四　六朝时期出土买地券拓本

图 1 来源：周维林，许长生. 南京滨江开发区 15 号路六朝墓清理简报 [J]. 东南文化，2009，3.

图 2 来源：广西壮族自治区文物工作队. 广西壮族自治区融安县南朝墓 [J]. 考古，1983，9.

---

① 周维林，许长生. 南京滨江开发区 15 号路六朝墓清理简报 [J]. 东南文化，2009（3）.

2. 墓志书体

墓志是设于墓内记载墓主生平、埋葬等情况的重要遗物。六朝墓志处于我国古代墓志从发展到定型的关键阶段，不仅是墓葬断代，确定墓主身份的最可靠遗物，而且是研究当时文字书法演变的极为珍贵的实物资料。任何一个时代的书体，都有所谓"正体"：汉朝以前是以篆书为正体；汉武帝以来到两晋时代，隶书是正体；南朝虽然是古代书体由隶到楷的转折阶段，但是传统经典的隶书文字仍不失为官方刊布使用的正式书体，即便此时迅速发展的楷书文字也还带有体势略扁，结体庄和，古朴自然的汉隶韵味（图五）。

3. 魂瓶

魂瓶，是六朝时期特有的明器，质地有瓷质和陶质，其形制意味为亡者的灵魂归所。其可分为两类，一类是由东汉后期发展起来的五联罐演变而来，其通体呈罐形，罐腹印贴狗、马、羊、鹿、鱼、蛇、蜥蜴、朱雀、麒麟、铺首、仙人骑兽、佛像等，罐肩和上腹部则堆塑多层亭阁、门阙、院落，间杂各种飞鸟、走兽、人物。如南京中华门出土的东吴红陶飞鸟人物堆塑罐（图六），反映了"跨巨鲸、御长风、羽化登仙、遨游寰宇"的缥缈意境，是当时世族阶层求仙问道、白日飞升道教思想的体现。

另一类以1983年南京南郊长岗村吴墓出土的青瓷釉下彩带盖盘口壶（图六）为代表。它集局部贴塑与通体釉下彩绘的先进工艺于一身，壶盖顶部贴塑回首鸾鸟作纽；颈部彩绘七只神兽；肩部贴塑铺首、二首连体比翼鸟以及佛像；腹部绘二十一位持节羽人，其间穿插仙草、云气等，壶底还绘有一周莲瓣。顶部回首的鸾鸟应属道经中所指"飞鸾度化"的神鸟。颈部七头神兽首似虎，颈后有鬃毛，外形雄健勇猛，应为《山海经》中所提"驺虞"，即

图五　晋恭帝玄宫石碣

图片来源: 李蔚然.南京富贵山发现晋恭帝玄宫石碣 [J].考古，1961，5.

白虎，它在秦汉时期被人们认为是守卫一方，驱逐邪恶，护送人类灵魂升天的神兽，此信仰延续至六朝。最神秘而特殊的图案当属"持节羽人"，羽人又称翼人，指身长羽毛或披羽毛外衣能飞翔的人，在汉代墓室壁画上就已大量出现，是引导墓主灵魂升天的神仙使者，其手中所持的"节"，是一种信符，是天子赐给神仙使者的手持信物。

魂瓶造型复杂，堆塑繁缛，刻画精细，带有浓厚的道教色彩，生动而具体地反映出当时人们引魂升天、羽化登仙的灵魂观念和信仰追求。

1　　　　　　　　　　　　　　　2

（1.南京中华门出土东吴红陶飞鸟人物堆塑罐 2.南京南郊长岗村吴墓出土青瓷釉下彩带盖盘口壶）

图六　魂瓶

图1来源：罗宗真.魏晋南北朝考古 [M]. 北京：文物出版社，2001：188.

图2来源：南京市博物馆.南京考古资料汇编 [M].南京：凤凰出版社，2013：786.

4.青瓷羊

六朝墓葬随葬品中羊的造型多有出现，1958年出土于南京清凉山墓葬中的青瓷卧羊（图七）是南京出土的六朝时期青瓷器精品之一。它通体施釉，莹润美观，显示出六朝青瓷工艺的极高水平。羊体中空，额头有圆孔，造型生动，呈挺胸昂首的卧姿，四足蜷伏，长角弯曲卷于耳后，双目圆睁，羊嘴微张。特别的是，在其前肢肩后，以阴线刻出羽翼，带有几分神异的色彩。

在古代羊与祥音通，羊即代表吉祥，用羊随葬以避不祥。羊秉性善良、生性温婉，古人多以羊为吉物，河北满城中山靖王刘胜墓中出土的青铜羊尊灯（图七），其造型便为四肢蜷伏的卧羊，但其前肢肩部并无羽翼，同时期的卧羊造型也未见刻有羽翼者。故从青瓷卧羊的造型特征来看，它继承了汉代卧羊形态器皿造型的传统，并在此基础上加以创新，增添富有神异色彩的羽翼，应与道教"羽化登仙"的观念有关。

1   2

（1.南京清凉山吴墓出土青瓷羊 2.河北满城汉墓出土青铜羊尊灯）

图七　卧羊造型

图1来源：潘耀昌.中国美术名作鉴赏辞典 [M].杭州：浙江文艺出版社，1999：173.

图2来源：吴杏全.满城汉墓出土之灯具研究 [J].文物春秋，2009，1.

5. 熏炉

六朝熏炉，当以造型精美、制作精良的博山炉为代表。博山炉是盛行于两汉至六朝时期焚香用的熏炉，常见的为青铜器和陶瓷器。一般由炉盖、炉腹、炉柄、足座四部分组成。炉盖近圆锥形，盖高而尖，镂空，呈高耸群山状，饰以灵禽、瑞兽、神仙、羽人等，象征传说中的海上仙山。当炉腹内燃烧香料时，烟气从镂空的山形中散出，有如仙气缭绕，给人以置身仙境的感觉。用其焚香以驱赶虫孽，熏衣熏被，除湿避秽。如浙江余姚丰山1974年出土的东晋青瓷博山炉（图八），由盖、熏体及承盘

图八　浙江余姚丰山出土东晋青瓷博山炉

图片来源：梁白泉.吴越文化：中国的灵秀与江南水乡 [M].上海：上海远东出版社，1998：122.

三部分组成，盖上镂雕着三重峰峦，象征"蓬莱三山"仙境，峰顶雕饰着一只昂首高冠、引颈欲飞的瑞禽作钮，颇有"半壁见海日，空中闻天鸡"之感，熏体呈短柄侈口豆形，豆足与下方承盘相连接，承盘则象征海水，山峦转角及钮的周围均镂空圆形小孔，使焚香之烟由此冒出。

博山炉的出现与流行与汉代的神仙思想密切相关，博山即代指蓬莱、方丈、瀛洲等海上仙山，早期的神仙思想就来自这些海上仙山的传说。六朝博山炉造型结构仿制汉时，但较汉代博山炉简化，以瓷坯上镂空的圆孔或三角形孔代替浮雕，营造出烟雾缭绕的神秘仙境氛围，寄托着人们长生的愿望和永生的理想。

6. 镇墓兽

镇墓兽是为震摄鬼怪、保护死者灵魂不受侵扰而设置的一种冥器，有人面、兽面、鹿角等各种形象，存放在墓葬中，起到保护死者灵魂和守护随葬明器的作用。南京砂石山南朝墓出土的陶穷奇（图九），是六朝时期极具特色的遗物之一。它体形似牛，项背有角状鬃毛，多陈设于祭台前或甬道中其他随葬品的前列，头向墓门作守卫状，属镇墓兽。穷奇是古代传说中的一种猛兽，早在《汉书·司马相如传》中就有"赤道圜题，穷奇象犀。"的记载，晋人郭璞在《山海经图赞》中亦有提及："穷奇之神物，厥形甚丑，驰逐妖邪，莫不奔走。"

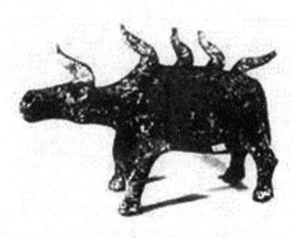

图九　南京砂石山南朝墓出土陶穷奇

图片来源：罗宗真等. 六朝文物 [M]. 南京：南京出版社，2004：210.

镇墓兽最早发现于战国时期。秦汉时期随葬镇墓兽较少，从出土器物看来，汉代镇墓兽的虽仍然沿袭面目狰狞、表情夸张的传统，但形制比较单一化，多呈卧姿，肩、背生双翼。至六朝镇墓兽明显增多，从雕刻艺术、形态作风来看，继承了汉代的传统，并有所突破和创新，从汉代的以卧姿为主，演化成以直立或运动状为主，此外六朝镇墓兽在汉代镇墓兽的基础上，其双翼发生了衍变，颈部增加了鬃毛刺，脊背上增加了半圆形饰物。

7. 炭精辟邪

炭精，质地致密，具有韧性，有弱油脂状光泽，将其抛光打磨后呈玻璃光泽，可用作雕刻材料，适宜雕刻各种动物。汉代墓葬中以各种小动物或辟邪类器物雕刻的小型珠串常有发现，用琥珀、

图十　四川昭化宝轮院南北朝墓出土炭精辟邪

图片来源：刘东 . 中国学术 [M]. 北京：商务印书馆，2014：156.

炭精、黄金、琉璃、骨头制作。所雕辟邪一般大小只有1厘米多长，被称为"系臂辟邪"。[①]

六朝时期，这种炭精制的"系臂辟邪"在南方继续流行。如四川昭化宝轮院南北朝墓出土的炭精辟邪（图十），小巧精致，雕刻细致，所雕辟邪神情庄重，呈伏卧姿势，腹间横穿一圆孔，可供佩带。其与陵墓石刻中的辟邪相比，虽不如其雄伟威严，却也不乏神秘色彩，推测当是系臂用来辟邪的用品；与汉代炭精辟邪相比，虽然在具体形态上存在一定的差异，但其伏卧姿势与汉时保持一致。

8. 铜镜

六朝铜镜中，以神兽镜最具特色。神兽镜从东汉开始大量出现，且主要流行于南方地区，至六朝仍很流行。这类铜镜的花纹以东王公、西王母等神像以及龙、虎等瑞兽为主要题材，纹样主要为浮雕的形式，表现方法类似于汉代的画像石。如出土于六朝墓葬中的重列式神兽镜（图十一），其纹饰细密繁复，镜缘有一圈铭文："吾作明镜，官康□□，□宫商□，帝主元皇，□王单琴，黄帝除凶，未昌玄武，白虎青龙，君宜高官四月。"镜背分为五段，第一段一神左右侧各一凤；第二段中间直行铭文"君宜王"，两侧各两个端坐的神仙，左右侧各有两只神兽；第三段中间为镜钮，两侧各两个神仙；第四段中间直行铭文"宜官"，两侧各端坐一神仙，神仙的左右侧分别为一凤一兽；

---

① 孙机 . 汉代物质文化资料图说 [M]. 北京：文物出版社，1991：477.

图十一　六朝重列式神兽镜

图片来源：丹阳铜镜青瓷博物馆．千镜堂 [M]．北京：文物出版社，2007：131．

图十二　南京仙鹤观高崧家族墓出土蝉纹金珰

图片来源：南京市博物馆．江苏南京仙鹤观东晋墓 [J]．文物，2001，3．

第五段中间为一神仙端坐。①

神兽镜主要以道家神仙内容为主题，如东王公、西王母、天皇五帝、黄帝、羽人、瑞兽等等，尤其是重列神兽镜，其所饰神兽均按各自所代表的星宿的方位进行排列，形成了特殊的布局形式。汉代盛行祥瑞说、天人感应说、谶纬说，人们追求长生不老、羽化成仙，从神兽镜可看出，六朝沿袭汉风，继续融合神道仙风。

9. 金珰

金珰，是秦汉以来朝廷近臣所戴冠上的黄金牌饰，堪称头饰中最为煊赫者，通常加于冠前，以示恩宠。其形似盾，中心饰蝉纹，边有连续纹，有的结合雕镂，用小金珠附于花纹之上，并嵌以宝石。最初源于胡服，传入中原后，受到汉官服饰的影响，附蝉为饰，以示品行高洁，身份高贵。六朝沿袭两汉，但原本只供朝中侍中等高官使用的金珰，在六朝出现赏赐给宫廷女官及僚佐妻眷的情况，而在制作工艺上较之两汉可谓是有过之而无不及。南京仙鹤观东晋高崧家族墓出土的蝉纹

金珰（图十二），是六朝金银器制作的代表。它出土于墓室女棺附近，整体精致华美，顶部起尖，圆肩，底平，呈佛龛状，中央雕镂蝉纹，边饰锯齿纹，蝉纹及锯齿纹上满饰细小金粟粒，蝉眼内原应有镶饰物，出土时已脱落，背

---

① 丹阳铜镜青瓷博物馆．千镜堂 [M]．北京：文物出版社，2007：131．

面边缘有一周锯齿形卡扣。①

蝉是在墓葬中出现率较高的动物形象。蝉在脱壳为成虫之前，都是生活在污浊的泥水中，羽化成蝉后，再飞到高高的树上，只饮露水而生，代表出淤泥而不染、品节高尚；另一方面，从蝉的生活周期来看，它们是在秋凉时从树上钻入土中，等来年春暖再从土中钻出爬上树，如此周而复始，生生不息。汉时，用玉蝉为琀置于死者口中，寓意死者也能如蝉一般蜕化转生。同样的，蝉纹金珰置于墓葬之中，与生命周期演化过程所象征的复活和永生也应有一定的联系。

10. 双鸟衔胜金饰

汉代追求"事死如事生"，讲求厚葬，当时的贵族富人追求奢华，夸富耀贵，故金饰大量出土。六朝士族墓中随葬各种金饰仍为流行，品类丰富且做工精美。

南京仙鹤观东晋高崧家族墓中出土的一件双鸟衔胜金饰（图十三），造型精致独特。此金饰上双鸟相对，口中共同衔一楔形物，称"胜"，汉时亦称"华胜"，为汉代妇女头上常用的花形首饰，一般插在发髻上，或者遮在额前，尽管如此，但在汉代的画像石、画像砖上，一般妇女的形象是不会在头饰上佩戴有华胜的；如果出现头戴华胜的女性形象，必定是指西王母其人（图十四）。西王母是流行于秦汉时期影响最大的神话人物，颇受民间崇拜信仰。在上古传说中，她是长生不死之神，《汉武帝内传》说西王母曾赐汉武帝三千年结一次果的蟠桃，而这天宫的长寿蟠桃就归她掌管。除此之外，西王母还拥有不死之药，《淮南子·览冥训》

图十三　南京仙鹤观高崧家族墓出土双鸟衔胜金饰

图片来源：南京市博物馆.江苏南京仙鹤观东晋墓[J].文物，2001，3.

图十四　山东沂南汉画砖拓片中戴胜的西王母

图片来源：王苗.珠光翠影[M].北京：金城出版社，2012：145.

---

① 南京市博物馆.江苏南京仙鹤观东晋墓[J].文物，2001（3）.

说："羿请不死之药于西王母"。西王母信仰中包含的长生不老理念也投合了
道教对长生不老的追求。东汉末年，道教兴起，西王母作为上古先祖神祇而
被纳入道仙神话体系。中国传统装饰图案中有一种"以物喻人"的"暗喻"
形式，头戴华胜者必为西王母，故华胜成为西王母的标志和化身，将其装饰
于金饰之上，既符合女性饰品的属性，又能表达对长生不老信仰的向往。

图十五 南京仙鹤观高崧家族墓出土心形玉佩

图片来源：南京市博物馆. 江苏南京仙
鹤观东晋墓 [J]. 文物，2001，3.

11. 心形玉佩

心形玉佩是最早流行于汉
代，又称鞢形佩、鸡心佩，由先
秦的玉鞢演变而来，玉质优雅，
造型华美，一般认为这是可以单
独佩带的高贵而又养生玉饰。

六朝墓葬中亦有发现，如南
京仙鹤观高崧家族墓出土的心形
玉佩（图十五）是一件不可多得
的六朝玉器珍品。玉质青白色，
局部土沁泛灰褐色，顶部起尖，
底部微弧，中有圆孔，两侧各透
雕一只螭虎，一作回首状，另一
张口前视，余饰云纹，正面顶部
中央有一凸棱，圆孔外侧线刻流畅的曲线，背面则无，[①] 与 1991 年湖南安乡发
现的西晋荆州刺史刘弘墓出土的心形佩大致相近，且更多地保留了江苏铜山小
龟山、湖南长沙咸家湖等汉墓出土的西汉心形玉佩的遗风。从造型和装饰上来
看，其与汉代玉器风格相近，采用的技法如阴刻线、透雕等也与汉代类似。

12. 玉俑

六朝墓葬与汉代墓葬相似，通常随葬有人俑的习俗，且种类较为丰富，
其质地有陶、瓷、石和玉（滑石）等质地，前者（陶、瓷、石质地）多为
个体较大的仆男侍女类形象；后者（玉石或滑石质地）是为个体很小的人偶
类形象，其中出土的玉俑尤为精美，如南京花神庙南朝墓出土的玉人（图
十六），玉色豆青，头发上拢作双垛髻，椭圆脸，额前有一道微凸线，眼、

---

① 南京市博物馆. 江苏南京仙鹤观东晋墓 [J]. 文物，2001（3）.

鼻、嘴均阴线刻成。上衣为交领宽袖衫，衣衫下摆和宽袖下垂近膝，下穿折叠裙，下摆内收，脚着圆头履，露于裙外。双手拱交于胸前。胸前和背部各有一牛鼻穿，脚底有二个小孔，[①] 显然是可作佩系之饰件。

汉代由于儒家学术走向正统地位，玉德思想大为盛行，"以玉象人"可谓是士人之风尚，对装饰用玉的发展起了催化作用，故以玉人作饰件在汉代就较为流行。六朝时期作为装饰玉的玉人，继承了汉代的风格和形制，且地位等级较高者方可饰用。另有一说，此类玉人具有道教性质的民间葬俗信仰，属于道教中辟除邪恶，保护墓主和家人的镇墓类遗物，以替代相似的铅（锡）质人偶俑和木质代人偶俑。[②] 玉人随葬是汉代以来的习俗，六朝承袭汉代，加之道家尚有食玉成仙思想，"玉亦仙药""服玉者，寿如玉"，故以玉人随葬，既有镇邪避恶之意，亦有长生不死而羽化飞升之效。

图十六　南京花神庙 M1 出土玉俑

图片来源：南京市博物馆. 六朝风采 [M]. 北京：文物出版社，2004：302.

13. 丹丸

中国古代炼丹术始于秦汉，是当时一些"方士"为了迎合统治者追求"长生不死"的需要，从事炼制"仙丹妙药"的修炼技术。六朝时期道教盛行，士大夫阶层沉迷于修道成仙，服食丹药也因此蔚然成风，炼丹术达到鼎盛。

南京六朝墓葬中曾出土过丹丸实物，如南京象山东晋王丹虎墓中在死者头部的漆盒内，发现了200余粒丹丸，均呈朱红色，直径0.4—0.6厘米，主要成分为硫化汞，即朱砂一类的丸剂；[③] 南京仙鹤观6号墓一出土漆器中也有丸

---

① 南京市博物馆. 六朝风采 [M]. 北京：文物出版社，2004：302

② 参见河南省博物馆. 灵宝张湾汉墓 [J]. 文物，1975，11：灵宝张湾汉墓出土两件铅人实物，高约5厘米，放置在一件朱书镇墓瓶中；另外发现有的镇墓文也讲到，"谨以铅人金玉，为死者解适"。

③ 南京市文物保管委员会. 南京象山东晋王丹虎墓和二、四号墓发掘简报 [J]. 文物，1965（10）.

状鲜红色丹药，漆器旁尚有一装有云母的银鼎。[①]

　　道教中所谓的"长生不死"的外丹即指烧炼丹砂铅、汞等矿物以及药物，东晋著名炼丹术士葛洪在《抱朴子》中记载："仙药之上者丹砂，次则黄金，次则白银……"。因此，从出土其颜色和成分均与丹丸相符的实物看来，六朝时期的世家贵族们十分崇尚道家思想，确有服食丹药以追求长生的风气和嗜好。

三

　　众所周知，中国南方的"六朝"作为中世纪华夏大陆长江以南地域范围内，相序交替禅代的政权体制，由于北方汉人的迁徙，南方经济的开拓，社会的相对稳定，尤其是具有汉风仙道文化因素得以传承沿袭，加之其有江河和沿海的地理交通优势，而事实上一时成为华夏大陆与东亚世界交往频繁的正统之国。

　　六朝与朝鲜半岛三国时代的高句丽、百济、新罗均有文化交流，但从交往的频率和交流的程度来看，毋庸置疑六朝与百济来往频次最为密切，交流内容最为全面，因百济所处的地缘枢纽作用，故六朝文化通过百济的交流传播，其对于东亚地区的影响也是最为深远的。

　　文献有记载，《宋书·夷蛮传》：宋元嘉二十七年（450年），百济"表求《易林》《式占》、腰弩，太祖并与之"；又《南史·夷貊传下》：梁武帝"中大通六年（534年）、大同七年（541年），累遣使献方物，并请《槃盘》等经义、《毛诗》博士，并工匠画师等，并给之"。

　　《易林》《式占》[②]，均为汉代象数学的卜筮专书，非属儒家《周易》的经义之作。由文献记载可见，百济从南朝引入反映汉代传统术数类文献的时间，要比正式引入佛释儒学类文献要早八九十年。精神文化是物质文化的渊源和基础，反之物质文化将折射所被认知的精神文化。

---

① 南京市博物馆.江苏南京仙鹤观东晋墓 [J].文物，2001（3）.

② 李零.中国方术正考 [M].北京：中华书局，2006：30."研究早期式占，现在最重要的实物是历年出土和传世收藏的八件古式，即1925年朝鲜乐浪遗址王盰墓和石岩里 M201出土的两件漆木式1972年甘肃武威磨咀子 M62出土的一件漆木式，1977年安徽阜阳双古堆西汉汝阴侯墓出土的两件漆木式，以及故宫博物院收藏的一件象牙式，中国历史博物馆、上海博物馆收藏的两件铜式。这八件占式，除上海博物馆收藏的是六朝铜式，其他都属于两汉时期，可以反映汉式的形制演变。"

本章试以六朝时期所具汉风仙道文化元素为视角，考察同时期百济所发现的相关物质文化，以解析其所受六朝文化传播的寓意及影响：

（一）宫南池

宫南池，作为人工水池遗址，被推测是百济泗沘时期的都城园林池苑，它和扶苏山南麓的王宫遗址和定林寺遗址一起，形成同一条南北中轴线，坐落于泗沘都城（今忠清南道扶余郡扶余邑东南里、军守里）南端。1995年曾经过考古发掘，发现有三国时代的道路、建筑遗址、排水设施等遗址，同时也出土了漆器、砖瓦，还有反映百济行政区域名称"西部后巷……"铭文的官方木简等。对于此古迹性质的判断主要依据《三国史记·百济本纪》武王三十五年（634年）条记载："穿池于宫南，引水二十里，四岸植以杨柳，水中筑岛屿，拟方丈仙山。"又武王三十九年（638年）条有"春三月，王与嫔御泛舟大池。"也即认为宫南池是一处与道教信仰有关联的离宫别苑。

我们若从其布局规划（都城中轴线之南端重地）、人工筑造（有护岸及排水设施）、出土有漆器（属贵族所用器具）、砖瓦（官式建筑用瓦）和木简（官方文书）等因素看，宫南池的建筑性质似乎具有东汉都城的礼仪建筑"辟雍"有关，或在当初泗沘都城规划时，有参仿汉晋都城礼制模式的隐喻。

（东汉）桓谭《新论·正经》曰："王者作圆池如璧形，实水其中，以圜雍之，故曰辟雍。"（东汉）李尤《辟雍赋》曰："惟王所建，方中圆外，清流四匝，荡涤浊秽。"（南朝宋）范晔《后汉书·班固列传》引《辟雍诗》："乃流辟雍，辟雍汤汤；圣皇莅止，造舟为梁。"可以想见，理想的辟雍布局大体是：其中心建筑或建筑群呈方形，即所谓方中；环中心建筑作圆池如璧形，实水其中，即所谓圆外；四面门外约无桥梁之设，故而圣皇莅止，造舟为梁。[①]

（西汉）刘向《五经通义》："天子立辟雍者何？所以行礼乐，宣教化，教导天下之人，使为士君子，养三老，事五更，与诸侯行礼之处也。"东汉以后，历代皆有辟雍，作为尊儒学、行典礼的场所，成为都城规制的重要组成部分。百济圣王"智识英迈，能断事，正处欲振兴国力，以加强百济在东亚轴心国地位的上升时期，亦与南朝梁朝交往密切频繁，因此在其修筑泗沘新都城时，借鉴通过文化交流所获得的相关华夏大陆都城规制定义和经验，在提高都城防御能力为前提的基础上，建成集宫城与罗城相兼顾融合，具中轴线网格式

---

① 中国社会科学院考古研究所.汉魏洛阳故城南郊礼制建筑遗址1962–1992年考古发掘报告[M].北京：文物出版社，2010：360.

空间，并分区布列官署、寺院和礼制建筑等为一体的百济最后的都城，这些特点是朝鲜半岛古代都城中新出现的文化现象（图十七）。

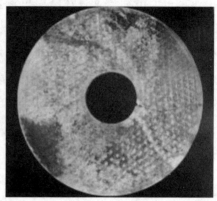

（左：汉代玉璧；右：隋唐辟雍砚）

图十七　文献记载所描述的辟雍平面布局示意

（二）公州宋山里墓葬群与扶余陵山里墓葬群

百济熊津、泗沘时期的王陵墓地分别在今公州和扶余，此两处墓地的性质已无异议，应是百济王或王族逝后归葬的茔域。其葬地选择于丘陵小山高地，俯视面前，"平原广敞，神灵安居"，[①]与六朝时期世家大族所选择的墓地环境十分相似，显然也受到风水学说的影响。因为各种缘故，现在宋山里和陵山里两处墓葬群中，除宋山里7号墓经科学发掘并出土墓志而证实为武宁王陵而外，其余墓主人的身份多尚未得到确认。

六朝时期世家大族均聚族而葬，一般来说有支系的大家族则按支系分区聚族而葬，如南京象山东晋王氏家族墓地，就分为西、西南、东南和东四个小墓地；每一个家族单元的墓区，则按一定的规律排列墓葬位置，以别尊卑与长幼之序，如南京仙鹤观东晋高崧家族墓地，祖高悝墓在后排，父（子）高崧墓在前排，孙高耆墓在前排之侧。墓葬的排位布局，象征着墓主人的辈分和等级等，是反映墓葬制度的重要内容之一（图十八）。据此可归纳在一个家族墓园内排葬一般规律是：主墓排列居后，从墓排列居前，次墓排列居

---

① 三国东吴墓出土有铭砖的砖铭："朱""平原广敞神灵安居""吉月贞口．卜葬芒丘"等，发现地点与南京仙鹤观东晋贵族高崧墓于同一个墓地。——引自南京市博物馆，南京师范大学文博系．南京仙鹤山孙吴、西晋墓 [J]．文物，2007（1）．

侧。若此，也可验证宋山里古墓群中，武宁王陵、六号墓和五号墓的关系为：武宁王陵为主墓，六号墓为从墓，五号墓最次，其辈分相对最晚、等级最低、年代也可能最迟。又，在陵山里古墓群中，处于最上列、最后排的七号墓，其辈分相对最前、等级最高、年代也可能最早；而位于该墓区最下列的东下塚（一号墓），则其辈分相对最晚、年代也可能最迟。

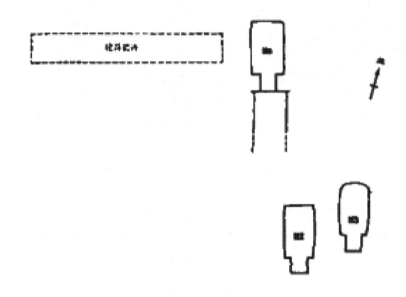

图十八　南京仙鹤观东晋高崧家族墓地示意图

还想要补充说明的是有关宋山里六号墓和陵山里东下塚（一号墓）内彩绘壁画的来源问题，学术界一般多认为百济壁画墓主要是受高句丽壁画墓的影响所致，我个人认为百济与六朝（南朝）的交流如此密切，不能因尚未发现六朝彩绘壁画墓而否定它对百济壁画墓的影响，理由有三：一是，中国南方气候温暖、雨水量多、地下水位高、土壤偏酸性，埋于地下的砖质墓室经历1500多年的滴水渗透及与墓室内有机物质的物化反应，即使有彩绘壁画也已脱落殆尽。本人多年在南京地区从事考古发掘工作中，亦曾听同事说起在南京象山东晋王室家族墓地和南京西善桥南朝陈义阳郡公黄法𣿍墓的考古发掘中发现墓室内壁有涂抹白色壁面或绘有彩绘的现象；二是，正因为地下砖质墓室在地下水渗漏状态下，存在难以保留住内壁彩绘壁画的弊端（六朝普遍实行夫妻合葬，有二次进入墓室观察墓内状况的机会），因此至南朝时期，在一些高等级的墓室内多出现了"拼镶砖画"；三是，在六朝考古中，发现有仍遗留有彩绘壁画的墓葬，如云南昭通东晋霍承嗣墓壁画墓、河南邓县南朝画像砖墓等。

墓葬彩绘壁画之习俗源于汉代，以后历代均有延续，各有特色，至元代走向衰微。百济彩绘壁画墓的主体图像是表现青龙、白虎、朱雀、玄武等能辟邪守护四方的汉代"四神"及云气等内容，也具备"汉风仙道"的文化元素。

（三）武宁王陵随葬品

1971年发现于韩国公州宋山里古墓群的百济武宁王陵，被称为是东亚考古的一次重大发现。细而究之，在出土的随葬品中不仅有青瓷器皿、铁五铢钱等南朝文化特征的文物，也不乏其他受"汉风仙道"文化因素影响的文物，可列表说明如下：

表一　武宁王陵随葬品表现的汉代文化风格与神仙道教观念

武宁王陵随葬品	汉代文化风格	神仙道教观念
1.王与王妃的墓志石	两方志石上均凿有圆形穿孔：碑石上凿有圆形穿孔之制源于汉代，"穿"原本供下葬所用，后渐依惯例凿就，成碑志类实物的象征符号（图十九）。	两方志石背面，也都刻有文字，一为兆域方位示意；另一为买地券：墓葬中随葬购买阴宅土地文书——买地券，以求土地神保护的民间丧葬信仰习俗，道教文化色彩浓厚，其始于东汉时期，沿袭于六朝。
2.石质镇墓兽	古代墓葬中的随葬明器。始见于战国楚墓，流行于汉晋隋唐时期。	镇墓兽是有震慑意义的神兽，是古代民间鬼神信仰的一种具体表现形式，主要功能是驱魅辟邪、守护墓门。
3.铜镜	所出土的三枚铜镜，应均为"汉式镜"或"仿汉镜"，特别流行于汉代。	其一"宜子孙兽带镜"，有铭文"宜子孙""渴死玉泉饥食枣…分"等字；其二"兽带纹镜"，镜背的环带纹图形或有不同的组合，但多以仙人、四神、麒麟、鸾凤、黄龙、蟾蜍等形象为多；其三"方格规矩神兽纹镜"，铭文为："尚方作竟（镜）真大好上有仙人不知老渴饮玉泉饥食枣寿（如）金石兮"等26字。经初步辨识，内区浮雕所表现的内容为：一位手持节仗的神仙之士，驱御结伴着白虎、麒麟、辟邪、青龙，驰骋在得道成仙之路上。

4. 王妃木枕	西汉时期的墓葬中出土木枕，多数髹漆，有的还有彩绘（图二十）。其中以江苏扬州出土最多，木枕的类型最丰富。	王妃木枕上的装饰应该与汉风仙道文化因素有关： 枕上两个鸟形雕塑似为凤凰，彩绘人物似为飞仙，菱形纹饰似为龟背纹。 江苏邗江姚庄 M102 女棺内出土的 M102：35，为彩绘漆枕。通体髹酱褐色底漆，上绘褐红色火焰状云气纹，云气纹中间饰有锦鸡、飞龙、狐狸、羽人、獐、鹿、羚羊等鸟兽，枕的周边饰有 47 颗鎏金铜泡钉，泡钉之间补饰有二方连续菱形纹饰等。[①]
5. 琉璃童子像	又称"翁仲"，人们随身佩带，以祈求护身平安、驱除鬼邪，为"汉代三佩玉"之一（图二十一）。	"童子"，又可称"道童"或"仙童"，一般指道教中为修道者执役的孩童，是道家文化中的一个较世俗化的名词。汉代方士徐福东渡，携五百童男童女同往；唐诗曰"松下问童子，言师采药去"等等，此事此情恰与道教企慕自然，追求长生不老的信仰相契合。此称之为"童子像"亦反映了百济对道教思想的接受。
6. 炭木兽形佩饰	应是由狮子原型演化而来的辟邪，是汉代以来被除不祥，永绥百禄的标志物。	在六朝传统文化的理念中，辟邪是具有道教色彩的能避邪御魔的神兽。

（四）七支刀

收藏于日本奈良县石上神宫的七支刀，应是百济铸造于4世纪或5世纪，并得以传世至今的珍贵文物。其造型奇异，名称独特，因刻有尚能释读的铭文（共60余字，字形古朴，如仿东汉金石文书体），而成为史学界研究东亚关系史的重要文献及实物资料。

从七支刀的器物形状来看，刀体除主刀外分出了六个分叉枝，显然是不具备实战效果的兵器，多者认为是一件具有特殊意义的仪仗用具。七支刀孰为何物？若以考古学类型分析的方法推测，分叉枝形的七支刀似与古代之"节"类物品相关。《后汉书·光武帝纪》李贤注："节所以为信也，以竹为之，柄长八尺，以旄牛尾为其眊，三重。"使臣奉命出行，必执符节以为凭证，如

---

① 洪石. 略伦西汉墓葬中出土的木枕 [A]. 中国社会科学院考古杂志社. 探古求原：考古杂志社成立十周年纪念学术文集 [C]. 北京：科学出版社，2007：254.

西汉使臣苏武持节牧羊北海的故事即是。节既是一种信物，也是一种权力的标志。汉末及魏晋南北朝时，掌地方军政的官员往往加使持节、持节或假节的称号。此时"节"的材质和形状如何发生变化，具体实物为何，史料阙如；但可以想见在那多国纷争、战事频发的非常时期，仿兵器为节，以增其征信的威严，亦在情理之中。赐节之制，隋唐以后日趋衰落，仅成为君王卤簿仪仗中的装饰了。

（从左至右依次为东汉校官碑、东晋张镇墓志、南朝梁萧憺碑）

图十九　汉代文化风格碑石

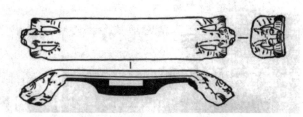

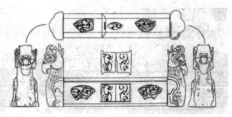

（上左：王妃木枕；上右：湖北江陵凤凰山 M168：235 木枕；下：山西阳高古城堡 M12 出土嵌玉木枕）

图二十　木枕

汉节制度不仅标示着社会政治，同时也影响着汉晋时期的仙道信仰，在民间丧葬观念里流行着企盼由"持节"的羽人引导死者升天成仙的思想，考古发现的墓葬遗存中出现不少"羽人持节"的图像，如河南洛阳西汉卜千秋墓壁画和南京雨花台长岗村出土的釉下彩魂瓶等（图二十二）。[1]

图二十一　山东文登汉墓出土琉璃翁仲　　图二十二　南京长岗村五号墓出土吴末晋初青瓷釉下彩盘口壶"羽人持节"图像（局部）

又如"七支"与"节"两者古音韵若相近的话，也可为推断"七支刀"即为"节刀"之假说成立提供佐证，并能够通过古语所属之族进一步确认此物件的制作者。

（五）金铜大香炉

1993年12月在忠清南道扶余郡陵寺遗址出土了高61.8，宽19厘米，重11.8公斤的百济时代的金铜大香炉。这件百济王室举行庄重仪式所用的宫廷重器，工艺之精美雅致、造型之璀璨夺目、图像画面感之强且内涵丰富，令人叹为观止，一经发现即引起学界不小的轰动。从这座香炉的造型和图像中，可寻找出它所具有的道教文化的象征意义。[2]

百济金铜香炉的制作原型显然是来自体现中国汉风仙道思想的博山香炉，博山熏炉在汉代广为流传，最为华丽的金铜博山炉可以西汉武帝茂陵阳信长公主墓陪葬坑出土的落地式鎏金竹节熏炉为代表（图二十三）；六朝时期盘座式

---

① 孙作云.洛阳西汉卜千秋墓壁画考释 [J]. 文物，1977（6）.
　　易家胜.南京出土的六朝早期青瓷釉下彩盘口壶 [J]. 文物，1988，6.

② 张寅成.百济金铜大香炉的功能和象征意义 [A].东亚古物：A 卷 [M].北京：文物出版社，2004：183.

博山熏炉也多有出土，质地则多为陶瓷器了；即使到了隋唐初期，考古至今也尚未发现像百济金铜大香炉如此豪华样式的熏炉实物，故此弥足珍贵。

在韩国发现的其他受六朝（南朝）文化传播影响，而具有"汉风仙道"文化因素的文物还有许多，如考古发现的陶瓷青瓷羊（京畿道原州法泉里出土）、狮形灯（平壤东山洞壁画墓出土）和虎子（传北朝鲜开城附近出土）等，还有一批简牍及金石文字等等，学术界已有许多真知灼见的阐述，在此不再赘述。总而言之，通过文献资料的对照和出土文物的比较，可以看到在百济受六朝（南朝）文化传播的影响下，含有"汉风仙道"元素的物质文化也曾经在百济流行一时的历史事实。

图二十三　鎏金银竹节熏炉

（1981年西汉武帝茂陵阳信长公主墓陪葬坑出土，陕西省博物馆收藏）

（本文作者：周裕兴，南京师范大学文博系教授、博士生导师；陈瑾瑜、赵淑怡，南京师范大学2016级考古学博士研究生。）

由百济考古发现与研究反思对六朝考古的借鉴价值及意义

周裕兴

前言

1998年9月适逢六朝文化国际学术研讨会暨中国魏晋南北朝史学会第六届年会在南京召开，有缘相识来自韩国的学者专家；1999年5月，有幸受邀于韩国忠南大学百济研究所主办的国际学术会议，由此开始了了解百济历史与考古，认知百济与六朝文化交流研究的学术历程。十余年来在中、韩双方学者的共同努力下，百济与六朝的历史文化研究，关系融洽，进展顺利，交流密切，成效显著。

公元3世纪至公元6世纪，是中国历史上"承汉启唐"的转折时期，定都今南京建康的六朝，一度成为中国政治、经济、思想和文化的中心。由于海上交通和地缘政治等因素，此时百济与六朝之间，交流往来紧密，文化传播频繁，名副其实地成为中、韩、日三个国家汉字文化圈形成的轴心和桥梁，这一事实不仅被历史文献所记载，亦为考古发现所证实。

在与同行学者朋友的接触和讨论过程中，或有人提出古代百济与六朝的文化交流，是否应该是双向互动式交流的问题，即百济在向六朝学习并传播先进的思想和物质文化的同时，六朝是否也向百济了解"海东"地区的社会状况和有特色的物产及技艺等内容呢。我想这应该是很自然而然的事情，只不过是由于古代受历史和传统思维的局限，而导致有关这方面的历史文献记载受到轻视、并使之缺失而已。

由此使我联想到当今中、韩两国学者，在从事百济与六朝文化交流研究

478

的过程中，又何尝不是在遵行着双向互动式的模式或规律而进行着学术交流与探讨，并有力推动着百济与六朝学术研究的深入呢？借此，此文拟就本人所见当代韩国百济考古发现与研究的成果和特点，联系中国六朝考古工作的现实状况，谈一些个人不成熟的感觉和看法。

一、都城考古

王朝的兴替、都城的兴建是历代统治者的"国之大事"。古代都城是集国家政治、经济、军事和文化礼仪活动等方面于一体的历史活动平台，故察明都城地望、形制、布局、重要建筑与建筑技术，是考古研究和复原历史面貌的重点目标。[①]试将百济与六朝都城的考古发现与研究的情况用表简介如下：

表一　百济与六朝都城的考古发现与研究情况

名称	考古发现			考古研究	
	时间	调查、发掘者	发现内容	调查发掘报告	主要研究者
汉城期都城	1983–89年	梦村土城发掘调查团、首尔大学博物馆	发现城郭、濠、门，发掘建筑遗迹和墓葬及各类遗物等	梦村土城发掘调查报告书四部	金元龙、任孝宰、朴淳发、崔锺泽等
	1963年、1997年、1999–2000年	首尔大学考古人类学科、国立文化财研究所、韩神大学博物馆	发现土城范围、土墙垒筑技术，居址、窖穴、窑迹和祭祀遗构及各类遗物	《风纳里包含层调查报告》《风纳土城Ⅰ–Ⅻ》等十余部	李丙焘、金元龙、李南珪、权五荣
公山都城	1980年、1990年、1996年	公州师范大学（公州大学）百济文化研究所、博物馆，国立公州博物馆	发现城墙、祭祀遗迹、建筑柱础、贮藏穴及砖瓦、铁器等遗物	《公山城》《公山城百济推定王宫址发掘调查报告书》《公山城建物址》《艇子山》等多部	安承周、成周铎、李南奭、徐程锡等

[①]　刘庆柱.关于深化中国古代都城考古研究的探索[N].光明日报，2010–5–11.

泗沘都城	1980 年、1990—1993 年、1995 年、2000 年	忠南大学百济研究所、国立扶余博物馆、国立扶余文化财研究所等	发现扶苏山城、扶余东西罗城、宫南池、定林寺、陵寺、陵山里、军守里遗迹及重要遗物等	《扶苏山城发掘调查中间报告书 I－V》《扶苏山城》《宫南池》《百济泗沘罗城 I－III》《泗沘都城》等多部	尹武炳、成周铎、朴淳发、成正镛等
建康都城	1998—1999 年、2000 年以来、2010—2011 年	南京市博物馆（南京市文物研究所）、南京大学历史系	南京市博物馆有计划、有重点地对六朝建康城遗址涉及的 40 多个工地进行了大面积抢救性考古发掘，先后发现城墙、城壕、道路、砖砌排水沟、砖井、木桥、砖构房址、渡口等类高等级建筑遗迹，终于就六朝建康宫城四界、都城格局、石头城位置等关键问题取得重要突破。著名的石头城遗址，先后两次进行了考古勘探和发掘。	《金陵古迹图考》《南京史话》《六朝考古》《六朝的城市与社会》《六朝建康》《六朝瓦当与六朝都城》《六朝都城》《六朝建康城的发掘与复原新思路》《六朝建康城遗址考古发掘的回顾与展望》等	朱偰、蒋赞初、李蔚然、罗宗真、刘淑芬、郭黎安、贺云翱、卢海鸣、张学锋、王志高等

都城考古，是断代考古中的首要内容、专门考古中的重中之重，同时也是考古工作中的一项系统工程，需要有一个全面了解、不断发现、逐步积累、完善研究的过程。韩国百济都城的考古，20世纪60年代即已起步，八九十年代重点展开，现今仍在向重点发掘和纵深研究发展；百济都城较多，发掘者既有国家的，也有地方的，还有大学的考古部门和专门力量，协同工作、各展所长；尤其是百济都城考古发掘资料的整理科学细致、考古报告的出版公布也相当及时，在此基础上促进了社会各方面对百济都城的研究和保护工作的支持；有关百济都城研究者的显著特点是，一老中青不同年龄层次传承有序，二以考古资料为基础，以文献记载为线索，研究工作富有成效。

　　检视中国六朝建康都城的考古，由于受多种因素的影响致使起步较晚，其考古发掘工作的真正展开，应该是在2001年前后。加之现今南京城市地下，恰似一个多重朝代堆积和叠压的大型遗址，六朝建康都城的文化地层受到晚期文化地层的叠压和打破较甚，要想完整而清晰地揭露出六朝都城的全貌尚且存在不少技术层面的难点。好在历史文献的资料，近代学者的调查和当今许多学者的考证，给我们认识六朝建康都城提供了许多有价值的概况和线索。要使六朝建康都城考古在现有的基础上有一个新的提升，今后在以下三个方面应着意加强工作：

　　（一）倾力做好既有已经发现的有关六朝建康都城内涵的田野考古发掘资料的整理和出版工作。由百济都城考古的经验来看，这是一项非常基础和有价值的工作，如此才能推动古都的考古研究和保护事业上升到一个新的发展阶段；

　　（二）利用现代科学技术，如地理信息系统、GPS定位和电子测绘、建筑复原设计及材料测试等，尽可能获取已有考古发掘资料中蕴涵的信息内容，同时注意搜集近代南京的旧地图和老照片等反映南京地形地貌的原始有形资料，作为复原参考；

　　（三）目前对六朝建康都城所做的考古发掘，绝大多数均为配合城市基本建设而实施的抢救性发掘，时间紧、任务重，考古发掘工作难免被动并显得仓促。由此可考虑适时做一些主动性的考古发掘，追踪并验证现已有抢救性考古发掘资料的准确性、并弥补其局限性。同时也可以考虑适时由考古发掘研究机构和相关学术团体，召开六朝建康都城主题的学术讨论会，集思广益，献计献策，促进学术研究的进度和社会影响。

二、佛教考古

　　唐诗曰"南朝四百八十寺，多少楼台烟雨中"，其客观真实地描绘了南朝佛教文化的繁荣景象。佛教考古不仅是六朝考古中不容忽视的重要课题，更是百济考古中取得卓有成效的发现与研究成就的主要领域：

表二 百济与六朝都城的佛教考古发现

	百济考古发现	南朝（建康）考古发现
佛教寺庙遗址	龙井里废寺址、定林寺址、军守里废寺址、陵寺址、金刚寺址、王兴寺址（出土舍利具）、扶苏山废寺址、乌合（圣住）寺址、弥勒寺址（出土舍利具）、帝释寺址、佳塔里废寺址、窥岩里废寺址、西穴寺址、舟尾寺址、大通寺址、东南里废寺址等	长干寺、上定林寺、栖霞寺、开善寺、延兴寺、新街口"德基广场"工地、武定门外住宅工地、龙蟠中路中段"金润发"超市工地等；钟山南朝坛类建筑遗存
摩崖石窟造像	礼山花田里四面石佛、瑞山摩崖三尊佛像、泰安摩崖三尊佛、益山연동리石佛造像、石佛立像（정읍出土）等	栖霞山石窟
金铜佛教造像	金铜三尊佛立像（扶余扶苏山出土宝物第196号）、金铜如来坐像（首尔뚝섬出土）、金铜如来坐像（扶余窥岩面新里出土）、金铜佛立像（瑞山龙贤里出土）、金铜佛立像（扶余佳塔里出土）、金铜佛立像（扶余锦城山建物址出土）；金铜菩萨立像（公州义堂出土国宝第247号）、金铜观音菩萨立像（扶余窥岩面出土国宝第293号）、金铜菩萨立像（扶余军守里出土宝物第330号）、金铜菩萨立像（선산出土）、金铜菩萨立像与捧宝珠金铜菩萨立像（扶余窥岩面新里出土）、金铜菩萨立像（礼山校村里出土）、金铜菩萨立像（扶余县北里出土）；金铜半跏思惟（国宝第78号）、金铜半跏思惟像（国宝第83号）；金铜光背（瑞山普愿寺址、扶余官北里、扶余陵山里、扶苏山城等出土）	铜佛立像、铜二菩萨与背光、铜七佛背光、铜观音菩萨、铜菩萨、铜头光及铜背光等（新街口"德基广场"工地出土）
石制佛教造像	蜡石制佛座像（扶余定林寺址出土宝物第329号）、蜡石制三尊佛（扶余定林寺出土）、蜡石制半跏思惟像（扶余扶苏山出土）、蜡石制佛头（扶余双北里出土）；石制佛立像（扶余旧衙里出土）、石制佛像片（扶余锦城山建物址出土）；石制势至菩萨头（扶余旧校里出土）	
泥塑佛教造像	塑造佛头、菩萨像片、人物像（定林寺址出土）、塑造佛头、菩萨像片（扶余陵山里寺址出土）、塑造佛头（扶余扶苏山寺址），塑造像（扶余旧衙里寺址出土、扶余임강사지出土、益山제석사지出土）；陶制佛像台座（青阳本义里窑址出土）	泥塑头像、发髻身躯及底座残块（红土桥"延兴寺"址出土）、坐佛、供养人及面部、衣纹残像（钟山二号寺遗址"上定林寺"址出土）

百济佛教考古开展年代较早，有关佛教文化遗存的发现与研究的成就也

十分丰富，20世纪90年代前期由忠南大学百济研究所编辑的《百济史的比较研究》《百济佛教文化的研究》两书，集既往百济佛教考古收获之大成，是具有阶段性和标志性意义的学术成果。在这个基础上，有力地推动了此后的百济佛教考古又产生许多有价值的新发现和新研究成果。

从上述表格分析来看：仅至20世纪90年代的时候，韩国调查发现或考古发掘的百济熊津时期和泗沘时期的佛教寺庙遗址就分别达到12处和26处之多。[①]《南史》卷七十《郭祖深传》云：梁朝"都下（建康）佛寺五百余所，穷极宏丽，僧尼十余万，资产丰沃"，而现今在中国南京调查发现南朝佛寺遗址线索的仅6~7处、经过考古发掘的仅1-2处、建筑布局清楚并被确认的寺址尚无一例；摩崖石窟类佛教造像，百济考古已发现四处地点，其资料已完整刊布。建康栖霞山石窟是现存南朝惟一仅见的大型石窟遗存，因历代修造和妆銮，其原真性受到一定的影响，据悉经十数年之力整理的《南京栖霞山石窟考古报告：栖霞山千佛岩》，即将由北京文物出版社出版；百济金铜佛教造像遗物，出土地点明确而且众多，门类也很丰富，其中不乏国宝和宝物级别的典型实物。同类遗物，原本在南京地区一直没有发现和收藏，近年来在南京新街口"德基广场"工地有所发现，十分重要，期望能早日正式发表这批极有学术价值的珍贵资料；百济蜡石佛教造像颇有特色。南朝时期石质类的单体佛教造像，至今在南京（建康）地区尚未见有发现的报道；泥塑佛教造像具有展现佛教文化的世俗性和多样化的内涵特征，尤以百济定林寺、陵山里寺址出土的塑造像最有代表性。值得注意的是在青阳本义里窑址出土的百济时期的陶制佛像台座，质地特殊、烧制精准、形体硕大、且基本完整，是一件不可多得大型佛教造像组成部分的遗物。其性质可能为"陶制塑造佛范"而外，也有可能是属于佛寺主殿（金堂）本尊佛下部的夹苎褙金像座的内胎。[②]在南京地区发现有泥塑佛教造像，也只是近些年的事情。虽然仅在两处地点（红土桥、钟山二号寺址）出土了数量不多、保存状况残缺的造像实物，但还是起到了弥补此前在南京地区一直没有发现南朝泥塑佛教造像的阙如。

---

① 秦弘燮.百济寺院的伽蓝制度 [A].忠南大学百济研究所.百济佛教文化的比较研究 [M].首尔：书景文化社，2000：261-267.

② 资料显示（金理那.百济初期佛像样式的成立与中国佛像 [A].忠南大学百济研究所.百济史的比较研究 [M].首尔：书景文化社，2000：259.），韩国国立中央博物馆收藏有平壤土城里寺址出土的六世纪高句丽时期的陶制塑造佛范，本人推测百济的陶制佛像台座亦当属同类性质的遗物。

南京（建康）六朝佛教考古工作，虽然起步较晚，但近十余年来涉及佛教文化的考古新发现层出不穷，学术成果也正在日益体现。愿在今后能审时度势，继续重视，汲取经验，不断努力，推动六朝佛教考古更上一层楼：

（一）史籍文献中，有涉及相关六朝都城佛教寺庙方面的记载还是不少的，据统计其中有确切名称可考的佛寺数量就有299座之多。[①] 若将文献中这些佛寺的地望位置检索出来，尽可能标注到现在的地图上，并有可能做一些实地的勘探调查，并择其重点在今后的文物保护中加以控制。

（二）学界较为普遍地认为，南朝建康佛教文化一时如日中天，影响广泛而深远，尤以梁与百济的佛教样式最为相近和可信。因此百济佛教考古所获得的较为丰富的佛像造像资料，对于南朝建康佛教造像"江南样式"的探索研究，有着非常重要的意义。

（三）在佛教考古中，关于南朝佛寺布局配置和佛塔形态结构的研究，仍然是一个值得注意并有待展开的学术课题。现今在这一课题领域已积累了一批6世纪以来有关北朝、百济、高句丽、新罗和倭的佛寺遗迹的考古资料，了解并借鉴这些考古发现和研究成果，对于南朝佛教考古具有重要的价值和启示意义。例如在东亚佛教文化圈里，发现有"一塔三金堂式"的佛寺布局配置模式，即朝鲜平壤清岩里佛寺址、韩国庆州皇龙寺址和日本奈良飞鸟寺址等。史载：高句丽向南朝派过使节、南齐高僧昙超"被敕往辽东弘赞禅道"；百济工匠分别参与了庆州皇龙寺和奈良飞鸟寺的建造。那么我们不禁要问，这类"一塔三金堂式"的佛寺布局模式，为何在百济尚未被发现？此佛寺布局模式的源头是否来在南朝建康？还有南朝与北朝之间佛教文化的关系的异同又是如何的呢？

三、美术（墨书木简）考古

在纸张未发明或未大量普及使用之前，古代文献资料可分为两类：一类是金石刻铭，一类是简牍墨迹。墨书文字，社会涉及面广、应用性强，具有一定的史料价值；书艺风格不拘一格、挥洒自由，多为行草书体，是南朝后期形成成熟真楷书体的基础和前奏，富有艺术价值。

---

① 贺云翱.六朝都城佛寺和佛塔的初步研究 [J]. 东南文化，2010（3）.

　　文字传播是文明的载体，书体嬗变留下时代的痕迹，书法风格彰显社会的景象。魏晋南北朝承汉启唐，在文字书体的历史演进中，完成了由隶书向楷书的转换，其演进的脉络只有在连续发展而没有受到中断的六朝时期的文化遗存里，才有可能得到完整地体现。与南朝文化关系密切的百济文化，也为此提供了印证和补充。将有关六朝和百济时期墨书木简的发现情况，简介如下。

表三　百济与六朝的墨书木简考古发现

	百济木简	六朝木简
3—4世纪	仁川계양山城出土《论语》木简5枚	湖南长沙走马楼古井、安徽马鞍山朱然墓、南陵麻桥东吴墓、江西南昌高荣墓、湖北武昌道士郑丑墓、鄂城水泥厂史绰墓、鄂州滨湖西路东吴墓等出土东吴时期简牍；湖南郴州苏仙桥古井、南京城南皇册库工地等出土东吴至西晋时期简牍；江西南昌东湖吴应墓、南昌火车站雷陔墓出土东晋时期（共8枚）简牍
5—6世纪以来	扶余陵山里出土木简21枚、宫南池出土5枚、官北里出土2枚、益山弥勒寺出土4枚、扶余双北里出土13枚、东南里出土1枚	

　　从上表可以看出，百济3—4世纪的墨书木简发现不多、仅有仁川"论语"木简一例。在中国六朝地域属于东吴、西晋和东晋时期的简牍墨迹则发现较多，尤其是长沙走马楼出土的吴简其数量惊人；西晋至东晋时期墨书简牍的出土数量则呈现递减趋势；到持续时间达一百七十年之久的南朝时期，目前尚未发现有墨书简牍的出土。从百济武宁王陵出土的王与王妃的志石、扶余陵寺址出土的昌王铭石造舍利龛和扶余发现的砂宅智积堂塔碑来看，此时百济出现的刻石文字的书体与南朝同期流行的墓志等刻石文字的书体，非常相似，几无二致。可见此时南朝与百济之间文化（包括文字书体）交流十分密切，甚至不存在有"时间差"的感觉。因此，有理由认为韩国发现的5-6世纪以来百济的墨书木简，可以起到填补南朝时期简牍墨迹遗物研究资料空白的缺憾。

六朝出土的有关文字书体类文物，历来是研究中国书法史关于古代书体演变理论的重要对象。二十世纪六十年代，因南京象山出土的东晋王兴之墓志，而引发了一场质疑传世的王羲之《兰亭集序帖》真伪问题的大讨论；[①]2002年又因南京新发现以仙鹤观东晋高崧夫妇墓志等一批六朝出土刻石文字，在南京召开了第五届中国书法史论国际研讨会，进一步扩大了南京六朝墓志等文物在学术界的重要地位和影响。[②]我想如果今后能在六朝考古中发现出土一批东晋至南朝时期的墨书简牍或纸绢类文字的遗物，中国书法史中有关魏晋南北朝之际书体由隶（书）经行（草）致楷（书）的演化进程，就将清晰完整地、令人信服地展露在世人的面前。

结语

综上所述，韩国在百济都城考古、佛教考古和美术（墨书木简）考古等方面，均有可观的发现收获和宝贵的研究经验，对东亚古代文化交流的学术研究具有重要的启示意义，值得中国同行在六朝考古的工作中加以借鉴和参考。同时，在韩国百济考古的发现和研究中，对铁器（兵器、马具、工具和生活用品等）、陶瓦器窑址及制作技术，木（漆）器、金属工艺、农业和环境（农作植物种类的筛选分析、农田耕作技术等）、度量衡、土木建筑技术，以及田野考古发掘和资料整理研究的技术方法等方面，也有很多有价值、有特色的成绩。这些都应该属于今后在六朝考古工作中值得引起重视，并继续努力拓展的学术方向，如此将会进一步完善六朝考古的有关分类研究，填补六朝考古的发现与研究方面的部分缺环。

鉴于韩国百济考古发现与研究的学术积淀较为厚实，并伴随着两国学者同行较为密切的学术交流，近些年来已引起中国六朝考古同行学者们对百济考古学的高度重视，现今中国发表的有关六朝考古发现与研究的论述中，借鉴或引用韩国百济考古发现与研究资料的状况已十分常见。可以相信，今后随着考古新发现的不断涌现和学术交流活动的继续延伸，韩国百济考古与中国六朝考古的比较研究，将会向更深层次和更广阔的领域发展，反映百济与

---

① 郭沫若，高二适等.兰亭论辩[M].北京：文物出版社，1973.

② 第五届中国书法史论国际研讨会论文集[C].北京：文物出版社，2002.

六朝乃至中世纪东亚物质文化交流和传播的学术探索，将会推进到一个更新和更高的境界。

附记：此文为韩国国立忠南大学百济研究所编著《故成周铎先生追慕文集》（2010年10月刊行）所作。

周裕兴先生文稿出处索引

序号	题目	发表	备注
1	南京六朝考古新发现与研究动态	韩国"中国中世纪史学会"《中国古代史研究》第12辑（2004年）。	
2	武宁王陵出土文物探析之二——以三枚铜镜为例	韩国《百济文化海外调查报告书Ⅴ——国立公州博物馆研究丛书》（第16册），（韩国）书景出版社，2005年12月。	
3	百济与六朝文化交流研究的断想	南京市博物馆《南京历史文化新探》，南京出版社，2006年1月。	
4	近年来中国城市考古重要收获述略	韩国《中国史研究》（第40辑），（韩国）书林出版社，2006年2月。	丁利民合撰
5	武宁王陵出土文物探析之一——以"琉璃童子像"为例	韩国忠清文化财研究院《东亚考古论坛》（第二辑），2006年4月。	
6	中国的百济史研究	韩国《百济研究》第45辑，2007年2月。	丁利民合撰
7	武宁王陵出土文物探析之三——以炭木兽形佩饰及棺木为例	韩国忠清文化财研究院《东亚考古论坛》（第三辑），2007年4月。	丁利民合撰
8	图说南朝墓葬制度	韩国传统文化大学、韩国传统文化研究所《百济泗沘时代陵园与古坟》，扶余郡文化观光科，2007年9月。	齐月合撰
9	从海上交通看中国与百济的关系	韩国公州大学"百济传统文化价值的再发现"国际论坛，2007年10月。	

10	六朝与东南亚海上交通概述	韩国忠清南道历史文化研究院"大百济国国际交流事"国际学术会议论文集，2008 年 10 月。	
11	百济文化与南朝文化——以武宁王陵为中心	韩国《百济文化》第 40 期，2009 年 2 月。	
12	由韩国百济考古发现与研究反思六朝考古的借鉴价值与意义	韩国忠南大学百济研究所《百济与周边世界》，진인진出版社，2012 年 10 月。	
13	中国文献所见的马韩诸国	韩国罗州"全南地域马韩小国与百济"国际学术会议论文集，2012 年 11 月。	
14	东晋高崧家族墓与韩国百济武宁王陵比较研究	韩国《百济文化》第四十六辑，2012 年 2 月。	
15	六朝考古所见汉风仙道文化因素——兼述对百济文化的影响	韩国扶余、公州"古代东亚的文化交流和百济"国际学术会议论文集，2016 年 9 月。	陈瑾瑜、赵淑怡合撰
16	南京六朝砖室墓演进研究	韩国首尔"东亚古墓文化与百济王陵的关系"国际学术会议论文集，2018 年 11 月。	

朴淳发先生文稿出处索引

序号	题目	发表	备注
1	镳斗考	韩国忠清文化财研究院《东亚考古论坛》2005 年创刊号。	
2	百济都城的考古发现与研究	《南京晓庄学院学报》2012 年第 4 期。	许莉译

3	朝鲜半岛围墙聚落的出现及相关问题	东北亚古代聚落与城市考古国际学术研讨会，2012 年 10 月，北京。	
4	从考古材料看先秦到汉晋时期山东与朝鲜半岛的海上交往	《海上丝绸之路与蓬莱古船——登州港国际学术研讨会论文集》，黄海数字出版社，2012 年。	
5	通过考古材料看唐熊津都督府所在	"唐代江南社会"国际学术研讨会暨中国唐史学会第十一届年会，2013 年 9 月，南京。	
6	"武宁王时代的东亚世界"特别展参观记	《陶瓷考古通讯》2014 年第 2 期。	
7	百济都城的始末	东北亚古代社会与文化国际学术研讨会，2015 年 9 月，长春。	
8	连云港封土石室墓的历史性格	中日韩·连云港封土石室墓学术研讨会，2015 年 12 月，连云港。	
9	韩国古代制盐考古初探	《东方考古》2015 年。	李弘钟合撰
10	入唐百济遗民流向与连云港封土石室墓	《东南文化》2016 年第 4 期。	
11	东亚佛寺展开上百济定林寺的位置	汉传佛教祖庭文化国际学术研讨会，2016 年 11 月，西安。	
12	百济的都城与墓域	古代东亚的都城与墓葬国际学术研讨会，2017 年 8 月，西安。	王飞峰译
13	简介几种环黄海文物和其历史意义	"中国北方考古与欧亚文明"第三届中国人民大学考古国际学术研讨会，2017 年 9 月，北京。	朴智熙译